新世纪法学教材

The Legal History of China

中国法制史

周东平 主编

北京大学出版社
PEKING UNIVERSITY PRESS

图书在版编目(CIP)数据

中国法制史/周东平主编.--北京:北京大学出版社,2024.7
新世纪法学教材
ISBN 978-7-301-34720-1

Ⅰ.①中… Ⅱ.①周… Ⅲ.①法制史—中国—高等学校—教材 Ⅳ.①D929

中国国家版本馆CIP数据核字(2023)第244457号

书　　　名	中国法制史
	ZHONGGUO FAZHISHI
著作责任者	周东平　主编
责 任 编 辑	刘秀芹
标 准 书 号	ISBN 978-7-301-34720-1
出 版 发 行	北京大学出版社
地　　　址	北京市海淀区成府路205号　100871
网　　　址	http://www.pup.cn　新浪微博:@北京大学出版社
电 子 邮 箱	zpup@pup.cn
电　　　话	邮购部 010-62752015　发行部 010-62750672　编辑部 021-62071998
印 刷 者	天津中印联印务有限公司
经 销 者	新华书店
	787毫米×1092毫米　16开本　21印张　460千字
	2024年7月第1版　2024年7月第1次印刷
定　　　价	68.00元

未经许可，不得以任何方式复制或抄袭本书之部分或全部内容。
版权所有，侵权必究
举报电话：010-62752024　电子邮箱：fd@pup.cn
图书如有印装质量问题，请与出版部联系，电话：010-62756370

目 录 | Contents

导论 / 001

- 001　第一节　中国法制史概说
- 025　第二节　中华法系及其特点与影响

第一章　先秦时期的法律制度 / 039

- 039　第一节　三皇五帝时期及夏代的法律
- 041　第二节　法规的制定与公布
- 052　第三节　刑罚
- 058　第四节　犯罪处罚
- 059　第五节　司法制度
- 066　第六节　儒家与法家的法律观

第二章　秦汉时期的法律制度 / 069

- 069　第一节　秦汉法制史研究与出土简牍
- 071　第二节　秦汉时期的法源
- 076　第三节　刑罚制度
- 085　第四节　犯罪与处罚
- 092　第五节　民事法
- 097　第六节　司法程序

| 101 | 第七节 儒家与法家的影响 |

第三章 三国两晋南北朝的法律制度 / 109

109	第一节 概说
110	第二节 立法概况与法律形式
117	第三节 法律的进一步儒家化
125	第四节 刑事法律
134	第五节 司法制度的新变化

第四章 隋唐时期的法律制度 / 139

139	第一节 立法概况
150	第二节 行政法律制度
155	第三节 刑事法律规范
168	第四节 民事法律规范
173	第五节 唐律的特点与历史地位
175	第六节 司法制度

第五章 五代辽宋西夏金元时期的法律制度 / 181

181	第一节 概说
184	第二节 法律思想
187	第三节 法律形式和立法成果
201	第四节 行政法制
205	第五节 刑事法律
209	第六节 民事法律
214	第七节 诉讼制度
219	第八节 特别法律制度

第六章 明清时期的法律制度 / 225

| 225 | 第一节 概说 |

| 227 | 第二节 法律思想
| 228 | 第三节 律例法律体系的形成
| 239 | 第四节 行政法制
| 245 | 第五节 刑事法律制度
| 250 | 第六节 民事经济法律制度
| 254 | 第七节 司法制度

第七章 清末民国的法律制度 / 260

| 260 | 第一节 概说
| 262 | 第二节 宪政运动及宪法性文件
| 271 | 第三节 民商事法律
| 280 | 第四节 刑事法律
| 284 | 第五节 诉讼法律
| 287 | 第六节 司法制度

第八章 革命根据地时期的法律制度 / 297

| 297 | 第一节 概说
| 299 | 第二节 立法指导思想与法律体系的形成
| 301 | 第三节 宪政法制
| 304 | 第四节 刑事法律制度
| 308 | 第五节 民事经济法律制度
| 318 | 第六节 司法制度

后记 / 329

导　论

第一节　中国法制史概说

一、中国法制史的定义、性质、研究对象

(一) 中国法制史的定义

法律史学作为法学的二级学科，是研究法的历史的学问。其中的中国法制史，是研究中国法律制度的产生、发展演变及其特点，以总结中国法制发展的规律性的科学。

法律史学具有历史科学的一般特点，它不仅要展示历史发展的进程，再现中国传统法律制度，更重要的是归纳其发展线索，揭示其发展规律。因此，法律史学首先是运用历史学的方法，以探究、记述过去的法律事实为目的的学问。但它不应满足于停留在究明现行实定法的各种制度、规定等的来龙去脉，或为过去的制定法史作简单的索引而已。尽管从学术发展史的角度而言，法律史学无疑是从实定法学或者法解释学等学问发展而来并离不开它，所以它未尝超越实定法历史的领域。然而，作为法学的一个独立部门，法律史学的研究应超越制定实定法的历史范围，其研究对象不应仅限于在昔日被视为法且经制定的法律法规（即过去的实定法），更应扩展至事实上以法的方式实行之"法"（过去的实证法），从历史上究明昔日之法及法生活实态，使具有真正意义的"法的历史"得以展开。换言之，法律史学所应探究的"法的事实"，不仅包含制定法（静态的法），而且应关注其具体实施的状态，并在研究范围上当然地及于习惯法、法之惯例及习俗等一切之法及具有法意义的活动（动态的法）。即要注意庞德提出的"书本上的法"与"行动中的法"的区分及两者之间的关系。

其次，法律史学既属于历史学，目的在于探究历史上的法并予以记述之，故不应将其简单地视为当然存在的事实，而应以发展的眼光即从其历史发展过程中加以考察。那种仅对历史上与法有关的事物加以搜集、解释、分类、整理等工作，固然是研究法律史学的重要且基本的前提，但若裹足于此，画地为牢，则其研究工作不过是法律史学之辅助学——或可称之为"法古事学"而已。故其研究对象不应限定于历史上的法事象那样的狭窄范畴内，而应注意其与历史学的其他部门之间的密切联系，注意法事象与社会背景的关系，将其作为历史的一个环节加以考察：法律、法制是在如何之政治、经济、社会及民族、文化、宗教等条件下形成？反之，法律、法制对于这些方面的发展又产

生何种作用？并从中归纳出法制发展的法则性、规律性。总之，揭示中国法律发展的基本特征和基本规律，并对之进行科学概括和解释，是研究法律史学的重要课题之一。

在此，需要注意的是学界目前对法律史学的称呼并不统一。具有代表性的有：

1. 法制史。狭义的指法律的制度史，包括有关刑律与狱讼的制度；广义的指法律与制度的历史，兼指法律制度与王制、职官、兵制、经济、税制等其他典章制度。这算是一直通用的概念，如1906年《京师法律学堂章程》确立的相关课程亦称"中国法制史"，并沿用至今。仁井田陞、戴炎辉等撰写的著名教材亦以"中国法制史"冠名。①

2. 法律史。法制与法律的内涵是否一致？法制能否包括法律思想？这是法制史难以克服的局限。法律史，实乃兼含法律制度与法律思想之历史的集合性概念，它注意到形成法律的原因、法律的规范内容、法律的社会效应，以及三者之间的关系。京师法政学堂1910年改定学堂章程，其编订的法律门四年课程中，第一年课程开设大清刑律、罗马法、中国法律史（第一次正式采用该课程名）；第二年增设日本法律史；第三年开设西洋法律史。我们现今的法学二级学科即名为"法律史学"，1979年成立的相关学会也叫作"中国法律史学会"。又如张晋藩主编有《中国法律史》（法律出版社1995年版），中国社会科学院法学研究所法制史研究室编有《中国法律史学的新发展》（中国社会科学出版社2008年版），皆用其名。现在，"中国法律史"更是法律学科十门核心课程之一。

3. 法史。应该说法史的范围广于前两者，不仅有制定法、实定法，还包含法思想、习惯法、法习俗等，即所有与法有关的法生活。如岛田正郎的《东洋法史》（明好社1970年版）；黄源盛的《中国法史导论》（元照出版有限公司2012年版；同名简体版，广西师范大学出版社2014年版）。日本京都大学、名古屋大学、明治大学等法学部都开设有以中国为中心的"东洋法史"课程。

4. 法文化史。文化史是叙述人类全部生活发展变迁的历史，而叙述其中一部分"法"生活发展变迁历史的即是法律文化史，或简称为法文化史。但我们不应当把思想史和法制史变成两个孤立的世袭领地。也因此，有人索性主张将二者结合起来改写成法律史或法律文化史。

这些概念各有侧重，也有相互交叉重叠。如仁井田陞既著有《中国法制史》教材，以及《中国法制史研究》四卷本（1959—1964年），也撰写过《东洋法史学的诸问题》论文（1950年）。对学科称呼的不同，多少反映了学者对该学科的定位和核心内容把握上的差异。

(二) 中国法制史的学科性质

从大前提来说，法学在一定程度上就是历史学，法学和历史学都是通过解释而进行事实重构，但法学的认定事实需要经过正当程序，而历史学的认定事实不需要关注

---

① 参见〔日〕仁井田陞：《中国法制史》，牟发松译，上海古籍出版社2011年版；戴炎辉：《中国法制史》，三民书局1966年版。

正当程序。从中国法制史的学科性质来看，它属于法学与史学的一门交叉学科，兼跨法学、史学两个领域。它既属于法学中理论法学的一个分支(参见表0-1)，法学属性在这门学科中占据主导地位；又是史学的一门专门史，是中国政治史、思想史研究的重点之一。从史学角度看，必然涉及史料(证据)的搜集与鉴别、文本的诠释、再现历史上的法律制度等问题；从法学角度看，法律史除关注历史上的法律现象外，还负有探讨历时状态下法的规律性和特殊性的任务；部门法学科仅关注共时状态下的法，缺乏历史纵深，法律史是为了与部门法一起共同构建法学的双向维度，故其研究目的、基本方法和主要内容是法学的，必然涉及规范与价值的领域。此点尤应置于历时性、共时性下考虑，在"史"的时、空意识或语境下，因聚焦而凸显的法的概念、本质、作用，法规范、法制度以及司法裁判等问题，都必须从虚化为背景但却不可无视的、已经流逝的特定时空和特定社会条件下加以理解(特别是所谓"同情地理解")，才能真正认识其所具有的特殊的社会、历史与法学的脉络意义。这种兼具史学(人文)、法学(社会)的双重性质，以及不可避免地存在着两个互补的知识系统——历史学中的法律史和法学中的法律史，决定了法史学科的深度、广度和难度。

表0-1 法史(法律史、法制史)学在法学中的学科定位[①]

理论法学(基础法学)				应用法学(实证法学)			
法理学（法哲学）	法的历史哲学	法学方法论（含法律解释学的方法）	法价值论（法的目的研究）	法律解释学	公法学	私法学	社会法学
法经验学科	法社会学	法人类学	法史学（本国、外国之法史）	法政策学	（含刑事政策、立法政策等）		

法史学与法社会学一样，均是以探究法律事实为目的的学问。但前者采用的主要是历史学的方法，以研究过去的法律事实，而后者采用的主要是社会学的方法，以研究现在的法律事实。作为法律事实学、法经验学科，它们首先与同为基础法学、理论法学的法理学、法哲学(以究明法律理念、本质为目的)相区别。其次，作为理论法学的法史学是"奢侈的、贵族式的法学"，非应用、实证的法学，是"虚学"而非"实学"，期望培养的目标是"将才"，而不是以操作性见长的"匠才"，缺少功利性，故与应用法学如法政策学，尤其法律解释学(以解明、阐明现行实定法的规范性意义为目的，如"杀人罪"之"人"应作何解?)相区别。我们知道，法律解释学立足于法律条文的本身含义，通过字面注释、扩张解释或限制解释等，力图阐明法律的自身功能和社会功能。应该说，它为我们解读法律提供了基础的方法，因而法律史学有必要引入这种研究方法，它们之间存在着一定的内在联系。但是，仅仅依靠这种研究方法是否能真正把握法条的本义?

[①] 参见黄源盛：《中国法史导论》，元照出版有限公司2012年版，第9页。

从法条到法条的思路是否能真正畅通和谐起来？因此，我们必须把眼光投向更大的范围、更深的层次，把握隐藏于法条后面深邃的法律内涵，抽象出其本质和目的，将其上升到法哲学的高度。

就历史学而言，作为古代中国的显学，在近现代相当长的一段时期内仍不失其显学地位。就法学而言，在20世纪效法西方的背景下，其发展道路可谓跌宕起伏。当20世纪80年代中国刚刚恢复法学研究与教育之际，法律史学在法学领域可谓一枝独秀。这种现象既是中国悠久文明积淀的反映，更是"幼稚的法学"的无奈。经过三四十年的学术发展，尤其在市场和商品经济地位愈发重要的今天，各个应用学科建设成就空前，历史学、法律史学同其他人文学科一样从显学的位置跌落下来。但在法律史研究领域，法学与史学的交流、合作由来已久。例如，主要由文字学家和历史学家主持的简帛整理、释读项目，就有法律史家的参与，而有些古代文物的出土，也可能对相关领域的法律史研究发生重要影响，睡虎地秦墓竹简对于推动秦律研究的深入就是适例。此外，讨论早期法律制度，需借重考古报告和甲骨文、金文的研究以佐证；论及唐宋法律，则征诸敦煌、吐鲁番法律文书和新发现的《天圣令》；研究明清社会与法律，必参之以相关的社会经济史研究，这类情形已不少见。

（三）中国法制史的研究对象

中国法制史的研究对象应包括哪些，学者们的看法未必相同。但至少应包括历史上的制定法、习惯法、法律习俗，以及历史上的法律思想。一言以蔽之，法制史的研究对象应包括历史上所有的法律及法律生活事象。也就是说，中国历史上的法的制定、演变，以及法的内容（静态的法）和实施（动态的法）等，都是中国法制史研究的对象，其中法的实施是法史学研究中难度较大但非常重要的一个方面。

与我国的中国法制史研究对象相比较，日本的研究范围较广。如前揭岛田正郎所著《东洋法史》第一章"中国法"，其内容包含：序说；法典编纂的沿革；统治制度；兵制；税制；审判制度和调解制度；户籍制度；刑法；人法；部曲、奴婢法；宗族法和亲族法；家族法；土地法；村落法；贸易法；行会；礼制；结论等。相似的体例还可以参见前揭仁井田陞所著《中国法制史》。其中的税制、行会、村落法等，在我国通常归入经济史的研究对象；兵制等则纳入政治史的研究范畴。

我国台湾地区的中国法制史研究体例大体效法日本，但范围缩小。如前揭戴炎辉所著《中国法制史》，可被视为台湾地区中国法制史研究的代表之一。其内容分为五编，即：(1) 法源史；(2) 刑事法史；(3) 诉讼法史；(4) 身份法史，包括保族生活——生育、哺育活动与经济生活；(5) 财产法史，包括物权法史、债权法史。虽然戴著也按线索条分缕析地描述中国法制史，但与目前大陆地区大部分教材按照立法思想、立法概况、刑法制度、行政法律制度、民事经济法律制度和司法制度为线索的论述方式还是有所不同的。唯需指出的是，这种状况在近年黄源盛的《中国法史导论》中已有重大改观。

二、中国法制史的教材体例

在我国的高等法学教育中,作为二级学科的法律史学科群的课程设置,按照中外之分、思想和制度之分的原则,通常划分为四个独立的课程(三级学科),即作为必修课的中国法制史和作为选修课的中国法律思想史、外国法制史和外国法律思想史。有些法学院校还开设有比较法律史、传统法文化之类的课程。目前的中国法制史或中国法律史教材的普遍现状,如一言以蔽之,可曰:"两张皮,四阶段。"也就是说,中国法律史是由中国法律制度史和法律思想史(或加上中国法律文化史)相粘贴[①],并由奴隶社会、封建社会、半殖民地半封建社会、新民主主义革命时期(革命根据地民主政权)的法律制度等四大板块(阶段)的法制构成。中国法制史是如此,即便采用"中国法律史"为名称的教材,似乎也没能摆脱这种框架。这种先入为主、机械到几乎千篇一律的教材体例,把生动的中国法制史变成干巴巴的公式化说教,是使中国法制史丧失活力、使学生丧失学习积极性的重要原因。

(一)关于"两张皮"的问题

中国法律史学界把中国法律制度史与法律思想史分割开来的做法称为"两张皮"。尽管两门课程在各自的特征、研究对象等方面有所区别,区分开来教学有一定的理由,但在这种教学计划模式下,容易忽视思想与制度之间存在着相互影响的互动因素,将原本具有紧密联系的一个知识体系人为割裂,使制度与思想各自独立,法制自法制,法思想自法思想。因此,无论"狭义"还是"广义"的中国法制史,都建立在注重以立法为中心的历代法律制度沿革方面的静态论述;无论是这种还是那种体例下的中国法律思想史,都难免以某些重要历史人物的法律思想为中心而展开论述,缺乏对动态的"活法"与精神的把握。不可否认,如此这般剪裁的法律史教科书,其知识的系统性、关联性大大削弱。法作为活的历史过程、作为精神、作为一种文化现象,不是孤立的存在,故二分法教材无法真正切中肯綮。法律制度无疑是一种文化现象,同样,法律思想也是文化的一部分,而贯穿两者的活的能动的方面则是精神、传统。

显然,"两张皮"的状况不改变,中国法律史学科建设就难有新突破。为此,学术界力图改变这种状况,以便把法律制度史和法律思想史结合起来,揭示两者的相互联系。因此,既要注意把法律制度、法律思想的形成与其所依托的当时社会的政治、经济、文化等历史背景结合起来研究;也要注意思想对学说的影响、学说的流变或学说间的互动,以及二者与制度之间的关系,以期较为全面、准确地反映法律史的面貌,揭示法律产生的深层次原因及发展规律。正如黄源盛指出:"一般而言,法律制度是具象的、是现实的;而任何制度,其所以产生、所以存在、所以发展,可说都有某种思想或理论为其

---

① 张国华先生在其所著的同样属于"两张皮"的《中国法律思想史新编》一书中写道:"在法律史上我们有一个习以为常的传统,就是将思想史和制度史截然分开,形成两张皮,即使是联系很密切的问题也各说各的,不越雷池一步;二者共同的纵向联系、横向联系同样被人为地割裂,互不相通。"参见张国华编著:《中国法律思想史新编》,北京大学出版社1991年版,前言第1页。

后盾,而思想也因制度而获得落实,两者相成为用。研究中国法制,当知其背后思想上的根据,如此,规范与法制才不致被认为是偶然之举;探讨思想,也须知其对规范与制度的影响,否则,容易沦为空泛之谈。或许可以这么认为,思想家把法律思想的种子,散布在人间,使各种理念透过制度,经由规范而得以在世间实现。"①例如,可将法律制度史与思想史整合为中国法律史,在社会大变动时期侧重法思想的阐释,在社会稳定时期侧重法制度的叙述,使思想与制度原本泾渭分明的知识分类格局得到调剂、改善,让具体知识在一个相互联系而非人为分割的知识体系内予以整合,使研究结论更具科学性,以此促进学界对中国法律史框架结构的反思和改造。

近年来问世的论著,间或也有尝试改变研究角度,从多元化的视野出发进行研究,如以"传统法律文化""传统法律精神"之类名称出现的论著,已开始突破传统的法律制度史或法律思想史的范畴。同时,"民间法""少数民族法制史""地方法制史"等概念的提出,不仅关注官方的法律规范表达,更关注官方法律文本之外的"习惯(法)表达",都开启了扩展与改造中国法律史"两张皮"的新途径。

思想是行动和制度的先导,制度则是思想的结晶。我们在学习和研究中,只有把两者有机地结合,兼收并蓄,才能使中国法律史有血、有肉、有灵魂,充满生命力。

(二)关于"四阶段论"的问题

眼下的中国法制史教材,多擅长于运用历史唯物主义的理论和方法,注重阶级分析,其研究也取得一些成果。但不可否认的是,机械地套用马克思主义五种社会形态论,无条件地搬用历史唯物主义关于社会发展史阶段分期的标准,去划分中国法律史的阶段,也造成忽视中国法律历史特点而任意宰割法律史资料,强行切断法律历史连续性的弊端。特别是受一元单线历史观的影响,强调阶级斗争作为分析法律的唯一方法,对中国法律历史的进程只作单线式的简单化的阐释。② 如以朝代(时间顺序)为纲,或以制度(问题顺序)为纲的大多数教材,都自觉或不自觉地将其系统地纳入奴隶社会、封建社会、半封建半殖民地社会和新民主主义革命时期(革命根据地民主政权)的"四阶段"中,再按具体朝代兴衰为线索,或按立法思想、立法概况、刑事法律制度、行政法律制度、民事经济法律制度和司法制度为线索论述。此种指导思想下的教材,多有忽视思想、制度与经济、社会的互动,忽视基层经验、民间习惯,过于强调法律的阶级性而无视阶级社会中法律的社会性、公共性之弊端。

人类历史的发展并非只有一种模式。因此,套用任何一种普适性模式都可能造成对历史的严重扭曲和误解。从 20 世纪 80 年代开始,随着所谓放之四海而皆准的"五种社会形态"理论所导致的无法解释的大量例外,人们逐渐怀疑这种理论所具有的社

---

① 黄源盛:《中国法史导论》,元照出版有限公司 2012 年版,第 17 页。
② 参见刘广安:《中华法系的再认识》,法律出版社 2002 年版,第 182 页。在对人类社会乃至中国社会特质及其发展规律性方面的研究上,历史学界已是争论纷起,观点迭出,推陈出新,走在法学界之前。相反,法学界于此则少有深入探讨之作,至少中国法律史学界宁肯以正统观点尤其郭沫若的观点作为自己研究的当然前提。对这些问题的探讨,远谈不上用力甚勤地"疑义相与析",更不要奢望间或有新意了。

会宿命论色彩,将其再次纳入人类社会历史的实际进程中重新检验,开始对中国社会形态特殊性的再思考。在近年来的讨论中,仍然坚持将五种社会形态看作一种严格的规律性和普适性的观点,多少都受到挑战;一些仍然坚持这一理论的学者,主要侧重于强调这一学说的方法论意义,并不再看重五种社会形态依次发展的规律性。

因此,有必要介绍学术界在研究方法上的新探索,介绍如何运用多学科的理论支持、多角度的理论透视,来探讨隐藏在各种法律现象背后的规律性东西。

如曹大为、商传、王和、赵世瑜任总主编的《中国大通史》,在《编写手册》中提出"不再套用'五种社会形态'的演变模式","避免使用含义不清的封建制度概念"的主张,就颇具新意。他们认为:"事实证明,并非所有地区或国家都完全按这一模式一成不变地发展。中国古代在农耕自然经济与宗族血缘纽带双重制约下跨入阶级社会门槛。血缘纽带的滞留,阻碍了完全将族人化为'非人'的活财产的奴隶趋势。中原王朝不存在一个以奴隶制剥削形式为主体的奴隶制阶段。同时我们还避免使用含义不清的'封建制度'概念,长期以来学术界流行的'封建制度'一词,并非中国古代'封土建国'的原义(西方使用的'封建制'概念与此相类),而是从'五种社会形态'角度确定其含义,这实际上是译介、创新语汇时遗留下来的问题,极易造成混乱和争议。本书……不再笼统使用封建制的概念。"[①]又如白寿彝主编的《中国通史》就审慎地避开中国古代史分期问题,而代之以只有时间意义的"上古时代"和"中古时代"。白寿彝在题记中写道:从历史发展顺序看,"上古时代"约略相当于一般历史著述中所说的奴隶制时代。但在这个时代,奴隶制并不是唯一的社会形态。我们用"上古时代"的提法,可能更妥当些。所谓"中古时代"是指封建制生产方式占支配地位,同时还有别种生产方式存在的时代。

因此,学术界也已经尝试从中华法系、法律发展规律、统治政权或历史朝代更迭等分期法来论述中国法制史。如以中华法系为标准,将其划分为中华法系的渊源期、发展期、成熟期、衰落期以及近代转型期;或分为中国法律的形成期(春秋以前)、发展期(战国至南北朝)、发达期(隋唐至明清)以及中国法律的近代化时期。或者采用其他种类的部门线索描述法来论述中国法制史。又如古代法与近代法在法的追求、法的精神本质上是不同的,故首先区分这两个大断代,再以部门法为线索,勾勒中国法制史。此种观点认为,法的发展及运行规律主要是以部门法的发展体现出来,即使古代中国虽无严格的部门法划分,但亦有类似情形,故须打破单纯的王朝体系,反对"诸法合体,民刑不分",仅以古代法与近代法作为法律类型来论述。具体分为:概述,包含王朝简介、法律思想、立法概况、法律形式等;行政法律;民事法律;经济法律;刑事法律;司法制度等线条。

---

① 朱绍侯:《中国古史分期讨论与中国史研究》,载《史学月刊》1998年第6期。该文还介绍了学术界相关论争及最新动向,如"夏商二代可以称之为'氏族封建时代'";又如"'五帝'时期是我国王权形成期,出现了早期国家;夏朝初步建立了中央集权的国家机器;商朝的内外服制度进一步完善了国家机器;西周王朝通过大规模分封,建立了华夏国家"等,皆可参阅。

也有学者尝试从文化人类学的角度,从自然科学系统论的角度,从英美判例分析方法的角度,从西方现代语言学或解释学的角度,以及从法社会学的角度等来论述中国法律史。

这些新方法的介绍,对中国法律史而言,可能成为开阔视野和活跃思路的利器。例如,有学者指出,人类创造法的目的,是管理自身(社会)、解放自身、完善自身、协调自身与自然的关系。一部法律史,本质上就是一部人类管理自身(社会)、解放自身、完善自身、协调自身与自然的关系的历史。当然也应该看到,现实中法的功能和追求不可能是纯洁的、单一的。由于受到各个时期社会管理者的影响,它不可避免地在不同程度上扮演为社会管理者服务的角色。但是宏观地考察,法的这种功能和角色是次要的、局部的、非本质的。同样,描述法的这种功能和角色虽然是法律史的重要内容,但不应该是法律史的主线。①

尽管这些尝试的效果有待于进一步的完善,但中国法律史研究方法的多样化,必将促进法律史教学、研究的重大变化,启迪我们重新认识中国法律史学。

三、中国法制史研究的基础资料问题

研究法律史学,既与研究一般的历史学相类似,根据史料实证考察至为重要,所谓"论从史出"是也,极端的观点甚至主张"史料即史学","史料为史之组织细胞,史料不具或不确,则无复史之可言",也与法律的适用有相同之处,即通过搜集、鉴别证据(史料)证明自己的观点、主张(论点)。由于历史研究不同于一般理论研究,必须有材料作为依据,不得凭空推论;法律史学也不同于法理学或刑法学,尤其古典刑法学派那样,可以作天马行空式的宏观思辨,而不需要太多微观的、细致的考察实证。在重视实证这一点上,它更接近近代犯罪学的实证学派风格。因此,我们主张史论结合,既重考据,也重义理,不能轻视理论的研究与创新。但我们反对"以论带史",单纯地重方法或西方的理论而轻视史料,注重宏大理论框架的建构,生硬地比较中西法律文化,造成法律史学作品与法理学作品的同质化,甚至可以说就是法理学作品。所以,史料问题是法律史学科的基础部分,也是同学们学习中遇到的难题之一。

关于法的史料,虽有直接史料(对研究过去实定法尤具意义)、间接史料(对过去实证法之研究意义较大)之分,仍需综合直接、间接史料,才能使研究基础扎实。史料通常以越接近同一时代的越为精确,但现实中此类史料若多已散失,则需使用补充、类推等方法。同时,也不排除有时在时间及空间上相隔较远之史料反而较具客观性。因此,搜集史料必须极为彻底和细心,傅斯年将之形象地比喻为"上穷碧落下黄泉,动手动脚找东西",而史料不能简单等同于"历史真相"的客观记录,故鉴别史料更是学者"史识"高下的一块试金石。

那么,中国法制史的基础资料主要包括哪些呢?简要地说,至少以下若干种类是

---

① 参见艾永明、方潇:《关于21世纪中国法律史研究的几点思考》,载汪汉卿等主编:《继承与创新:中国法律史学的世纪回顾与展望》,法律出版社2001年版。

必须关注或能够间接利用的:

(一) 传统文献资料

在传世的文献资料中,与法律史相关的资料主要有:

1. 二十四史的《刑法志》、政书类的"刑法"等最常被人们利用。众所周知,中国传统的历史典籍以作为正史的二十四史最具影响力和较有代表性。从公元前司马迁编纂的《史记》到《明史》的二十四史,以及20世纪20年代先后完成的《新元史》《清史稿》,合计26部正史中,共有《刑法志》(个别称为《刑罚志》或《刑志》)14篇。尽管它只记录了中国古代法律史的一部分,但这部分却构成中国法律史的一条主线,代表中国古代尤其儒家学者的法律史编纂传统。政书类如唐代杜佑的《通典·刑法典》,记述了上古至唐中叶的法制发展概貌,也具有重要参考价值。

2. 历代成文法典如《唐律》《宋刑统》《大明律》等,历代官修或私撰之法律注释书,如晋张斐的《晋律注》、唐代长孙无忌的《唐律疏议》、明代雷梦麟的《读律琐言》等,历代判决记录文书汇编如《名公书判清明集》《刑案汇览》《盟水斋存牍》等,对我们了解法律的制定和实施等,颇有助益。

3. 一些编年史如《左传》《资治通鉴》等,也不乏相关资料。

4. 在儒家经典、佛道文献、地方志乃至文艺作品中,间或能够发现法律史的相关史料。

传世文献中的常见史料的价值尤其不应忽略。稀有难得的或新出土的史料当然极其可贵,但基本功夫仍在于对普通史料的精耕细作,句读当中有思想,字里行间出学问。"真正高明的研究者,是要从人人能看得到、人人已阅读过的旧的普通史料中研究出新的成果。"[①]已故史学家陈寅恪、中共党史专家高华,都是个中高手。

(二) 考古资料

虽然中国历史悠久,传世文献丰富,但由于诸多原因的制约,古代文献散佚颇多。因此,借助考古发掘成果以弥补历史记录的空白,或校正流传文献的讹误,是治法史者不可或缺的手段。王国维先生积二十余年研治古史收获之心得,在20世纪20年代的《古史新证·总论》中提出研究历史的创新方法,即二重证据法:"吾辈生于今日,幸于纸上之材料外,更得地下之新材料。由此种新材料,我辈固得据以补正纸上之材料,亦得证明古书之某部分全为实录,即百家不雅驯之言亦不无表示一面之事实。此二重证据法,唯在今日始得为之。"陈寅恪在《王静安先生遗书序》中亦曾详述二重证据法是:一曰取地下之实物与纸上之遗文互相释证;二曰取异族之故书与吾国之旧籍互相补正;三曰取外来之观念,与固有之材料互相参证。此种研究方法因得自内心而具有生命力,是一种能够与时俱进,虽在近百年之后的今天仍为学界所称道、所借鉴的方法。因此,治法史者自当需要注意以下有关考古研究的动态:

1. 甲骨文。刻记在卜甲、卜骨上的文字,属于早期汉字,多属商代后期遗留下来

---

① 严耕望:《治史三书》,上海人民出版社2011年版,第21页。

的文字资料①,从发现迄今已一百多年,以河南省安阳市殷墟的甲骨文为代表。商朝统治者非常迷信,对很多事情都要进行占卜,以了解鬼神的意志和事情的吉凶,所以,甲骨文基本上都是商王朝统治者的占卜记录。占卜所用的材料主要是乌龟的腹甲、背甲和牛的肩胛骨。商代后期为商王等统治者管理占卜事务的人员,往往把占卜的事由、卜兆的吉凶以至后来是否应验的情况刻记下来,这就是一般所说的甲骨文,也有人根据它们的用途称作甲骨卜辞。目前发现的甲骨文的总字数约4500,可以释读的约1000,尚有争议的约1000,但它包含着极大的信息量则无异议。例如,王国维在研究甲骨文时,发现甲骨文中一些内容能够与史料相印证,从此对考古学上的新发现表示极大关注,认为这推动了新学问的出现。我们今天在讨论商朝的神权法思想、神判制度时,依然离不开利用甲骨文的论据进行论证。

2. 金文(金石法)。从人类书写材料发展的历史来看,各民族在其发展的早期,都有将文字包括法律镂刻在金属或石头上面的经历。古罗马的《十二铜表法》、两河流域古文明的《汉穆拉比法典》,均是其例,且其法律因书刻原料而被称为金石法。卢梭曾说过:"一切重大的法律不是刻在大理石或铜板上,而是铭记在公民们的心中。"也从某种意义上证实了金石法曾经存在。我国亦是如此,金文即为适例。我国古代把铜称为金,人们把铸刻在青铜器钟或鼎上的铭文称为金文,亦称钟鼎文。这种文字通常认为出现于甲骨文之后,但也有人认为早在甲骨文之前就已存在。据统计,金文约有3005字,其中可以释读的有1804字,较甲骨文略多。金文中包含大量重要的法制史料。《礼记·祭统》说:"夫鼎有铭,铭者,自名也。自名,以称扬其先祖之美,而明著之后世者也。"如1976年在陕西临潼发现了武王征商的利簋,该簋铭文就记述了武王牧野之战获胜的经过。又如我们论述西周中叶开始的土地王有制的崩溃,就需要运用金文资料进行论证。在这方面,胡留元、冯卓慧合著的《长安文物与古代法制》(法律出版社1989年版),探索了西周金文法问题,可作代表。

3. 帛书。中国是传统的农业国家,没有发达的畜牧业。因此,当书写材料得到改进时,很难出现畜牧业发达地区那种以羊皮为书写材料的羊皮书。②但由于桑蚕养殖带来的丝帛的广泛利用,出现了帛书(亦称缯书)。"帛者,缯也",是丝织品的总称。帛书就是书写在缣帛等丝织品上的文字,其起源可以追溯到春秋时期,一直沿用到公元后3、4世纪,其行用有近千年的时间。20世纪70年代,在长沙马王堆三号汉墓出土了大批西汉初年(约在汉惠帝至汉文帝初年)的帛书,包括《老子》甲、乙本,以及《战国纵横家书》《周易》《春秋事语》等二十多种书籍、文章,还有三幅古地图。就我们今天所见到的老子书而言,帛书《老子》甲、乙本应是最古的写本了。而在《老子》乙本的那幅

---

① 甲骨文显然是成熟的文字。关于汉字的起源,中国古文献上有诸种说法,如"结绳""八卦""图画""书契"等,但考古材料证实:汉字发明于大汶口文化早期,距今已有4000年以上的历史。
② 古代的西亚地区和古代欧洲,曾经大量地使用羊皮来书写文字,如小亚细亚佩加蒙城的人们,把小羊皮或羊皮在石灰水中洗净、晾干,绷在框架上,用厚石将它打磨平整,再涂上蜜,制成羊皮纸,用来书写。此外,古代亚述、两河流域曾使用泥板来记录文字,古代印度僧侣曾用贝叶来书写经文。但这些书写材料在我国都甚少使用。

帛上,尚抄有《经法》《十六经》《称》和《道原》四种古佚书。学者认定它们就是《汉书·艺文志》中所载的《黄帝四经》,系久已失传的"黄帝之学"的代表作。这对我们深入研究黄老学派的思想流变,以及秦汉时期的法律思想,都具有重大价值。

4. 简牍。中国古代用竹、木制成的书写材料,流行于东周至魏晋时期(约公元前5世纪至公元3世纪),长期与帛书并用。《墨子·明鬼》篇所谓"故书之竹帛,传遗后世子孙",《韩非子·安危》篇"先王寄理于竹帛",即此之谓。东晋末年以后,由于纸被普遍使用,简牍才逐渐被废弃。《尚书·多士》篇记载"惟殷先人有册有典",这可能是中国古代使用简牍的最早记录。目前发现的时代最早的实物简是湖北随州战国早期曾侯乙墓出土的竹简,时代最晚的简是新疆罗布泊楼兰遗址、民丰尼雅遗址和吐鲁番晋墓出土的晋简,总共已经发掘出土了100多批总数将近20万枚的古代简牍,上面记载的文字超过100万字。简牍的内容十分广泛,包括官方的各种文书档案、律令、账簿、私人信件、各种书籍抄件、历谱等,有很高的史料价值。如1974年在湖北云梦睡虎地秦墓出土的多种秦律和《编年记》《语书》《日书》等竹简共1155枚①,是我们研究秦朝法制的珍贵材料,廓清了许多学术迷雾,填补了我们对秦律认识的大量空白。在居延、敦煌等地出土的汉代简牍中,我们能够看到其官方行政和法律文书,可知当时的行政、司法、规章是非常严格、十分完备的。我们能够借此了解古代中国的行政制度,进而了解中国的法律体制对于古代东方法律和世界法律的影响。此外,湘西里耶的秦简、岳麓书院藏秦简,江陵的张家山②、连云港的尹湾、武威磨嘴子的"王杖十简"、荆州的胡家草场等汉简,长沙走马楼的吴简等,都具有其独特的法史价值。③ 可以说,近年来简牍的大量出土、整理及公布,为进一步揭示、阐明先秦、秦汉时期的法律制度助力良多,使该时期法制史研究再现活力。

5. 敦煌、吐鲁番出土文书。魏晋南北朝隋唐五代时期新出土的这些资料,成为此时期法史研究的新领域。刘俊文所著《敦煌吐鲁番唐代法制文书考释》(中华书局1989年版)即是该领域的成果之一。

1900年看管敦煌莫高窟的王道士在无意中发现一个密室(现编号17号窟,也叫藏经洞),室中藏有公元4世纪至11世纪(西晋至宋代)的经、史、子、集各类文书和绘画作品等4万余件。文书大部分是汉文写本,佛教经典占90%以上,还有传统的经、史、子、集,以及具有珍贵史料价值的"官私文书"等。如我们通过分析敦煌买卖契约文书,可以勾勒出我国古代民商法律的重要部分,进而探讨其法律制度的完备与否。又如可以通过分析《文明判集残卷》这件敦煌法制文书,探讨唐初法律制度及其司法意义。

---

① 参见睡虎地秦墓竹简整理小组编:《睡虎地秦墓竹简》,文物出版社1978年版,"前言"第2页。
② 参见张家山二四七号汉墓竹简整理小组编:《张家山汉墓竹简(二四七号墓)》(释文修订本),文物出版社2006年版。
③ 关于甲骨文、金文和简牍等书写材料,可参见〔日〕富谷至:《木简竹简述说的古代中国——书写材料的文化史》,刘恒武译,人民出版社2007年版。

吐鲁番文书,是从新疆维吾尔自治区吐鲁番古墓葬区以及一些古城、洞窟遗址中出土的纸质写本文书,以汉文为主,其时间起自东晋十六国,迄于元代(公元4世纪至14世纪)。原来当地居民死后入葬时,墓内也置有衣物疏、明器、墓志等,并置有足以显示死者生前地位的有关文书,如因战功所得勋告、记录生前所作佛事的功德疏、各类契券、官府文书等。此外,还普遍利用废旧官、私文书之类"故纸",以制作附葬的鞋靴、冠带之类。因该地区气候干燥、炎热,故能长期保存。吐鲁番文书在性质上约可分为公文书、私文书、古籍、佛道等教经卷四大类。值得一提的是,1959—1975年,在新疆吐鲁番县阿斯塔那和哈拉和卓两地,共发掘清理了晋唐间墓葬400余座,在所获珍贵文物中,就有2700多件汉文文书,这些残损文书主要反映了包括租佃、买卖、雇佣、借贷等内容的契约;手实、计账、户籍、受田账、退田账等籍账(户籍册);符帖、牒账、案件审理、授官授勋、告身、行旅过所、收支账历等官府文书;经籍写本和私人信札等,还有《唐律疏议》等古籍抄本,是研究其时法律、田制等领域的珍贵史料。如当时私文书中的各类契券,形式较前代更为严谨,"指节印记"的普遍使用,五人联保的出现,都是为了增强契券的可靠性;高昌王国私文书中,租佃契约有较大的数量,契文本身趋于格式化和更加完整,无不反映了租佃契约关系的发展。文书还反映这一时期寺院及其经济活动的发展,寺院在使用奴婢、雇工、土地出租和高利贷剥削等方面,均无异于世俗地主。

(三) 档案资料

中国法制史要从静态研究转向动态考察,由聚焦国家典章制度转向关注多元史料和基层社会,由侧重刑事与行政领域转向探索并兼顾民事领域,由偏重史学与法学的研究进路转向寻求宏大社会理论的解释方法,实有赖于新史料的拓展与运用。明清档案与前述甲骨文、居延汉简、敦煌藏经洞遗书一起,被称为近代古文献的四大发现。运用档案资料研究我国古代静态法律文本在现实中体现为动态法律时的实际运作情况,可以说是对静态法律和动态法律进行同步研究的一种重要方法,也是澄清、解析法律制度上国家表达和实际运作的背离或整合问题的新尝试。因为过去的法制史研究在普遍重视官方层面的材料、基层档案相对缺乏的情况下,有意无意地忽视法律的实践层面,对于法律的实际运作尤其"户婚田土"等"细事"的司法实践缺乏关注,而档案尤其诉讼档案有助于揭示法律制度的实际运作。

我国现存明清时期各种档案约计1000万件,除少部分明朝档案外,绝大部分是清朝档案。清朝档案中,又以中央国家机关的官文书为主,也有部分地方政权机关的档案以及基层民间的谱牒、规约、契约等文件。这些档案分散保存在全国各地乃至海外的档案馆、博物馆、图书馆、研究机构以及私人收藏中。档案是原始资料中的原始资料,著名学者陈垣曾对他的学生、史学家柴德赓说过:不利用档案,你的科研成果就不踏实。明清档案,尤其有关司法的部分,在法史文献上也是弥足珍贵的史料,具有重要的参考价值。

1. 中央政府档案。如中国第一历史档案馆现存之档案,就包括明清两代的档案。

其中,明代档案数千件,清代档案则浩如烟海。现存三百多年的清代档案①,主要是清内阁、军机处、宫中、内务府、清史馆、宗人府等处的文书,以及解放前后陆续接收或购进的一些清代中央和地方政权的文书。明清档案的种类名目繁多,诸如当时朝廷颁发的制、诏、诰、敕,臣工进呈的题、奏、表、笺,以及中央和地方各衙门的文移往来,如咨、呈、移会等,不胜枚举。其文字大多是汉文或满汉合璧,一部分是满文,并有一些蒙、藏等少数民族文字,还有少许英、法、俄、日、拉丁等外国文字。以往史家不予重视而普通人又难以接近的中央政府档案实具有一种不可替代的重要性。就其档案内容而言,大凡有清一代的政治、经济、军事、文教、刑名、外交、天文气象、山川河流、地震灾荒以及宫廷生活、皇族事务,无不囊括其中,尤以内阁题本、宫中朱批奏折最具价值,实为我们研究清代法制史的资料宝库。

2. 地方档案。著名的如四川巴县档案②、河北宝坻县档案、台湾淡新档案③,还有新近出版的浙江黄岩诉讼档案④,以及尚未引起学界足够重视的四川南部县衙门档案等,都是利用价值极高的法史资料。淡新档案中所有诉讼案件的文书类型包括:申诉书、诉状、指令书原稿、差役复命书、法庭记录、证文、字据。官厅间文书所再现的内容全面反映了当时州县的诉讼实态,弥足珍贵。黄岩诉讼档案是清同治、光绪时期的诉讼档案,收录了案件78宗,全部案情均为民间细故,保存完整,是研究我国清代司法审判的珍贵史料。特别是该档案中附有有关民事审判的程序等内容,将有助于进一步推动我国古代民法和民事诉讼法的研究。

2007年发现于龙泉市档案馆的龙泉司法档案,始于晚清直至民国时期,共计17333个卷宗,88万余页,规模巨大,年代完整,是国内迄今所见民国时期保存最完整、数量最庞大的地方司法档案。它清晰记录了中国从传统到近代变革的法律制度和司法实践的完整过程;也记录了近代地方社会结构、经济形态、家庭婚姻、民众观念等方面的变迁,涉及民众生活的几乎所有内容,描绘了一幅民国年间东南地区基层民众日常生活的生动图景,是研究中国法律史、社会史、近代化进程,以及区域史的珍贵史料。

此外,还有海外档案。如近年来陆续出版的《公案簿》系列,涵盖东南亚吧城华人近两个世纪社会生活的各个方面,也反映了中外法律交流的一个生动侧面。

3. 民间契约文书。所谓民间契约文书,广义上一般指民间契约和其他民间文书,

---

① 包含清军入关前形成的档案和溥仪退位后住在紫禁城和寄居天津时期的档案。
② 巴县档案卷帙庞大,有11.3万余卷,其中仅司法档案就有近10万卷,但直到20世纪80年代才向研究者开放,而且至今尚未全部整理完毕[有一部分已经整理出版,见四川省档案馆编:《清代巴县档案汇编(乾隆卷)》,档案出版社1991年版]。
③ 淡新档案是清乾隆四十一年(1776年)至光绪二十一年(1895年)台湾淡水厅、台北府及新竹县的行政与司法档案。后经台湾大学法律系戴炎辉教授命名及主持整理工作,将档案内之文件分为行政、民事及刑事三门,门下并分类、款、案、件。全档共计1163案,19152件。是研究清代台湾行政、司法、经济、社会、农业等极有价值之第一手数据,故对研究中国法制史、地方行政史、社会经济史等极具学术价值,也是了解传统中国法律制度与司法审判的重要凭借,为世界著名的传统中国县级档案。
④ 参见田涛等主编:《黄岩诉讼档案及调查报告(上、下卷)》,法律出版社2004年版。本书上卷为《黄岩诉讼档案》,收录档案78宗;下卷为《黄岩调查报告》,是涉及相关档案的田野调查报告的结集。

即一切民间民事交往、经济交易中各式契约(契、字,合同或称合约、文凭)和各种民间私撰的其他文书(族谱、诉讼状、乡规民约、各类碑铭典籍等)。狭义上仅指契约类型的民间文书,即民间民事交往、经济交易中的各式契约,典型的有徽州契约文书、福建民间契约文书等。民间契约文书细致地反映了历史上民间生活的真实面貌,是官修正史之外的珍贵的"民间正史"。以徽州契约文书为例,其总数超过30万件,种类包括交易文契、合同文约、承继分书、私家账簿、官府册籍、政令公文、诉讼文案、会簿会书、乡规民约、信函书札等各种文书。契约文书可以为我们进行个案研究、专题研究以及跨学科的综合研究提供系统的资料。例如,比起西方,中国传统社会的特点之一是土地买卖较为发达,土地流转频繁,民间也有"千年田,八百主"之类的谚语。但是,历朝历代土地买卖的演变状况如何? 其具体买卖手续有哪些? 其买卖价格与交易量又如何? 这些在传统文献记载上往往语焉不详,使我们难以进行深入的考察。而民间契约文书中大量保存着的土地买卖契约原件及有关簿册文书,可以为我们对此进行具体深入的考察,或定量定性的分析,提供大量的原始资料。再如,中国传统社会的另一个特点是财产的诸子均分制。传统文献对此也多是只鳞片爪的记载。而民间契约文书中保存了数量颇多的诸子均分的原始档案——分家书,这就为我们具体考察诸子均分制度提供了系统的第一手资料。此外,举凡基层社会结构的里甲文书和土地关系文书,记录宗族社会的各种宗族文书,反映基层法制运作的法律文书,体现会社组织的会社文书,以及乡规民约等反映百姓生活实态的其他各种文书,都是传世典籍文献略无涉及的、有关基层社会的原始档案资料,它们对研究我国古代基层社会的结构和运作等无疑具有重要价值。近年来整理的如张传玺主编的《中国历代契约文书会编考释》2册(北京大学出版社1995年版)、田涛等主编的《田藏契约文书粹编》3册(中华书局2001年版)、郑振满主编的《福建民间契约文书》11卷50册(福建人民出版社2022年版)等,均是我们可以便利利用的相关资料。

(四)习惯调查资料

1. 清末以来政府的习惯调查。谚语曰:"十里不同风,百里不同俗。"我国民间的风俗习惯深受各地特殊的自然条件和社会条件的影响,不同的地方有不同的风俗习惯,不同的风俗习惯也有不同的适用范围。因此,民间的风俗习惯是活生生的民族法律传统,它在一定时空范围内的社会生活中仍发挥着实际作用,甚至在某种程度上影响着国家法律的制定和实际运行效果。例如,晚清政府放弃传统法律,开始学习西方的法律体系时,鉴于我国历史上没有制定民商法典的传统,为了支持立法,尤其为了使其起草的民商律能够符合中国的实际需要,遂开展地方习惯调查。具体做法是在各省区成立调查局,组织多方面力量对民商事习惯进行广泛的调查,以为立法之资。虽然今天已难以窥知此项工作在清末究竟有何具体结果,但继踵其后的北洋政府司法部在民国初年,于各省区审判机构创设民商事习惯调查会,继续开展全国性的民商事习惯调查运动。南京国民政府亦继承其事,并最终在1930年完成由司法行政部编定的《民商事习惯调查报告录》上、下二卷。在如此大规模地涉及全国民商事习惯的调查中,主持者们利用西方的概念系统,汇总了清末民初的社会生活习俗,内容涉及民法总则、物权、债权、亲属、继承等民事习惯,以及商事总问题和具体商事行为,无疑为国民政府在制定民商法时能够继承传统、反映民情民俗起了一定的作用,对于推动我国法制的现代化进程功不可没。

2. 日本对我国的习惯调查。还要特别提及近代日本侵略中国后,出于各种目的所展开的习惯调查。如日据台湾时期,日本政府设立的"台湾总督府"为了掌握台湾的一切资料,成立了临时台湾旧惯调查会,调查台湾的法制习惯。这些调查主要分为两个部分,第一部分是法制调查,第二部分是经济调查。在日本京都大学教授织田万等的指导下,将清代成文法规中的行政制度进行分类编纂,辑为《清国行政法》6卷7册(1905—1915年版),内容包括行政法规,行政组织,官吏法,审判制度,内务、司法、财务三行政等,详细记载了清朝的有关制度;将有关私法材料编为《台湾私法》13卷(1910—1911年版),内容包括动产,不动产,债权,以及其他一般的民事、商事、清朝的律令、会典、则例、省例等。又如由南满洲铁道株式会社主持的对我国东北地区所进行的调查,其结果由南满洲铁道株式会社调查课编成《满洲旧惯调查报告书》9卷(1913—1915年版);对我国华北地区所作的"中国农村惯行调查",也汇编为中国农村惯行调查刊行会编的《中国农村惯行调查》6卷(日本岩波书店1952—1958年版)。"惯调"的学术质量得到许多知名学者的充分肯定,"惯调"资料也广被征引,客观上已成为我国乃至整个东亚世界最重要的文化、法制遗产之一。

3. 小结。我们知道,民情风俗和民间习惯是一个国家民事立法的主要渊源,民法典的制定和实施,必须与民间习惯相协调。像中国这样一个幅员辽阔,民族、人口众多的国家,历史上也没有专门制定民法典的传统,更应该这样做。中国近代为了制定民商法典,曾进行过大规模的民间习惯调查。但从民国初年至今,社会已发生翻天覆地的变化,调查条件也比过去好得多,而我们却再也没有进行过这种全国范围的调查。

(五)近代以来整理的其他资料

近代以来,在西学东渐的背景下,随着学者们对中国法制史研究的逐渐深入,作为研究前提的中国法律史资料的整理工作也取得重大进展。充分利用好这些注入研究者心血的,尤其以近现代法律理念为指导而产生的专题性或综合性资料,是保证我们能够减少重复劳动,站在较高的起点上开始较高水平研究的前提。早期整理的资料如沈家本的《历代刑法考》、程树德的《九朝律考》、丘汉平的《历代刑法志》等,均是其例。近年来,如高潮、马建石主编的《中国历代刑法志注译》(吉林人民出版社1994年版,由中国政法大学法律古籍整理研究所将14篇刑法志全部加以注释,并译成今文);刘海年、杨一凡主编的《中国珍稀法律典籍集成》14册(科学出版社1994年版)及其《续编》10册(黑龙江人民出版社2002年版);杨一凡主编的《中国法制史考证》15册(中国社会科学出版社2003年版)等;张伟仁主编的《中国法制史书目》3册("中研院"历史语言研究所1976年版);黄彰健编著的《明代律例汇编》2册("中研院"历史语言研究所1979年版)等。

日本学者对中国法制史资料的整理颇见功力，如仁井田陞的《唐令拾遗》(东方文化学院1933年版，东京大学出版会1964年重版。其中译本由栗劲等译，长春出版社1989年版)、《唐令拾遗补》(池田温等编辑，东京大学出版会1997年版)；内田智雄编的《译注中国历代刑法志》《译注续中国历代刑法志》(创文社1964、1970年初版；两书的2005年补订版)；梅原郁编的《译注中国近世刑法志》(上、下册，创文社2002、2003年版)；滋贺秀三编的《中国法制史基本资料的研究》(东京大学出版会1993年版)；岛田正郎主编的《中国法制史料》2辑(鼎文书局1979年版)；律令研究会编的《译注日本律令二～三·律本文》(东京堂1976年版；对唐律和日本律进行了比较性的整理和校勘)和《译注日本律令五～八·唐律疏议译注篇一～四》(东京堂1979、1984、1987、1996年版，是对《唐律》各篇进行全面系统的日文译注)。

以上所举，皆为中国法制史的基本材料之大络。总之，我们应扩大中国法制史研究的史料范围，夯实史料的基础，并善于去伪存真。这是法律史学科得以屹立不倒的前提。

四、中国法制史的研究方法

每种学问都遵循特定的方式来回答面临的问题。如果说史料是法制史研究的基础，那么，研究方法就是解决问题的手段。采用什么样的方法最具科学性，最能决定研究的有效性、结论的可靠性呢？下面数种研究方法不可不注意：

(一)阶级分析方法

阶级分析方法是以往法律史学界惯用的研究方法，也是权威的研究范式，我们在过去出版的多数教科书中，已经深切感受到它的无处不在。它实际上是我国法学界对法的阶级本质属性认识的泛化和延伸。随着近代以来马克思主义的唯物史观、阶级分析方法逐渐为中国学界所接受，尤其以苏联的社会主义法制模式和法学研究方法取代西方法系的地位后，阶级分析的方法既是国家政治学的基本研究方法，又是法学研究的基本方法。传统的法律史学、清末民初出现的近现代法律史学至此均被否弃。

这种研究方法虽然具有一定的合理性，但以一元单线历史观为指导，强调阶级斗争作为分析法律的唯一科学方法，其矫枉过正的结果，导致简单剪裁中国法律史，对复杂的中国法制历史的进程只作单线式、简单化的阐释，并不完全科学。

因为法制历史是复杂的，它所反映的社会关系也是复杂的，故法律调整的功能、方式也是多样的。在阶级社会中，法制固然拥有对敌对阶级的反抗进行专政的功能，否则历代法典中就没有必要规定严厉制裁反、逆、叛、降等大罪的条款。但实际上，中国传统社会还大量存在着并不属于阶级斗争范畴的各类社会矛盾，如统治集团内部的矛盾、平民阶级内部的矛盾、民族矛盾等，更有人与自然的矛盾。过于强调法的阶级性，不免忽略了法的社会性，即法律对社会的调整功能。因此，不能把法律的文明史简单描绘为专制史、镇压史、刑罚史。

（二）比较的研究方法

比较是思维本身的一项特征，是人类认识和理解世界的基本手段之一，能够使我们对材料进行分析、研究、鉴别、取舍，从而达到事半功倍的效果。

世界上不同国家之间，以及同一国家的不同历史时期，由于其政治、经济、文化、道德、宗教、民族、地理、社会心理等因素的差异，总会形成各有特色的法律体系和法律文化传统。相应地，法律史的比较研究就有纵向的比较和横向的比较。前者即古今法律的比较，如清末薛允升著《唐明律合编》，将唐律与明律进行对比分析，以说明明唐律之间的继受扬弃关系和各自的特点；后者即中外法律的比较，如清末沈家本主持制定的以《大清新刑律》为代表的一系列法律，都是运用比较的方法研究中西法律的成果。法律史还有宏观的比较和微观的比较。前者主要研究历史上不同类型、不同时期的法律制度，更能比较明显地体现不同文化类型、不同地域、不同时期的法律制度的特色。后者则是对具体的、特定的制度的比较。

比较法制史既然侧重的是对法制源流的考察研究，就不能不关注法制发展演变的法律文化背景。比较法律文化的着眼点不是一般的作为法律实践活动成果的法律思想、法律观点和法律规范，而是隐藏在法律制度背后的更深沉、更稳定、更抽象的价值基础。通过比较，彰显中华法系的个性，探讨其文化特质以及与社会生活密切相关的规范功能。

用比较的方法研究法制的历史，古已有之，孔子就是个中高手。《论语·为政》所谓"殷因于夏礼，所损益可知也；周因于殷礼，所损益可知也"，即是其例。近百余年来，比较的方法得到广泛运用，英国学者梅因的《古代法》（其中译本由沈景一译，商务印书馆1959年版），就是比较研究古代东西方各国法制的一个范例。瞿同祖在《中国法律与中国社会》（中华书局1981年版）一书中，对中国法律制度的起源和初期发展的研究，也利用了人类学家的成果，认为"比较的研究使得我们对以前所不了解的史前记载有新的认识，可能代替已经失去的历史，例如关于社会制裁、神判等问题"。当代学人张中秋的《中西法律文化比较研究》（中国政法大学出版社2006年版）、范忠信的《中西法文化的暗合与差异》（中国政法大学出版社2001年版），也是国内学者在这方面的力作。

（三）学习并熟练运用史学的研究方法

由于法律史与历史学的密切关系，中国法律史作为中国历史的一部分，不仅要善于利用史学界的新成果，而且必须学会运用史学的研究方法。瞿同祖在前揭《中国法律与中国社会》导论中指出，"各朝的法律不同，法典体制和内容、司法组织、司法程序、刑罚以及各种罪名的处分都有所不同。但本书所注意的是重大的变化，而不是那些烦琐的差异，试图寻求共同之点以解释法律之基本精神及其主要特征，并进而探讨此种精神及特征有无变化"，将自汉至清的法律作为一个整体来分析，在不同专题下讨论比较。这是反对单纯堆砌零乱驳杂的史料，作流水式的账簿，主张以科学的、宏观的方法来阐发幽隐。

史学的治学方法繁多,择其与法律史最紧密者,简要说明一二。首先,尽可能多涉猎原始资料,理解其内容,切忌断章取义。其次,对比、考订各种不同的史料,鉴别真伪,择其信者而从之。再次,对微观事实与宏观事实的考察。前者指运用诸种史料和方法(包括考证的方法),对历史上具体的事件、法律制度等作出事实上的判断;后者指在微观研究的基础上,运用归纳分析等恰当的方法,对比较大的历史事实作出判断。又如,在此阶段可以借鉴年鉴学派(Annales School)史学家布罗代尔在历史认识论上提出的关于三种历史时段(长时段、中时段、短时段)的设想。最后,价值判断与经验及宏观理论分析。即对研究对象作出主观上的肯定或否定的判断;对历史上法律制度的利弊得失作出客观评析,找出这些法律现象之间的联系,并揭示其发展趋势。

(四)广泛涉猎人文社会科学知识,夯实基础

法律史学是以经验证据为主的实证学科。历史上的法律制度不仅停留在文本上,而且与那时的社会中的政治、经济和思想文化状况密切相关。而传统包括法律文化传统,是个多维度、多层面、包含着多种可能性的概念,也不能简单化地予以理解和阐释。如何深入观察、理解历史上的法律和法律现象,多角度、多层次地考察法律文化传统,端赖于综合能力的培养,夯实基础,既博且专,强化自己对中国传统文化和传统法律的理解。同时,法律史学作为法学一级学科内少数几个兼跨历史、哲学等人文科学的学科,对培养和提高法科学生的人文素养,肩负重担。这既有个人综合史料、史识、史论三者能力的问题,也有研究视角的拓新问题。如对史料的辨析,从文字学、音韵学、训诂学等角度入手,对恢复史料的固有含义具有不可替代的作用,是一种文法解释。而从法理学、文化学、哲学、人类学、社会学乃至经济学等不同的人文社会科学角度切入研究,必将拓宽法律史学研究的思路和视野,但也对研究者提出更高的知识储备要求。因此,广泛涉猎哲学、史学、文学和政治学、经济学、社会学、人类学等方面的论著,尤其关于中国通史或哲学、思想、政治制度等方面沿革史的论著,既有助于本学科的学习,同时也潜移默化了其人文精神。

(五)"同情地理解"历史上的法律制度

一切历史都是当代史。我们今天是站在前人的肩膀上,就所处社会面临的或将要面临的问题而回顾、研究历史,故不能以今天的文明水平苛求古人。也就是说,我们在研究中国法律史时,虽然要有现代法学的意识、视角和方法,但应避免将现代法学的基本原理、概念乃至思想观念直接运用于对历史上的法律思想和法律制度作简单评价,而应该站在古人的立场,在了解当时社会状况的基础上作"同情的理解",不苛求也不拔高古人及其法律制度。这种方法犹如朱苏力所提倡的"语境论"的进路:"这一进路坚持以法律制度和规则为中心关注,力求语境化地(设身处地地、历史地)理解任何一种相对长期存在的法律制度、规则的历史正当性和合理性。……就总体而言,这一进路反对以抽象的、所谓代表了永恒价值的大词来评价法律制度和规则,而是切实注重特定社会中人的生物性禀赋以及生产力发展水平的限制,把法律制度和规则都视为在

诸多相对稳定的制约条件下对于常规社会问题做出的一种比较经济且常规化的回应。"①

应该说,我们容易注意到比照不同文化间在制度设计上所存在的异同及其支撑原理。傅斯年在《与顾颉刚论古史书》中,曾敏锐地提出简单套用西方学术概念来指称中国固有事物的危险性,"大凡用新名词称旧事物,物质的东西是可以的,因为相同;人文上的物事是每每不可以的,因为多是似同而异。"②尤其对那些文字相同或内容略为接近但含义或目的差之千里的史料。例如,刑法中的罪刑法定、主客观相结合的基本原则,或者老幼犯罪刑事责任等具体定罪量刑制度,虽是历史发展到资本主义社会时才提出,但我国古代也有一些类似的规定。如果因此简单地认为两者之间存在类似,现在的制度古已有之,不能进一步考察分析其理论基础和制度目的的异同,就很可能得出似是而非的结论。

需要注意的是"不识庐山真面目,只缘身在此山中"的情形。有些发生在中国传统社会中的法律现象,我们切不可以当今的观念来要求,想当然地作简单化处理。否则,往往无法获得其真谛,甚至反而感到迷惑茫然。由于我们生存于特定的时空,从地缘文化上说,与古人同在一种文化之内,因此对于这种传统文化参照系内的置换,相比于中西之间的巨大差异,在理解、认识上实际上更困难。近代中国在"欧风美雨"的洗礼下,传统社会的旧知识、旧思想已无可奈何花渐落,新知识、新思潮则暗流汹涌。当失范的社会逐渐规范,在新的权威下成长起来的人们,已经历思想的多次"断裂",近代百余年间的"大变局"成为其记忆中难以跨越的天堑。如何获得穿越"断裂"古今的桥梁,福柯认为可以通过知识的考古,对古人及古代发生的法律现象作"同情的理解"。如瞿同祖考察发现中国古代家族主义背景下,历代法律对于不孝罪的处置皆采加重主义原则。例如子女对"父母身体的绝对不可侵犯,法律上重视客观的事实远过于主观的原因。……便是无心误杀伤,也与故意杀害同罪,甚至父母一时心狭自寻短见或自行跌死,只要父母的死伤因子而起,不问谁是谁非,也不问有心无心,或意料所及否,便逃不了杀伤父母的罪名,按服制重办"③。又如,斯特劳斯所举的食人族的例子也可以引起我们的警觉。在食人族的习惯里,"要处理那些危险人物,唯一的办法就是把他们吃掉,吃掉就可以使危险消弭于无形"④。文明社会的人或以为它不符合我们预设的公平和正义观念而不可理喻,因为文明社会的处理办法是"把危险人物排出社会体外,把那些永久的或暂时的危险与自己隔绝,使他们失去与自己同胞接触的机会"。由此看来,我们所接受的公平、正义、文明、残酷等观念并非永恒真理,都具有历时性,仅是特定社会的产物。历史上的许多道理就存在于历史深处。

---

① 苏力:《语境论——一种法律制度研究的进路和方法》,载《中外法学》2000年第1期。
② 傅斯年:《傅斯年选集》(第三册),文星书店1967年版,第423页。
③ 瞿同祖:《中国法律与中国社会》,中华书局1981年版,第37页。
④ 〔法〕克洛德·列维-斯特劳斯:《忧郁的热带》,王志明译,中国人民大学出版社2009年版。

五、学习中国法制史的意义、借鉴

（一）人为什么需要学习历史——一切历史都是当代史

培根说"读史使人明智"，是对史学功能的准确概括。历史是过去的存在，但历史研究永远是一门"现在"的学问。对于步入21世纪这个新的历史时代的我们而言，史学虽不再辉煌，但它对人类所起的作用，从某种意义上仍可以方之于17世纪的自然科学。自然科学教导人类控制自然的力量，史学则有可能教导人类控制人类自身的行为。

以计算机为例。相比起人类的历史，计算机的历史何其短暂。可是，我们已经看到计算机方面的专家如何将计算机思想的历史往前推到古希腊文明时期，为的就是认识对计算机有影响的人物与思想，希望了解今天的计算机理论相对于以前到底有了哪些进步。其实，相比起数十年前，计算机的基本思想并没有改变多少，改变的只是硬件。但硬件的改变，使得当年只能纸上谈兵的东西被应用于实际。于是，今天比较时髦的课题，就是研究一些能充分发挥硬件功能的算法，也就是一些比较函数型、面向对象、结构化程序语言的特点，等等。

（二）研究中国法制史的宏观意义

1. 虚学不虚。方流芳在回答"为什么公司法研究的主要成果是制度批判、问题的提出和分析，而不是问题的解决方案"时指出："一个社会针对它自身的问题应当采取什么样的解决方案，不是，也不应当由学者决定，社会科学研究的贡献在于展示和剖析真实的问题，一旦问题得到充分的认识、自由的表达，政策就会或多或少地受到影响，政策确定之后，即使一时难以找到最好的解决方案，问题也能得到控制。"[①]无独有偶，张五常在悼念科斯的文章中亦有类似表达："我不相信经济学者有本领改进社会，更不同意改进社会是他们的责任。我认为经济学者的职责只是解释世事或现象，或者解释怎么样的政策会导致怎么样的效果。"[②]若以此定位学科、学者、课程的功能与价值，则中国法制史未必是"虚学"。以历史的视角观察现实，以现实的困惑证诸历史，本来就是身处现实社会之法史学人"自发"而非"自觉"的本能反应。换言之，在这一理念下，若法制史被斥为"虚学"，则社会科学之任一学门皆难以幸免。

2. 中国法制史与法学基础理论关系密切。法制史与法理学同为基础法学，两者都追求对法律的深刻理解，关系极为密切。法理学是对法的历史和现实的高度抽象和概括，离开了法制史的基本知识，法理学便会成为无源之水、无本之木。我们如果要建构反映中国人关于法的历史经验和理性精神的法理学，除了继续汲取西方法理学的营养之外，还必须认真对待传统社会的法理和当代中国法律实践中的法理问题。从这个

[①] 方流芳：《序言》，载〔美〕罗伯塔·罗曼诺编：《公司法基础》（影印本），法律出版社2005年版，第16页。

[②] 张五常：《据科斯路线建议两权分离曾被干部骂个半死》，http://finance.ifeng.com/a/20130909/10639941_0.shtml，2019年12月26日访问。

意义上说,中国法律传统对当代中国法理学构成了挑战。因为法律史学既是历史的,也是理论的,它是法学中最富实证精神和思想内涵的学科。法律既包含理性要素,也包含时间(历史)要素。每一个具体的实在法,都必然经历一个物理的时间过程。尽管中国传统法制在功利方面的借鉴作用越来越小,但在理念方面的认识价值和人文关怀方面的价值并未减少,所以,从法律的历史性考察进入法律的理性考察,是一个再自然不过的路径选择。再有,从学理上讲,法学尽管关注的是共时状态下的法律问题,但依然少不了法的历时言说。故"法律史的主要研究内容、目的和方法何以是法学的?是因为法律史除了研究历史上的法律现象外,还肩负有探讨历时状态下法的规律性和特殊性的任务。后者是一个纯粹法理学的问题。部门法学科仅关注共时状态下的法,缺乏历史纵深。而法律史与部门法一起共同构建起法学的双向维度。"①

3. 为学习部门法提供必备的相关历史知识。学习法制史,还可以帮助我们更深入地理解现行各部门法学的理论和知识,以便在今后的工作中更好地贯彻执行法律。尽管中国古代的法典是以刑为主,但细加分析,又不难发现其中也包含有行政法、民法、经济法、诉讼法方面的内容。尤其清末以来的中国,在向西方学习法律制度的过程中,制定了大致完备的各种部门法典,完成了形式相对完备的"六法"。这些遗产,无疑将成为我们现行的各种部门法的知识元素,有利于充实自己的专业知识。例如,中国死刑制度中为什么存在独自的死缓制度,前些年法槌的再现与"惊堂木"的渊源关系,我国历史上发达的调解制度对当今的影响。甚至约十年前的"马英九特别费案一审判决书",竟然在"实体部分"中,就特别费之历史沿革(如宋代之公使钱、民国之特别费)加以说明,以为判决之法理。所以,学好中国法制史,可以使我们加深对现行各种部门法的理解和运用。

4. 传承中华优秀传统法律文化,为加强依法治国提供历史借鉴。2022年召开的中国共产党第二十次全国代表大会明确提出"以中国式现代化全面推进中华民族伟大复兴"。作为重要文化资源,"传承中华优秀传统法律文化"被视为践行这一道路的重要方式。中国传统法律源远流长,自先秦就已奠基,开始塑造独具特色的法律文明形态。又经诸子百家以及历代先贤在思想上的深入讨论与淳化,传统法律文明虽然在秦汉走向实用,但仍保持了鲜明的理想性,并绵延两千余载。法律文明的形成是我们祖先智慧的结晶,也是构造整个中华文明的内生力量和维护中华文明生生不息的核心要素之一。发掘优秀传统法律文化,不仅契合迄今仍沉淀在社会观念中的某些传统要素,而且能够为我国当代法治建设提供极具参考性和启发性的多元视角。

法律史学不仅是面向历史的,更是面向现实和未来的。学习中国法制史,可获得法制方面的国情教育,使我们能更主动、更自觉地为完善当代中国的法制而努力。通过对历史上法律现象的研究,引出对当代法治建设的启示或借鉴,此即所谓的"以史为鉴""鉴古知今"。要透彻地观察当代中国的法律,不仅要了解法律的外在制度形式,更

---

① 俞江:《思想与制度之间——大陆的法史学研究之展望》,载《法制史研究》(创刊号)2000年12月。

要思考法律制度与中国社会之间的契合程度,思考中国人的法律观以及传统法律文化在社会中多方位的呈现。因此,不了解中国传统法律的历史和特征,及其在近代历史背景下转型的特殊性,就无法理解法律多元性与法律近代化之间的关系,就无法了解法制建设在当代中国的艰巨性和复杂性。中国传统社会的法制,为当今现实法制建设提供了非常多、非常深刻的历史经验教训;近代中国法律的移植与本土化之间的磨合,更是宝贵的法学遗产;新民主主义政权的法律制度,则是我们现实法律制度的直接来源。因此,对今天相关制度建设所面临的困惑,我们可以通过解读、分析历史而得到启发。学好中国法制史,掌握法律制度的发展线索和规律,了解中华民族为人类法律文化所作出的杰出贡献,不仅可以继承和发扬我们优秀的法律文化,增强我们的民族自豪感,更能促使我们自觉地为当今的法制建设而发奋努力。

(三)研究中国法制史的微观意义

此处的学习中国法制史的微观意义,系指对学习者本人而言,至少可以有下列几点:

1. 学习中国法制史,有助于拓宽职业视野。"法律史可以用来解释现行法;法律史有助于辨识绵延久远的法律的理念;法律史培养了法律意识,拓宽了法学家的文化视野。"[①]现代法学在于阐述如何创造公平、正义的社会生活、政治结构体系,古代法律有着同样的诉求,追古溯今,必然对现代法学有所启迪,如对何为公平、正义、文明、残酷等的理解,都离不开这一背景。

2. 学习中国法制史,能够提供给我们一整套系统的知识,使我们拥有一个有效的参照系,能够训练我们形成一个历史的、多角度(横向的、纵向的、比较的、综合的)看问题的方法,作出合理判断,少走弯路。

3. 学习中国法制史,能够培养我们整合史料的能力。历史学与法学在研究方法上的相通之处是如何利用、组织史料(法学语境下的证据)阐明自己的观点。中国法制史的材料、文献非常浩瀚,表面上看却零零散散、杂乱无章,但若能通过学习,找到它的规律,把这些看似无关的零乱资料组织起来很好地论证自己的观点,则自己整合材料的能力也就增强了。这对于今后做研究也好,从事实务也好,都是很有帮助的。

总之,中国法制史所学的不是职业训练,而是职业批判。通过学习与批判,达到丰富理论知识,培养观察和分析能力,提高独立思考能力,树立正确的人生理想。可以说从知识背景、理论基础、综合能力、涵养修炼等方面,中国法制史都可以使我们提高法律文化素养,增加认识事物的力度和深度。

(四)在批判与借鉴中国法制史方面值得注意的若干问题

1. 批判历史上的"法律虚无主义"。由于近代西方中心论的影响,尤其中国法制史完全以西方的标准建构,使人们容易误以为中国法制史从来都是落后的。其代表性

---

① 〔葡萄牙〕叶士朋:《法律教育中的法律史》,梁治平、吕平义译,载《南京大学法律评论》1998年春季号,第19页。

观点之一就是"旧中国的法只是被制定而已,没有实际效力"。这种观点认为,这些所谓的制定法,除了某些特定时期的某些部分之外,大都未认真施行,基本停留在纸面上,用法社会学的话说,只是书本上的法。如 1930 年《中华民国民法》颁布实施后,一夫一妻制就已经成为中国法定的婚姻形式。但事实上的重婚、纳妾现象,无论城乡,亦无论平民百姓或达官贵人,都是公开的、普遍的,从未看到某人因为纳妾而受到重婚罪的惩处。其《亲属》《继承》篇中虽已明文规定婚姻自由、男女平等,但实现之途却那么路漫漫其修远兮。要知道,南京国民政府时期还是中国近现代历史上相对来说法律实施较好的时期之一。

虽然这种观察有一定的道理,但我们必须清醒地认识到,任何法律都只能在一定程度上得以实施,这表现为理想与现实、原则与真情的距离和矛盾。一部中国法制史表明,在人治倾向占统治地位的同时,法律并不是具文,也在一定程度上得到实施,如回避制度、田制等。事实上,中国历史上的法律并不像一般人所认为的那么落后,曾有过领先于世界的辉煌和对人类社会的重大贡献,如科举与文官制度问题,刑法典、刑法与行政法的某些原则、制度设计(如劳役制"自由刑")问题。直到近代(16 世纪)之前,欧洲还处于"未开化状态",其法律并不比中国先进。日本学者中田薰认为:产生于 7 世纪的中国刑法典"唐律,就绝不亚于 19 世纪欧洲的刑法典"。

因此,对"传统的"中华世界不应简单地采用当代西方的观点加以否定,而应从其内在的合理性出发给予再评价。

2. 法学遗产的批判与继承。我们今天进行的法制建设,仍然面临着对人类法学遗产的扬弃问题,这在新中国的背景下尤不可忽视。我们一方面要破除西方中心主义的偏见,另一方面也要重视本土法律资源的批判与继承。

例如,律令源自中国古代较高层次的文明,很早就具有相当完整的体系,这已被出土的睡虎地秦墓竹简等文物和文献史料所证实。秦汉以来,具有普遍性特点的成文法典日趋成熟,至少在北魏之后,这些法典具有以下三个特征:官僚统治机构、以良贱划分为主的身份法和以土地公有为本质的土地法(也有人认为隋唐时期的律令具有良贱制、尊卑长幼制、官僚制等三个基本特点)。

律令是传统中国的基本法,隋唐时期律、令、格、式并行。中国古代法律发展到唐代,已是律令制的完成时期,其法律较之以往完成度极高,是中华法系母法成熟的标志。它们凝结着中华民族法制发展与成熟的智慧,具有超越时代的普遍性,这在 8 世纪中叶的开元末年达到顶点。其所包含的精华,虽有因时代流逝而消失的部分,但难以消磨的部分仍然不少。律和令是法典的框架,其内容虽有变化,却长期被继承着。① 这种继受的潜在性,只有通过专业的训练,才能对其有较为清醒、客观的认识。

(1) 对旧法律的批判问题。对传统旧律的批判固然需要,但应历史地、辩证地看待这个问题。近代,特别是中华人民共和国成立以来,均呈现过于强调对历史的批判

---

① 参见周东平:《律令格式与律令制度、律令国家——二十世纪中日学者唐代法制史总体研究一瞥》,载《法制与社会发展》2002 年第 2 期。

的倾向,没能处理好扬弃关系。如近代以来确立的许多制度,特别是中华人民共和国成立以来的一些制度,实际上已割断自己的两根脐带:一根是中国传统法文化的脐带,另一根是大陆法系的脐带。这种倾向导致清末的变法修律在如何协调外来法律资源与本土法律资源方面,已经暴露出弊端。至新中国强调尤甚。

(2) 法的继承性问题。所谓传统,正是今天仍活在我们心中,影响着我们的行为却常常不为我们所意识到的那些观念和价值。对待传统,不是简单地宣布与之决裂就能割裂,即使"砸碎旧国家机器"也解决不了这个问题,其潜在性并不是能够一厢情愿地迅速改造完成。例如,前面言及的死缓制度、调解制度和以惊堂木为蓝本的法槌的再现,均是适例。

又如习惯法问题。传统中国的习惯法是带有区域共同体内部规范的色彩,这种规范缺乏统一性、安定性、公开性,在前资本主义社会时有其存在的条件。《礼记》中的"入竟(境)而问禁,入国而问俗",《淮南子》中的"入其国者,从其俗",以及谚语"入乡随俗,入港随湾""十里不同风,百里不同俗"等,均是其例。

国家法有基于习惯法的一面,中国传统社会中"家国同构"的特征即其反映。直至近代的《中华民国民法·物权编》,在土地所有权上虽力图确立"自由的所有权",但从其实施上看,并不否定习惯上的制度,如江南地区的"一田两主制"。但习惯法仍有其抵抗性。中国人习惯上尽量避免打官司,大多数的纠纷都通过调解争取在法庭外解决。从某种意义上说,习惯和各自治团体中的准则,如各行各业都有的行规、寺院的清规戒律、秘密社会的规条,都说明它们不愿意政府过问,宁愿由自己来约束其成员,按照其规矩和习惯办事。而这些准则对人民的关系,在某种意义上远较法律为重要。

在这一点上,过去的人们也曾有清醒的认识。抗日边区政府1941年针对买卖婚姻现象的指示也明确指出,新民主主义革命时期的法律,不可能轻而易举地获得实际效力,因为过去的统治与被统治关系逆转之后,传统习惯法却开始抵抗。举例来说,20世纪30—50年代的新婚姻法即表明:旧的不合理的婚姻制度,虽由于新颁布的婚姻法受到打击,但我们同时承认它有着深刻的社会根源和古老的历史传统。所以,想对它马上进行改革,令其焕然一新,也不可能一蹴而就。如果认为,只要一颁布法令,一切都变好了,那只能是妄想。

(3) 值得研究借鉴的一些问题。中国法制发展历史一脉相承,独树一帜,留下宝贵的法学遗产,颇值得今人研究借鉴。此处仅举要者数端简论之:

① 历史上著名王朝成功运用法制治国的经验。如礼乐刑政综合为治;盛世与法治的清明成正比;妥当处理中央与地方(包括少数民族地区)的关系。

② 吏治问题。徒法不足以自行,古人慎重选拔人才,经历了从唯血统论的世卿世禄制,逐渐转移到唯才是举的选举制度。产生于隋唐时期、延绵千余年的科举考试,实质上就是选拔官吏的标准是重身份还是重才能的问题。科举制度成为世界文官制度的渊源,这是中国古代制度文明方面对人类社会的重要贡献。在官吏的德才兼备、良吏与恶吏、清官与贪官、奖勤与罚惰、贪污与惩贪等问题上,都留下足令后人深思的经

验教训。

③ 诉讼问题。历史上一些地区偶有好讼、健讼风习,但厌讼、惧讼心理则是普遍的。究其原因,在于家国同构的传统专制社会中,权力本位的价值体系导致民众遵法信法意识淡薄;其所设计的官府处理方式,致使人民诉讼上耗财费力;传统社会宗族势力强大,提倡以礼化争;人民被科以诸多义务,缺少或不知权利的救济途径,等等。而佛教本土化之后,其所认为的讼争是不善、秽恶之事,也是个人品德低下的表现等观念,强化了社会大众耻讼、厌讼心理。

第二节　中华法系及其特点与影响

一、"法系"与"中华法系"

"法系"一词是19世纪末20世纪初经由日本而传入的舶来品,是西方学者在研究历史上的法律制度时的习惯用法,后来指具有密切渊源继受关系、外表上具有相似特征的法律制度,又称"法律普系""法律家族"。通常把具有某种特征的某一国法律(母法)和仿效这种法律的其他国家法律(子法)归属于同一法系。一般而言,构成一个法系,应该具备两个方面的条件:其一,应该有一个体系完整、风格独特的母法;其二,应该有若干国家仿照母法特征建立起"子法"系统。"母法"与"子法"之间,存在明显而直接的继受关系。法系的划分,对于了解各国法的历史传统和特点具有一定的意义,但它不能揭示法的本质。

世界上公认的主要法系有"五大法系":英美法系(普通法系)、大陆法系(罗马法系、民法系)、中华法系、印度法系、伊斯兰法系。值得注意的是,第二次世界大战以后的法系划分方案中,引入了意识形态,形成资本主义法系(含普通法和罗马法)和社会主义法系的对立。

中华法系是指以中国古代法律制度为母体,在古代东亚、东南亚国家之间形成的一个影响广泛的法系。中华法系作为一个完整的法系,形成于唐代,其基本特点在于"礼法结合",即中国传统的伦理道德规范与法律规范融为一体,法律的评判标准与道德的评判标准相一致。

二、东亚世界的法继受及研究中华法系的意义

(一) 中国法是古代东亚法的基础

谈法系问题离不开继受。仁井田陞指出,在东西方法的历史中,法的继受主要是指:缅甸以及其他东南亚各国法律史上对印度法的继受;亚洲、非洲各国法律史上对伊斯兰法的继受;日耳曼法律史上对罗马法的继受;以及东亚各国法律史上对中国法的继受等。虽然对各种继受的政治、社会、经济条件不能作同等看待,但是这些法的继受都是各自历史上发生的重大事件。

但是,即使在两个相邻的法领域中,如果没有共同基础和互相需要,也不会产生法

的继受。例如,中国和蒙古虽然相邻,但双方的法律制度也只不过停留在某种程度上的影响关系而已。在继受成为可能的共同基础中,必须要有经济基础,并且要有共同的需要。可以说,继受是根据需要的程度而产生的。①

在古代中国,政治权威早已确立,刑法也早已发达。中国边疆各民族和中国内部汉族以外的各民族,很少有这样的进步。由于东亚共同的地理条件、生活方式、生产形态,中国本土成立的汉民族的较高文明,易被相对落后的周边未开化的邻近民族接受,加速其文明化。尽管它们继受中国法的目的是学习中原王朝,造就一个比中国更优秀的政体,以与中国对抗——能否做到另当别论。其典型是朝鲜、越南,日本稍微例外。

(二)中国古代先进的法律制度、法文化如何被周边国家继受

就法的体系而言,中国古代没有形成西方社会那种以部门法为基础的有机系统,但中国古代法并不是杂乱无章、毫无体系可言。中国古代国家在致力于解决法律必须稳定,但又不能也无法一成不变的现实问题方面,颇有建树,逐渐形成稳定的"律"与变通的"令""科""格""编敕""例"等的组合方式。可以说,中国传统法律体系是以律令为核心,尤以律最为重要。②

律令源于中国古代较高层次的文明,很早就具有相当完整的体系,这已被出土的睡虎地秦墓竹简证实。秦汉以来,律常常被视为祖制,甚至跨越王朝的阻隔,成为各个王朝法律的主要内容,并且在律学理论中律具有"经"的地位,自唐以后更被奉为圭臬、彝典,其条文极少变动。律令是国家统治的基本法,唐代是中国律令制的完成时期,亦即中华法系母法的成熟期。作为完成度极高的法典,它们凝结着汉民族法制发展与成熟的智慧,具有超越时代的普遍性,其所包含的精华,虽有因时代流逝而消失的部分,但难以消磨的部分也不少。律和令是法典的框架,其内容虽有变化,却长期被继承着。尽管在现实中,精练的律条只能作为指导法律实践的原则而存在。更有效、更常常被行用的则是历朝历代编行的现行法,如科、格、编敕、例,等等。稳定与变通的有机结合,是中国古代法律体系的一个鲜明特色。

古代东亚世界格局中,东亚诸国向中国朝贡,以各种形式与中国相联结,逐步形成所谓的"册封体制"。③ 对于比中国更迟形成国家、文明相对落后的东亚各国而言,学习中国的国家机构及其运营方式显然十分必要。中国的国家机构及其运营方式是规定于律令之中,所以,摆在各国面前的问题首先是如何学习这种律令,摄取律令所规定的各种制度。对于处在较高文明层次的中国而言,在这种国家和民族的交往过程中,一方面摄取了诸种文化,另一方面自然而然地认为朝贡于中国的国家,应当以效法中国的法律(律令)为原则。但由于文明层次较低的各国国情与中国未必完全相同,所以

---

① 参见〔日〕仁井田陞:《东亚法典的形成》,霍存福、丁相顺译,载《法制与社会发展》2003年第1期。
② 关于中国古代法律体系,学界主要有"诸法并用""律令(例、典)体系""德主刑辅""伦理法"等学说,以及近年来部分学者倡导的"礼法体制",并认为具体包括礼典、律典、习惯法三个子系统。
③ 此学说由日本学者西嶋定生在《六—八世纪的东亚》中提出。参见〔日〕大津透等:《日本历史》(第7卷·中世2),岩波书店1962年版。

它们在学习的过程中,必须结合本国情况,有所修正地接受中国的律令。这种学习是个渐进过程,不可能一次性全盘接受中国的整个律令体系,只能逐步吸收律令所规定的各项制度,最后接受律令体系,并形成修正后的本国律令体系。从东亚诸国文献中可以看到,日本、朝鲜、越南三国都存在古老的继受法,但一般认为隋唐时期是三个国家继受资料最为丰富的时期。

例如,古代的日本律令就是继受中国律令并与其固有法相结合的产物。由日本古代王朝所制定的最初的法典,深刻地制约着日本古代政治和社会,并给予国民思想以重大影响。一般认为,7世纪初之前,日本已部分地开始吸取中国的律令法,7世纪中叶大化改新后,进入正式和全面系统的继受期。这与中国周围的农耕、游牧民族先后进入继受中国律令法的事实相一致。7世纪下半叶到8世纪初,是日本律令的形成期,有"大宝律令"和"养老律令"等的编纂和施行,最终形成所谓的律令国家。而隋到唐初的国家制度,遂被看成日本古代律令制度的原型。

在中国,律因为具有维持统治和社会秩序的功能而备受尊重。与此相对,各国固有法中原本就存在着与律相类似的东西,在其国家的形成与发展过程中,为整齐国家机构之故,向中国学习并制定令就成为紧迫的课题。因此,日本在其律令制度形成的某一历史时期特别重视令的制定,也是自然的。从流传至今的日本《令义解》《令集解》中,基本可以窥知其《养老令》的全貌,而在律的方面,仅《养老律》保存下来一小部分(约四分之一),大部分散佚了。中国则与之相反,令仅限于作为某一个王朝的行政法规,最终归于废弃,如唐律完整保存下来,但唐令却散佚了,甚至中国历史上的令也几乎不能够被完整保留下来。这一点也从一个侧面佐证了日本当时是如何重视令的。

朝鲜则是表现为唐亡以后即10世纪之后开始建国的高丽法,以及在此基础上出现的李氏朝鲜法,特别是以15世纪的《经国大典》为中心。

越南主要是以据说现存最古老的法典——15世纪的《黎朝刑律》为中心。

高丽与越南(黎朝)都是在唐朝灭亡后建立的,除了直接或间接地受到唐代法的影响外,还受到宋元甚至明代法的影响。

总之,东亚各国的历史是以中国历史为轴心而展开的,中国古代法律(律令)体系也为东亚各国所继受,长时间内成为东亚各国法则,直至近代因欧美资产阶级法律原则、体系东渐而废止。

(三)东亚国家对中国法继受的差异乃至拒绝问题

如前所述,中国古代法律固然对东亚各国古代法律有着重要影响,被称为中华法系。迄今,我们只重视中原文明向四周的流布,重视子法如何继受母法的具体制度,如中国的十恶、八议变成日本的八虐、六议,从二千里到三千里的三等流刑被改造为近流、中流、远流之类。不可否认,我们对同法系内的母法与子法之间的法律制度差异,尤其子法的拒绝继受现象关注甚少。今后如需对中华法系展开更深入的研究,这方面是不可回避的课题。

比如前述的日本在对中国古代律和令的继受态度上,就有较大差异。日本令是根据其国情而对唐令加以较多的斟酌改变，日本律则与唐律大同小异，几乎是全盘照收。

又如中国古代法如唐律的刑法、土地法、交易法等对邻近国家影响甚大，但在固有法属性更强的亲属法领域，其影响就未必如此。也就是说，在亲属法和继承法的层面上，东亚各国并没有抛弃自己的固有法而完全臣服于中国法，出现没有贯彻（或没有完全贯彻）中国法的问题。试举数例言之，唐代在亲等计算制度上与日耳曼民族间所流行的制度相同，但继受中国法的朝鲜，至少10世纪以来的高丽，却采用与罗马法相同的亲等计算制度；又如东亚各国都允许同姓相婚，对同姓不婚制表示出完全拒绝继受，至少有拒绝的倾向。还有家产继承法方面，中国不仅兄弟之间，而且父子之间都是以家族共产制为原则，但东亚各国却盛行与此不同的原则，如关于妇女应得的家产份额，根据唐律，妇女显然处于低劣的地位，而朝鲜、越南却制定了颇有男女平等意味的制度，其遗嘱法也与中国法之间有显著区别。

（四）研究中华法系的意义

如前所述，法系的概念自20世纪二三十年代被中国学术界接受后，法系尤其中华法系问题一直就是中国法律史学者所关心和感兴趣的热点问题，也是中国法律史研究中的基本理论问题。揭示中华法系的发展轨迹、存在时空、基本内涵及其特点，对于从宏观上把握中国传统法律制度的基本精神和基本特征，深入了解中国传统法律文化具有重要的指导意义。在这方面，对我们来说，实际上研究、利用得好是资源，否则就是包袱。

研究中华法系不仅具有上述理论意义，而且颇具现实意义。在当今错综复杂的国际关系中，竞争与合作成为国际交往的重要手段，区域共同体利益正越来越被重视，这也是实现世界范围内更高层次的竞争与合作的前提。欧共体、东盟等区域组织皆是其例。反观东亚地区，作为独立的经济体，无论中国、日本、韩国，还是其他国家和地区，其近期的经济成就有目共睹，但它们不能成为有效的联合体。表面上是因为缺少区域内部的通力协作，更深层的则是由于近代历史的原因，致使区域间长期存在内耗，无复古代的融洽关系。这多少降低了它们自身的发展速度，也使本地区在与其他国家和地区的竞争中，无力整合有关资源，优势化为劣势。①

既然区域合作在当代国际社会如此重要，而近代历史又无法为东亚地区提供谋求合作的历史资源或平台，我们更有必要从更早的历史中寻求这一资源。从小的方面来说，中国台湾地区学者通过对海峡两岸法制发展的历史趋向的考察，提出新中华法系的建立是两岸法制发展的前景。从大的方面来看，我们曾共同拥有所谓东亚文化圈、中国文化圈、儒家文化圈，以及法律史方面的中国法律文化圈——中华法系。在东亚传统社会与近代的关系上，"传统"距今并不遥远。传统东亚社会在其社会结构和国家

---

① 近年来，东亚地区已注意到通过合作提升竞争力问题，如2004年博鳌亚洲论坛年会主题确定为"亚洲寻求共赢——一个对世界开放的亚洲"，表明2004年博鳌亚洲论坛年会将在全球背景下，探讨亚洲各国和地区区域经济合作问题，寻求亚洲共同进步的有效途径。

统治方式方面刻下深深的烙印,这是当今值得我们发掘的合作基础。

又例如日本学者滨下武志研究了朝贡贸易体系和近代亚洲经济圈,认为亚洲在西欧侵入之前便存在着一个以中国、印度为两轴,以东南亚为中介,通过朝贡贸易、互市贸易等官营贸易,以及以此为契机扩大起来的私人贸易而建立起来的亚洲地域内的市场。这种"地域经济"在东南亚和东亚(而这正是传统上朝贡国最集中的地区)所起的作用,极大地削弱了朝贡体制的地位,塑造了一个强调民间、非国家、共同体甚至自由和平等的相对独立的区域。这对于启发我们在当今东亚地区合作问题上要特别重视加强民间往来与合作,具有意义。

三、中华法系的发展概观

(一) 中华法系存在的时空范围

中国历史如果从第一个王朝夏开始起算,直至 20 世纪初叶的晚清,时间跨度约四千年,可谓历史悠久。① 加之中国传统法律体系一帜独树的独特性,比较法学家才把传统中国以及受其影响的周边国家和地区所实行的法律体系,称作"中华法系"或"远东法系",并将之与英美、大陆和伊斯兰、印度等世界主要法系并列,作为比较法研究的重要考察对象。

过去我们研究中外关系史时,一般都是从中国的角度去看世界,很少从世界的角度看中国。这样往往容易使我们的视野受到一定的局限,甚至难免不自觉地受到闭关自守的因袭观点的影响。法律史的研究也是如此。因此,我们不仅应从中国去观察世界,也应该从世界的角度来透视中国。

在中华法系的形成过程中,东亚社会传统的生产方式是促进其社会发展的重要因素,法律制度的形成自然反映了生产方式的这一要求。东亚古代社会以农业自给自足的自然经济为基础,以家族为本位,以血缘关系为纽带的宗法等级制度和思想体系占据着统治地位。② 所以,传统经济体制的共同历史经验与经济发展进程中的共同背景在客观上形成了法律体制结构上的相似性。

中华法系作为社会规范体系,其形成和发展也是东亚社会基于共同的地理环境特征而发展的必然结果。从东亚的自然地理环境看,其自然地理特征上存在着封闭性、四季变化的明显性、水旱灾害的频仍性以及北方游牧民族的威胁性等问题。

东亚具有大致相同的地理条件,如季节风强,宜温暖多湿的植物生长,宜栽培,作为农耕地区的典型,是水田耕作。此外,人们善于利用淀粉类植物和茶叶,擅长养蚕。法国史学家谢和耐曾指出:东亚是世界上唯一在牧区与农耕区之间作出明确分界的地

---

① 这几乎为学界所公认,长期以来一直是中国人感到自豪的重要支撑点。如钱穆在《国史大纲》(商务印书馆 1996 年版)开篇"引论"即指出:"中国为世界上历史最完备之国家",并具有三个特点,一为悠久,二为无间断,三为详密。近年来的考古资料证明中国文明起源更早。例如,浙江省杭州市余杭区的良渚古城遗址,就为证实中华五千多年的文明提供了实物依据。
② 参见张立文、〔日〕町田三郎主编:《传统文化与东亚社会》,中国人民大学出版社 1992 年版,第 47 页。

区。① 汉民族以黄土为根基,向南、向东北扩张,汉族的较高文明也为其他民族所接受,加速其文明化。但这一过程中,难免涉及中华文明波及范围的局限性,单纯农耕文明的属性,与游牧民族的对立性,汉语言对其传播的贡献与局限等问题。

为此,我们特别关注:

(1) 治水的需要导致公权力的发达。单纯农耕文明属性与四季变化的明显性、水旱灾害的频仍性的重叠,造成"治水"的急迫性。大禹治水的传说是中国人耳熟能详的。治水迄今仍是中国的重大问题。治水具有典型的"公共工程"特征,它是产生公共权威的前提。中国传统社会中,公权力的早熟与发达,即其反映。

(2) 小农经济的生产方式——农耕经济的需要:产生农业型政权。汉民族基于农耕经济的先进性、因治水的需要而产生的公权力的早熟性和管理的周密性,以及土地承受人口压力所导致的人际关系的复杂性,决定了汉民族需要有内容较为系统完整、与农耕经济相配套的法律与其生活相适应。迄今东亚地区的农业生产模式(小农)仍俨然区别于欧美的农业生产模式。

(3) 宗法社会组织长期支配着社会生活。在漫长的古代中国,氏族公社残余长期存在,以父系为核心的宗法氏族组织控制社会的模式,长期发挥着惯性作用。

(4) 以儒学为主的共同法文化。现在,重视法律制度运用过程中的文化背景的意义的观点,已经越来越成为人们的共识。因此,要真正理解东方国家的法律制度,必须同时研究隐藏于其后的东方传统法律文化。

文化冲突理论告诉我们,法是一种表现主流社会文化价值的文化现象。法文化反映着特定文化背景下人们对法的价值的认识与情感,特别是反映一个民族传统文化中孕育的法的特定价值。因此,文化的共同体意识也为东亚客观上形成一个整体发展的共同法律体系提供了基础。

世界法文化通常分为西方(欧美)法文化、伊斯兰法文化、印度法文化及东亚法文化等。东亚法文化传统意义上主要指中国法文化,其基本思想是儒家思想,儒家的天人合一、道家的清静无为等传统思想实为其基础。"中国民族的传统法文化心理属于儒家伦理型。"② 由于古代中国之外的其他东亚国家还没有形成其独立法文化的条件,中国法文化伴随其文明而传播,成为占据东亚主导地位的法文化形态,其所显现的特点直接影响着其他东亚国家。

作为崇尚手段与实用价值的社会形态,传统意义上的东亚法文化是一种封闭的、价值绝对的文化体系,文化对法的价值需求只是把法作为一种控制社会的工具,缺乏自身价值体系的追求。在古代的东亚社会中,法的基本内容就是刑,体现了明显的刑法化。《唐律疏议》是东亚刑律的准则,传统的东亚法是一种反映公法文化的法的体系,在这种体系中,国家的理念高于社会的理念,似乎所有的社会事务都应由国家来控制和处理。

---

① 参见〔法〕谢和耐:《中国社会史》,耿昇译,江苏人民出版社1995年版,第27页。
② 俞荣根:《儒家法思想通论》(修订本),商务印书馆2018年版,第32页。

(二)中华法系的发展阶段

对于中华法系的发展阶段,学者们的认识并不一致。持广义的中华法系观点的学者认为,中华法系在时间上囊括了自唐虞时代直至当前的几千年的中国法律制度。例如陈朝璧认为:广义的中华法系包含三千年之久的封建法制、近代半殖民地半封建法制,以及新中国的社会主义法制这三个历史阶段中本质不同的中国法制。而由中华民族这条红线把本质不同的三种法制连成一体,通过民族的和历史的纽带关系,这三种法制共同形成了一个整体——广义的中华法系。他还认为,从社会形态的视角审视,中华法系是死法系,但若从法文化的价值观念及表现形式具有相对独立性来讲,法系是可以超越社会形态的,中华法系又不是死法系。①

持狭义的中华法系观点的学者相对较多。如张晋藩等人认为,中华法系是指中国"封建时代"的法律,但它的形成经历了漫长的过程,最终形成于唐,终结于20世纪的清朝末年。具体描述如下:

1. 中华法系的形成时期。(1)公元前23—21世纪——萌芽时期;(2)夏商周三代——初步奠定时期;(3)春秋战国至秦汉——形成时期。

2. 中华法系的发展成熟时期。(1)三国两晋南北朝——重大发展时期;(2)隋唐——成熟时期。

3. 中华法系的僵化(或衰退、沿袭)期——宋元明清。

4. 近代消亡期。百年前清末变法修律,中华法系消亡,母法、子法转型,走向近代法。

早在20世纪30年代,学术界就有"复兴中华法系"的提法。近来也有学者从复兴中华民族的历史使命的认识出发,提出重塑中华法系的命题,认为中华法系是中华民族共同智慧的结晶和创造。晚清修律以后,中华法系解体了,但并未消亡,其中一些基本的精神和价值是中国法文化赖以生存和发展的核心。在新的历史条件下重塑中华法系,不是简单地复古,而是要创造性继承与创新性发展,并学习西方乃至一切外来民族先进法文化来丰富中国的法文化。

四、中华法系的特色

(一)中国台湾地区学者所论述的中华法系的特色

1. 陈顾远将中华法系的特质概括为六点:②

一是中国固有法系之神采为人文主义,并具有自然法象之意念;

二是中国固有法系之资质为义务本位,并具有社会本位之色彩;

三是中国固有法系之容貌为礼教中心,并具有仁道恕道之光芒;

---

① 参见陈朝璧:《中华法系特点初探》,载《法学研究》1980年第1期。
② 参见陈顾远:《中国固有法系之简要造像》,载陈顾远:《中国文化与中国法系:陈顾远法律史论集》,范忠信等编校,中国政法大学出版社2006年版,第38—48页。

四是中国固有法系之筋脉为家族观念,并具有尊卑歧视之情景;

五是中国固有法系之胸襟为弭讼至上,并具有扶弱抑强之设想;

六是中国固有法系之心愿为审断负责,并具有灵活运用之倾向。

此外,他指出:中华法系"因民本思想而无民权制度之产生","因家族制度而无个人地位之尊重"。

2. 张金鉴将中华法系的特色归纳为六端:①

(1) 理性主义——区别于一般古代法的"神授"主义,认为法律须依据理性而制定,以天理作为法的理论依据,并以合乎天理作为立法的指导思想。其目的在于维持正义,因此有效的法律必须是公平合理的正当法律。所谓理性者,即"天理"与"公理"。天指自然,不具有宗教神秘、迷信色彩,这使中国古代法区别于一般古代法的神授主义,十分可贵。天理、国法、人情三者是维系社会秩序的三大要素,但人情符合王道,国法本于天理,仍反映出公平正直的理性。也就是说,法律应合乎天理,实际意义在于要求法律要顺乎人情,合情合理,以此提高法律的威信和强制力。天理决定法律的思想富有哲学意味,从实际出发,面向现实,在一定程度上类似于欧洲中世纪自然法学派的理论,而与法律精神为强权说、契约说、关系说、模仿说、功利说均有所不同。

(2) 礼治主义——刑以弼教、法以济礼。刑法是完成礼教功能时所用的手段,此即《尚书·大禹谟》所谓"明于五刑,以弼五教"之意。礼为政本,法以辅之,是中国法制的一贯精神。

(3) 家族主义——农业社会结构中的基干,反映在中国历代法制中的精神即家族本位。中国历史上,国家与个人的关系从未成为政治思想上的严重问题或争辩中心,同时,独裁者的极权主义或绝对自由的个人主义,两者均不见容于中国传统的政治思想。此种情形,实为家族组织居间调剂之故。

政教(化)合一,指政治中心不离于伦常,而伦常的中心则围绕着家族。家族主义是政治的出发点、施政的中心。所谓"天下之本在国,国之本在家","家齐而后国治,国治而后天下平"即是。

(4) 矜恤主义——传统中国的政治理想是尚王道,贬霸术;德治为先,刑以济礼;崇尚矜恤主义。所谓"省刑罚,薄赋敛""听讼,吾犹人也,必也使无讼乎",皆是其例。法治最高理想是"刑期于无刑",措刑罚而不用。退而求其次,若不得已而用之,则科刑准则为矜恤主义。《尚书·大禹谟》曰:"罚弗及嗣,赏延于世;宥过无大,刑故无小;罪疑惟轻,功疑惟重;与其杀不辜,宁失不经;好生之德,洽于民心;兹用不犯于有司。"《孔丛子·刑论》亦云:"古之听讼者,恶其意,不恶其人,求所以生之,不得其所生,乃刑之。君必与众共焉。"其哀矜慎恤之情,不难理解。

(5) 集体主义——中国法制的功能首先在于弼护礼教,维护伦常。礼教是规范社会活动与生活的集体仪文与节度,是中国传统民法的关键所在。近代以来的民法,以

---

① 参见张金鉴:《中国法制史概要》,正中书局1973年版,第2—14页。

保障个人权益为目的;历代之礼,则以维护社会权益为依归,亦即社会本位。

古代的伦常关系,以现代的眼光看待,本为涉及私权的民法问题。但对于乱伦失序问题,我国古代从不轻视为私人损失,而认为是对社会的严重威胁,必由国家施以刑罚。如此一来,私权为公益所掩盖,个人被社会所统化,其集体精神的表现昭然若揭。

集体主义的适用,采取公权第一的原则,形成中国法制上民刑不分、公私相混的现象,其立法宗旨推行的结果,更表现为义务本位的法制,详细规定了各人在其社会环境中应尽的义务与应当负的责任。这与近代西方国家政治理想和立法宗旨均在于强化个人权利、天赋人权,采取权利第一的原则,大异其趣。权利者,是从个人享受的角度而言;义务者,是从集体的关系出发而论。历代法制的功能莫不强调维持"君敬、臣忠、父慈、子孝、兄友、弟恭"等传统政治的理想,实际上就是落实集体关系上各个人的义务、责任。

(6) 泛文主义①——古代中国惯于将有关社会规范的思想意识和制度用文字记载下来,至李悝的《法经》作为成文而系统的法典,是其总结和代表。

3. 高明士将中华法系的基本特质归纳为三项:②

(1) 就立法的形式而言,订立以晋唐律为蓝本的成文法典,也应量儒家化的法典为蓝本,尤其是唐律,当是中华法系的第一个基本特质。

(2) 就立法原理的实质内容而言,基于儒家思想而订立伦理化的法典,是中华法系的第二个基本特质。

(3) 在本国明定保障内外诸民族的和谐,尊重诸民族的习性,是为中华法系的第三个基本特质。

(二) 大陆学者所论述的中华法系的特色

1. 乔伟的"基本点论"。乔伟通过礼法结合的发展过程及其在立法上的表现两个方面的考证,认为礼法合一是中华法系的基本特征(质的规定性),以便于分析中华法系区别于其他法系的主要特征。③ 他认为中华法系的特点与中国封建法律制度的特点之间有相通之处,但却不能画一个等号。后者着眼于其阶级属性,而前者则着眼于其民族属性。中华法系大体经历了西周奴隶制国家的礼法并用时期、自春秋战国到秦朝的弃礼任法时期、汉朝以后直到明清的礼法合流时期。

2. 陈朝壁的"三点论"。陈朝壁在前引《中华法系特点初探》一文中认为,中华法系的特点有三:(1) 重视成文法典,并惯于把有关社会规范的思想意识和制度用文字记载下来;(2) 以天理作为法的理论根据,并以合乎天理作为立法的指导思想;(3) 礼

---

① 学界对此观点存在争议。陈朝壁认为重视成文法典;武树臣认为有任意法——判例法——成文法——混合法。

② 参见张明新:《法律文化的国际视野,历史传统的现代思考——中华法系国际学术研讨会综述》,载《政法论坛》2006 年第 6 期。

③ 参见乔伟:《中华法系的基本特点》,载《文史哲》1986 年第 2 期。转引自曾宪义、郑定编著:《中国法律制度史研究通览》,天津教育出版社 1989 年版,第 81—82 页。

法并重。

3. 张晋藩的"多点论"。张晋藩认为儒家学说是缔造中华法系的灵魂,中华法系是中华各族共同缔造的法律体系。他早在80年代初便提出"六点论",近年来对中华法系特征的描述越来越精细,具体包括:引礼入法,礼法结合;天理、国法、人情三者的沟通;法的公平要求与权利等差;法自君出,权尊于法;家族本位的伦理法治;重刑轻民,律学是法学的主要形式;职官管理法占有较大比重;制定法与判例法的结合;援法定罪与类推裁断;无讼是求,调处息争;法典编纂上的"诸法合体,民刑不分",与法律体系上的"诸法并存,民刑有分"等。他在《中国法律的传统与近代转型》一书中,更将中国法律的传统概括为十四个方面。①

4. 郝铁川的"三化"论。郝铁川将研究视野超越官方典籍与精英阶层而进入民间社会,认为中华法系的特征,若高度抽象概括之,就是"三化"——法典法家化、法官儒家化、民众法律意识鬼神化,②强调了把执法者(法官)和守法者(百姓)这两种主体的特征作为法系的特征来研究的价值。

(1) 法典法家化。从法典的内容构成、指导思想或精神的角度出发,认为中国自汉至清的历代法典都是按法家的思想构造起来的,而不是讲求法系的法律形式方面有什么特殊风格特征。

(2) 法官儒家化。从法官的信念、知识结构的角度出发,认为法官都是按儒家思想培养出来的,而不是讲求法官在诉讼中的地位与作用及工作风格。

(3) 民众法律意识鬼神化。民众的法律观都是按佛、道二教的粗俗蜕变部分,即鬼神信仰、因果报应观念建立起来的。它不是泛泛言一个民族在一种法系下的法律观念是哪些主要内容及有何特征,而是讲求老百姓并没有恒认何者为法及敬法畏法之观念,只是有怕鬼神惩罚、惧因果报应的观念而已。

"三化"中除了法官儒家化的观点与前人比较一致外,其余"二化"有自己的思考。但将其作为对中华法系的整体特征的概括描述,标新立异固然不错,值得商榷之处恐怕难免。因为人只是法律传统的承载者、操作者,而不是法律本身。不能孤立地单独研究人,而割裂了通过人在立法、司法、守法中的地位、作用所体现出来的法律的特征。

如法典法家化、法官儒家化之间是否存在着内在的矛盾?又如把"春秋决狱"视为"儒学的法家化",也未必令人信服。人们更赞成"春秋决狱"是中国法律儒家化的开始,是儒生们引据儒家经义对法律进行的渗透和改造,是以司法的途径弥补法家思想指导下的立法的不足。姑且不说"儒学法家化"这一概念是否生搬硬造,至少此说显然无视历史。历史事实是"罢黜百家,独尊儒术",法家的部分主张被吸收到儒家学说中来,儒家学说从未弃己从人地皈依法家。

---

① 详见张晋藩主编:《中国法制史》,中国政法大学出版社1999年版;张晋藩:《中国法律的传统与近代转型》(第二版),法律出版社2005年版。
② 参见郝铁川:《中华法系研究》,复旦大学出版社1997年版,第25—131页。

五、中华法系背景下中国法起源的特色

（一）关于中国法的世俗性——法律为世俗法而非宗教法

1. 从经济上看，是大河文明背景下产生的经验型农业与小农经济的自给自足性所致。由于抗御自然灾害的需要，对公共权力机关的依赖性，使世俗社会的公权力迅速发达，相对而言，就压制了教权。在中国历史上，从来不存在所谓的教权对政权的控制问题，甚至不存在系统的独立宗教组织。

2. 在政治上，农村公社残余的存在，使其控制社会的模式依然存在巨大惯性，即从父系氏族社会组织发展到父家长式的集权政权，对宗教出于利用而不是真正的崇拜，不容其超越君权。所以，中国古代的"神判"很早就退出历史舞台的核心区，巫、史、占卜者等，皆为统治之具，不具有立法权，其法律解释权也早已受到限制。

中国古代的君主专制主义是传统社会政治领域最明显的特征，是国之"大经大法"，凌驾于其他一切政治制度之上，其他一切政治制度都是由君主专制所派生并为其服务的。

3. 从思想上看，梁漱溟指出：中国缺乏宗教，中国人淡于宗教，伟大的宗教在中国没有产生过，有则均为外来。中国有的就是伦理。① 这是因为中国缺少产生宗教的适合土壤——单纯农耕经济的现实性、功利性，压抑了民族的超现实幻想。中国古代特别推崇、渲染世俗思想，并把它作为国家的主要指导思想，而非宗教思想。所以，历史上儒、道、释三教均以能服务于人主为殊荣，最终沦落为专制主义的工具。

以上原因决定了中国法只能是世俗法而非宗教法。

（二）关于中国法的公法性——中国法的刑事化、公法化

1. 由治水的需要而产生的"公共工程"特征，滋长了公权力，使其法律自产生时起便表现出公法化、刑事化倾向。

马克思、恩格斯认为，中国传统社会的文明模式属于"亚细亚生产方式"，其特征就是土地国有制下的自然经济、高度的中央集权及国家以主持大型水利工程和防御工程为主要职能。马克思说，"在东方，由于文明程度太低，幅员太大，不能产生自愿的联合，因而需要中央集权的政府进行干预。所以亚洲的一切政府都不能不执行一种经济职能，即举办公共工程的职能。这种用人工方法提高土壤肥沃程度的设施归中央政府管理，中央政府如果忽略灌溉或排水，这种设施立刻就会废置，这就可以说明一件否则无法解释的事实，即大片先前耕种得很好的地区现在都荒芜不毛"②。恩格斯也说，在亚细亚生产方式的东方国家，政府总共只有三个部门，公共工程（管理再生产）便是其中之一。③

---

① 参见张建安：《梁漱溟之死》，载《中外文摘》2007年第8期。
② 《马克思恩格斯选集》第1卷，人民出版社2012年版，第850—851页。
③ 参见《马克思恩格斯全集》第28卷，人民出版社2018年版，第260—263页。

中国古代国家以组织水利等公共工程为主要职能之一,从大禹治水到历代治理黄河,君主或国家均充当水利工程的组织者或资助者;在其法律传统中,关于水利工程的法典或其他法律文件相当丰富;繁重的徭役、罪犯服刑内容主要用于治水等公共工程。

2. 由农耕经济而产生农业型政权,农业社会的经济基础所决定。在古代,农耕经济需要经验、权威,它来源于氏族家长的指挥、管理权,放大而成为国家制定法的公法性。

农耕生活方式下的法制相对简单或单纯。孟德斯鸠指出:"法律和各民族的谋生方式有着非常密切的关系。一个从事商业与航海的民族比一个只满足于耕种土地的民族所需要的法典,范围要广得多。从事农业的民族比那些以牧畜为生的民族所需要的法典,内容要多得多。从事畜牧的民族比以狩猎为生的民族所需要的法典,内容那就更多了。"①这一论断,对于中国法律文明来说,甚相吻合。作为典型的农耕民族,相对于工商航海立国的民族而言,其法律传统中的法典,是相当简单的。商品经济的不发达,民商事法律的缺乏,使刑事法律几乎可以对付一切生活。法律体系的单调,许多部门法的缺失,使法定的调整社会关系的方式相对简单,用刑而已。

3. 农村公社的残余的影响。通常认为东方国家在原始社会末期农村公社没有解体就被推入阶级社会,并且农村公社在相当长的时期内保留着,对社会产生了巨大影响。传统中国亦是如此。

公社内部血缘关系十分重要,它决定了人们的社会地位,成为维系公社成员之间关系的一种内在力量,因此血缘的纽带不会轻易松弛;公社中原有的家长的管理或者统治的形式,又直接演变为专制制度,成为国家的基本制度;而这一制度亟须公法的支持,故公法乘势坐大。

中国国家形成之初,无论在国家组织上,还是在思想观念上,都带有浓厚的血缘色彩,在统治阶级内部,仍在一定程度上按血缘关系的亲疏远近来确定社会成员的社会地位,并按照氏族家长制的传统方式来管理社会组织和国家,其典型就是效法家长制的集权统治模式成为治国的基本模式。这一特点深深影响了此后数千年的中国政治与法律制度。

4. 国家权力和国家观念异常发达。张中秋指出:"一个社会的国家集权和(国家)观念愈发达,其刑事立法也必然发达。如果发达到使个人独立存在的价值与利益变得无足轻重或基本丧失,国家代表了个人(个人完全消融在国家之中),侵犯私人权益就是侵犯国家利益、破坏社会秩序,那么这个社会的全部法律必然表现为刑法和刑法化的法律。"②在古代中国,侵犯私人权益被视为并且实际上也构成对国家利益和社会公共秩序的破坏。为了捍卫纲常伦理,国家不惜以强力干涉私人事务(民事关系)。

问题是为什么中国古代国家拥有强大的、发达的权威,却"体质"衰弱到害怕私人侵权行为都对它造成"感染"或伤害,动辄将其刑事化?归根结底还是经济基础的问题。中国自西周以来单家独户的小生产方式,及其带来的自给自足的经济形式,决定

---

① 〔法〕孟德斯鸠:《论法的精神》(上册),张雁深译,商务印书馆1961年版,第284页。
② 张中秋:《中西法律文化比较研究》,南京大学出版社1991年版,第96—97页。

了全社会的"一盘散沙"的性质。由这种经济基础决定的血缘家庭(宗族)的强大的内聚力,即排斥外来权威之力,使古代中国若要利用国家形式推动社会进步和增进共同福利,必须拥有比西方更强大的国家机构和集权权力,必须更经常、更强烈地向人们灌输国家观念。

5. 民事法律的刑法化与刑法的刑罚化。民法是调整平等的权利主体之间的一定财产关系以及与财产有关的人身关系的法律规范的总和。中国古代虽然早有民事活动方面的法律规定,但民事法律没有独立地位可言,更没有西方近代严格意义上的独立的民法典,通常采用刑法手段处理民事案件。也就是说,民事法律被刑法化,并最终落实到刑罚处罚上。在中国古代的家庭、婚姻、继承、买卖、债务、保管、侵权等民事领域,我们常常看到其处理方式的刑法化乃至刑罚化。如唐律规定同姓为婚要处以二年徒刑;兄弟析产不均,多得者可能因"坐赃"而被处以刑罚。这显然与民法的责任承担方法格格不入。

(三)中国法具有孤立性、封闭性(排斥性)和保守性

(1) 早熟性与孤立性——缺乏与同质高层次文化交流的机会。地理上,中国大陆在古代自然环境下四周悬隔,是个相对早熟和孤立的文明。这种孤立、封闭的环境,导致其难以与较大规模或者较高层次的人类生活圈接壤或相与竞争,难以与圈外较明显的文明交流。这与两河流域、地中海沿岸的古文明之间的交流,甚至与印度文明的情形都不太一样。因而这种文明的早熟性与孤独性,伴随着其文明向四周较低文明区域流布的同时,其思想上、文化上的自我中心主义被反复强化,并表现在诸如法先王的法统观、自我法律优秀完备观、中国中心论、蔑视外国意识、历史静止观(甚或退化史观)等方面,使其法律呈现出保守性,所谓"天不变,道亦不变""祖宗之法不可变"是也。

(2) 重视"华夷之辨"和"华夷之防"。① 华夷之辨是中国传统政治观念中最为强烈的观念之一,法律的起源被认为与征服异族的战争活动紧密联系,所谓"德以柔中国,刑以威四夷"②。至于华夷之防,未尝不是捍卫政治法律制度的"纯种"之争。

我们的优越感自古以来极其强烈,从政治制度到典章文化均为先王垂范,理想之至,是四夷效法的榜样。孔子说,"夷狄入中国,则中国之"③。意即要尽力让并入中国版图的其他民族接受我们的典章制度,不容许他们在"王化"所及的地域保留自己的制度文明。强迫异族接受我们的典章制度,这就叫作"用夏变夷"。孟子说:"吾闻用夏变夷者,未闻变于夷者也。"④我们的文化最害怕的就是"变于夷",就是接受或采纳了"夷狄"的文化或典制,认为这是莫大的罪恶。晚清的"洋务"最初仍被蔑称为"夷务","用夷变夏"成为用以攻击改革者的一个莫大罪名。

---

① 第(2)点和以下(3)、(4)两点的论述,参见范忠信:《中国法律传统的基本精神》,山东人民出版社2001年版,第37—40页。
② 《左传·僖公二十五年》。
③ 《论语·为政》。
④ 《孟子·滕文公上》。

（3）法典的封闭体例与观念。我们祖先所处的地理环境的封闭性，造成政治观念的封闭，中国之外为四海。孔子云："道不行，乘桴浮于海。"即到古代的体制之外去了。这一观念可能间接影响到中国古代法典的封闭体例。如从最早的成文法典《法经》六篇的体例以来的传统法典体例，实际上都是封闭的体例。每一法典制定之时，都以为其篇名已经能够概括世间一切情况，都不设想它会有体例上重大变动或增删的必要，都设想一劳永逸、垂范百世。

又如，从法典观念上看，历朝都把法典看作本朝尽善尽美"一成不变"的成法，自认为已穷尽真理。秦始皇即认为自己的法律可以"经纬天下""永为仪则"。[①]《唐律疏议》自我标榜"今之典宪，前圣规模，章程靡失，鸿纤备举"[②]。这不仅排斥了法律因时变迁的重要性，甚至也否定了向其他法律文明学习的必要性。至于明清律，甚至不允许臣下稍有议论，否则即坐以变乱祖制的罪名。

此外，自《唐律》至明清律关于"化外人犯罪"的规定，也体现了我们的政治法律文化的封闭性。

（4）国家机构设置上的封闭性。中国传统政治机构设置也体现了某种封闭性。最能体现这一时空封闭观念的当属古代国家机构尚"六"这个传统。从《周礼》的天地春夏秋冬六官，到汉代的尚书六曹，到唐代以后的尚书六部，还有记载典章制度的六典，实际上都是从古代中国人封闭性的时空观念引申过来的。古代中国人所认识的六面空间（天地东西南北），实际上是一个封闭的盒式空间。李白所谓"秦王扫六合，虎视何雄哉"，似乎已经完成丰功伟业。这种封闭观反映在典章制度上，就是"天地春夏秋冬"六官，认为六官足以包罗一切行政职能需要。

---

① 参见《史记·秦始皇本纪》。
② 《唐律疏议·名例律》。

第一章　先秦时期的法律制度

重要内容提示

到春秋中期为止，"古之制""礼"等传统规范、习惯规范与"刑书"一直起着法律的作用。但传统、习惯规范作为犯罪与刑罚的标准并不明确，刑书也未向民众公布。迨及春秋后期，出现向民众公布刑书的动向，如郑国子产的"铸刑书"。进入战国时期，各国为了实现富国强兵与中央集权化，实施各种法制改革。尤其秦国通过商鞅变法提高其军力、农业生产力，确立中央集权体制，构筑后代统一六国的基础。

先秦时期设有死刑、肉刑、罚金等各种刑罚，尤其死刑与肉刑均置于刑罚制度的核心地位。当时的死刑与肉刑不仅具有对犯罪的报应与预防的作用，也具有将犯罪者驱逐出社会的作用。

春秋后期以来，产生了儒家思想与法家思想。两者皆对现实政治造成影响，尤其法家思想对秦国的政治、法制影响甚大，对秦国统一六国颇有贡献。

第一节　三皇五帝时期及夏代的法律

据传世文献，商代以前法律的情况大致如下：

首先，到了三皇五帝时期，制定法律，① 设定"五刑"。② 五刑是指"墨"、"劓"、"剕"

---

① 但是，关于三皇五帝时期究竟何时初次制定法律，传世文献之间有矛盾。西汉扬雄《法言·问道》载伏牺初次制定法律。而《淮南子·览冥训》载伏牺、女娲均未制定法律；又，据同书《主术训》，神农时似乎已经设有法律，如"昔者神农之治天下也，……因天地之资，而与之和同，是故威厉而不杀，刑错而不用，法省而不烦，故其化如神。……当此之时，法宽刑缓，囹圄空虚，而天下一俗，莫怀奸心。"但同书《氾论训》载神农时未设有"制令"。

② 《尚书·舜典》载舜执政时用流刑代替五刑。如唐杜佑所指出，至少从这条记载来看，舜执政时及其以前已经设有五刑（参见《通典》卷一六三《刑法一·刑制上·虞》）。另外，有些文献载舜设定"象刑"代替五刑（详见后文）。从这种认识来看，舜执政时及其以前已经设有五刑。另，《北堂书钞》卷四三《刑法惣一》及《太平御览》卷六三六《刑法部二·叙刑下》所引《世本》载"伯夷"制定五刑。此处所说的伯夷是尧、舜的臣下（与"叔齐"并称的"伯夷"非同一人）。

《尚书·吕刑》载"苗民"设定由"杀戮"、"劓"（割鼻）、"刵"（割耳）、"椓"（打碎男阴部）、"黥"（在脸上施以刺青）构成的"五虐之刑"。《墨子·尚同中》又云："譬之若有苗之以五刑然。"梁启超根据这些记载认为，五刑的起源在于苗民。参见梁启超：《中国成文法编制之沿革》，中华书局1936年版，第6页。然此事难以认为是史实。

此外，有些文献记载五帝时期及其以前未设有刑罚或肉刑，如《淮南子·氾论训》云："昔者，神农无制令而民从，唐虞有制令而无刑罚。"《文子·上义》云："昔者，三皇无制令而民从，五帝有制令而无刑罚。"《汉书》卷二三《刑法志》云："孙卿之言既然，又因俗说而论之曰：'禹承尧舜之后，自以德衰而制肉刑。'"

（刖）、"宫"、"大辟"五种刑罚。① 墨是在脸上施以刺青，劓是割鼻，剕是割脚趾，宫是割男性器，大辟是死刑。

帝尧、帝舜均起用皋陶，任其为"李""大理""士"。② 李、大理、士皆为主管治狱之吏。皋陶制定法律，③设置"狱"（监狱）。④

舜设定刑罚制度，即用流刑代替五刑，用"鞭"惩罚官吏，用"扑"（鞭的一种）实行教育性惩罚，用铜赎罪；因过错犯罪的应当免除处罚，犯罪而不悔改的则处死刑。⑤

有文献记载，舜又设定"象刑"。⑥ 象刑乃刑罚之一，是用与众不同的特殊服饰加之罪人以示侮辱。不同文献中记载的象刑的等级与服饰有所不同。例如，据《慎子》（相传为战国时期法家慎到所撰）记载，用戴"幪巾"（头巾之一）代替墨刑，用加"草缨"（冠上所加的草带）代替劓刑，用穿"菲屦"（草鞋）代替剕刑，用割"韠"（蔽膝）代替宫刑，用穿无领的"布衣"（平民所穿布制的衣服）代替大辟。⑦ 而据西汉伏胜《尚书大传》，"上刑"穿无领的"赭衣"（囚犯所穿赤土色的衣服），"中刑"穿粗劣的鞋，"下刑"戴幪巾。⑧

夏朝制定了名为"禹刑"的法律⑨，竟设定三千个条文。⑩ 据东汉郑玄所说，大辟罪的处罚条文二百条，膑罪的处罚条文三百条，宫罪的处罚条文五百条，劓罪、墨罪的处罚条文分别一千条。⑪ 夏时称监狱为"夏台""均台""圜土""念室"等。⑫

以上就是传世文献所记载的商代以前法律的基本情况。然而，三皇五帝皆是后世

---

① 参见《尚书·吕刑》、《周礼·秋官·司刑》、《史记》卷一《五帝本纪》之《集解》所引马融注。
② 参见西汉刘向《说苑·君道》、《初学记》卷一二《职官部下·大理卿》所引《春秋元命包》、《管子·法法》、《孟子·告子下》。
③ 参见《竹书纪年（今本）·帝舜有虞氏》、《吕氏春秋·审分览·君守》、《后汉书》卷四四《张敏列传》。另外，《春秋左氏传·昭公十四年》载有皋陶制定的法律，如"叔向曰：'……《夏书》曰：昏、墨、贼，杀。皋陶之刑也。'"
④ 参见西汉史游《急就篇》卷四。
⑤ 参见《尚书·舜典》。
⑥ 战国时期的荀况认为，舜设定象刑不是事实。参见《荀子·正论》。但是，汉代人似乎一般相信舜设定象刑，如《史记》卷一〇《孝文本纪》文帝十三年条云："〔文帝〕乃下诏曰：'盖闻有虞氏之时，画衣冠异章服以为僇，而民不犯。'"
⑦ 《太平御览》卷六四五《刑法部十一·诛》所引《慎子》云："有虞之诛，以幪巾当墨，以草缨当劓，以菲屦当刖，以艾韠当宫，布衣无领当大辟，此有虞之诛也。"虽然这条记载中没有使用"象刑"一词，但《荀子·正论》云："世俗之为说者曰：'治古无肉刑而有象刑：墨黥，慅婴；共，艾毕，菲，对屦，杀，赭衣而不纯。治古如是。'""墨黥"以下的记载与上引《慎子》相似，并且"世俗之为说者"称这些刑罚为象刑。"世俗之为说者"应是指慎到等人。
⑧ 参见《太平御览》卷六四五《刑法部十一·象刑》所引《尚书大传》。关于象刑的等级与服饰，除此以外，《荀子·正论》又云："世俗之为说者曰：'治古无肉刑而有象刑：墨黥，慅婴；共，艾毕，菲，对屦，杀，赭衣而不纯。'"《后汉书》卷七七《酷吏列传》李贤注引东汉班固《白虎通德论》佚文云："画象者，其衣服象五刑也。犯墨者蒙巾，犯劓者以赭著其衣，犯膑者以墨蒙其膑处而画之，犯宫者杂扉，犯大辟者布衣无领。"这些象刑的等级和服饰与《慎子》《尚书大传》有所不同。
⑨ 参见《春秋左氏传·昭公六年》。
⑩ 《唐律疏议·名例律》疏所引《尚书大传》云："夏刑三千条。"但是，"夏刑三千条"与禹刑的关系不明。另外，关于夏朝的法律，《史记》卷三〇《平准书》的《索隐》所引《尚书大传》又云："夏后氏不杀不刑，死罪罚二千馔。"
⑪ 参见《周礼·秋官·司刑》郑玄注。
⑫ 参见《史记》卷二《夏本纪》、《北堂书钞》卷四五《刑法部下·狱》所引《白虎通德论》佚文、东汉蔡邕《独断》卷上、今本《竹书纪年》帝芬三十六年条、《初学记》卷二〇《政理部·狱》所引西晋张华《博物志》。

虚构的人物,其事迹当然不是史实。另外,中国各地发现了商代以前新石器时期的城郭遗址,这些发现表明新石器时期已经存在十分发达的国家。但是,由于相关的文字资料并未出土,对于当时是否已经存在某些法律、制度,如果存在又是怎么样的,均不甚明了。①

第二节　法规的制定与公布

(一) 商代

在传世文献所记载的王朝中,最早的王朝是商,尽管不少出土文物、文明早于商朝。19世纪末以后,已经相当成熟的文字甲骨文被发现,商朝的建筑遗址、青铜器等遗物出土,这些均证明商朝的实际存在。

据传世文献,商朝制定有"汤刑""汤之典刑""汤之官刑"等法规。② 传世文献中还载有商朝法律的具体内容。③ 然而,这些文献皆成书于战国时期以后,我们目前不能断定传世文献中关于商朝法律的记载是否属实。"刑"以及"法""律"等词语在后世都曾先后被用来指称现代我们所谓的法律,其中"刑"与"律"均见于商代的甲骨文与金文,但没有作为法律之意使用的例子。甲骨文中有数例"刑"初文的"井"字,作为水井之意或"井方"这一国名使用。④ "律"在商代的甲骨文、金文中作为"音律"之意使用。⑤

(二) 西周时期

1. 九刑

据某些传世文献,西周时期制定有"九刑""吕刑"等法规。关于九刑,《春秋左氏传·文公十八年》云:

〔周公〕作誓命曰:"毁则为贼,掩贼为藏。窃贿为盗,盗器为奸。主藏之名,赖奸之用,为大凶德,有常无赦。在九刑不忘。"

同书《昭公六年》又云:

---

① 新石器时期的龙山文化遗址中出土过肢体残缺不全并无随葬品的人骨架,其中有些人骨架废弃于灰坑或水井中。有些学者认为,这些均是受刑人的骨架。参见蒲坚主编:《中国法制通史》(第一卷),法律出版社1998年版,第28—36页。然而,也可以认为有其他的可能性,如他们均是家内奴隶,或是战争的俘虏,或是祭祀的供牺。因此,我们不能断定他们均为受刑者。
② 参见《春秋左氏传·昭公六年》、今本《竹书纪年》祖甲二十四年条、《孟子·万章上》、《墨子·非乐上》。
③ 《墨子·非乐上》云:"何以知其然也?曰:先王之书汤之官刑有之。曰:'其恒舞于宫,是谓巫风。其刑,君子出丝二卫,小人否似二伯黄径。'"《吕氏春秋·孝行览·孝行》所引《商书》云:"刑三百,罪莫重于不孝。"高诱注云:"商汤所制法也。"《韩非子·内储说上》云:"殷之法,刑弃灰于街者。……一曰:殷之法,弃灰于公道者,断其手。"
④ 参见李力:《刑·法·律——先秦法观念探微》,载《中外法学》1989年第5期。但也有人认为:"甲骨文的井为人名或方国名,不作水井理解。"
⑤ 陈寒非详细介绍了先行研究。参见陈寒非:《"律"义探源》,载《现代法学》2013年第3期。

> 叔向使诒子产书曰:"……夏有乱政,而作禹刑。商有乱政,而作汤刑。周有乱政,而作九刑。"

另外,《逸周书·尝麦解》云:

> 维四年孟夏,王初祈祷于宗庙,乃尝麦于太祖。是月,王命大正正刑书。……太史(策)刑书九篇,以升授大正,乃左还自两柱之间。

据此,"王"于"四年"命大正修改"刑书",太史将"刑书九篇"写在简策上。此处所说的"刑书九篇"一般被认为是指九刑。对于"四年"是指哪四年,存在意见分歧:其一,"四年"乃"四月"之误,是指成王元年四月;其二,是指成王四年;其三,是穆王初年;其四,是穆王之后;等等。①

九刑仅见于以上三条记载中,其具体内容不明,制定时期亦然。据《左传·文公十八年》,周公旦执政时似已设有九刑,而据同书《昭公六年》,晋国叔向认为九刑是乱政的产物。提到西周时实施乱政的王,最著名的是厉王,故叔向可能认为九刑是厉王时期或其以后制定的。不论如何,均与《文公十八年》的记载有矛盾。另外,如上所述,关于《逸周书》中的"四年"存在意见分歧。

但是,不论是《左传》还是《逸周书》,均被认为是战国时期编纂的,我们不能断定以上记载是否属实。②

2. 吕刑

相传吕刑是西周穆王命吕侯制定的法规③,又称为"甫刑"。④《尚书》中有《吕刑》一篇,其内容是当公布吕刑时,穆王就使用法律训诫诸侯,而不是作为法规的吕刑。但是,我们从其记载可窥见吕刑的一部分内容。据此,在吕刑中,有关五刑的规定多达三千多条,其中墨罪的处罚条文一千条,劓罪的处罚条文一千条,剕罪的处罚条文五百条,宫罪的处罚条文三百条,大辟的处罚条文二百条。除此以外,还似设有关于赎罪及其他的规定(参见下一节)。

但是,关于吕刑,有的观点认为是吕侯在吕国内公布的刑书,也有的观点认为是楚国的刑书。关于《尚书·吕刑》的成书年代,有的观点认为是春秋时期,也有的观点认为是战国后期。⑤ 吕刑是否真实存在,如果存在又在何时何处实施,《尚书·吕刑》是否真的记载吕刑的一些内容,均尚需要探讨。

---

① 参见李力:《〈九刑〉、"司寇"考辨》,载《法学研究》1999 年第 2 期。
② 1957 年,河南省信阳市平桥区长台关第一号墓出土了一批战国楚竹简,其中引用了周公旦关于刑罚的言论。史树青据此推测,这篇竹书可能是春秋战国时人所整理、阐述的周公刑书。参见史树青:《信阳长台关出土竹书考》,载《北京师范大学学报》1963 年第 4 期。即使如此,这篇竹书让我们了解的只是战国时期存在周公编纂刑书这一历史认识,而不能证明周公编纂刑书属于史实。
③ 参见《尚书·吕刑》。
④ 《史记》卷四《周本纪》云:"命曰甫刑。"《尚书·吕刑》孔安国传云:"后为甫侯,故或称甫刑。"
⑤ 参见尤韶华:《〈吕刑〉的穆吕之争;〈尚书·吕刑〉性质辨析》,载《江苏警官学院学报》2012 年第 2 期。

3.《周礼》

相传《周礼》载有周朝的官制,其中又有关于法规与其公布的记载。据此,周朝设有"六典""八法""八则"等各种法规。新的法规制定后,大宰、大司徒、大司马、大司寇分别在正月向诸侯国、"都鄙"(公卿、大夫、王子弟的采邑)公布之,其方法是将其内容悬挂到"象魏"(门阙)上,让万民观看,过十天后再将它收藏起来。① 小宰、小司徒、小司寇分别在正月率领其属官前去观看新制定的法规,并且振鸣木铎,训诫属官遵守法规。② 各地的州、党、族、闾均定期或祭祀时集合民众宣读法规。③

然而,《周礼》现在一般被认为是从战国时期到汉代编纂的,虽然其中似乎含有周代的制度,但也含有作为当时人理想的制度而假托周代的成分。因此,我们不能不加判断地视《周礼》所载制度就是周代实施的。

如上所述,关于西周时期的法制,可靠的史料少,不明之处多。但是,后代人经常将传世文献所见西周时期及其以前的法制认为是上古圣王所制定的理想法制,时有仿照之而托古定制。

如下一节所述,春秋时期,传统规范、习惯规范与刑书均起着法律的作用。可以认为西周时期及其以前实际上也与此没有多少不同。西周金文中有含法律之意的"刑"字,例如,西周中期的"牧簋"云:

王若曰:"牧,昔先王既令女(汝)乍(作)司士。今余唯或既改,令女(汝)辟百寮。有同事包乃多乱,不用先王乍(作)井(刑),亦多虐庶民,厥讯庶右邻,不井(刑)不中,乃侯之。藉以今言司匐厥罪昏故。"王曰:"牧,女(汝)毋敢[弗帅]先王乍(作)明井(刑)用。"

西周晚期的"毛公鼎"云:

王曰:"……女(汝)毋弗帅用先王乍(作)明井(刑),俗(欲)女(汝)弗以乃辟陷于艰。"

其中的"明刑"都被视为由先王制作的。从明刑这一表达来看,这些"刑"或是成文化、明确化的规范。果真如此,则这些"刑"可以被认为是将自先王传下来的一部分传统、习惯规范成文化。九刑、吕刑或属于这种法规。但考虑到春秋时期郑国子产将刑书铸于"器"上之前未向民众公开刑书的事实,可以认为即使西周时期的"刑"已经成文化,也不过只是向诸侯、官吏、贵族等为政者阶层公布的。

另,西周金文中有"法"一词(作"灋"),只不过都作为"废"的通假字使用。④

---

① 参见《周礼·天官·大宰》《地官·大司徒》《夏官·大司马》《秋官·大司寇》。
② 参见《周礼·天官·小宰》《地官·小司徒》《秋官·小司寇》。
③ 参见《周礼·地官·州长》《地官·党正》《地官·族师》《地官·闾胥》。
④ 参见李力:《刑·法·律——先秦法观念探微》,载《中外法学》1989年第5期。

(三) 春秋时期①

公元前536年,郑国子产将刑书铸在"刑器"上,以后法律逐渐开始广泛地向民众公布。那么,此前的法律以何种形态存在?

春秋时期,当诸侯、卿、大夫等人议论国政上的问题时,常常提出"古之制""先王之教""先王之法制""先王之令""太公之法""召公之法""唐叔之所受法度"等传统规范、习惯规范。② 相传"太公""召公""唐叔"分别是西周初期建立齐国、燕国、晋国之人。姑且不论太公之法、召公之法、唐叔之所受法度均是否真的为他们所制定,至少春秋时期的人们多认为它们是自古传来的传统、习惯规范。

另外,春秋时期又出现以"礼"为规范的例子。例如,公元前632年,晋文公会合诸侯要灭掉同姓的曹国,曹伯的小臣侯獳责难这是不符合"礼"的行为。③ 礼本来是祭祀之意,但至迟在春秋时期又作为约束社会所有方面的传统、习惯规范使用,即从国家大事到个人的生活皆适用。④ 也就是说,春秋时期既称传统、习惯规范为"古之制""先王之教"等,又称之为"礼"。

符合传统、习惯规范的行为受到称赞。例如,公元前588年,晋国与卫国的使者同时来访鲁国。鲁国考虑"古之制",先接见晋国使者,后接见卫国使者。鲁国的这种行为被《春秋左氏传》评价为适合于"礼"。⑤

公元前633年,晋文公制定"被庐之法",据此设立掌管爵秩之官,整备官制。⑥ 被庐之法的具体内容没有流传下来,而据《左传》的记载,被庐之法是为了向民众提示"礼"为何物而制定的。⑦ 虽然被庐之法是由晋文公新制定的规范,但其制定却被孔子评价为遵守晋"唐叔之所受法度"。⑧

相对于此,违反传统、习惯规范的行为往往成为被责难的对象。例如,公元前601年,单襄公作为周定王的使者赴宋国,中途路过陈国。他回朝廷报告周定王时,逐一引用传统、习惯规范批评了陈国的以下三种情况。⑨ 第一,陈国不管理或整备道路、旅舍、堤防、桥梁、田地等,这是废弃了"先王之教""先王之法制"。第二,虽然周王的使者来访,但陈国各级官吏不接送,不巡视道路,不安排宿舍,不送牲肉给宾客,这是忽视了

---

① 关于春秋时期的结束时间,诸家说法不一,本章以公元前403年以前为春秋时期。
② 参见〔日〕籾山明:《法家以前——春秋时期的刑与秩序》,徐世虹译,载〔日〕籾山明主编:《中国法制史考证(丙编·第一卷)》,中国社会科学出版社2003年版。
③ 参见《春秋左氏传·僖公二十八年》。
④ 一般认为,在西周时期,"礼"起着法律的作用。但是,西周时期及其以前史料中所见的"礼",皆作为祭祀之意使用,而没有作为某种规范之意使用的例子。甲骨文、西周金文中有"礼"(禮)之初文"豊"字,但皆作为祭祀之意或地名、人名使用。例如,西周初期的"天亡簋"云:"乙亥,王又(有)大豊(礼)。王凡三方,王祀于天室。"另外,在《尚书》中,西周时期成书的篇亦有"礼"字,但还是作为祭祀之意使用。例如,《洛诰》云:"周公曰:'王肇称殷礼,祀于新邑,咸秩无文。'"西周时期亦应该存在传统、习惯规范,但不能判断是否称之为"礼"。
⑤ 参见《春秋左氏传·成公三年》。
⑥ 参见《春秋左氏传·僖公二十七年》《春秋左氏传·昭公二十九年》。
⑦ 参见《春秋左氏传·僖公二十七年》。
⑧ 参见《春秋左氏传·昭公二十九年》。
⑨ 参见《国语·周语中》。

"先王之官"。第三,陈公抛弃正妻,与卿左一起到同姓的夏姬家中去干淫乱之事,以及戴着楚冠出门,这是违反了"先王之令"。

公元前671年,齐国使民游观社祭,鲁国大夫曹刿批评这是废弃了"太公之法"。①

传统、习惯规范在治狱中有时也被作为判断根据。如公元前541年,郑国的公孙黑欲杀死公孙楚以夺取其妻。此事被公孙楚察觉,遂用戈伤害公孙黑。郑国判断公孙楚的行为忽视"畏君之威,听其政,尊其贵,事其长,养其亲"的"国之大节",本当处以死刑,但由于郑侯的恩情,公孙楚被免除死刑,放逐到吴国。② 此处所说的"国之大节"亦可被认为属于传统、习惯规范。

只是,传统、习惯规范作为犯罪与刑罚的标准,即何种行为构成犯罪,以及处以何种刑罚,并不明确。实际上,"国之大节"亦不过是"畏君之威,听其政,尊其贵,事其长,养其亲"那样不明确的规范。另外,对于郑国子产铸刑书一事,晋国叔向派使者给子产送信而责难之,其中说:

> 昔先王议事以制,不为刑辟。③

据此,往昔先王每当审理犯罪案件时,都衡量事情轻重作出判决,不敢预先制定罪与罚。这种定罪方式相当于所谓的"罪刑擅断主义"。罪刑擅断主义是何种行为应定为犯罪,科以何种刑罚,其间罪刑关系如何,事先没有公布,均由君主或法官自由裁定。虽然如此,在"议事以制,不为刑辟"的体制下,并不是没有任何标准而作出判决,而是以传统、习惯规范为标准。但因为传统、习惯规范作为犯罪与刑罚的标准也不明确,所以实际情况应该等于"议事以制,不为刑辟"。

反过来说,子产所铸的刑书与"议事以制,不为刑辟"不一样,明确了犯罪与刑罚的标准。但是,刑书在中国历史上并不是子产初次所作,此前已经存在。如公元前621年,晋国范宣子作刑书。④ 又如,据叔向所说,子产所铸的刑书基于禹刑、汤刑、九刑三篇刑书。⑤ 另外,如前所述,西周时期有可能已作刑书。

这样,春秋时期并存着作为犯罪与刑罚的标准仍不明确的传统、习惯规范,与明确规定这些标准的刑书。但两者未必是矛盾的,如晋国邢侯与雍子长期争夺田地事件即可证明。公元前528年,叔鱼受韩宣子之命审理该事件。雍子已经知道自己有罪,故

---

① 参见《国语·鲁语上》。
② 参见《春秋左氏传·昭公元年》。
③ 参见《春秋左氏传·昭公六年》。
④ 参见《春秋左氏传·昭公二十九年》。
⑤ 参见《春秋左氏传·昭公六年》。另,清华大学藏战国竹简《子产》云:"子产既由善用圣,班羞勿俊之行,乃肄三邦之令,以为郑令、野令,导之以教,乃绎天地、逆顺、强柔,以咸禁御;肄三邦之刑,以为郑刑、野刑。行以峻命裕仪,以释无教不辜。此谓张美弃恶。"(第23—26号简)其中有"三邦之令""三邦之刑"的表达。整理者认为"三邦"是指夏、商、周,"三邦之刑"是指禹刑、汤刑、九刑。参见清华大学出土文献研究与保护中心编:《清华大学藏战国竹简(陆)》,中西书局2016年版,第143页。清华大学藏战国竹简是2008年由清华大学校友赵伟国在香港收购后捐赠给母校的一批竹简,似乎抄写于战国中晚期的楚国。

将女儿嫁给叔鱼,叔鱼遂作出邢侯有罪的判决。邢侯发怒,杀死叔鱼与雍子。韩宣子向叔向询问邢侯的行为应以何种罪论处。叔向说,雍子的行为相当于"昏"(自己有罪恶而掠取美名)罪,叔鱼的行为相当于"墨"(贪婪而败坏职责)罪,邢侯的行为相当于"贼"(杀人而没有顾忌)罪,《夏书》中载有"皋陶之刑",即"昏、墨、贼,杀",我们应该照此处理该件事。晋国采用叔向的意见,处死邢侯,将雍子与叔鱼的尸体在市上示众。对于该事件,孔子赞同叔向依"刑书"陈述处断的意见。① 此处所说的刑书应是指"皋陶之刑"。如后所述,晋国在此后的公元前513年铸刑书。对此,孔子却激烈地批评是废弃"唐叔之所受法度"。虽然如此,孔子却称赞根据皋陶之刑处断,似乎并不否定刑书这一法规形式本身。孔子持有应该重视"唐叔之所受法度"与"礼"等传统、习惯规范的想法,故其承认刑书的存在一事表明:刑书的存在、内容未必与传统、习惯规范相矛盾。

又如,从子产所铸的刑书是基于禹刑、汤刑、九刑的事实来看,当时郑国似乎不存在独自的刑书。至于叔向,对于晋国发生的案件,主张应当根据《夏书》所引的"皋陶之刑"作出判决。由此可以推测,春秋时期各国未必分别将刑书制定为国法,而自古传来的刑书存在复数,各国随意将之作为治狱的参考。在这种意义上,刑书亦属于传统、习惯规范,其内容除了范宣子的刑书以外,多是将一部分传统、习惯规范成文化。换言之,刑书是成文化、明确化的传统、习惯规范。

另外,虽然刑书明确犯罪与刑罚的标准,但并不向民众公布。因此,它只作为审理民众的标准使用,而不是约束民众行为的规范。在这种意义上,可以说约束民众行为的依然是传统、习惯规范。基本上只有统治阶层才知道刑书的内容,所以民众不知统治阶层根据哪篇刑书作出判决,以及是否按照刑书作出判决。故对民众来说,这种情况与"议事以制"没有多大差异。

可知至春秋中期为止,并存着作为犯罪与刑罚的标准并不明确的传统、习惯规范,以及将其中的一部分成文化、明确化的刑书。而到了春秋后期,出现向民众公布刑书的新动向。公元前536年,郑国子产将刑书铸在"刑器"②上;公元前513年,晋国赵鞅、荀寅将范宣子所作的刑书铸在鼎上。③ 另外,公元前501年,郑国驷歂将邓析写的

---

① 参见《春秋左氏传·昭公十四年》。
② 《春秋左氏传·昭公六年》云:"三月,郑人铸刑书。叔向使诒子产书……复书曰:'若吾子之言,侨不才,不能及子孙,吾以救世也。既不承命,敢忘大惠。'士文伯曰:'火见,郑其火乎。火未出,而作火以铸刑器,藏争辟焉。'"杜预注云:"铸刑书于鼎,以为国之常法。"杜预认为此处所说的"刑器"是指鼎。《汉书》卷二七上《五行志上》亦然,就上引《左传》的记载:"郑以三月作火铸鼎。"但是,王沛认为,子产所铸的"刑器"未必限于鼎。参见王沛:《刑鼎源于何时——由枣阳出土曾伯陭钺铭文说起》,载《法学》2012年第10期。
③ 参见《春秋左氏传·昭公二十九年》。

"竹刑"采用为国法。① 但这些法规的具体内容都没有流传下来。②

对于子产铸刑书一事，晋国士文伯责难说，大火星未出现，而郑国用火来铸造刑器，藏入引起争夺的法律，故大火星一出现，就应该感应之而引起火灾。③ 若此前有人曾铸过刑书，则子产不会遭受如此激烈的批评。再有，子产及赵鞅、荀寅不仅将刑书铸在刑器上，而且似乎通过此刑器广泛地向民众公布刑书的内容。如下所述，后者又引起叔向与孔子的批评。因此，我们又可以认为，子产及赵鞅、荀寅在中国历史上初次广泛地向民众公布刑书。虽然《周礼》中载有关于公布法律的各种制度，但这些记载均很可能反映了春秋后期以后的制度。

对于郑、晋两国向民众公布刑书，叔向与孔子分别提出以下两点批评：

其一，民众知道刑书的内容，则将会丢弃"礼"，以刑书为标准而行动。此前未向民众公布刑书的内容，故民众不知道何种行为构成犯罪，只得遵守传统、习惯规范而生活。如果民众知道刑书的内容，则只遵守刑书的内容，而不顾虑其他的传统、习惯规范。虽然刑书是将一部分传统、习惯规范予以成文化的，但叔向、孔子似乎认为仅仅遵守之，不足维护国家、社会的传统秩序、理想状态。

其二，民众知道刑书的内容，则不畏国家即统治者，从而导致"贵贱无序，何以为国"。此前民众不知道刑书的内容，无法预料国家对民众的行为作出何种判断。因此，对当时的民众来说，国家是畏惧的对象。而民众一旦知道刑书的内容，"民在鼎矣，何以尊贵"。意味着刑书的内容比国家的意向重要，民众就不畏惧国家。

公布刑书等于放弃"议事以制"体制。在"议事以制"体制下，国家可以对民众的行为作出恣意性的判断。乍一看，这种放弃似是对国家不利的改革，即国家限制自己的行为。然而，追究当时不得不放弃"议事以制"体制的背景，实由两个方面的变化促成之：

其一，社会变动。春秋时期开始使用铁器与牛耕，提高了农业生产力。因此，贫富差距扩大，加速身份关系的变动，导致社会结构的巨大变化。同时，占领他国领土，或他国之民因战争流入国内，由此国内逐渐拥有不少其他诸侯国之人，但他们的传统、习惯规范未必与本国一致。这些社会变动，使各个共同体长期共有的传统、习惯规范逐渐难以行得通。为了解决这种问题，可能成为制定并公布成文法以明确规范的原因之一。

其二，官僚制的发展、扩大。由于占领他国，以及向中央集权体制过渡，逐渐需要

---

① 《春秋左氏传·定公九年》云："郑驷歂杀邓析，而用其竹刑。"杜预注云："欲改郑所铸旧制，不受君命，而私造刑法。书之于竹简，故云竹刑。"
② 从内容来看，清华大学藏战国竹简《子产》全篇可以分为十个小段，其中几乎所有的小段均以"此谓……"或"是谓……"的文句作结(参见清华大学出土文献研究与保护中心编：《清华大学藏战国竹简(陆)》，中西书局2016年版，第143页)。王宁认为，"此谓""是谓"之后的内容疑均是子产刑书中的句子。《子产》是对子产刑书的一些内容作解释的书。参见《清华简六〈子产〉释文校读》，复旦大学出土文献与古文字研究中心网站，http://www.gwz.fudan.edu.cn/SrcShow.asp? Src_ID=2851，2021年12月3日访问。即使如此，"此谓""是谓"之后的内容皆讲理想政治等，不属于法规。因此，即便用《子产》，也不可知子产刑书中设有何种法规。另，王宁认为，如《尚书·吕刑》所见，古人颁布法令之类总要说一些故事和道理作为理由，子产刑书并非仅仅是法律条文。也就是说，据他的解释，"此谓""是谓"之后的记载引自子产刑书中说故事和道理的部分。
③ 参见《春秋左氏传·昭公六年》。

设置比以前更多的官吏。"议事以制"不仅容许君主的恣意判断,也容许官吏的恣意判断,犹如双刃剑一样,也有对国家的不利之处。对冀望中央集权化的诸侯国来说,放弃"议事以制"体制显然是必要之事。

如前所述,《周礼》载有所谓"象魏"之制,即将新制定的法规悬挂到象魏上,向民众公布之。可知至迟在公元前492年鲁国确实已经实施这种制度。据《春秋左氏传·哀公三年》记载,公元前492年,鲁国首都曲阜的官署、宫殿发生火灾,季桓子一赶到火灾现场,就命令将悬挂在象魏的文书收藏起来。当时季桓子说"旧章不能丢失"①,可见至少在此之前鲁国已经实施象魏之制。公元前492年的此事晚于郑国、晋国公布刑书,故象魏之制或许是受郑国、晋国公布刑书的影响而设定的。

此外,楚国至迟于公元前506年已经设有一部名为"鸡次之典"的成文法。② 但是,我们难以确定它是否如郑国、晋国的刑书那样广泛地向民众公布,且其详细内容亦不明。

(四)战国时期

据史料,战国时期的有些国家已经制定或公布成文法。可知春秋后期刑书公布以来,虽然公布成文法遭受批评,但终究逐渐落实下去。进入战国时期,各国为了实现富国强兵与中央集权化,实施了各种法制改革。在战国各国中,魏、秦、楚三国有关法制的史料比较丰富,故以下概述这些国家制定法律的情况。

1. 魏

据《晋书·刑法志》等唐代以后写成的文献,战国初期,魏文侯之师李悝编辑诸国之法,著成《法经》。《法经》由《盗法》《贼法》《囚法》《捕法》《杂法》《具法》六篇构成。《盗法》《贼法》是关于"盗贼"(盗窃、伤人、杀人等)的法律,《囚法》《捕法》是关于"劾捕"("劾"是官吏在侦查与讯问的基础上告诉犯罪,"捕"是逮捕)的法律,《杂法》是关于"轻狡"(轻薄狡诈的犯罪行为)、"越城"(越过城墙出入)、"博戏"(赌博)、"借假不廉"(钱财借贷有欺诈贪污等行为)、"淫侈踰制"(奢侈的程度超越限制)等犯罪的法律,《具法》是关于加减犯罪处罚的法律。③ 然而,李悝著成《法经》一事不见于唐代以前的文献④,我们不能认为是史实。⑤ "法经"一词本身初见于三国魏《新律序略》,但其中载有"秦法

---

① 参见《春秋左氏传·哀公三年》。
② 参见《战国策·楚策一》。
③ 参见《晋书》卷三〇《刑法志》、《唐律疏议·名例律》疏、《唐六典》卷六《尚书刑部》注。
④ 但是,明董说《七国考》卷一二《魏刑法》中引用了桓谭《新书》的记载,其中有《晋书·刑法志》等唐代文献所见关于李悝编纂《法经》的记载,其后面又有似为《法经》的记载。桓谭是从西汉末期到东汉初期之人,故若这段记载真是引自桓谭《新书》,则关于李悝编纂《法经》的记载至迟见于东汉初期的文献。但是,这段记载一般被认为是后世伪作的。至少是有争议而存疑的。See Timoteus Pokora, The Canon of Laws by Li K'uei—A Double Falsification?, Archiv Orientální, 27, 1959; Two Answers to Professor Moriya Mitsuo, Achiv Orientální, 34-4, 1966.
⑤ 参见〔日〕仁井田陞:《唐令拾遗》,栗劲等编译,长春出版社1989年版,第802页;贝冢茂树:《李悝法経考》,载《贝塚茂樹著作集》(第3卷),中央公论社1977年版;《古学甄微:蒙文通文集第一卷》,巴蜀书社1987年版,第294—295页;广瀬薰雄:《『晉書』刑法志に見える法典編纂說話について》,载广瀬薰雄:《秦汉律令研究》,汲古书院2010年版等。尤其广瀬的观点有说服力。他指出"法典编纂故事"(魏李悝编纂《法经》六篇,秦商鞅继承之而制定秦律六篇,汉萧何对此加三篇而编纂《九章律》)中可见所谓"加上原则""层累地造成说"的典型形态,他又据此进而论证了法典编纂故事不是史实。

经",而不说是李悝所撰。① 可见三国魏以后《法经》的撰者被假托于李悝。李悝与秦商鞅一样,实施了大规模的田制改革(后文有述),而且《汉书·艺文志》将李悝《李子》与商鞅《商君》均分类为法家著作。又,商鞅在出仕于秦国前,与李悝一样出仕于魏国。可能是由于以上原因,后代人以为李悝亦与商鞅一样,制定许多法律,著成《法经》这一法学著作(称"经"者,往往意味着个人或学派的著作成为经典)。

但是,李悝编纂《法经》非史实并不意味着魏国未编纂法律。魏国似乎已经以某种形式整理了法律条文。魏襄王当封成侯于安陵时②,亲手授予"大府之宪",其"上篇"有"子弑父,臣弑君,有常不赦。国虽大赦,降城亡子不得与焉"的规定。成侯封于安陵的时间可以认为是魏襄王十八年(前301年)或十九年③,可见魏国此前已经制定"大府之宪",整理为"上篇"等各篇。

另外,《韩非子·外储说左上》云:

> 魏昭王欲与官事,谓孟尝君曰:"寡人欲与官事。"君曰:"王欲与官事,则何不试习读法?"昭王读法十余简而睡卧矣。王曰:"寡人不能读此法。"

可以窥见此时魏国法律已经被整理为某种文书。孟尝君出仕于魏国的时期在公元前286年到前284年之间④,死于公元前279年⑤,此故事的时间当在此期间。

睡虎地秦简《为吏之道》中引用了魏国《户律》与《奔命律》的条文:⑥

> ●廿五年闰再十二月丙午朔辛亥,○告相邦:"民或弃邑居壄(野),入人孤寡,徼人妇女,非邦之故也。自今以来,叚(假)门逆吕(旅)、赘婿后父勿令为户,勿鼠(予)田宇。三某(世)之后,欲士士之,乃署其籍曰:'故某虑赘壻某叜之乃(仍)孙。'"魏户律(第16号简伍—21号简伍)

> ●廿五年闰再十二月丙午朔辛亥,○告将军:"叚(假)门逆旅、赘婿后父或率民不作,不治室屋,寡人弗欲。且杀之,不忍其宗族昆弟。今遣从军,将军勿卹(恤)视。享(烹)牛食士,赐之参饭而勿鼠(予)殽。攻城用其不足,将军以埻豪(壕)。"魏奔命律(第22号简伍—28号简伍)

---

① 参见《晋书》卷三〇《刑法志》。
② 参见《战国策·魏策四》。鲍彪注认为"襄王"是指赵襄子,而徐少华认为是指魏襄王。参见徐少华:《荆楚历史地理与考古探研》,商务印书馆2010年版,第334—335页。其说可从。
③ 参见徐少华:《荆楚历史地理与考古探研》,商务印书馆2010年版,第335—337页。
④ 《史记》卷七十五《孟尝君列传》云:"后齐湣王灭宋,益骄,欲去孟尝君。孟尝君恐,乃如魏。魏昭王以为相,西合于秦、赵,与燕共伐破齐。"齐国灭亡宋国的时间是公元前286年,燕、韩、魏、赵、秦五国打败齐国的时间是前284年,可见孟尝君出仕于魏国的时期应该在前286年至前284年之间。
⑤ 齐湣王败于燕、韩、魏、赵、秦五国后被杀死,其子襄王即位为齐王。齐襄王时期,孟尝君在诸侯之间维持中立,没有隶属于哪个国家。可见燕等五国打败齐国后,孟尝君似从魏国回到其封地薛,但于哪一年回国未详。无论如何,他死于公元前279年。可见孟尝君逗留魏国的期间应该在此前。
⑥ 关于睡虎地秦简,参见第二章第一节。睡虎地秦简的简号、释文根据陈伟主编:《秦简牍合集:释文注释修订本(壹)》,武汉大学出版社2016年版。

这两条开头的"廿五年"是魏安釐王二十五年(前252年)①。从这两条律文来看,魏国至迟在此时将法律称为"律",整理为《户律》《奔命律》等篇。但在战国时期,秦国以外的国家一般称法律为"法",除这两条以外,尚无称之为"律"的例子。睡虎地秦简成于秦人之手,故我们不能否定此处照秦国制度称魏国法律为"律"的可能性。

如上所述,李悝编纂《法经》六篇一事不能认为是史实,但李悝在魏文侯之下实施名为"尽地力之教"的田制改革,提高了魏国的国力。② 因此,为了实现田制改革及其他的富国强兵政策,李悝有可能制定各种法律,这些法律成为战国时期魏国法制的基础。

2. 秦

商鞅(卫鞅、公孙鞅)在秦孝公之下,于公元前359年以后以及公元前350年以后,两次实施大规模的法制改革(所谓"商鞅变法")。据《史记·商君列传》,公元前359年开始的第一次变法,制定了以下制度:

(1)将民编为名为"什""伍"的邻保组织,每十家编为"什",每五家编为"伍"③,让他们互相监视,以防止犯罪。不举报别人犯罪的,处"腰斩"(截断腰部的刑罚)。举报别人犯罪的,与斩获敌人首级一样受赏。窝藏犯罪者的,与投降敌人一样处罚(什伍制、连坐制)。

(2)一个民家有两个及以上的男子而不分居的,要加倍地缴纳"赋"(人头税)(析户令、分异之法)。

(3)立军功的,按功绩的程度受爵位(爵制)。

(4)为私斗的,按情节的轻重程度受刑罚。

(5)努力投入农业、织布,因而多生产谷物、布帛的,免除其赋税。从事商业的,或因懒惰而贫穷的,没为官奴婢。

(6)即使秦宗室之成员,没有军功的,也不得列入公族之籍。

(7)按照爵位、官秩限制田地、宅地、奴隶的保有量。衣服亦按照爵位、官秩限制。

进而,公元前350年开始的第二次变法,设定了以下制度:

(1)禁止民众之父子兄弟居住在同一家室(分异之法)。

(2)将小都、乡、邑、聚合并为县④,设置令、丞,共设31个县。

---

① 参见睡虎地秦墓竹简整理小组编:《睡虎地秦墓竹简》,文物出版社1990年版,释文注释第174—175页第16号简伍—第21号简伍注1。
② 《汉书》卷二四上《食货志上》中详细地记载了尽地力之教的具体内容。
③ 但是,《史记》卷六《秦始皇本纪》云:"〔献公〕十年,为户籍相伍。"若这条记载是正确的,则"伍"已设于秦献公十年(前375年),即距商鞅变法约20年前。
④ 但是,秦国并不是此时初次设置县的。《史记》卷五《秦本纪》武公十年条云:"十年,伐邽、冀戎,初县之。"十一年条云:"十一年,初县杜、郑。"厉共公二十一年条云:"二十一年,初县频阳。"

(3)整备田制。①

(4)统一度量衡。

除上以外,据《晋书·刑法志》《唐律疏议》《唐六典》等唐代以后的文献,商鞅继承李悝《法经》六篇,改"法"为"律",制定了《盗律》《贼律》《囚律》《捕律》《杂律》《具律》六篇,②而这恐亦非史实。此外,在《史记·商君列传》中,商鞅在变法时制定的法规专称为"令"③,没有商鞅制定"律"的记载。然而,青川木牍中载有秦武王二年(前309年)修改的《田律》。④可见至迟到武王二年,秦国已经设有律。商鞅继承李悝《法经》制定秦律一事不一定是史实,但距商鞅变法开始仅47年后的文书中载有律,故有可能还是商鞅变法时制定了基本的律。

如上所述,"律"又见于商代的甲骨文、金文,以后作为音律之意使用下来。青川木牍所见的"律"是指法律的最早用例。可见从音律之意已转义为规律、法律之意。关于律与令的具体内容,将在第二章第二节概述。

据《史记·商君列传》,在商鞅开始变法前,甘龙反对变法,主张不应改变之前的法律,杜挚亦主张应该循"古"遵"礼"。相对于此,商鞅主张只要能够使国家强盛,并有利于民,就不必遵循"故",也不必遵守"礼"。可见商鞅变法的内容与战国之前流传下来的传统规范、习惯规范有矛盾,具有极大的挑战性。

《商君列传》中载有一个悬金移木的故事,即商鞅在公布第一次变法之令前,怕民众不相信,于是在国都市场南门立一根三丈长的木杆,招募民众中有能将这根木杆搬移到北门的,授予十金。民众怀疑之,谁也不敢搬移。于是,商鞅将奖赏增加到五十金。有一个人搬移了木杆,商鞅就奖给他五十金,以此表明国家的命令不是欺骗民众。若此故事是史实⑤,则所谓法治主义此前未渗透于秦国,秦国通过商鞅变法才确立了法治主义。

比起中原诸国,秦国此前属于后进国家,通过商鞅变法提高了其军力、农业生产力,同时又确立了中央集权体制。尤其如第一次变法的(3)、(6)、(7)项所见,商鞅变法侵害了贵族此前享有的特权。因此,孝公死后,商鞅遭遇反对变法的贵族的谗言,被怀疑谋反,终于连同其封邑一起被灭。然而,商鞅虽死,秦法未败,变法的内

---

① 《史记》卷六八《商君列传》云:"为田开阡陌封疆"。但是,关于这条史料的读法、解释,目前议论纷纭,未有定见。

② 但是,在唐代以后的文献中,《唐律疏议·名例律》疏、《唐六典》卷六《尚书刑部》注均载有商鞅"法"为"律"一事,但《晋书·刑法志》仅载有商鞅继承李悝《法经》六篇一事,没有"改法为律"这种记载。

③ 《史记》卷六八《商君列传》云:"〔孝公〕以卫鞅为左庶长,卒定变法之令。……令既具,未布,恐民之不信。……卒下令。令行于民朞年,秦民之国都言初令之不便者以千数。……明日,秦人皆趋令。……秦民初言令不便者有来言便者。……其后民莫敢议令。"

④ 青川木牍是1979年至1980年四川省青川县乔庄镇郝家坪第50号墓出土的两枚木牍。关于青川木牍《田律》的具体记载,请参阅下一章第二节(三)。

⑤ 《韩非子·内储说上·七术》中载有与此相似的吴起的故事。因此,商鞅的故事亦带有传说的性质,有非史实的可能性。

容基本被维持下来,成为秦国统一六国的基础。关于战国后期以后秦国的法制,将在第二章概述。

3. 楚

从公元前 4 世纪初到前 381 年,吴起在楚悼王支持下实施法制改革(所谓"吴起变法")。① 楚国内有诸多封君,他们均在各自封地内全盘掌握着政治、经济、军事等所有的权力,独立性极强。通过吴起变法,楚国成功地在一定程度上削弱了这些封君的势力。②

1987 年,湖北省荆门市十里铺镇王场村包山第二号墓出土了一批竹简,其中含有公元前 316 年以前楚国的司法文书。③ 包山楚简是了解楚国法制的重要史料,但根本没有引用法律条文,我们尚不知当时楚国设有何种法规、法典。

另外,屈原于公元前 314 年以前受楚怀王之命写作"宪令"的草案。④ 然而,屈原因此事遭到谗言,为怀王所疏远⑤,故此宪令可能没有实施。

第三节 刑 罚

(一) 商代

据《荀子·正名》,各种刑罚的起源在于商朝。⑥ 另外,相传商朝最后之王纣设定

---

① 关于吴起变法开始的时期,有意见分歧。孙炜认为在公元前 390 年左右,卢昌德认为在前 388 年左右,王金涛认为是前 388 年,郭沫若等认为是前 383 年。参见孙炜:《"楚不用吴起而削乱"质疑》,载《长江大学学报》(社会科学版)2004 年第 2 期;卢昌德:《从吴起变法失败看楚国的衰亡——楚灭于秦原因初探》,载《湖北师范学院学报》(哲学社会科学版)1987 年第 4 期;王金涛:《吴起在楚变法之年代考辨——以"期年"之义为中心》,载《古籍整理研究学刊》2011 年第 2 期;郭沫若主编:《中国史稿》(第二册),人民出版社 1963 年版,第 7 页。

② 关于吴起变法,过去一般认为,因为楚国封君等贵族的势力太大,所以结果失败,或虽然变法本身成功,但吴起死后,楚国回到改革以前的情况。然而,近年陈伟通过对包山楚简(后文有述)的分析推测,在楚国,封君对封邑有直接统治权力的时期是战国早期,而经过吴起变法与随后一段时间的演变,封君在封邑的政治权力逐渐缩小。参见陈伟:《包山楚简初探》,武汉大学出版社 1996 年版,第 107 页。郑威亦据包山楚简等史料认为吴起变法以前封君的领地规模与县相当,而变法以后受到压缩。参见郑威:《吴起变法前后楚国封君领地构成的变化》,载《历史研究》2012 年第 1 期。另外,冈田功认为,吴起变法将与楚王室有近亲关系的新兴世族集结到王室之下,剥夺封君等从前世族具有的军权及共同体性诸作用,以加强王权,肃王以后的各王均以吴起变法的成果为基础,试图加强王权。参见冈田功:《楚國と吳起變法——楚國の國家構造把握のために——》,载《歷史學研究》第 490 号,1981 年。徐士友认为,吴起变法以富国富民为目的,楚国经济在悼王以后持续发展的原因在于吴起变法。参见徐士友:《吴起变法别析》,载《湖北大学学报》(哲学社会科学版)2000 年第 5 期。

③ 包山第 2 号墓的被葬者邵𧧼似乎埋葬于公元前 316 年。参见湖北省荆沙铁路考古队编:《包山楚墓》,文物出版社 1991 年版,第 330—333 页。

④ 杨德春认为,怀王因宪令的写作开始疏远屈原的时间是怀王十五年(前 314)。参见杨德春:《屈原遭谗被疏事件研究》,载《邯郸学院学报》2009 年第 2 期。

⑤ 《史记》卷八四《屈原列传》云:"怀王使屈原造为宪令。屈平属草稿未定。上官大夫见而欲夺之,屈平不与,因谗之曰:'王使屈平为令,众莫不知。每一令出,平伐其功,以为非我莫能为也。'王怒而疏屈平。"

⑥ 《荀子·正名》云:"刑名从商。"

了"炮烙之法"这一残酷的刑罚。① 然而,这些皆属后世写成的文献,我们不能断定是否为史实。甲骨文中有"墨""劓""刖""宫""伐"等字②,但均不是指刑罚,而是指杀伤"羌"等异族的行为,如战争时抓住羌等异族作为俘虏,毁伤他们身体后,使之成为私家奴隶,或祭祀时杀死他们作为牺牲。③

(二)西周时期

1.《尚书·吕刑》所见的刑罚制度

据《尚书·吕刑》,罪行相当于"五刑"(墨、劓、刖、宫、大辟)④的,处五刑。罪行不相当于五刑的,处"五罚"。五罚是纳铜赎罪的刑罚,由百锾、二百锾、五百锾、六百锾、千锾五等构成。"锾"是铜的重量单位。⑤ 罪行又不相当于五罚的,审判人员判断其罪行是否相当于"五过"。⑥

按五刑判决有疑问的,可以赦为五罚,即墨刑赦为百锾,劓刑赦为二百锾,刖刑赦为三百锾,宫刑赦为六百锾,大辟赦为千锾。

---

① 《荀子·议兵》云:"纣刳比干,囚箕子,为炮烙刑,杀戮无时,臣下懔然莫必其命。"《史记》卷三《殷本纪》云:"百姓怨望而诸侯有畔者。于是纣乃重刑辟,有炮烙之法。"《索隐》所引邹诞生注云:"见蚁布铜斗,足废而死,于是为铜格,炊炭其下,使罪人步其上。"西汉刘向《列女传·孽嬖传》云:"百姓怨望,诸侯有畔者。纣乃为炮烙之法,膏铜柱,加之炭,令有罪者行其上,辄堕炭中,妲己乃笑。"

② 参见赵佩馨:《甲骨文中所见的商代五刑》,载《考古》1961年第2期;胡厚宣:《殷代的刖刑》,载《考古》1973年第2期;等等。

③ 参见籾山明:《甲骨文中の"五刑"をめぐって》,载《信大史學》第5号,1980年。另外,商代卜辞中有"辛卯业三宰,莆羌"的记载。陈连庆认为,"莆"读为"脯",为"辜磔"之义,可见商代已有辜磔之刑。参见陈连庆:《中国古代史研究:陈连庆教授学术论文集》,吉林文史出版社1991年版,第134页。然而,这也是就杀死人作为牺牲而言,其性质与刑罚不同。

④ 《尚书·吕刑》将古代的五种刑罚称之为"五刑"。奥村郁三认为:《吕刑》作为周穆王(约公元前10世纪)时代的东西被记录下来,但《吕刑》篇的成立被认为是在战国时期,其内容也被认为反映的是战国期间的事实。此外,在同书《舜典》篇里,可以看到流、鞭、扑、金之事,至少战国时期的刑罚可以推定不限于《吕刑》所谓的五种而已。从这些情况看来,《吕刑》中所见的五种刑罚,乃是从当时实施的各种各样的刑罚中挑出墨、劓等五种刑罚,在编撰《尚书》时将其归纳整理为"五刑"的表现吧。

那么,为何整顿为"五"这一数字呢?万物的事象分为五种的想法,来自盛行于战国时代的邹衍的五行说,"五刑"也来自于此。换言之,《尚书·吕刑》记载的"五刑",非远古周穆王时的事情,实乃反映着战国以后的思想。可以说《吕刑》是将战国时期的各种刑罚用五行说整理为墨、劓等五刑的吧。

汉代以降,"经书"成为先王之书,是理想统治典范的体现,备受尊重,被推崇为至高无上的价值标准。在那儿,有着将现实的统治形式往"经书"(理想)靠拢的意图。"五刑"即为其中之一。

而现实中,将"五刑"的想法明确地使之反映在法典上的,始自魏律,其与汉代的不同之处,是在成文法典中将刑罚限定为五种。及至后来隋唐律的"五刑"(笞、杖、徒、流、死),各自设置相应的等级,此外无有再称之为"刑"者。迄于清末,旧中国的律将构成"五刑"的内容作为刑罚体系一直没有崩解。

参见〔日〕奥村郁三:《〈新律纲领〉与明律》,陈杰中、周东平译,载周东平、朱腾主编:《法律史译评》(第五辑),广西师范大学出版社2017年版。

⑤ 据林巳奈夫的研究,战国时期的一锾相当于八克左右。参见巳奈夫:《戰國時代の重量單位》,载《史林》第51卷第2号,1968年。但是,松丸道雄认为,《尚书·吕刑》的"锾"是今文尚书写错的,本来作"爰",西周后期的一爰相当于一公斤左右。参见松丸道雄:《西周時代の重量單位》,载《東洋文化研究所紀要》第117册,1992年。

⑥ 《尚书·吕刑》中没有说明何为五过。杨筠如认为是指因过错发生的犯罪。参见《尚书覈诂》卷四《周书下》。

2.《周礼》所见的刑罚制度

《周礼》中载有各种刑罚,大致可以整理如下:①

死刑:焚、车轘、辜、斩
身体刑:宫、刖、劓、墨、鞭、挞扑、髡
身份刑:奴
劳役刑:置之圜土而施职事(三年、二年、一年)
　　　　役司空(朞、九月、七月、五月、三月)
自由刑:坐嘉石(旬有三日、九日、七日、五日、三日)
财产刑:金罚、货罚、市罚(一幕·一帟·一盖·一帷)、夺
名誉刑:明刑、徇、宪

"焚"即以火烧死,"车轘"即用车轮撕裂身体,"辜"是指处死后,将尸体示众,"斩"即斩首。

"鞭"是指用革制之鞭鞭打,"挞扑"是指用荆制之鞭鞭打,"髡"是指剃光头发。受墨、劓、宫、刖、髡之人,分别从事看守"门"、"关"、"内"(内宫)、"囿"(苑囿)、"积"(仓库)的劳役。

"奴"乃奴隶,将身份降级为奴隶。男子为"罪隶",女子为"舂槀"。罪隶在官署从事各种劳役。舂槀是"舂人"与"槀人"的总称,前者对祭祀与宾客等供应米谷,后者对外朝、内朝的"冗食者"(因事留外内朝而由朝廷供食的人)供应饭菜。

"置之圜土而施职事"是收容到"圜土"即监狱一定时间,并强制服各种劳役,设有三年、二年、一年的等级。"役司空"是强制在司空服一定时间的劳役,设有朞(一年)、九个月、七个月、五个月、三个月的等级。司空是主管土木工程的官署。

"坐嘉石"是在一定期间内带枷而坐在"嘉石"上,设有"旬有三日"(十三日)、九日、七日、五日、三日的等级。嘉石是一种有纹理的石头,放在"外朝门"的左边。

"金罚"即罚铜,"货罚"即罚钱。"市罚"是分别缴纳一张"幕""帟""盖""帷"。② "夺"是没收罪人的财产。

"明刑"是指去冠饰,将罪状书写在大方板上,挂在其背后。"徇"是指将罪人与其罪状示众。"宪"是指将书写罪状的文书公布于市。

如上所述,关于《尚书·吕刑》的成书年代,诸家说法不一,并且《周礼》未必载有周朝制度本身。然而,在以上刑罚中,有些刑罚又见于西周时期青铜器的铭文。关于鞭,

---

① 参见陈连庆:《〈周礼〉中的刑事法规及其阶级实质》,载陈连庆:《中国古代史研究:陈连庆教授学术论文集》,吉林文史出版社1991年版;张全民:《刑罚》,载张全民:《〈周礼〉所见法制研究(刑法篇)》,法律出版社2004年版。

② 《周礼》中没有"市罚"一词,而此处按照陈连庆的命名总称这些刑罚为"市罚"。

"儢匜"有"鞭女千""鞭女五百""则到乃鞭千戲殴";①"散氏盘"(矢人盘)有"鞭千";②"大河口鸟形盉"有"鞭"。③ 关于五罚、金罚,儢匜有"罚女三百受","师旅鼎"(师旅鼎)有"罚得叕古三百锊"。④ 儢匜中将罚三百受又称为"罚金"。散氏盘中亦有"罚千",这应是"罚千受"的省略。"受"亦为重量单位之一,一受相当于一公斤左右。⑤ 西周金文所说的"罚×受"是作为刑罚缴纳铜的铸锭。⑥ 儢匜中又载有"戲殴"的刑罚,这可以认为是指墨刑。⑦

除上以外,西周金文中还有放逐刑,如"弃"(散氏盘)、"出"(大河口鸟形盉)、"出弃"(大河口鸟形盉)等。

《尚书·康诰》中载有"劓"与"刵"。刵即割耳。《康诰》是西周成王当封其叔父康叔于康时发出的训诫。与其他《尚书》诸篇不一样,其成书年代较早,多认为是西周初期。可见西周时期已经存在劓刑、刵刑。

(三)春秋时期

《国语·鲁语上》云:

> 臧文仲言于僖公曰:"……大刑用甲兵,其次用斧钺,中刑用刀锯,其次用钻笮,薄刑用鞭扑,以威民也。故大者陈之原野,小者致之市朝。五刑三次,是无隐也。"

其中载有与《吕刑》等不同的"五刑"。"用甲兵"是指动员军队讨伐,"用斧钺"是指在军队中用斧钺处以斩刑,"用刀锯"是指用刀或锯截断身体(可以认为是指斩首、宫、刖、劓等),"用钻笮"是指用锥或凿刺青⑧,"用鞭扑"是指鞭打。

"用甲兵""用斧钺"均执行于"原野","用刀锯"以下均执行于朝廷或市。"用甲兵"可以说是用于内战或对外战争时,"用斧钺"是对从军士兵的处罚,原野是指战场或行军中的各种地方。"用刀锯"以下均是对平时犯罪的处罚。

公元前630年,晋国拘捕卫成公押送到周国,想用鸩毒暗杀。对于这个案件,鲁国

---

① 儢匜是1975年陕西省岐山县京当镇董家村出土的青铜器,年代属于西周晚期。参见岐山县文化馆、陕西省文管会:《陕西省岐山县董家村西周铜器窖穴发掘简报》,载《文物》1976年第5期。
② 相传散氏盘在清乾隆初年出土于陕西省凤翔县,年代属于西周晚期。
③ 大河口鸟形盉是2007年至2010年山西省翼城县大河口第2002号墓出土的青铜器,年代属于西周中期。参见山西省考古研究所大河口墓地联合考古队:《山西翼城县大河口西周墓地》,载《考古》2011年第7期。
④ 师旅鼎出土于20世纪20年代,年代属于西周中期。
⑤ 参见松丸道雄:《西周時代の重量單位》,载《東洋文化研究所紀要》第117册,1992年。
⑥ 山西省各地出土过一些西周时期的铜饼。松丸道雄认为,这就是西周金文所说的"鍚",一个鍚相当于五受。参见《西周時代の重量單位》。
⑦ 参见黄盛璋:《历史地理与考古论丛》,齐鲁书社1982年版,第366—367页;李学勤:《新出青铜器研究》,文物出版社1990年版,第113页。但也有些观点认为"戲殴"是墨刑后蒙黑巾,或认为是蒙黑巾。参见王沛:《金文法律资料考释》,上海人民出版社2012年版,第176—179页。
⑧ 韦昭注云:"钻,膑刑也。笮,黥刑也。"但是,《礼记·文王世子》孔颖达疏云:"案《鲁语》云:'小刑用钻凿,次刑用刀锯。'案墨刑刻其面,是用钻凿也。"据此,"钻凿"(钻笮)是用来施墨刑的工具。用锥施膑刑是难以想象的,故此处采用了孔颖达的解释。

大夫臧文仲对鲁僖公说,刑罚本来只有"五刑",且应该公开执行之,不应该用鸩毒暗杀。① 前揭《国语》的相关记载就是臧文仲此处所说的五刑。臧文仲就他国的案件说应该用五刑论处,可见这种刑罚制度不限于鲁国,实为春秋时期诸国所实施的,文献中亦有其他国家实施这种刑罚的记载。②

此外,《国语·齐语》又云:③

> 桓公问曰:"……齐国寡甲兵,为之若何?"管子对曰:"轻过而移诸甲兵。"桓公曰:"为之若何?"管子对曰:"制重罪赎以犀甲一戟,轻罪赎以鞼盾一戟,小罪谪以金分,宥间罪。"

据此,春秋初期,齐桓公按照管仲的献策设定了一种赎罪制度,即犯"重罪"的缴纳"犀甲"(用犀革制成的铠甲)与一支戟,犯"轻罪"的缴纳"鞼盾"(有纹的皮革制成的盾)与一支戟,犯"小罪"的缴纳"金"(铜)。这是否史实难以确定,但如第二章第三节(四)所述,至迟到战国后期以来的秦国亦设有"赀甲""赀盾"等刑罚。因此,《国语·齐语》所见的赎罪制度或是将战国时期的制度假托为管仲所制定的。

如上所述,据《周礼》,受墨、劓、宫、刖、髡之人,分别看守门、关、内、囿、积,而春秋时期有受刖刑之人从事门卫工作的例子。④ 又,春秋末期,豫让变姓名为"刑人",入宫中涂厕所的墙壁。⑤ 刑人即受肉刑之人。可见受肉刑之人被役使于诸多劳役。

(四)战国时期

在战国各国中,关于秦国的刑罚制度,我们现在已经有不少的了解,而秦国以外的战国诸国的刑罚制度目前可以说了解得甚少。传世文献中仅散见"族"、"烹"、"车裂"、"辜磔"、"枝解"、"斩"(斩)、"刖"、"膑"、"黥"等刑罚名称。⑥ 关于秦国的刑罚制度,将在第二章第三节概述。

(五)死刑、肉刑的意义

有些先秦文献将墨、劓、刖、宫、大辟总称为五刑。这表明,在先秦时期的刑罚中,

---

① 参见《国语·鲁语上》。
② 例如,《春秋左氏传·昭公三年》云:"于是景公繁于刑,有鬻踊者,故〔晏子〕对曰:'踊贵屦贱。'"据此,齐景公时频繁地执行刑罚,故"踊"的价格高于普通的鞋。踊是受刖刑之人所穿的鞋,可见当时齐国实施刖刑。
③ 与此几乎相同的记载又见于《管子·小匡》。《小匡》的记载可以认为是采自《国语·齐语》的。参见罗根泽:《罗根泽说诸子》,上海古籍出版社2001年版,第322—325页;李学勤:《〈齐语〉与〈小匡〉》,载李学勤:《古文献丛论》,上海远东出版社1996年版;张居三:《〈国语·齐语〉与〈管子·小匡〉的关系》,载《古籍整理研究学刊》2010年第5期;等。
④ 《春秋左氏传·定公二年》云:"邾庄公与夷射姑饮酒,私出。阍乞肉焉,夺之杖以敲之。"《韩非子·内储说下》云:"齐中大夫有夷射者,御饮于王,醉甚而出,倚于郎门。门者刖跪请曰:'足下无意赐之余沥乎?'夷射曰:'叱,去。刑余之人,何事乃敢乞饮长者?'"同书《外储说左下》云:"孔子相卫,弟子子皋为狱吏,刖人足,所跀者守门。"《左传·定公二年》的"阍"是受刑刑后为门卫之人。另,清朝著名校勘学家卢文弨认为,上引《韩非子·内储说下》的记载是《左传·定公二年》的传讹。参见《群书拾补·韩非子校正》。
⑤ 参见《史记》卷八六《刺客列传》。
⑥ 参见(明)董说:《七国考》卷一二,载杨宽、吴浩坤主编:《战国会要》卷一三一《刑法四》,上海古籍出版社2005年版。其中收集了关于战国各国刑法的史料。

死刑与肉刑被置于刑罚制度最核心的地位。大辟是死刑的总称;肉刑是对身体加以不可能恢复的损伤,墨、劓、刖、宫及刵等刑罚均属于此。

那么,先秦时期死刑与肉刑的意义是什么?

世界历史上有些地域、时代实施了所谓"同害刑""反映刑"。同害刑(talio)是对加害者加以与被害者所受同种、同程度的损害。例如,公元前18世纪的《汉穆拉比法典》中有以下法规:①

> 倘自由民击落与之同等之自由民之齿,则应击落其齿。(第200条)
>
> 倘建筑师为自由民建屋而工程不固,结果其所建房屋倒毁,房主因而致死,则此建筑师应处死。(第229条)
>
> 倘房主之子因而致死,则应杀此建筑师之子。(第230条)

相对于此,反映刑(spiegelnde strafen)是对实施罪行时所使用的身体部位加以损伤。例如,《汉穆拉比法典》中又有以下法规:

> 阉人之〔养〕子或神妓之〔养〕子倘告抚养彼之父母云:"你非吾父"或"你非吾母",则彼应割舌。(第192条)
>
> 倘自由民以其婴儿交与乳母,而此婴儿死于乳母之手,乳母并不告知其父母而易之以他人之小孩,则她应受检举,因其不告小孩之父母而易以其他小孩,她应割下乳房。(第194条)

那么,中国先秦时期的刑罚如何? 首先,先秦刑罚中几乎不能找到同害刑。西周金文中有墨、鞭、罚金、放逐等刑罚,其中不能找到可以认定为同害刑的。例如,在师旂鼎中,在周王征伐"方"(外邦)时,师旂的众仆不从军,伯懋父判处师旂罚金三百孚。此处的罚金并不是对盗窃别人财物等行为科处的。《周礼》所见的刑罚亦然。例如,据《秋官·司约》,对司约所藏"约剂"(证书、合同书)的内容产生争执时,当事人主张与约剂的内容不一致的,处墨刑。② 此处的墨刑毫无同害刑的要素。

关于死刑,《荀子·正论》云:

> 杀人者死,伤人者刑,是百王之所同也,未有知其所由来者也。

乍一看来,这似乎表明了先秦时期的死刑是对杀人的同害刑。实际上,在先秦时期,杀人似乎在原则上应被判处死刑,但是,当时的死刑还对杀人以外的犯罪科处。例如,楚国设有一条法律,即擅自采黄金的,处辜磔。③ 可见在先秦时期,连死刑也未必是同害刑。

其次,先秦刑罚中仅能找到一些可以被认定为反映刑的。《韩非子·外储说左下》

---

① 中文翻译根据世界著名法典汉译丛书编委会编:《汉穆拉比法典》,法律出版社2000年版。
② 参见《周礼·秋官·司约》。
③ 参见《韩非子·内储说上》。

载有一个故事,即邺之郭门因日落关闭后,有人因逾郭而侵入邺中,邺令将之判处刖刑。① 此判决所据法规的想法或是因为越过郭墙时一般使用脚,所以应对脚加以损伤。另外,《周礼·秋官·司刑》郑玄注所引《尚书大传》又云:

> 决关梁、踰城郭而略盗者,其刑膑。

这似是一个法律条文,规定对关卡与桥梁加以损伤,或越过城郭,以实施掠夺、盗窃的,处膑刑。《尚书大传》又云:

> 男女不以义交者,其刑宫。

据此,通奸之罪处宫刑。这种法规的想法亦应是因为通奸时使用性器,所以应对性器加以损伤。《尚书大传》所见的这些条文是作为哪个时代的制度记载未详,而且是否史实亦不明。但西汉初期的张家山汉简《二年律令·杂律》(参见下一章第一节)云:②

> 强与人奸者,府(腐)以为宫隶臣。(第193号简)

这条律文规定,强奸之罪处"腐",并作为"宫隶臣"。"腐"即宫刑,宫隶臣是在宫中作为奴隶从事劳役之人。因此,限于对强奸罪的处罚而言,到西汉初期为止仍可见反映刑的要素。

然而,至少在先秦时期,似乎可以认定为反映刑的刑罚只见于上引各种史料。《尚书大传》除上引之外,还有以墨、劓为法定刑的条文,但已无法找出反映刑的要素。③

那么,既然先秦时期刑罚的意义基本上不是同害刑、反映刑,死刑、肉刑的意义又是什么?既然死刑、肉刑均是刑罚,当然具有对犯罪的报应与预防的性质,而且还具有驱逐出社会的性质。④ 当时死刑的目的之一是众人一致弃绝犯罪者,以将其驱逐于社会之外。受肉刑者不被视为其社会成员,例如他们均被禁止参加祭祀。⑤ 让受肉刑者从事劳役,本来只不过是为了使不能回归社会的他们得以生存而设定的恩惠性、权宜性措施。然而,战国时期以后,为了实施战争与土木工程,国家对劳动力的需求激增,故积极利用他们作为劳动力。

第四节 犯罪处罚

《周礼》中有关于犯罪处罚的记载,其中所见犯罪处罚的原则、特点可以整理如下:

---

① 参见《韩非子·外储说左下》。
② 张家山汉简的简号、释文根据彭浩等主编:《二年律令与奏谳书——张家山二四七号汉墓出土法律文献释读》,上海古籍出版社2007年版。
③ 《太平御览》卷六四八《刑法部十四·黥》所引《尚书大传》云:"非事之事人不以道义而诵不祥之辞者,其刑墨。"同篇《劓》所引《尚书大传》云:"触易君命,革与服制度,奸宄攘伤人者,其刑劓。"
④ 以下参照了〔日〕滋贺秀三:《中国上古刑罚考——以盟誓为线索》,徐世虹译,载〔日〕籾山明主编:《中国法制史考证》(丙编·第一卷),中国社会科学出版社2003年版。
⑤ 参见《周礼·秋官·蜡氏》。

(1) 犯罪者没有犯罪意思的,可以减刑(三宥)。①
(2) 为杀人罪之被害者报仇的,不问罪。②
(3) 杀死亲属的,处特别严厉的刑罚(焚)。③
(4) 即使未实施违反刑法的行为,但对地域社会有害的,也可加以制裁。④
(5) 少年、老人、白痴犯罪的,可以赦免(三赦)。⑤
(6) 符合"八辟"之人犯罪的,审议是否减免处罚。八辟是"亲""故""贤""能""功""贵""勤""宾"八种人。⑥ 亲指王之亲属,故指王之故旧,贤指贤者,能指有能力之人,功指有功绩之人,贵指身份高级之人,勤指长期勤于国事者,宾指由王给予宾客待遇之人。

如上所述,《周礼》所见的制度未必是现实中实施的,但至少在《周礼》成书的战国时期至汉代,有些人将其视为理想的制度。实际上,上述制度,有些在汉代以后亦同样存在。尤其曹魏以后并在唐律明文规定的"八议",更是将《周礼》的八辟变成现实的制度。⑦

如(1)所见,《周礼》按照是否有犯意区别处罚,这种区别又见于《尚书·康诰》,即成王劝康叔说,应该按照是否有犯意区别处罚。⑧ 可见至迟到西周初期已经存在区别有无犯意而给予相应处罚的想法。

如上所述,《周礼》中有关于犯罪处罚的记载,但其他的传世文献中仅见到一些关于先秦时期犯罪处罚的记载。因为近年来睡虎地秦简(参见第二章第一节)的出土,所以只有战国时期秦国的犯罪处罚已经比较明确。战国之前及战国时期其他各国实施何种犯罪处罚,传世文献中仅有一些片段的相关记载。关于秦国的犯罪处罚,将在第二章第四节概述。

第五节 司法制度

(一) 商代

商代末期的卜辞中有"御鹰"一词,对此,有些学者认为是一种执法小吏。⑨ 但也

---

① 《周礼·秋官·司刺》云:"司刺掌三刺、三宥、三赦之法,以赞司寇听狱讼。……壹宥曰不识,再宥曰过失,三宥曰遗忘。"
② 《周礼·秋官·朝士》:"凡报仇雠者,书于士,杀之无罪。"
③ 参见《周礼·秋官·掌戮》。
④ 《周礼·秋官·大司寇》云:"凡万民之有罪过而未丽于法,而害于州里者,桎梏而坐诸嘉石,役诸司空。"
⑤ 《周礼·秋官·司刺》云:"司刺掌三刺、三宥、三赦之法,以赞司寇听狱讼。……壹赦曰幼弱,再赦曰老旄,三赦曰惷愚。"
⑥ 参见《周礼·秋官·小司寇》。
⑦ 《唐律疏议·名例律》云:"八议:一曰议亲,二曰议故,三曰议贤,四曰议能,五曰议功,六曰议贵,七曰议勤,八曰议宾。"疏云:"《周礼》云:'八辟丽邦法。'今之八议,周之八辟也。"
⑧ 《尚书·康诰》云:"王曰:'呜呼,封,敬明乃罚。人有小罪,非眚,乃惟终,自作不典,式尔,有厥罪小,乃不可不杀。乃有大罪,非终,乃惟眚灾,适尔,既道极厥辜,时乃不可杀。'"
⑨ 参见郭沫若:《郭沫若全集》(考古编·第1卷),科学出版社1982年版,第451页。

有学者认为"御"是一种祭祀名称,"鹰"是人名。① 当时是否设有专门负责司法的吏,未详。

据传世文献,商代设有名为"羑里"或"动止"的监狱,②但尚不能断定是否为史实。甲骨文中散见"圉",一般据此认为商代已经设有监狱。但其是否用于收容犯罪案件的嫌疑人或受刑者,未详。卜辞中屡见监禁羌人的记载,如:"五日丁未,在臺圉羌。"③此处的"圉"用作动词,意为监禁,但其监禁之处亦应为"圉"。然此处所说的羌人似是为殷人所抓的俘虏,而不是犯罪嫌疑人等。

(二)西周时期

1.《周礼》所见的司法制度

《周礼》中有关司法制度的记载,大致可以整理如下:

提起诉讼的程序有"狱"与"讼"。提起"狱"时,双方当事人向官署交"剂"(载有当事人主张的文书)与"钧金",即30斤铜;提起"讼"时,向官署缴纳"束矢",即一束箭。④但《周礼》中未说明狱与讼分别指什么。东汉郑玄认为,狱是关于犯罪的诉讼案件,讼是关于财物的诉讼案件。⑤ 据此解释,目前学界多认为狱大致相当于今天所说的刑事诉讼案件,讼相当于民事诉讼案件。然而,南宋黄度认为,《周礼》中将关于财物的诉讼案件亦称为"狱",狱是指大事(重罪案件等),讼是指小事(轻罪案件等)。⑥ 究竟哪种解释正确,尚难以确定。

诉讼时,原则上当事人本人必须亲自出庭。但《周礼·秋官·小司寇》记载:

> 凡命夫、命妇不躬坐狱讼。

据此,"命夫"(大夫)、"命妇"(大夫的妻子)(及其以上身份之人)不必亲自出庭,可指派代理人出庭。

在必要的时候,相关官署拘留犯罪嫌疑人,"掌囚"(官署之一)负责看守他们。拘留时,"上罪"的嫌疑人戴"梏"(给双手各一铐的木制手铐)、"拲"(将双手铐在一起的木制手铐)、"桎"(木制的脚镣),"中罪"戴"桎"与"梏","下罪"戴"梏"。⑦

司盟让当事人"盟诅",⑧立誓此后在诉讼中只陈述真实。盟诅是用牺牲的血液实施咒术仪式,以保证自己发言内容的真实性。

掌管诉讼的官署按照地域和诉讼内容而有所不同。一般来说,乡士掌管"国中"(离王城100里以内的地域),遂士掌管"四郊"(离王城100里以外、200里以内的地

---

① 参见裘锡圭:《古文字论集》,中华书局1992年版,第332—333页。
② 参见《史记》卷三《殷本纪》、《北堂书钞》卷四五《刑法部下·狱》所引东汉班固《白虎通德论》佚文、《初学记》卷二○《政理部·狱》所引西晋张华《博物志》。
③ 参见胡厚宣主编:《甲骨文合集释文》(第一册),中国社会科学出版社1999年版。
④ 参见《周礼·秋官·大司寇》。
⑤ 参见《周礼·秋官·大司寇》郑玄注。
⑥ 参见南宋王与之《周礼订义》卷五八《秋官·司寇上》。
⑦ 参见《周礼·秋官·掌囚》。
⑧ 参见《周礼·秋官·司盟》。

域），县士掌管"野"（离王城200里以外、500里以内的地域），方士掌管"都"（王之子弟及公卿的采地）与"家"（大夫的采地）。① 但诉讼内容与"教"有关的，大司徒会同当地的治民之官（乡、州、都、鄙等）审理。教是大司徒公布的教令。此外，媒氏掌管因男女淫泆引起的诉讼，②司市掌管市中的"大讼"，③胥师、贾师均掌管市中的"小讼"，④墓大夫掌管关于墓地的诉讼。⑤ 其中大司徒、媒氏、司市、胥师、贾师审理的案件相当于肉刑及其以上之罪的，不能作出判决，应将案件移交给"士"，即乡士、遂士、县士、方士。⑥

乡士、遂士、县士、方士分别听取当事人的供述，辨别罪状相当于死刑还是肉刑，将审理的结果摘要制成文书。方士在三个月以内上报司寇，司寇根据方士送来的文书进行审理。乡士在10天以内直接到外朝，遂士在20天以内、县士在30天以内到外朝，参与由司寇主持的审理。⑦

司寇主持审理诉讼时，士师、司刑、司刺均协助之。此外，首先审理案件的乡士、遂士、县士亦均参与。士师将应该适用的法令上报司寇。⑧ 司刑判断该案件罪状是否相当于五刑，以及在五刑中相当于哪种刑罚。⑨ 司刺判断罪状是否相当于"三宥""三赦"。⑩ 罪状相当于死刑的，司刺向群臣、群吏、万民询问是否应该适用死刑（三刺）。⑪ 从审理开始10天以内，在以上审理结果的基础上，司寇作出判决。⑫

判决确定后，乡士、遂士、县士分别选定执行刑罚的日期。⑬ 在执行死刑、肉刑前，掌囚将之上报王，将罪犯带到朝士之处。朝士给罪犯加上写有姓名、罪状的"梏"，乡士、遂士、县士分别将罪犯押送到国中、郊、县的市，⑭由掌戮执行刑罚。⑮ 死刑罪犯被处死以后，要暴尸三天。⑯ 方士首先审理诉讼的，士师将判决与承担审理的人名写在文书上并送到都、家。都、家分别按照其判决执行刑罚。⑰

受金罚、货罚的判决的，向职金（官署之一）缴纳铜、钱。⑱ 盗贼使用的武器及盗窃的财物，司厉分类之，计其数量，估算价格，然后制成标签，贴在上面，交给司兵。⑲

---

① 参见《周礼·秋官·乡士》《秋官·遂士》《秋官·县士》《秋官·方士》。
② 参见《周礼·地官·媒氏》。
③ 参见《周礼·地官·司市》。
④ 参见《周礼·地官·司市》《地官·胥师》。
⑤ 参见《周礼·春官·墓大夫》。
⑥ 参见《周礼·地官·大司徒》《地官·媒氏》《地官·司市》。
⑦ 参见《周礼·秋官·乡士》《秋官·遂士》《秋官·县士》《秋官·方士》。
⑧ 参见《周礼·秋官·士师》。
⑨ 参见《周礼·秋官·司刑》。
⑩ 参见《周礼·秋官·司刺》。
⑪ 参见《周礼·秋官·司刑》。
⑫ 参见《周礼·秋官·小司寇》。
⑬ 参见《周礼·秋官·乡士》《秋官·遂士》《秋官·县士》。
⑭ 参见《周礼·秋官·掌囚》《秋官·乡士》《秋官·遂士》《秋官·县士》。
⑮ 参见《周礼·秋官·掌戮》。
⑯ 参见《周礼·秋官·乡士》《秋官·遂士》《秋官·县士》。
⑰ 参见《周礼·秋官·方士》。
⑱ 参见《周礼·秋官·职金》。
⑲ 参见《周礼·秋官·司厉》。

2. 西周金文所见的司法制度

有些西周金文是以诉讼为内容。在《周礼》中,司寇以下各种官署、官吏审理诉讼。司寇还见于西周晚期的"司寇良父壶"与"虞司寇吹伯壶",①可见至迟到西周晚期已经设有之。② 然而,西周金文中没有司寇参与审理诉讼的例子,而由各种人审理诉讼。诉讼的受理、讯问、判决,在师旂鼎中由伯懋父办理,在"五祀卫鼎"中由丼伯、伯邑父、定伯、㝬伯、伯俗父办理,③在"曶鼎"(㫚鼎)中由井叔、东宫办理,④在亻朕匜中由伯扬父办理。另外,在"㝬攸从鼎"中,原告向王提起诉讼。⑤

西周后半期的金文中有如下几个例子,即当周王任臣下为官时,授予其审理在其管辖下提起的诉讼的权限。例如,在"扬簋"中,周王任名为"扬"的人为司工,授予其审理诉讼、执行刑罚的权限。在"趩鼎"中,周王任"趩"为司马,授予其审讯"大小友邻"的权限。可见西周时期似不只司寇等特定的官署、官吏专门审理诉讼。

此外,诸侯具有审理国内诉讼的权限。如《尚书·康诰》记载西周成王封康叔于康时,训诫他应该慎重地处罚民众,要考虑罪行是否因过错所致,是否惯犯。而且还说,"不是你命令用劓、刵惩罚人,也不一定要用劓、刵惩罚人",全面地承认康叔的刑罚权。

在《周礼》中,提起诉讼时,原则上当事人本人必须出庭,只有命夫、命妇及其以上身份之人不用亲自出庭。西周时期是否有这种制度尚不明确。但在曶鼎中,原告曶使臣下提起诉讼。提起诉讼时曶的身份不明,但周王后来承认曶继承司卜的职位,故曶的身份应该较高。故其臣下之所以替曶出庭,有可能因曶的身份所致。

在西周金文中,判决确定后,让败诉人立"誓"履行判决内容,或以后不侵害胜诉人的权利。例如,在五祀卫鼎中,丼伯等人作出判决后,让败诉人封君厉立"誓"将田地交给原告裘卫。又,在亻朕匜中,伯扬父作出判决,让败诉人牧牛立"誓",若以后我以大小之事打扰胜诉方,胜诉方因此再次将我告诉上来,则甘愿遭受鞭千、黥殿之刑。

在曶鼎中,败诉的被告方向原告方交付五束箭。据《国语·齐语》,春秋时期,管仲建议齐桓公制定一个制度,即作出诉讼的判决后,让当事人缴纳一束箭。前揭《周礼》载提起"讼"时双方当事人必须缴纳一束箭。则交付五束箭可能与这些制度有某种关系。

---

① 司寇一词本身又见于西周中期的"尔季鼎"与"扬簋"。然而其所说的司寇不是官职名称,只不过指职事,意为取缔犯罪。参见伊藤道治:《中國古代國家の支配構造》,中央公论社1987年版,第288—289页;朱腾:《也论先秦时代的司寇》,载《法学家》2015年第2期。

② 据《尚书·洪范》,天向禹授予的"洪范九畴"中有"司寇"。又据《春秋左氏传·成公十一年》及《定公四年》,西周武王、成王分别任苏忿生、卫康叔为司寇。然而,这些文献均成书于后世,我们尚不能断定是否为史实。

③ 五祀卫鼎与亻朕匜一样是1975年陕西省岐山县京当镇董家村出土的青铜器,年代属于西周恭王时期。参见岐山县文化馆、陕西省文管会:《陕西省岐山县董家村西周铜器窖穴发掘简报》,载《文物》1976年第5期。

④ 相传曶鼎是18世纪末陕西省出土的青铜器,年代属于西周中期。久已遗失,仅存拓本。

⑤ 㝬攸从鼎是嘉庆朝之前出土的青铜器,年代属于西周晚期。

(三) 春秋时期

1. 《春秋左氏传》所见的诉讼

《春秋左氏传》中载有数件诉讼实例。① 例如,公元前 541 年,郑国公孙黑欲杀死公孙楚以夺取其妻,此事被公孙楚察觉,楚遂用戈伤害公孙黑。公孙黑向大夫告发,郑侯及子产、大夫判断公孙楚有罪,遂将其放逐到吴国。②

《左传》中还有让外国审理国内纠纷的例子。公元前 632 年,卫成公杀死元角,而成公的前驱射死叔武(成公之弟)。元角之父元咺出奔晋国,向晋国告诉成公之罪。成公以甯俞为辅佐,以针庄子为代理人,以士荣为大士,派他们去晋国争辩。晋国作出成公败诉的判决,处死士荣,将针庄子处以刖刑,赦免甯俞,并逮捕成公,将其押送到周国京师,幽禁之。③

公元前 613 年,周顷王死后,周公阅与王孙苏争夺执政,向晋国提起诉讼。新即位的周匡王派尹氏与聃启去晋国为周公辩护。晋国赵盾调和了这件纠纷。④

公元前 563 年,周国王叔陈生与伯舆争夺执政,灵王支持伯舆,故王叔发怒出奔。晋悼公派士匄(范宣子)解决。士匄在王庭听取王叔之宰与伯舆之大夫瑕禽的主张后,要求提交证据,而王叔不能提交证据,出奔到晋国。⑤

以上三个案件均让外国审理诉讼是因为都有特殊的缘由。公元前 632 年的案件,国君本身就是被告人。公元前 613 年的案件,因国君死而王位空缺却有人提起诉讼。公元前 563 年的案件,国君支持一方导致另一方诉讼当事人出逃。可见国内不能审理,只得委托国外审理。

《左传》中还有第三国审理国家之间诉讼的例子。公元前 587 年,郑国与许国之间围绕领土发生了战争。楚国子反去求援郑国时,郑悼公与许灵公向子反提起诉讼。然而,子反不能解决,故请求他们出面到楚王之处。灵公向楚国告诉悼公,获得胜诉。⑥

《左传》所见的诉讼有以下特点:

第一,与西周时期一样,各种人审理诉讼。春秋时期各国设有司寇,⑦但至少从《左传》《国语》来看,其职责似是取缔犯罪与执行刑罚,尚无一例记载表明司寇以裁定

---

① 关于《左传》所见的诉讼实例,参见滋贺秀三:《左傳に現われる訴訟事例の解說》,载滋贺秀三:《續·清代中國の法と裁判》,创文社 2009 年版。
② 参见《左传·昭公元年》。
③ 参见《左传·僖公二十八年》。
④ 参见《左传·文公十四年》。
⑤ 参见《左传·襄公十年》。
⑥ 参见《左传·成公四年》《成公五年》。
⑦ 例如,《左传·文公七年》云:"夏四月,宋成公卒。于是公子成为右师,公孙友为左师,乐豫为司马,鳞矔为司徒,公子荡为司城,华御事为司寇。"春秋中期"鲁少司寇盘"的铭文中亦有司寇。

诉讼为职责。①

尤其是委托外国裁定国内纠纷时，或委托第三国裁定国家之间的纷争时，往往委托晋、楚等大国。因为此时周王权威已经低落，各国只得委托大国裁定，大国代行本应由周王来裁定的职责。春秋时期"礼乐征伐自诸侯出"，霸者替代周王号令天下，裁定他国国内的纠纷以及国家之间的纷争正是其反映之一。公元前632年的案件，晋国裁定卫国国内的诉讼，正属春秋五霸之一晋文公在位期间。晋国此后也维持着大国的地位，公元前613年、前563年的案件亦均由晋国裁定。公元前587年的案件，楚国审理郑国、许国之间的诉讼，离春秋五霸之一楚庄王死去也仅四年而已。

甚至连周国有时也委托第三国裁定。但另一方面，公元前632年的案件，晋国审理卫国国内的诉讼后，将罪人卫成公押送到周国京师。这可能是一定程度上尊重周朝的权威所致。另外，晋文公要求周国杀死卫成公，被周襄王拒绝，晋国让成公回到卫国。②

以上所举的案例皆属于贵族之间或国家间的纷争，而民众之间的犯罪、争讼似乎均在邑内裁定。《左传》中有一个例子，即公元前514年，晋国梗阳县（今山西省清徐县）之人争"狱"，县大夫魏戊不能判断应该作出何种判决，向魏舒（魏献子）请示。③ 这年晋国灭祁氏与羊舌氏，当时在晋国掌握政权的魏舒分祁氏的领土为七县，分羊舌氏的领土为三县，分别派县大夫统治之。魏戊是魏舒之子，此时被任为梗阳县大夫。在战国晚期之后的秦国及汉代，县令、丞通常负责审理诉讼作出判决（参见下一章第五节），县大夫审理诉讼与此后这种制度相似。魏戊不能判断如何裁定此"狱"，向魏舒请示，这或与秦汉所说的"谳"制度有某些关系。谳是不能判断应该作出何种判决时，向上级机关请示。县一般向郡请示，郡向廷尉请示（参见第二章第六节）。在该件中，因为魏戊不能判断，所以向魏舒请示，而如果该件中并没有难以判断的事情，则魏戊应该直接作出判决。

第二，与西周时期一样，某些诉讼由代理人出庭。公元前632年与前563年的案件均属于此。卫成公派代理人出庭，对此杜预注引前揭《周礼·秋官·小司寇》"凡命夫、命妇不躬坐狱讼"的记载，可见春秋时期可能存在这种制度、习惯。

---

① 参见籾山明：《春秋訴訟論》，载《法制史研究》第37号，1988年。据有些文献，孔子当鲁国司寇时办理诉讼，如《荀子·宥坐》云："孔子为鲁司寇。有父子讼者，孔子拘之，三月不别。其父请止，孔子舍之。"《说苑·指武》又载，孔子就任司寇仅七天，就处死少正卯。从《左传》《国语》所见司寇的职责来看，这些故事可能是后代捏造的，未必是史实。即使是史实，孔子审理诉讼也可能与司寇的职责无关。因为春秋时期亦与西周时期一样，似乎没有专门负责审理诉讼的官员。孔子处死少正卯的故事又见于比《说苑》成书更早的《荀子·宥坐》、《史记》卷四七《孔子世家》，这些文献均载孔子兼任鲁相时处死少正卯。故《说苑》的记载应是从《荀子》《史记》等记载变化而来。因此，即使孔子处死少正卯是史实，也可能与司寇的职责无关。

另外，《论语·微子》载春秋初期柳下惠做"士师"。对于此处所说的士师，孔安国注释为"典狱之官"。但传世文献中没有柳下惠参与治狱的记载。虽然张家山汉简《奏谳书》（参见第二章第一节）案例20中，有柳下惠治狱，但应属后世的伪作。

② 参见《国语·周语中》。

③ 参见《左传·昭公二十八年》。

2.《墨子·明鬼下》所见的诉讼程序

《墨子·明鬼下》记载:王里国与中里徼在刑事审判中争讼,经过三年也未解决;于是,齐庄公①让他们二人供一只羊,"盟"于齐国神社;挖一个坑,砍羊头,将其血洒到坑中;王里国宣读盟辞后,中里徼接着宣读盟辞,盟辞未读到一半,羊跳起来顶撞中里徼,折断其脚;进而,鬼神附巫史之身而打死了中里徼。虽然此故事难以认定为史实,但其中所见的审判过程可以认为是反映了春秋时期的诉讼程序。

该件中有"盟"的程序,遇诉讼有盟誓这一点与《周礼》相同。据此记载,当时人就这件事认为,凡盟誓时不讲实话的,会立刻受到鬼神的惩罚。可见诉讼时"盟"的目的在于借助鬼神来威慑当事人如实陈述。

(四)战国时期

近年出土的简牍使我们在一定程度上了解战国时期秦国与楚国司法制度的内容。关于秦国的司法制度,将在第二章第六节说明,本节拟概述楚国的司法制度。

关于楚国的司法制度,从包山楚简中可窥见一些内容。据此,楚国似乎实施以下司法制度:②

诉讼程序由"告"(告诉)开始。关涉公务的案件由主管其公务的官吏告诉;关涉私事的案件则主要由权利受到侵害的本人或其亲属告诉,由第三者告诉的例子甚少。

官署对接到的告诉加以记录,内容主要包括:年月日;告诉人的居地、姓名;接受告诉的官吏;告诉的内容;签署。在必要的时候,官署逮捕被告人拘留在牢狱,讯问之。证人在证言时起"盟",发誓保证自己证言的真实性。除了判决以外,争讼双方也可以经过调解而结案。

县中居民提起诉讼时,县通常接受之,办理逮捕、拘留、讯问、判决等一系列诉讼程序。当事人对县所作出的判决有异议的,向王上诉,王命左尹处理案件。王畿一带的"州"与县不一样,不处理司法事务,由左尹直接管辖之。楚国在县之上还设有"郡",但在司法实务上,左尹直接向县发出指令,郡在司法方面并不起太多作用。

以上就是包山楚简所见楚国的司法制度。与第二章第六节所述秦汉时期的司法制度有共同之处,但在证人起"盟"这一点上有不同。如上所述,至迟到春秋时期,诉讼时似乎一般需要盟誓,但秦汉时期没有发现诉讼时盟誓的例子。只是关于秦国诉讼制度的主要史料是睡虎地秦简与岳麓书院藏秦简(参见第二章第一节),其年代晚于包山楚简,故我们不能否定这样的可能性:这种差异不是由秦与楚之间的地域差异所致,而是由时代差异所致。

---

① "齐庄公"原文作"齐庄君",但《太平御览》卷九〇二《兽部十四·羊》及《事类赋》卷二二《兽部三·羊赋》所引《墨子》作"齐庄公"。无论如何,"庄君"应是指"庄公"。齐国有"庄公赎"(?—前731年)与"庄公光"(前553—前548年在位)两个"庄公",此处所说的庄君指哪一个,不明。

② 关于包山楚简所见楚国的司法制度,参照陈伟:《包山楚简初探》,武汉大学出版社1996年版,第135—149页。

第六节 儒家与法家的法律观

（一）儒家的法律观

春秋后期所谓儒家思想为孔子所创始，并被战国时期孟轲、荀况等人发展。其法律观主要有以下三个特点：

第一，儒家思想重视"礼"等传统规范、习惯规范，而对制定与此矛盾的新法律持否定态度。如上述晋国公布刑书一事，孔子批评说，这是废弃了"唐叔之所受法度"。另如《论语·为政》主张纠正民众的应非"刑"，而是"礼"：

> 子曰："道之以政，齐之以刑，民免而无耻。道之以德，齐之以礼，有耻且格。"

第二，儒家认为，为政者不依靠法律而应用自己的"德"统治民众（德治主义）。上引《论语》的记载亦说，为政者不依靠政令而应用德导民。

第三，儒家认为，比起法律而言更应该重视亲属之间的情义。例如，《论语》中载有一个故事。叶公向孔子说："我国有一个直率之人，他父亲盗窃羊，他证言其罪状。"孔子对此回答说："父为子隐，子为父隐。"即父或子犯罪的，应互相隐瞒犯罪，这就是直率。① 另外，《孟子》说，假使帝舜之父犯罪，则舜应放弃天子的地位，背着父亲逃亡。②

（二）法家的法律观

进入战国时期，所谓法家思想逐渐由商鞅与申不害等人倡导形成，战国末期由韩国的韩非集大成。其法律观有以下四个特点：

第一，"法与时转则治，法与世宜则有功。"③ 故不必拘泥于传统规范、习惯规范，应该适应时势的变化而设定法制。例如，《韩非子·南面》载，自古传来的规则并不是什么时候只要遵守就行，在必要的时候应该改变：

> 不知治者，必曰："无变古，毋易常。"变与不变，圣人不听，正治而已。然则古之无变，常之毋易，在常古之可与不可。

同书《五蠹》又载，不必遵循"古"，应该考虑现在的事情，从而制定相应的措施：

> 是以圣人不期脩古，不法常可，论世之事，因为之备。

如上所述，商鞅亦主张，只要能够使国家强盛，并有利于民，就不必遵循"故"，也不必遵守"礼"。

第二，应依法治民（法治主义）。《韩非子·用人》认为，即使具有中等程度能力的君主，只要遵守"法"与"术"（君主统御臣下的权术），就不陷入失政。换言之，法家主张

---

① 参见《论语·子路》。
② 参见《孟子·尽心上》。
③ 参见《韩非子·心度》

与儒家不同,未必要求为政者具有"德"。法家又认为,官吏必须按照法律规定负其职责,若玩忽职守,或实施超越职务权限的行为,则应该处罚。为此,《韩非子》举出具体例子说明:韩昭侯在假寐时,"典冠"(掌管君主冠冕的人)看见昭侯受寒,故将衣服盖在其身上;昭侯以为"典衣"(掌管君主衣服的人)玩忽职守,典冠作超越其职责范围的行为,故惩处了这二人。①

第三,刑无等级,一断于法。法家认为应该严守法律,不许有例外。法律规定的犯罪必须处罚(必罚主义),不考虑亲属之间的情义等。②《韩非子》曾举以下例子说明不遵守必罚主义的弊害:楚国有一个人盗窃羊,其子向吏举报之,令尹(楚国官名,相当于其他国家的"相")处死了其子。因此,以后楚国发生犯罪时,人们不再向国家举报。另外,鲁国有一个人曾参加过三次战争,但他认为自己死了就没有人孝养老父亲,于是三次均逃亡。孔子以为他是孝子,就推举他,让他升了官。因此,以后鲁国民众在从军时就容易投降或逃亡。③

第四,布之于众,即应该广泛地向民众公布法律。④ 前揭春秋后期,叔向曾责难子产向民众公布刑书。而法家认为,为了使民众遵守法律,应该公布法律。

儒家、法家思想均对现实政治产生莫大影响。例如,孔子曾作为鲁国高官执行政务,又教育众多门徒,并到诸国巡回演说宣传自己的思想。其门徒亦出仕于诸国。虽然儒家没有取得如商鞅变法那样惊人的政治改革成果,但其思想逐渐渗透到诸国。

相对于此,商鞅、申不害分别基于法家思想实施法制改革,并取得成功。韩非的著作为秦王政所称赞⑤,似乎对秦王政的政策有所影响。可见法家思想在当时的力量,尤其对秦国给予深刻影响,对中央集权体制、官僚制、法治主义的确立作出贡献。

但是,秦国也并没有完全实施法家的全部主张。例如,至少在战国后期的秦国,父母犯罪时,禁止其子举报、告诉、告发之。⑥ 另外,战国时期,法家以外的学派亦在秦国活动。如秦惠王(前337—前311年在位)时期,墨家的腹䵍、唐姑果、谢子、田鸠等人陆续进入秦国,或会见王,或跟从王受到特别待遇。秦相邦(后避汉高祖刘邦讳,改称相国)吕不韦招来食客三千人而编纂《吕氏春秋》。《吕氏春秋》中含有墨家、道家、儒家、法家、兵家、农家等诸子百家的思想。

【思考题】

一、名词解释:

1. 象刑　2. 五刑　3. 大辟　4.《法经》

---

① 参见《韩非子·二柄》。
② 《史记》卷一三〇《太史公自序》云:"法家不别亲疏,不殊贵贱,一断于法,则亲亲尊尊之恩绝矣。"《汉书》卷三〇《艺文志》云:"法家者流,盖出于理官。信赏必罚,以辅礼制。……及刻者为之,则无教化,去仁爱,专任刑法而欲以致治,至于残害至亲,伤恩薄厚。"
③ 参见《韩非子·五蠹》。
④ 例如,《韩非子·难三》云:"法者,编著之图籍,设之于官府,而布之于百姓者也。"
⑤ 参见《史记》卷六三《韩非列传》。
⑥ 参见睡虎地秦简《法律答问》(第104号简)。

二、简答题：

1. 简述《周礼》所见公布法律的具体方法。
2. 简述商鞅制定的什伍制。
3. 简述传世文献所见战国时期及以前肉刑的种类与执行方法。
4. 简述春秋战国时期诉讼中"盟"的作用。

三、论述题：

1. 论述春秋时期的法源及其变迁与背景。
2. 试从《晋书·刑法志》等唐代以后传世文献所见论述战国时期法典编纂的过程。
3. 论述先秦时期死刑、肉刑的意义。

【重要参考论著】

1. 张全民:《〈周礼〉所见法制研究(刑法篇)》,法律出版社2004年版。
2. 陈伟:《包山楚简初探》,武汉大学出版社1996年版。
3. 〔日〕籾山明:《法家以前——春秋时期的刑与秩序》,徐世虹译,载〔日〕籾山明主编:《中国法制史考证(丙编·第一卷)》,中国社会科学出版社2003年版。
4. 〔日〕滋贺秀三:《中国上古刑罚考——以盟誓为线索》,徐世虹译,载〔日〕籾山明主编:《中国法制史考证(丙编·第一卷)》,中国社会科学出版社2003年版。

第二章　秦汉时期的法律制度

> **重要内容提示**
>
> 秦汉时期以"律""令""廷行事""故事""决事比"等为主要法源。① 西晋"泰始律令"以后，刑罚法规分类为律，行政法规分类为令，而秦汉时期未有这种区别。令是皇帝之诏，其中载有法案审议的过程，即法案的提案人、提出法案的理由、皇帝的批准等，而律省略这些记载，仅载有作为法律最基本必要之事。
>
> 秦汉时期的刑罚主要由死刑、身体刑、身份刑、劳役刑、财产刑构成。西汉文帝十三年（前 167 年）废除肉刑，设定刑期。从此以后，除宫刑与黥（刺青）以外，肉刑没有再恢复为正规刑罚。
>
> 秦重视法家思想，汉初重视黄老思想，西汉中期以后逐渐重视儒家思想，西汉后期以后出现按照儒家思想的内容改变律令的动向。

第一节　秦汉法制史研究与出土简牍

秦汉律令与后世的唐律等不一样，并不作为一部文献流传至今。但在《史记》《汉书》《后汉书》的正文与注释，经书的注释，以及《说文解字》等传世文献中，载有汉律令条文与其适用实例等。例如，《说文解字·豸部》引用了一个汉律条文：

　　貀，兽，无前足。从豸出声。汉律："能捕豺貀，购百钱。"

清末民初，沈家本、程树德等人收集并分类整理传世文献中关于汉律令的记载，分别编纂为《汉律摭遗》《汉律考》等书。② 由此我们得以较为系统地掌握汉律令的内容。相对于此，关于秦律令，传世文献中的相关记载要少得多，曾有过许多不明之处。

然而，后来，尤其 20 世纪 70 年代以后，中国各地陆续出土秦汉简牍，有些简牍中含有关于法制的文书。特别是 1975 年出土的睡虎地秦简，使秦汉法制史研究有了飞跃发展。以下拟介绍含有秦汉法制文书的主要简牍。

---

① 本章所说的"秦"，除特别注明者外，不仅是指统一六国后的秦朝，而且含有战国后期的秦国。
② 《汉律摭遗》收录于沈家本所撰《历代刑法考》，邓经元、骈宇骞点校，中华书局 1985 年版。《汉律考》收录于程树德所著《九朝律考》，中华书局 1963 年版。

1. 睡虎地秦简

这是 1975 年湖北省云梦县睡虎地第 11 号墓出土的一批竹简,①包含有《秦律十八种》《效律》《秦律杂抄》《法律答问》《封诊式》等关于法律的文书。该墓的墓主是名为"喜"之人,生前在安陆县(今湖北省云梦县)与鄢县(今湖北省宜城市东南)等地做史、令史。墓葬时间当在秦国统一六国后不久。仅就睡虎地秦简中有关法律的文书而言,似乎不含有统一后的内容。②

2. 岳麓书院藏秦简

这是出土地点未详的秦简牍,由于近年遭盗掘而流失于香港的古玩市场,2007 年被湖南大学岳麓书院收购,2008 年香港一收藏家又将其所购藏的竹简捐赠给岳麓书院。其中含有《为狱等状四种》《秦律令》等法律文书。《为狱等状四种》是秦王政、秦始皇时期所实施治狱的记录,《秦律令》以秦律令条文为内容。

3. 龙岗秦简

这是 1989 年湖北省云梦县龙岗第 6 号墓出土的一批竹简,其内容是秦律条文,尤其涉及田地、禁苑的法规。年代下限在二世皇帝三年(前 207 年),大致属于统一六国以后的。

4. 里耶秦简

这是 2002 年湖南省龙山县里耶镇里耶古城址出土的简牍。里耶古城址可以认为是秦国的迁陵县址,里耶秦简以迁陵县的行政文书为主要内容。简牍所载的纪年是从秦王政二十五年(前 222 年)到二世皇帝二年(前 208 年)。

5. 张家山汉简

这是 1983 年至 1984 年湖北省荆州市荆州区张家山第 247 号墓出土的一批竹简,含有《奏谳书》《二年律令》等文书。前者的主要内容是秦王政至汉高祖时期的治狱记录,后者的内容是西汉初期吕后二年(前 186 年)的律令。

6. 胡家草场汉简

这是 2018 年湖北省荆州市荆州区胡家草场第 12 号墓出土的一批简牍,含有西汉文帝时期的律令条文集,由三卷册书构成。第二卷和第三卷分别自题《旁律甲》《旁律乙》。

7. 敦煌汉简

这是 1907 年以后甘肃省敦煌市、瓜州县、玉门市、酒泉市汉代烽燧等遗址出土的简牍的总称,③以西汉武帝时期至东汉中期的行政文书为主要内容。

---

① 睡虎地秦简又称为"云梦秦简",而云梦县龙岗第 6 号墓亦出土秦简(所谓"龙岗秦简"),故"云梦秦简"这一名称不适宜。参见籾山明:《雲夢睡虎地秦簡》,载滋贺秀三编:《中國法制史 基本資料の研究》,东京大学出版会 1993 年版。

② 参见黄盛璋:《云梦秦简辨正》,载黄盛璋:《历史地理与考古论丛》,齐鲁书社 1982 年版。

③ 在敦煌汉简中,1979 年敦煌市马圈湾汉代烽燧遗址 D21 出土的又称为"马圈湾汉简",1981 年敦煌市酥油土汉代烽燧遗址 D38 出土的又称为"酥油土汉简",1990 至 1992 年敦煌市甜水井汉代悬泉置遗址出土的又称为"悬泉汉简",1998 年敦煌市小方盘城遗址出土的又称为"玉门关汉简"。

8. 居延汉简

这是1930年以后内蒙古自治区阿拉善盟额济纳旗、甘肃省金塔县汉代烽燧等遗址出土的简牍的总称,[①]以西汉武帝时期至东汉末期的行政文书为主要内容。

9. 五一广场汉简

这是2010年湖南省长沙市五一广场附近井窖出土的一批简牍,主要内容是东汉早中期长沙郡府和临湘县廷的行政、司法文书。

10. 东牌楼汉简

这是2004年湖南省长沙市东牌楼第7号井出土的一批简牍,含有东汉灵帝时期的行政、司法文书。

11. 尚德街汉简

这是2011年至2012年湖南省长沙市尚德街9口古井出土的简牍,含有东汉中晚期至三国吴早中期的律令、诏书和行政文书。

第二节 秦汉时期的法源

秦汉时期,"律""令""廷行事""故事""决事比"等均起主要法源的作用。

(一)"律"与"令"

自西晋时制定"泰始律令"以后,刑罚法规大致分类为"律",行政法规分类为"令"。而秦汉时期"律"与"令"之间的关系与此完全不同。律中亦有行政法规,而令中亦有刑罚法规。例如,睡虎地秦简《秦律十八种·田律》载有以下条文:[②]

> 雨为澍〈澍〉,及诱(秀)粟,辄以书言澍〈澍〉稼、诱(秀)粟及垦(垦)田暘毋稼者顷数。稼已生后而雨,亦辄言雨少多,所利顷数。早〈旱〉及暴风雨、水潦、螽蚰、群它物伤稼者,亦辄言其顷数。近县令轻足行其书,远县令邮行之,尽八月□□之。
> 田律(第1—3号简)

该条律文规定田地情况的报告,属于行政法规。泰始律令以后的话,这就应是《田令》的条文。相对于此,张家山汉简《二年律令·津关令》云:[③]

> 一、御史言:"越塞阑关,论未有令。●请阑出入塞之津关,黥为城旦舂;越塞,斩左止(趾)为城旦;吏卒主者弗得,赎耐;令、丞、令史罚金四两。智(知)其请(情)而出入之,及假予人符传,令以阑出入者,与同罪。非其所□为□而擅为传出入津

---

① 在居延汉简中,1930年至1931年出土的又称为"居延旧简",1972年至1982年居延地区出土的又称为"居延新简"或"新居延汉简",1973年甘肃省金塔县肩水金关遗址出土的又称为"肩水金关汉简",1986年甘肃省地湾遗址出土的又称为"地湾汉简",1999年至2002年居延地区出土的又称为"额济纳汉简"。

② 睡虎地秦简的简号、释文根据陈伟主编:《秦简牍合集:释文注释修订本(壹)》,武汉大学出版社2016年版。

③ 张家山汉简的简号、释文根据彭浩等主编:《二年律令与奏谳书——张家山二四七号汉墓出土法律文献释读》,上海古籍出版社2007年版。

关,以□传令、阑令论,及所为传者。县邑传塞,及备塞都尉、关吏、官属、军吏卒乘塞者,禁(?)其□弩、马、牛出,田、波(陂)、苑(?)、牧,缮治塞、邮、门亭行书者得以符出入。"●制曰:"可。"(第488—491号简)

这条令文是规定有关出入边疆关卡与渡口的处罚,属于刑罚法规。

那么,秦汉时期的律与令之间到底有何种区别?尽管律与令皆为法律条文,但令是采用皇帝之"诏"的形式。例如,上揭《津关令》中,首先御史向皇帝报告"逾越边界,擅自出入关卡,目前未有论断这些行为的令",指出法之欠缺,请求制定"阑出入塞之津关"以下的法规。最后,皇帝说"可",批准了御史提出的法案。

同《津关令》又云:

□、制诏相国、御史:"诸不幸死,家在关外者,关发索之,不宜。其令勿索。具为令。"相国、御史请关外人宦、为吏若徭使、有事关中,不幸死,县道若属所官谨视收敛,毋禁物,以令若丞印封椟楬,以印章告关。关完封出,勿索。椟楬中有禁物,视收敛及封者,与出同罪。●制曰:"可。"(第500—501号简、第499号简)

这条令文的内容是皇帝向相国、御史下诏说"关外人死亡于关中,将其遗体搬到关外居家时,迄今为止关卡官吏都将收敛其遗体的棺柩打开查验,这种事不该做。命令今后不要查验之",于是相国、御史请求皇帝制定"关外人宦"以下的法规,皇帝给予批准。

如上引两个《津关令》条文所见,秦汉时期的令载有:(1)法案的提案人,(2)提出法案的理由,(3)皇帝的批准等。但作为法律条文,这些都是不必要的记载。谁是法案的提案人,提出法案的理由是什么,这些信息在使用法规时均无须参照。并且,颁布实施的法规当然是经过皇帝批准的,故"制曰:可"等记载亦属不必要。也就是说,作为法律条文的令含有不必要记载的事项。

相对于此,如上引《田律》条文所见,律完全没有令之(1)—(3)的记载①,仅载有最基本必要之事。律与令一样,由皇帝之诏制定,但省略了关于制定过程的记载。反过来说,令尚未省略关于制定过程的记载的程序。② 可见律与令之间的差异在于整理条文的进展程度。

---

① 但是,战国魏的律文[参见上一章第二节(四)]中载有公布律文的日期、制定律文的理由,如:"廿五年闰再十二月丙午朔辛亥,○告相邦:'民或弃邑居壄(野),人人孤寡,徼人妇女,非邦之故也。'";"廿五年闰再十二月丙午朔辛亥,○告将军:'叚(假)门逆闾(旅)、赘壻后父或衛(率)民不作,不治家屋,寡人弗欲。且杀之,不忍其宗族昆弟。'"可见与秦汉律有所不同。

② 近年来广濑薰雄认为,秦汉时期的律是在皇帝所下之令中有规范效力的部分。例如,《后汉书》卷三《肃宗孝章帝纪》元和二年条云:"秋七月庚子,诏曰:'春秋于春每月书王者,重三正,慎三微也。律十二月立春,不以报囚。月令冬至之后,有顺阳助生之文,而无鞫狱断刑之政。朕咨访儒雅,稽之典籍,以为王者生杀,宜顺时气。其律,无以十一月、十二月报囚。'"他认为,在这段记载中,"诏曰:'……'"就是令,而下划线部分就是律。参见广濑薰雄:《秦汉时代の律の基本的特征について》,载广濑薰雄:《秦汉律令研究》,汲古书院2010年版。其见解值得注意。

(二) 廷行事、故事、决事比

1. 廷行事

睡虎地秦简《法律答问》中有"廷行事"。"廷",有的认为是法廷之意,①也有的认为是指廷尉。②"行事"乃惯例之意,相当于汉代所说的"故事"(后文有述)。也就是说,廷行事乃"廷"中惯例。

廷行事与律令一样,似有法源的作用。廷行事旨在说明难以判断的案情的处理方法,如一个行为应入罪否,应以何种罪论处,应当判处何种刑罚。例如:

> 甲告乙盗直(值)八十。③ 问乙盗卅。甲诬驾(加)乙五十,其卅不审。问甲当论不当? 廷行事赀二甲。(第42号简)

甲告发乙盗窃值80钱的财物,审问后其实盗窃的是30钱。请问甲应否论处? 廷行事将甲判处"赀二甲"(缴纳值两个铠甲的钱)。又云:

> 盗封啬夫,可(何)论? 廷行事以伪写印。(第56号简)

擅自用啬夫之印封印的,廷行事以"伪写印"即伪造印章之罪论处。

有些廷行事与律之规定存在矛盾,如:

> 盗百,即端盗驾(加)十钱。问告者可(何)论? 当赀一盾。赀一盾应律。虽然,廷行事以不审论,赀二甲。(第408—409号简)

有人盗窃值100钱的财物,而另有人告发盗窃110钱,故意加赃10钱,将告发者判处赀一盾符合律之规定,但廷行事以"告不审"(因过错作出不正确的告发)之罪论处赀二甲。廷行事似乎在司法实务中起着事实上调整律令规定的作用。

2. 故事

"故事"本来是指全部过去的事情,是非常广泛的概念,而汉代将有些故事置于可与律令类比的法律规范的地位(以下所说的"故事"均指作为法律规范的故事)。④

某时某人做某种行为,后代人将之作为"故事"而依据、效法,故事通过这种过程形成。例如,西汉宣帝时期,丙吉在丞相之任不敢揭发属吏的贪污行为,后任的丞相亦均将之作为"故事"而效法,故此后三公府均不案验官吏之罪。⑤

帝室与各个官署分别独自拥有故事,这些故事均在官署中起着内部规定的作用。传世文献所见的"汉家故事"是帝室中的故事,"丞相故事""尚书故事""郎官故事"及各

---

① 参见睡虎地秦墓竹简整理小组编:《睡虎地秦墓竹简》,文物出版社1990年版,释文注释第102页《法律答问》第38—39号简注3。
② 参见于豪亮:《于豪亮学术文存》,中华书局1985年版,第131—132页;广濑薰雄:《秦漢律令研究》,汲古书院2010年版,第241—243页。
③ 从上下文来看,此处应该记有"八十"。See A. F. P. Hulsewé, Remnants of Ch'in Law, Leiden, E. J. Brill, 1985, p. 132, D33, note 1.
④ 关于故事,以下参照广濑薰雄:《漢代の故事》,载广濑薰雄:《秦漢律令研究》,汲古书院2010年版。
⑤ 《汉书》卷七四《丙吉传》:"后人代吉,因以为故事,公府不案吏,自吉始。"

郡的故事,分别是各个官署中的故事。

3. 决事比

汉代将审判的先例称为"决事"或"比",又并称为"决事比"。①

(三) 法律制定的历史

据《史记·高祖本纪》,汉高祖在刚刚占领秦朝首都咸阳时,废除此前秦朝所实施的苛酷法律,公布极其简便的"法三章",即"杀人者死,伤人及盗抵罪"。然而,据《汉书·刑法志》,只有三章之法不能禁止犯罪,故相国萧何以秦朝法律为基础制定了"律九章"。据《晋书·刑法志》的记载,汉初萧何在秦律六篇(《盗律》《贼律》《囚律》《捕律》《杂律》《具律》)的基础上,增加事律《兴律》《厩律》《户律》三篇。再据《晋书·刑法志》,叔孙通加《傍章》十八篇,西汉武帝时期张汤加《越宫律》二十七篇,赵禹加《朝律》六篇,律终于达六十篇,而汉令达三百多篇。

然而,以上律的制定史存在问题。有学者认为,《九章律》其实是西汉后半期以后编纂的,既不是由萧何编纂的,也不是由国家作为国法编纂的。② 汉代文献中仅载叔孙通制定"礼仪""仪品",而到唐代编纂的《晋书·刑法志》,才出现叔孙通编纂傍章十八篇的记载,并且"傍章"一词初见于三国魏的《新律序略》。③ 张汤制定《越宫律》,赵禹制定《朝律》,均不见于汉代的文献,直到西晋张斐《律序》才出现。④ 因此,传世文献的如上记载未必可靠。

那么,汉代经过何种过程制定法律?

虽然我们不能认为萧何编纂《九章律》是史实,但似乎可以认定他奠定了汉律令的基础。《史记》卷五三《萧相国世家》云:

> 汉二年,汉王与诸侯击楚。何守关中,侍太子,治栎阳。为法令约束,立宗庙、社稷、宫室、县邑。

据此,汉高祖二年(前 205 年)萧何制定"法令约束"。宗庙与社稷在古代均作为国家存

---

① 有些学者认为,除上述法律形式之外,汉代还存在名为"科"的法律形式。然而,汉代所说的科只不过作为条文、规定、罪等意义使用。参见滋贺秀三:《中國法制史論集 法典と刑罰》,创文社 2003 年版,第 411—418 页;张建国:《帝制时代的中国法》,法律出版社 1999 年版,第 71—79 页。

② 参见陶安:《法典編纂史再考——漢篇:再び文獻史料を中心に据えて——》,载《東洋文化研究所紀要》第 140 册,2000 年;滋贺秀三:《中國法制史論集 法典と刑罰》,创文社 2003 年版,第 31—39 页;广濑薰雄:《『晋書』刑法志に見える法典編纂説話について》《九章律佚文考》,载广濑薰雄:《秦漢律令研究》,汲古书院 2010 年版。但是,三位先生的理解之间有若干差异。陶安认为,《九章律》从西汉后半期到东汉初期之间逐渐为律学家所编纂。滋贺秀三认为,西汉宣帝时期以后,儒家中一个学派的"法律家"将汉律中的九章置于经书的地位,《九章律》以此成书。广濑薰雄认为,《九章律》于西汉中后期作为官吏的实务便览成书,但东汉以后置于经书之一的地位。

③ 详见陶安:《法典編纂史再考——漢篇:再び文獻史料を中心に据えて——》,载《東洋文化研究所紀要》第 140 册,2000 年。

④ 参见《太平御览》卷六三八《刑法部四·律令下》所引张斐《律序》。另,《史记》卷一二二《酷吏列传》"赵禹"条云:"〔赵禹〕与张汤论定诸律令,作见知,吏传得相监司。"其中有张汤与赵禹一起制定律令的记载,而没有提及《越宫律》《朝律》。

立的基础、象征而倍受重视,故与此同时制定的法令约束亦应是构筑汉朝法制的基础。同书卷五四《曹相国世家》又载有百姓赞颂萧何制定法律的统一性、体系性、完备性:

百姓歌之曰:"萧何为法,顜若画一。"

据《汉书·刑法志》,萧何以秦朝法律为基础而制定《九章律》。虽然萧何编纂《九章律》不是史实,但可以认定萧何在制定汉朝律令时确实以秦朝法律为基础。实际上,汉朝的刑罚制度、官制、爵制、税制、地方行政制度、法律用语等,几乎直接继承秦朝制度而来,故有汉承秦制之说。汉律的篇名亦多有与秦律共同之处。在传世文献与出土文字资料所见的汉律篇名中,汉代的《田律》《金布律》《关市律》《徭律》《置吏律》《效律》《传食律》《行书律》《傅律》《贼律》《杂律》《兴律》《具律》《亡律》《仓律》《司空律》《盗律》,均见于秦律。并且,汉律中也有似乎继承自秦律的条文。例如,青川木牍《田律》云:①

田广一步,袤八则,为畛。晦(亩)二畛,一百(陌)道。百晦(亩)为顷,一千(阡)道。道广三步。封高四尺,大称其高。埒(埒)高尺,下厚二尺。以秋八月脩封埒(埒),正彊(疆)畔,及登千(阡)百(陌)之大草。九月大除道及阪险。十月为桥,脩波(陂)隄,利津□鲜草。虽非除道之时,而有陷败不可行,辄为之。(第16号木牍正面)

相对于此,张家山汉简《二年律令·田律》中载有几乎与此相同的条文:

田广一步,袤二百卌步为畛。亩二畛,一佰(陌)道。百亩为顷,十顷一千(阡)道。道广二丈。恒以秋七月除千(阡)佰(陌)之大草。九月大除道及阪险。十月为桥,修波(陂)堤,利津梁。虽非除道之时,而有陷败不可行,辄为之。乡部主邑中道,田主田道。道有陷败不可行者,罚其啬夫、吏主者黄金各二两。盗侵畝道、千(阡)佰(陌)及堑土〈之〉,罚金二两。(第246—248号简)

龙岗秦简又云:②

诸马牛到所,毋敢穿窑及置它机。敢穿窑及置它机能害人、马牛者,虽未有杀伤殹(也),赀二甲。杀伤马……马牛。杀人,黥为城旦舂。伤人,赎耐。(第103—109号简)

相对于此,《二年律令·田律》中载有几乎与此相同的条文:

诸马牛到所,皆毋敢穿窑。穿窑及置它机能害人、马牛者,虽未有杀伤也,耐为隶臣妾。杀伤马牛,与盗同法。杀人,弃市。伤人,完为城旦舂。(第251—252号简)

汉初以后制定的各种律令条文,在西汉武帝时期之后达359章,死罪决事比达

---

① 青川木牍的简号、释文根据陈伟主编:《秦简牍合集:释文注释修订本(肆)》,武汉大学出版社2016年版。
② 龙岗秦简的简号、释文根据陈伟主编:《秦简牍合集:释文注释修订本(叁)》,武汉大学出版社2016年版。

13472件,相传这些文书堆满橱架,连官吏也无法通览。随着汉朝法律的逐渐复杂化,出现了这样的弊害:虽然罪情相同,但判决结果却不相同,以及奸猾官吏利用法律的复杂化玩弄法律,作出恣意性判决。①

为了改善这种状况,西汉宣帝时开始出现整理律令的计划。首先,宣帝时,涿郡太守郑昌上奏建议应该删改律令。虽然宣帝在位时未实现,而继位的元帝命令议论律令中可以删除、减轻的规定。进而,下一代的成帝亦命令讨论减死刑以及可以删除、简约的条文,以期改为容易理解的法规。但这些改革似乎均不能作出根本性的解决。②

迤逦至东汉和帝永元六年(94年),在律令条文中,死罪条文达610条,耐罪达1698条,赎罪及其以下达2681条。而且,律文的解释有三家学派,对条文的解释因学派而不相同。于是,廷尉陈宠上奏,律令之中合乎儒家经书思想而可以实施的,选取大辟罪的条文200条,耐罪、赎罪2800条,合为3000条,使之与"甫刑"[参见第一章第二节(二)]相对应,其他的条文全都可以删除。但其后陈宠触罪,这一改革方案未能实施。后来,其子陈忠大略依照陈宠的意旨呈奏改革方案。此方案被采纳施行,但仍未能解决法律复杂化的问题。③

除上述之外,汉代还对决事比进行编纂。陈宠撰写《辞讼比》七卷,司徒鲍昱将它与"决事都目"八卷上奏,④陈忠亦将由32条构成的决事比上奏。⑤

东汉末期,由于董卓的暴政,有关制度、法令的书几乎全被烧毁。于是,应劭编纂《汉仪》及《律本章句》《尚书旧事》《廷尉板令》《决事比例》《司徒都目》《五曹诏书》《春秋折狱》共250篇及《驳议》30篇,于献帝建安元年(196年)上奏。相传汉代的制度、法令因此得以保存下来。⑥但这些文献均没有流传下来,若干佚文仅见引于其他文献。

第三节 刑罚制度

秦汉时期的主要刑罚由死刑、身体刑、身份刑、劳役刑、财产刑构成。除此以外,还有迁刑、徙迁刑、三族刑、收、禁锢等刑罚、制裁措施。下面分述之。

(一)死刑

秦汉时期设有"腰斩""磔""枭首""弃市"四种死刑。由重至轻依次为腰斩、磔、弃

---

① 参见《汉书》卷二三《刑法志》。《盐铁论·刑德》中亦有与此相似的记载。
② 参见《汉书·刑法志》。
③ 参见《后汉书》卷四六《陈宠列传》,《晋书》卷三〇《刑法志》。
④ 《后汉书·陈宠列传》云:"宠为昱撰《辞讼比》七卷,决事科条,皆以类相从。昱奏上之,其后公府奉以为法。"同书卷二九《鲍昱列传》李贤注引《东观汉记》:"昱奏定《辞讼》七卷,《决事都目》八卷。"《玉海》卷六五《诏令律令上》引《东观汉记》则将"辞讼"作"辞讼比"。另据《北堂书钞》卷六八《掾》所引《汉杂事》,陈宠编纂的书是"八卷"。
⑤ 参见《后汉书》卷四六《陈忠列传》。此外,《晋书》卷三〇《刑法志》云:"又汉时决事集为令甲以下三百余篇。"但这是否史实,不明。
⑥ 参见《后汉书》卷四八《应劭列传》,《晋书》卷三〇《刑法志》。

市,而枭首是对腰斩、弃市附加的所谓"附加刑"。①

腰斩是截断腰部的刑罚。磔是处死后暴尸的刑罚。②处死本身用何种方法执行尚不明,有观点认为是斩首。③在暴尸这一点上,磔与枭首一样,但枭首仅暴头颅,而磔似乎暴全身。④磔废除于西汉景帝中元二年(前148年)。⑤但对于重大犯罪案件,以后依然有对处死后的尸体施磔。⑥枭首是悬挂头颅,头颅一般悬挂于木杆上。⑦枭首是执行腰斩或弃市后,施于尸体的。弃市的执行方法是斩首。⑧

弃市的语源是把犯罪人杀死于人众集聚的市,⑨但其实不仅弃市而且所有的死刑原则上均应公开执行于市。处死后的尸体有时暴于市或城门等地方。公开处死与暴尸的目的皆在于儆戒众人,通过威慑一般社会成员以预防犯罪。

(二)身体刑

秦及汉初设有"腐"(宫)、"斩趾"、"劓"、"黥"、"耐"等身体刑。腐是割男子性器,斩趾是割脚趾,劓是割鼻,黥是在脸上施以刺青;耐是剃光胡子。斩趾有割右脚趾的"斩右趾"与割左脚趾的"斩左趾"两种。以上刑罚由重至轻依次为:腐、斩右趾、斩左趾、劓、黥、耐。这些均是对身体施加的刑罚,尤其是腐、斩趾、劓、黥均对身体造成难以复原的损伤,总称为"肉刑"。如"黥为城旦舂""耐为隶臣妾"等那样,身体刑原则上与身份刑(后文有述)并科。腐与"城旦""隶臣"并科,斩趾、劓、黥均与"城旦舂"并科,耐与"鬼薪白粲""隶臣妾""司寇"并科。这些身体刑+身份刑的刑罚严厉性在秦、汉初的刑罚制度上次于死刑。

以上刑罚中的腐刑废除于西汉文帝时期[文帝十三年(前167年)以前]。⑩但至景帝中元四年(前146年)下诏,允许犯死罪之人以受腐刑替代而免除其死刑。⑪其后武帝时期,李延年、司马迁、张贺均被处以腐刑。需注意的是景帝中元四年以后的腐刑

---

① 参见富谷至:《漢唐法制史研究》,创文社2016年版,第219—231页;〔日〕富谷至:《剥夺生命与处理尸体的刑罚》,徐世虹译,载中国政法大学法律古籍整理研究所编:《中国古代法律文献研究》(第3辑),中国政法大学出版社2007年版;水间大辅:《秦漢刑法研究》,知泉书馆2007年版,第32—33页;《汉代"夷三族之令"考》,载朱腾、王沛、〔日〕水间大辅:《国家形态·思想·制度——先秦秦汉法律史的若干问题研究》,厦门大学出版社2014年版。
② 参见水间大辅:《秦漢刑法研究》,知泉书馆2007年版,第18—19页。
③ 参见〔日〕富谷至:《秦漢刑罚制度研究》,柴生芳、朱恒晔译,广西师范大学出版社2006年版,第46页。
④ 参见富谷至:《漢唐法制史研究》,创文社2016年版,第226页。
⑤ 参见《汉书》卷五《景帝纪》景帝中元二年条。
⑥ 例如,西汉平帝元始三年(公元3年)博士吴章被处以腰斩,其尸体"磔"于东市门。参见《汉书》卷六七《云敞传》。
⑦ 参见宋杰:《汉代死刑制度研究》,人民出版社2015年版,第42—43页。
⑧ 参见富谷至:《漢唐法制史研究》,创文社2016年版,第199—219页;水间大辅:《秦漢刑法研究》,知泉书馆2007年版,第24页、第81—82页注17、18。
⑨ (东汉)刘熙《释名·释丧制》云:"市死曰弃市。市众所聚,言与众人共弃之也。"
⑩ 参见水间大辅:《秦漢刑法研究》,知泉书馆2007年版,第41—43页。腐刑具体废除于哪一年不明,但确实废除于文帝十三年刑制改革之前。
⑪ 参见《汉书》卷五《景帝纪》景帝中元四年条。

只不过是作为死刑的替代刑而施加的,并不是恢复为正刑。①

文帝十三年(前167年)废除所有的肉刑,为替代肉刑而设定各种身体刑等刑罚。替代斩左趾设定"笞五百",替代劓设定"笞三百",替代黥设定"髡钳",斩右趾被弃市吸收。② 髡钳的"髡"即剃光头发,"钳"即带枷。笞、髡钳均与斩趾、劓、黥一样,必须与城旦舂并科。

如上所述,文帝十三年改革肉刑,为替代斩左趾、劓设定笞刑,但受笞刑的人却大多丧命,或身附负不可能恢复的重伤。景帝元年(前156年)继续改革,减轻笞打次数,即笞五百改为笞三百,笞三百改为笞二百。虽然如此,受刑人仍不能保全身体。于是,景帝中元六年(前144年)再次将笞三百改为笞二百、笞二百改为笞一百。并制定有关笞的规格的《箠令》。又规定,只笞打臀部,并且不许中途更换行笞刑之人,直到一个受刑人受笞刑完毕才可更换人。③

从文帝十三年到景帝时期的某个时点设定了一个名为"钛趾"的刑罚。④ 钛趾是戴上铁制脚镣。在当时的刑罚制度上其被置于比笞为重的等级,与斩趾一样有"钛左右趾""钛左趾"等种类,其中最重的是钛左右趾。钛趾必须与笞、髡钳、城旦舂并科。

到了东汉,班固、荀悦、崔寔、郑玄、陈纪、陈群、钟繇等人主张恢复肉刑。东汉末期,曹操掌握朝廷实权后,又考虑恢复肉刑,向群臣征求意见。持肉刑恢复论者有各种根据,大致可以整理为以下三点:

第一,防止再犯。若奸淫之罪处以宫刑,盗窃之罪处以刖刑,则罪人再也不能实施同样的犯罪行为。⑤

第二,替代肉刑设定的笞刑太重。虽然景帝时减轻笞刑,但有些人仍因之丧命。⑥

第三,由于废除肉刑,死刑与置于其下的刑罚之间的差距扩大,使刑罚制度的平衡丧失,轻重失品,容易畸轻畸重。例如,对于盗窃、发怒伤人、男女之间的奸淫、吏用不正当手段获得利益等犯罪,适用死刑则太重,髡钳则太轻。⑦

但肉刑恢复论遭到王脩、王朗、孔融以及其他群臣的反对,结果不被采用。例如,孔融认为:受肉刑之人丧失求生的气力,不厌死亡,大多趋于作恶,无法回归正道;并且,即使出众的人,一旦遭受肉刑,终身为人不齿;可见肉刑不仅不能防止人做恶事,还

---

① 参见水间大辅:《秦汉刑法研究》,知泉书馆2007年版,第43—44页。
② 参见《汉书》卷二三《刑法志》。
③ 参见《汉书·刑法志》。
④ 冨谷至认为,设定钛趾的时期是景帝元年(前156年)左右。参见〔日〕冨谷至:《秦汉刑罚制度研究》,柴生芳、朱恒晔译,广西师范大学出版社2006年版,第72—75页。相对于此,张建国虽然没有明确指出其时期,但认为"钛止刑正式置于劳役刑中最高级的地位时,笞一百亦被废除"。笞一百设于景帝中元六年(前144年),故应认为钛趾设于景帝中元六年以后。参见张建国:《前汉文帝刑法改革及其展开的再探讨》,载张建国:《帝制时代的中国法》,法律出版社1999年版。
⑤ 参见《三国志》卷二二《魏书·陈群传》。
⑥ 参见《三国志》卷二二《魏书·陈群传》。据《汉书》卷二三《刑法志》,由于景帝时期减轻笞刑,受笞刑之人得以保全身体。然而,据东汉末期的陈纪、陈群所言,东汉末期亦多有因受笞刑而死亡之人。
⑦ 参见《汉书·刑法志》。此处所说的"髡钳"应该包括钛趾。参见水间大辅:《秦汉刑法研究》,知泉书馆2007年版,第40页。

截断其回心向善之路。① 在孔融看来,肉刑的标签作用阻碍着犯罪人回归社会,故不应该恢复。

(三) 身份刑与劳役刑

秦汉时期设有"城旦舂""鬼薪白粲""隶臣妾""司寇"等刑罚。这既是刑罚的名称,也是受这些刑罚的刑徒的称呼。

城旦舂是"城旦"与"舂"的总称,鬼薪白粲是"鬼薪"与"白粲"的总称,隶臣妾是"隶臣"与"隶妾"的总称。城旦、鬼薪、隶臣均适用于男子,舂、白粲、隶妾均适用于女子。司寇在秦、汉初不论男女均可适用,而文帝十三年(前167年)的刑制改革时设定"作如司寇",以后将司寇适用于男子,将作如司寇适用于女子。②

如"黥为城旦舂"与"耐为隶臣妾"等那样(有时省略"为"),这些刑罚原则上均与黥、耐等身体刑并科。城旦舂有两种,一种是与肉刑并科的,另一种是不与肉刑并科的。前者总称为"刑为城旦舂",黥城旦舂亦包括在此。此处的"刑"即肉刑之意。相对于此,后者称为"完为城旦舂"。"完"是不加肉刑而保全身体之意。③ 完城旦舂比刑城旦舂轻一等。鬼薪白粲、隶臣妾、司寇均与耐并科。

文帝十三年以前,作为刑罚的城旦舂、鬼薪白粲、隶臣妾、司寇,均是将罪人降级为城旦舂及其以下各种刑徒身份的刑罚。在这种意义上,城旦舂等刑罚也可以说是将身份降级的"身份刑"。④ 这些刑罚均没有刑期,故可以说是"无期刑"。⑤ 只有下列情况属于例外,刑徒得蒙赦免:(1) 遇到恩赦;(2) 立战功;⑥(3) 交出别人为替身;⑦(4) 刑徒的亲属归还爵位;⑧(5) 刑徒的亲属从事一定期间的劳役;⑨等等。但是,受肉刑的

---

① 参见《后汉书》卷七〇《孔融列传》。
② 参见水间大辅:《秦漢刑法研究》,知泉书馆2007年版,第56—58页。
③ 参见栗劲:《秦律通论》,山东人民出版社1985年版,第249—257页;王森:《秦汉律中黥、耐、完刑辨析》,载《法学研究》1986年第1期;孔庆明:《秦汉法律史》,陕西人民出版社1992年版,第84页;傅荣珂:《睡虎地秦简刑律研究》,商鼎文化出版社1992年版,第123—125页;陶安:《刑罚体系的细分化》,载陶安:《秦漢刑罰體系の研究》,创文社2009年版,及同书第126页;等等。
④ 参见〔日〕鹰取祐司:《秦漢时代的刑罚与爵制性身份序列》,朱腾译,载周东平、朱腾主编:《法律史译评》(第六卷),北京大学出版社2013年版;鹰取祐司《秦漢時代の司寇・隸臣妾・鬼薪白粲・城旦舂》,载《中國史學》第19卷,2009年;陶安:《刑罰と身分》,载陶安:《秦漢刑罰體系の研究》,创文社2009年版。
⑤ 不少先前的学者认为城旦舂及其以下的刑罚均是无期刑,籾山明、陈中龙均详细地介绍了这些研究成果。参见〔日〕籾山明:《中国古代诉讼制度研究》,李力译,上海古籍出版社2009年版;陈中龙:《秦汉刑徒研究评述》,载《简牍学报》2002年第18期。
⑥ 例如,睡虎地秦简《秦律十八种·军爵律》云:"工隶臣斩首及人为斩首以免者,皆令为工。"(第156号简)
⑦ 例如,睡虎地秦简《秦律十八种·仓律》云:"隶臣欲以人丁粼者二人赎,许之。其老当免老、小高五尺以下及隶妾欲以丁粼者一人赎,许之。赎者皆以男子,以其赎为隶臣。"(第61—62号简)
⑧ 例如,睡虎地秦简《秦律十八种·军爵律》云:"欲归爵二级以免亲父母为隶臣妾者一人,及隶臣斩首为公士,谒归公士而免故妻隶妾一人者,许之,免以为庶人。"(第155—156号简)
⑨ 例如,睡虎地秦简《秦律十八种·司空》云:"百姓有母及同牲(生)为隶妾,非適(谪)罪殴(也)而欲为冗边五岁,毋赏(偿)兴日,以免一人为庶人,许之。"(第151—152号简)

城旦（也就是刑城旦）在赦免后成为"隐官"这一特殊身份，不能回归为一般人民。①

城旦舂及其以下的刑徒身份由重至轻依次为：城旦舂、鬼薪白粲、隶臣妾、司寇。各种刑徒按照其身份而有各种不利待遇：

(1) 劳役

他们均被迫从事各种劳役。刑名中的城旦的原意是修筑城墙并警备外敌，舂是用杵臼捣除谷物的皮壳，鬼薪是采集用来祭祀鬼神的木柴，白粲是择挑白米，隶臣是男性奴隶，隶妾是女性奴隶，司寇是警备。但他们未必从事刑名原意所示的劳役，城旦舂大致从事土木工程，隶臣妾从事各个官署中的杂役，司寇负责对刑徒的率领、监视。

(2) 妻子儿女、财产、田宅

城旦、鬼薪均被没收其妻子儿女、财产、田宅。但据张家山汉简《二年律令》，在儿女中，已有妻子或丈夫之人、户主、有爵者、17岁及其以上之人、被休的女子、寡妇，均非没收的对象。② 被没收的妻子儿女成为官奴婢，官署可以将没收的妻子儿女、财产卖给民间。③ 相对于此，司寇不被没收妻子儿女、财产、田宅。当国家向民发放田宅时，司寇亦可以接受田宅，但其面积比民的狭小。④ 隶臣妾亦不被没收妻子儿女、财产，但是否被没收田宅尚不明。⑤

(3) 居住的限制

城旦舂、鬼薪白粲、隶臣妾均不能住在一般人民的居住地域。⑥ 尤其城旦舂是收容于司空所辖的设施内。

(4) 服装的强制

城旦舂穿赭衣，并戴上刑具。⑦

(5) 身份的继承

司寇之子为"士伍"，不继承刑徒身份。⑧ 士伍乃无爵者之一。相对于此，隶臣妾之子不能成为士伍，似被赋予比士伍低的某个地位。城旦舂、鬼薪白粲之子被赋予何种地位尚未详，但城旦、鬼薪之子被没收，并且城旦舂、鬼薪白粲均收容于司空所辖的设施内，难以想象这种情况下可以结婚，故可以认为几乎不会发生身份继承的问题。

---

① 一般认为，隐官应该过着与一般社会隔离的生活。然而，蒋非非认为，隐官与一般自由民共同居住在闾里内，并不是与一般社会隔离的。参见蒋非非：《〈史记〉中"隐宫徒刑"应为"隐官、徒刑"及"隐官"原义辨》，载中国文物研究所编：《出土文献研究》（第6辑），上海古籍出版社2004年版。

② 参见《二年律令·收律》（第174—175号简）。

③ 参见睡虎地秦简《法律答问》第116号简。在张家山汉简《奏谳书》案例17中，乐人讲被处以黥城旦，其妻子儿女、财产均被没收后卖给民间。

④ 参见《二年律令·户律》（第314—316号简）。

⑤ 宫宅洁认为，处以隶臣妾时，收回国家发给的田宅。参见〔日〕宫宅洁：《中国古代刑制史研究》，杨振红等译，广西师范大学出版社2016年版，第122—123页。

⑥ 参见《二年律令·户律》（第307号简）。

⑦ 参见睡虎地秦简《秦律十八种·司空律》（第147号简）、岳麓书院藏秦简《秦律令（壹）》（第167—168号简）。

⑧ 参见《二年律令·傅律》（第364—365号简）。

西汉文帝十三年废除肉刑,同时又分别对城旦舂、鬼薪白粲、隶臣妾、司寇设定刑期。① 也就是说,以后刑徒服一定期间的劳役后得以赦免,此即所谓的"有年而免"。因此,这些刑罚的性质从降级身份的身份刑变成从事一定期间劳役的"劳役刑"。

各种劳役刑的刑期具体为几年间,诸家说法不一。一种观点认为,髡钳城旦舂的刑期五年,完城旦舂四年,鬼薪白粲、隶臣妾三年,司寇二年。② 另一种观点认为,文帝十三年(前167年)以后,髡钳城旦舂六年,完城旦舂五年,鬼薪白粲四年,隶臣妾三年,司寇二年,而武帝太初元年(前104年)废除隶臣妾,以后髡钳城旦舂五年,完城旦舂四年,鬼薪白粲三年,司寇二年。③ 不论如何,隶臣妾似乎废除于武帝时期。④

(四)财产刑

秦汉时期在身体刑＋身份刑或劳役刑之下设有"赎""赀甲盾""罚金"等财产刑。

1. 赎

秦汉时期有两种赎刑,即作为换刑、替代刑的赎刑,与作为法定刑的赎刑。前者是让缴纳财物而免除本来对罪人施加的刑罚。相对于此,后者是让缴纳财物的刑罚,是财产刑之一。⑤ 以下将概述后者。

据张家山汉简《二年律令》,赎刑有等级之别,"赎死"缴纳黄金二斤八两(约620克),"赎城旦舂"与"赎鬼薪白粲"均缴纳一斤八两(约372克),"赎斩"与"赎腐"均缴纳一斤四两(约310克),"赎劓"与"赎黥"均缴纳一斤(约248克),"赎耐"缴纳十二两(约186克),"赎迁"缴纳八两(约124克)。⑥ 但是,罪人不必缴纳黄金,也可以换算为钱来缴纳。⑦

秦律中亦有"赎死"、"赎刑"(此处所说的"刑"当为肉刑之意)、"赎黥"、"赎城旦舂"、"赎舂"、"赎耐"、"赎迁"等赎刑,除此之外是否还设有赎刑的等级不明了。岳麓书院藏秦简《数》云:⑧

> 赎耐,马甲四,钱七千六百八十。……赎死,马甲十二,钱二万三千卌。(第82—83号简)

---

① 参见《汉书》卷二三《刑法志》。
② 参见滨口重国:《秦漢隋唐史の研究》上卷,东京大学出版会1966年版,第616—630、675—676页;〔日〕冨谷至:《汉代劳役刑——刑期与刑役》,载〔日〕冨谷至:《秦汉刑罚制度研究》,柴生芳、朱恒晔译,广西师范大学出版社2006年版。
③ 参见张建国:《前汉文帝刑法改革及其展开的再探讨》,载张建国:《帝制时代的中国法》,法律出版社1999年版。
④ 冨谷至亦认为,隶臣妾废除于武帝时期。参见〔日〕冨谷至:《秦汉刑罚制度研究》,柴生芳、朱恒晔译,广西师范大学出版社2006年版,第84—85页。
⑤ 参见〔日〕角谷常子:《秦汉时代的赎刑》,陈青、胡平生译,载李学勤、谢桂华主编:《简帛研究二○○一》,广西师范大学出版社2001年版;〔日〕冨谷至:《秦汉刑罚制度研究》,柴生芳、朱恒晔译,广西师范大学出版社2006年版;张建国:《论西汉初期的赎》,载《政法论坛》2002年第5期;李均明:《简牍法制论稿》,广西师范大学出版社2011年版,第44—46页。
⑥ 参见《二年律令·具律》(第119号简)。
⑦ 参见《二年律令·金布律》(第427—428号简)。
⑧ 岳麓书院藏秦简《数》的简号、释文根据陈松长主编:《岳麓书院藏秦简(壹—叁)》(释文修订本),上海辞书出版社2018年版。

如后所述,考虑到秦律的赀甲盾刑是缴纳相当于"甲""盾"价值的钱的刑罚,则秦律的赎刑或是与《二年律令》不一样,分别缴纳相当于"马甲"(马的护身甲)价值的钱的刑罚。

罪人不能缴纳这些黄金或钱时,并不直接施加赎刑名称所示的刑罚(如"赎黥"的"黥"),必须按照未缴纳黄金的重量从事一定期间的劳役。① 如被判处赎死的人不能缴纳黄金二斤八两时,并不处以死刑,必须从事一定期间的劳役清偿黄金二斤八两。可见至少作为法定刑的赎刑所示的各种刑罚名称均失去本来的意义,只不过是表示赎刑轻重的指标而已。

2. 赀甲盾

秦律中在赎刑之下设有赀甲盾刑,由重至轻依次为:"赀二甲""赀一甲""赀一盾"。这些似乎本来均是缴纳"甲""盾"的刑罚,而至迟到战国后期已经缴纳相当于甲、盾的钱。罪人不能缴纳时,与赎刑一样,必须按照未纳钱数从事一定期间的劳役。② 赀甲盾刑废除于汉高祖时期,改为下述的"罚金"。③

3. 罚金

汉代所说的"罚金"是缴纳黄金的刑罚,而不像西周时期那样是缴纳铜。张家山汉简《二年律令》中有一斤、八两、四两、二两、一两等的等级。《汉书》如淳注还有"罚金二斤"④,居延新简有"罚金半两"⑤,但《二年律令》的时代是否也设有二斤、半两的等级,未详。

从缴纳黄金的重量来说,在罚金之中,四两及其以下均比赎刑为轻,可见四两及其以下在刑罚等级上置于赎刑之下。然而,罚金一斤与赎剌、赎黥(皆缴纳黄金一斤)重复,罚金八两亦与赎迁(缴纳黄金八两)重复,两者之间的关系不明。罚金亦与赎刑一样,罪人不必用黄金缴纳,也可以换算为钱来缴纳。

(五)迁刑与徙迁刑

秦及汉初设有名为"迁"的刑罚。迁是将罪人移居到边疆,相当于北魏以后的流刑。北魏以后的"流"是亚于死刑的重刑,而秦及汉初的迁在刑罚制度上置于较轻刑罚

---

① 睡虎地秦简《秦律十八种·司空律》云:"有罪以赀赎及有责(债)于公,以其令日问之。其弗能入及赏(偿),以令日居之,日居八钱。"(第133号简)岳麓书院藏秦简《秦律令(壹)》中亦有几乎与此相同的律文(第257—258号简)。《秦律令(壹)》又云:"诸有赀赎责(债)者,訾之。能入者令入,贫弗能人,令居之。"(第262号简)岳麓书院藏秦简《秦律令(壹)》的简号、释文根据陈松长主编:《岳麓书院藏秦简(肆)》,上海辞书出版社2015年版。
② 参见前揭睡虎地秦简《秦律十八种·司空律》(第133号简)。
③ 参见〔日〕水间大辅:《张家山汉简〈奏谳书〉案例20"鲁法"考》,载朱腾、王沛、〔日〕水间大辅:《国家形态·思想·制度——先秦秦汉法律史的若干问题研究》,厦门大学出版社2014年版。
④ 《汉书》卷五《景帝纪》景帝元年条云:"廷尉信谨与丞相议曰:'……吏迁徙免罢,受其故官属所将监治送财物,夺爵为士伍,免之。无爵,罚金二斤,令没入所受。'"同书卷七《昭帝纪》始元六年条如淳注云:"律:诸当占租者,家长身各以其物占。占不以实,家长不身自书,皆罚金二斤,没入所不自占物及賈钱县官也。"
⑤ 居延新简云:"不中程百里,罚金半两。过百里至二百里,一两。过二百里,二两。"(EPS4·T2:8B)居延新简的简号、释文根据甘肃省文物考古研究所等编:《居延新简》,中华书局1994年版。

的地位。①

到了西汉后半期以后,常常采取减死刑而移居边疆的措施。这种措施在文献中用"徙"或"迁"等词语表示。这可以说是死刑的替代刑。后来,这种徙迁刑进一步常规化,在成为死刑的替代刑的同时,又获得几乎与正刑一样的地位。②

(六) 夷三族与收

秦汉时期,在有些情况下,只要与罪人有一定范围内的亲属关系,就要受处罚。

1. 三族刑

三族刑是将罪人的"三族"处以死刑。三族是指父母、妻子儿女、"同产"。③ 同产就是同父的兄弟姊妹。④ 三族刑的适用对象限于"谋反"等将要对国家、皇帝加以危害的罪。

汉初,三族刑有过几次废立:先废除于吕后元年(前187年),再废除于文帝元年(前179年),复又制定于文帝后元元年(前163年)至七年(前157年)之间的某时。⑤

2. 收

秦及汉初的律规定,犯罪当处完城旦、耐鬼薪及其以上刑罚的,或犯奸罪当处腐刑的,均没收其妻子儿女、财产、田宅。⑥ 这种制度废除于文帝元年(前179年)。⑦

(七) 禁锢

汉代设有名为"禁锢"的制裁措施。这是专对官吏施予的制裁,从士人之籍上勾销,让其在家禁闭并负有谨慎的义务,禁止通婚等吉凶之礼。被处禁锢的官吏又被剥夺官位,失去任官资格。⑧ 甚至株连子孙,禁止其出仕。

(八) 因爵位的刑罚减免

在商鞅变法以后的秦国、秦朝及汉朝,上从贵族下到民众,国家广泛地向男子授予

---

① 迁在当时的刑罚制度上置于何种等级未必明确,似乎大致置于耐刑前后的等级。详见水间大辅:《秦汉刑法研究》,知泉书馆2007年版,第73—76页。

② 参见〔日〕大庭脩:《秦汉法制史研究》,徐世虹等译,中西书局2017年版。

③ 秦汉时期三族刑所说的"三族"是指父母、妻子儿女、同产,详见〔日〕水间大辅:《汉初三族刑的变迁》,载朱腾、王沛、〔日〕水间大辅:《国家形态·思想·制度——先秦秦汉法律史的若干问题研究》,厦门大学出版社2014年版。

④ 参见早稻田大学简帛研究会:《張家山第二四七號漢墓竹簡譯注(一)》,载《長江流域文化研究所年報》创刊号,2002年。

⑤ 参见〔日〕水间大辅:《汉初三族刑的变迁》,载朱腾、王沛、〔日〕水间大辅:《国家形态·思想·制度——先秦秦汉法律史的若干问题研究》,厦门大学出版社2014年版。

⑥ 参见《二年律令·收律》(第174号简)。秦律中亦有大致相同的规定。参见铃木直美:《中國古代家族史研究——秦律·漢律にみる家族形態と家族觀——》,刀水书房2012年版,第107—110页;于振波:《秦汉法律与社会》,湖南人民出版社2000年版,第101—103页。

⑦ 参见《史记》卷一〇《孝文本纪》文帝元年条。但是,没收罪人妻子儿女为官奴婢的措施本身,在废除收以后亦作为一种替代刑继续实施。详见〔日〕水间大辅:《西汉文帝元年以后的"罪人妻子没入为官奴婢"》,载朱腾、王沛、〔日〕水间大辅:《国家形态·思想·制度——先秦秦汉法律史的若干问题研究》,厦门大学出版社2014年版。

⑧ 参见若江贤三:《傳統中國における禁錮》,载若江贤三:《秦漢律と文帝の刑法改革の研究》,汲古书院2015年版。

爵位。爵位名称按照时代有所变迁，西汉武帝以后的爵位由高至低依次为：

列侯 关内侯 大庶长 驷车庶长 大上造 少上造 右更 中更 左更 右庶长 左庶长 五大夫 公乘 公大夫 官大夫 大夫 不更 簪袅 上造 公士

爵位似乎本来是授予立战功的人，但在汉代，除了战功以外，遇皇帝即位或灾害发生等国家凶吉事情时，也向民众赐予爵位。① 并且，汉代在饥馑之时，可临时允许民间买卖爵位。② 文帝时还设定向国家捐赠谷物并搬运到边疆的可授予爵位的制度。③ 爵位可以让嗣子继承之［参见本章第四节（三）］。

爵位伴随各种特权，其中有刑罚减免。秦汉时期，有公士及其以上爵位之人及其妻子，犯罪当处肉刑的，减刑为完城旦舂。④ 有上造及其以上爵位之人及其妻子，犯罪当处肉刑或城旦舂的，减刑为耐鬼薪白粲。⑤ 也就是说，有爵位之人及其妻子享有免除肉刑的特权。⑥ 另外，惠帝元年（前 194 年）下诏，买爵 30 级则免除死刑。⑦

（九）文帝刑制改革的意义与背景

如上所述，文帝十三年（前 167 年）废除肉刑。此改革以后，除了宫刑与黥（刺青）以外，肉刑不再作为正规的刑罚存在（宫刑在北魏的一个时期恢复为正规刑罚）。文帝十三年又对城旦舂、鬼薪白粲、隶臣妾、司寇设定刑期。其实，此前的某些刑罚已经设有有期刑⑧，但未置于刑罚体系的中心，只不过起着补助性作用。文帝的刑制改革将身份刑转换为劳役刑，使有期刑提升到刑罚体系的中心位置，成为其核心刑罚之一种。

肉刑的废除与有期刑化同时实施，绝不是偶然的。若单独实施有期刑化，即使刑徒刑期届满后被赦免，但遭受肉刑之人因其特异外貌而难以回归社会。由于废除肉刑，避免外貌的标签化，所有刑徒才有回归社会的可能。可以说，废除肉刑，才使有期刑化变成可能。

在如上的意义上，文帝刑制改革可以被认为是中国法制史上划时代的改革。那

---

① 如《史记》卷一○《孝文本纪》："于是〔文帝〕夜下诏书曰：'……朕初即位，其赦天下，赐民爵一级，女子百户牛酒，酺五日。'"详见〔日〕西嶋定生：《中国古代帝国的形成与结构——二十等爵制研究》，武尚清译，中华书局 2004 年版，第 138—223 页。

② 例如，《汉书》卷二《惠帝纪》惠帝六年条云："令民得卖爵。"汉代发出好几次这种命令，可见各个命令只不过临时允许买卖爵位，并不是长久性制度。

③ 参见《汉书》卷二四上《食货志上》。这是临时措施，还是长久性制度，难以断定。

④ 参见《二年律令·具律》（第 83 号简）。另外，《奏谳书》案例 22 载秦王政六年（前 241 年）公士孔犯罪当处刑城旦，而被减刑判处完城旦。可见战国末期的秦律中亦已有与此相同的规定。

⑤ 参见《汉书》卷二《惠帝纪》《二年律令·具律》（第 82 号简）。另外，岳麓书院藏秦简《为狱等状四种》案例 3 载秦王政二十一年（前 226 年）上造敖犯罪当处黥城旦，而被减刑判处耐鬼薪。可见战国末期的秦律中亦已有与此相同的规定。

⑥ 但是，睡虎地秦简《秦律杂抄》云："●有为故秦人出，削籍，上造以上为鬼薪，公士以下刑为城旦。●《游士律》"（第 5 号简）这条律文规定，上造及其以上处以鬼薪，公士及其以下处以刑城旦。可见秦律中似乎也有例外。

⑦ 参见《汉书》卷二《惠帝纪》惠帝元年条。这是否制定为长久性制度，难以判断。

⑧ 如《二年律令·亡律》云："隶臣妾、收人亡，盈卒岁，毄（系）城旦舂六岁；不盈卒岁，毄（系）三岁。自出毄（也），笞百。其去毄（系）三岁亡，毄（系）六岁；去毄（系）六岁亡，完为城旦舂。"（第 165 号简）其中有"系城旦舂六岁""系三岁"等有期刑。

么,为何实施这种改革?直接的导火索是齐太仓令淳于公犯罪当处肉刑,其最小女儿缇萦向文帝上书,指出肉刑的缺点,即肉刑使罪人无法恢复原状、悔过自新。① 然而,目前学术界大致认为,缇萦上书只不过是促成文帝刑制改革的一个契机,其改革的真正背景应该有更为深刻的社会问题,至少包含以下各点:

第一,脱离秦制。虽然汉朝最终几乎直接继承秦朝的刑罚制度,但在刚刚占领秦朝首都咸阳时,却责难秦法苛酷。因此,汉初废除了从秦朝继承下来的一些刑罚。吕后元年(前 187 年)废除三族刑,文帝元年(前 179 年)废除三族刑(再次废除)与收,文帝元年至十三年(前 167 年)之间的某时废除腐刑,景帝中元二年(前 148 年)废除磔刑。肉刑的废除、有期刑化亦可视为这种动向的一个重要环节。②

第二,削减财政支出。从战国到汉朝草创时期,国家频繁地兴建长城、城邑、道路、宫殿、陵墓等大规模的土木工程,加上战争频仍,需要保有大量的刑徒与官奴婢作为劳动力。然而,战乱及建国初期的大规模土木工程大体结束后,国家就无须保有大量的劳动力,这些劳动力却对国家财政增添负担。因为国家应该发给刑徒和官奴婢衣服、粮食,而且管理他们需要设施、人员等费用。由此可以认为,为了削减财政支出,文帝元年废除收,以减少官奴婢的来源,并在文帝十三年设定刑期而定期赦免刑徒。③

第三,由于刑罚制度的改革与爵位的滥发,黥城旦舂、完城旦舂、耐鬼薪白粲、耐隶臣妾之间的区别减少,除了设定刑期以外,很难将这些刑罚划分等级。在秦汉律令中,完城旦与耐鬼薪之间设有一个级差,即是否施予收。由于文帝元年废除收,两者之间的差距缩减。并且,有爵者享有减刑的特权,即有上造及其以上爵位之人及其妻子,即使犯罪当处黥城旦舂也可减刑为耐鬼薪白粲;有公士及其以上爵位之人及其妻子,即使犯罪当处完城旦舂也减刑为耐鬼薪白粲。汉朝建国以后广泛向民众赐予爵位,许多民众享有以上特权,区别黥城旦舂、完城旦舂、耐鬼薪白粲的意义减少,发生了三者的同质化。④

第四节　犯罪与处罚

秦汉法律中将各种有危害性的行为规定为犯罪,作为处罚的对象。本节将概述其中对杀人、伤人、盗窃等典型犯罪的处罚,以及对犯罪的未遂、预备、阴谋与共同犯罪的处罚,还涉及缘坐、连坐等问题。

(一) 杀人

唐律将杀人行为按照其形态区分为"谋杀已杀""故杀""劫杀""斗杀""过失杀""戏

---

① 参见《史记》卷一〇《孝文本纪》文帝十三年条。
② 参见〔日〕冨谷至:《秦汉刑罚制度研究》,柴生芳、朱恒晔译,广西师范大学出版社 2006 年版,第 230—231 页。
③ 参见〔日〕宫宅洁:《中国古代刑制史研究》,杨振红等译,广西师范大学出版社 2016 年版,第 147—158 页。
④ 参见石冈浩:《収制度の廃止にみる前漢文帝刑法改革の発端——爵制の混乱から刑罰の破綻へ——》,载《歴史學研究》第 805 号,2005 年。

杀""误杀"等类型(后代宋元时期的律学著作将其概括为"七杀"①),按照这些类型处以各种刑罚。秦律、汉律中亦有"斗杀""贼杀""过失杀""戏杀""盗杀"等杀人罪类型。可见唐律所见杀人罪的分类及处罚方式的起源在于秦汉律。斗杀是指双方互相争斗时致对方死亡。贼杀是指加害者与被害者之间无争斗,系加害者单方面、故意地杀死被害者。这大致相当于唐律中的"故杀",但还包括有计划地杀人(谋杀已杀,既遂)。过失杀是指因过错而致死人。对何为"过失",《周礼·秋官·司刺》郑玄注举出一个具体例子:

> 过失,若举刃欲斫伐,而轶中人者。

戏杀是指基于双方的合意而相戏,误伤而致对方死亡。盗杀是指抢劫杀人。盗杀处以磔②,贼杀、斗杀均处以弃市,戏杀、过失杀均处以赎死。③

(二) 伤人

唐律中,与杀人一样,伤人亦按照其形态分为"斗伤""故伤""过失伤""戏伤""误伤"等类型,按照伤人的手段、伤害的部位、程度处以各种刑罚。秦汉律中亦有"斗伤""贼伤""过失伤""戏伤""盗伤"等类型。据张家山汉简《二年律令》,斗殴时用"刃"(刃具)、"金铁锐"(铜制矛类武器)、"锤椎"(锤子)伤害对方的,处完城旦舂;未使用这些武器、工具的,按照伤害的程度处以耐或罚金四两。④秦律中亦按照伤人的手段、伤害的部位、程度处以各种刑罚。⑤相对于此,贼伤、盗伤不论使用何种武器、工具,又不论给予何种伤害,全都分别处以黥城旦舂、刑城旦舂。⑥据《二年律令》,过失伤、戏伤均不构成犯罪。⑦

(三) 盗窃

对于盗窃罪,中国古代采用"计赃科罪"的原则。唐律是将盗窃财物的价值换算为

---

① 参见(宋)傅霖:《刑统赋解》"解曰:一部律义三十卷内,有五刑、十恶、八议、六赃、七杀,……俱在《名例》卷内,以为总要也。"亦可参见(元)徐元瑞《吏学指南》卷三。明清时期则流行"六杀"(剔除劫杀)的说法。

② 睡虎地秦简《法律答问》云:"甲谋遣乙盗杀人,受分十钱。问乙高未盈六尺,甲可(何)论?当磔。"(第67号简)岳麓书院藏秦简《为狱等状四种》案例8云:"九月丙辰,隶臣哀诣隶臣喜,告盗杀人。……己卯,丞相、史如论磔。"(第141号简正面)案例10云:"巳(已)论磔魏。●魏,晋人,材狁(伉)。端买城旦赤衣,以盗杀人。"(第166号简正面)《为狱等状四种》的简号、释文根据〔德〕陶安《岳麓秦简〈为狱等状四种〉释文注释修订本》,上海古籍出版社2021年版。

③ 《二年律令·贼律》云:"贼杀人,斗而杀人,弃市。其过失及戏而杀人,赎死;伤人,除。"(第21号简)。以上参见水间大辅:《秦律·汉律における殺人罪の處罰》,载水间大辅:《秦汉刑法研究》,知泉书馆2007年版。

④ 《二年律令·贼律》云:"斗而以劝(刃)及金铁锐、锤榫(椎)伤人,皆完为城旦舂。其非用此物而眇(?)人,折枳(肢)、齿、指、胅体、断肤(决)鼻耳者,耐。其毋伤也,下爵殴上爵,罚金四两。殴同列以下,罚金二两。其有疻痏及□,罚金四两。"(第27—28号简)。另,《汉书》卷八三《薛宣传》又云:"律曰:'斗以刃伤人,完为城旦。'" 2011年湖南省长沙市尚德街出土的东汉木牍又云:"斗刃伤人,完城旦。"(212)

⑤ 例如,睡虎地秦简《法律答问》云:"士五(伍)甲斗,拔剑伐,斩人发结。可(何)论?当完为城旦。"(第84号简)。详见水间大辅:《秦汉刑法研究》,知泉书馆2007年版,第138—156页。

⑥ 贼伤,《二年律令·贼律》云:"贼伤人,及自贼伤以避者者,皆黥为城旦舂。"(第25号简)。其他相关史料参见水间大辅:《秦汉刑法研究》,知泉书馆2007年版,第159页。盗伤至少在秦律上处以刑城旦舂,只是此处的"刑"具体应处以何种肉刑,未详。参见水间大辅:《秦汉刑法研究》,知泉书馆2007年版,第166—168页。

⑦ 《二年律令·贼律》云:"其过失及戏而杀人,赎死;伤人,除。"(第21号简)。

绢布,按绢布的长短规定处罚。① 秦汉律则将盗窃财物的价值换算为钱,按照钱的多少规定处罚。至少在秦及汉初,盗窃财物的价值与处罚的关系可以整理如下:

  1 钱至 22 钱以下……罚金一两(秦律:赀一盾)
  22 钱至 110 钱以下……罚金四两(秦律:赀二甲)
  110 钱至 220 钱以下……耐隶臣妾
  220 钱至 660 钱…………完城旦舂
  660 钱以上………………黥城旦舂②

  可见盗窃罪处罚的标准均是 11 的倍数,这为的是也可以用"布"(麻布)换算盗窃财物的经济价值。③ 据睡虎地秦简,"一布"长八尺(约 185 公分),宽二尺五寸(约 58 公分),④值 11 钱。⑤ 故不论钱与布,皆可以用来换算盗窃财物的价值,这是因为从战国秦至西汉,布是作为货币之一,与钱并用。⑥ 但西汉文帝十三年废除肉刑以后改变盗窃罪的构成要件与法定刑,如:

  1 钱至 100 钱以下……罚金？两
  100 钱至 200 钱以下……罚金八两
  200 钱至 300 钱以下……耐司寇
  300 钱至 400 钱以下……耐隶臣妾
  400 钱至 500 钱以下……耐鬼薪白粲
  500 钱至 600 钱以下……完城旦舂
  600 钱及其以上……髡钳城旦舂⑦

(四)未遂、预备、阴谋

  秦律、汉律中对有些犯罪设有停止形态,故有处罚未遂、预备、阴谋的规定。属于故意犯罪的"反"(对国家、皇帝之反叛)、杀人、盗窃、"盗铸钱"(非法铸造钱币)、"劫人"(抢夺他人)、"略卖"(抢夺他人后再卖掉)等罪均属于此。

---

  ① 《唐律疏议·贼盗律》云:"诸窃盗,不得财笞五十;一尺杖六十,一疋加一等;五疋徒一年,五疋加一等;五十疋加役流。"
  ② 《二年律令·盗律》云:"盗臧(赃)直(值)过六百六十钱,黥为城旦舂。六百六十到二百廿钱,完为城旦舂。不盈二百廿到百一十钱,耐为隶臣妾。不盈百一十到廿二钱,罚金四两。不盈廿二钱到一钱,罚金一两。"(第55—56 号简)关于秦律中盗窃财物的价值与处罚的关系,参见水间大辅:《秦漢刑法研究》,知泉书馆 2007 年版,第 178—185 页。
  ③ 参见于豪亮:《于豪亮学术文存》,中华书局 1985 年版,第 141—142 页。
  ④ 参见睡虎地秦简《秦律十八种·金布律》(第 66 号简)。
  ⑤ 参见睡虎地秦简《秦律十八种·金布律》(第 67 号简)。
  ⑥ 不少学者指出,战国秦至西汉布作为货币流通。关于其先行研究,可参见柿沼阳平:《中國古代貨幣經濟史研究》,汲古书院 2011 年版,第 302 页注 1。
  ⑦ 胡家草场汉简《律令》云:"盗臧(赃)直(值)六百钱以上,髡为城旦舂。不盈到五百,完为城旦舂。不盈到四百,耐为鬼薪白粲。不盈到三百,耐为隶臣妾。不盈到二百,耐为司寇。不盈到百,罚金八两。不盈到一钱,罚金。"(《盗律》,第 14—15 号简)胡家草场汉简的简号、释文根据荆州博物馆、武汉大学简帛研究中心编著:《荆州胡家草场西汉简牍选粹》,文物出版社 2021 年版。

其中对杀人、盗窃、盗铸钱等的未遂、预备、阴谋的处罚轻于既遂犯。① 例如，据张家山汉简《二年律令》，盗铸钱的既遂犯处以弃市，②而仅预谋铸钱的，或仅准备铸钱所需的一部分工具而未铸钱的，均处以黥城旦舂。③ 但对反、劫人、略卖均处以与既遂相同的刑罚。例如，"反"不论是仅图谋反叛（所谓"谋反"），还是实际发动反叛（反旗已翻，着手），皆处以腰斩。这类犯罪的未遂、预备、阴谋被处以与既遂相同的刑罚，显然加重其刑，目的在于预防这些重大犯罪的发生。④

（五）共同犯罪

二人及其以上共同犯罪时，唐律以共同犯罪中的"造意"（提出犯罪动议）者为"首"（首犯），处以对各种犯罪规定的法定刑，而以"随从者"（造意以外的共同犯罪者）为"从"（从犯），减法定刑一等，这是唐律处罚共同犯罪的原则。如《唐律疏议·杂律》云：

诸私铸钱者，流三千里。

二人及其以上的人共同实施之，则以其中的造意者为首，按照上引《杂律》条文的规定处以流三千里，而以随从者为从，处以较流三千里轻一等的徒三年。也就是说，唐律处罚共同犯罪的原则是，按照在该罪行中所起的作用，将共同犯罪者分为首与从，在处罚上予以区别。

然而，秦汉律令中尚无这种"首从之法"，其处罚共同犯罪的原则是不论在罪行中所起之作用，对全体共同犯罪者均处以法定刑。如张家山汉简《二年律令·钱律》云：

盗铸钱及佐者，弃市。（第201号简）

根据该条规定，非法铸钱的正犯及辅助犯，均处弃市。《二年律令·贼律》又云：

贼杀人，及与谋者，皆弃市。（第23号简）

根据前述犯罪形态的情形，如果是预备或阴谋杀人的，处罚轻于既遂犯。但根据这条规定，贼杀人的，以及与实行人同谋的，皆处弃市。也就是说，在秦汉律令中，二人及其以上共同犯罪时，不论是实施犯罪行为的正犯，还是仅辅助罪行，或是仅参加同谋的，均要处以同一刑罚，这就是秦汉律令处罚共同犯罪的原则。

但是，汉代也有这样的例子，即对共同犯罪实施与首从之法相似的处罚。如东汉明帝时，有兄弟共同杀死人，明帝下诏对兄处以死刑，对弟减死刑。⑤ 这种处罚不是根

---

① 但是，在有些情况下，对盗窃未遂、预备、阴谋的处罚重于既遂犯。盗窃的未遂、预备、阴谋处以赎黥，而盗窃110钱以下财物的，处赀二甲、赀一盾（秦律）或罚金四两、罚金一两（汉律）[参见（三）]。赎黥重于赀二甲、罚金四两[参见上一节（四）]，可见对有些盗窃未遂、预备、阴谋的处罚却重于既遂犯。其理由不明。参见水间大辅：《秦汉刑法研究》，知泉书馆2007年版，第213页。
② 《二年律令·钱律》云："盗铸钱及佐者，弃市。"（第201号简）。
③ 《二年律令·钱律》云："诸谋盗铸钱，颇有其器具未铸者，皆黥以为城旦舂。"（第208号简）
④ 以上参见水间大辅：《秦律·汉律における未遂·豫備·陰謀罪の處罰》，载水间大辅：《秦漢刑法研究》，知泉书馆2007年版。
⑤ 参见《后汉书》卷四六《郭躬列传》。

据法律规定而是皇帝临时格外开恩才能实施的。①

(六) 缘坐、连坐

秦汉律令中,对于有些犯罪,不仅是犯人本人,而且与犯人有一定范围关系之人亦为处罚的对象。后世将之分类为"缘坐"与"连坐"。前者是对与犯人有一定范围血缘关系之人予以处罚,后者是对与犯人有血缘关系以外的某种关系之人予以处罚,如犯人的上下级、同事,或属于与犯人相同的邻保组织之人等。为叙述便利,以下姑且按照这种区分概述。

1. 缘坐

如上所述,秦及汉初设有一个制度,即犯罪当处完城旦、耐鬼薪及其以上的,或犯奸罪当处腐刑的,均没收其妻子儿女为官奴婢。并且秦汉律中犯谋反等罪的,对犯罪人的三族处以弃市。此外,对于一些重罪,特别设有缘坐。②

2. 连坐

秦汉时期,每民五家编为名为"伍"的邻保组织,③有一个人犯罪时,其"伍人"亦受处罚。伍人是属于与犯人同伍的人。例如,睡虎地秦简《秦律杂抄》云:

●百姓不当老,至老时不用请,敢为酢(诈)伪者,赀二甲;典、老弗告,赀各一甲;伍人,户一盾,皆迁之。●傅律(第32—33号简)

这条律文规定,虽然未达免老的年龄,或已达免老的年龄而不加申报,敢弄虚作假的,犯人的伍人每户赀一盾,并处以迁刑。

在有些情况下,官吏犯罪时,其上级亦受处罚。例如,睡虎地秦简《秦律杂抄》云:

●募马五尺八寸以上,不胜任,奔挚(絷)不如令,县司马赀二甲;令、丞各一甲。(第9号简)

---

① 以上参见〔日〕水间大辅:《秦律、汉律中有关共犯的处罚》,李力译,载中国政法大学法律史学研究院编:《日本学者中国法论著选译》,中国政法大学出版社2012年版;〔日〕水间大辅:《〈岳麓简(三)〉所见的共犯处罚》,彭星元校,载《华东政法大学学报》2014年第2期。

另,2010年出土的长沙五一广场汉简中有共同犯罪案件的记述:"氾、胡、建、冯、亥谋共贼杀人,已杀。氾本造计谋,皆行。"(257)"又子、斗、配、酎、曾、予、邯、永、估等十三人,倍奴谋杀主。三人以上相与功盗,为群盗。谋祠(伺)而诛诅,共杀人,强盗臧(赃)百钱以上,根本造计谋皆行……"(297)这些文书中皆载有全体共同犯罪人前往罪行现场的事,以及原作计谋的人名。后者应该相当于唐律所说的"造意"。又,对于杀人、强盗、盗窃等一部分犯罪的共同犯罪,除了造意与随从以外,唐律还按照是否前往("行")犯罪现场等情况区别处罚。从以上两件文书中特地载有这些事情来看,有可能东汉中期已将有无造意与"行"反映在处罚上。但是,这种共同犯罪处罚方式是否已经规定在法律上尚不明晰。我们不能否定这样的可能性,即虽然这种处罚方式未规定在法律上,但事实上已为常态化,只要皇帝的批准就可以实施。五一广场汉简的简号、释文根据长沙市文物考古研究所等编:《长沙五一广场东汉简牍(壹)》,中西书局2018年版。

② 例如,《二年律令·盗律》云:"劫人,谋劫人求钱财,虽未得若未劫,皆磔之。完其妻子,以为城旦舂。"(第68号简)《二年律令·钱律》云:"盗铸钱及佐者,弃市。同居不告,赎耐。"(第201号简)

③ 如第一章所述,据传世文献,商鞅实施什伍制,每五家编为"伍",每十家编为"什"[第一章第二节(四)]。但是,有关战国后期以后的传世文献、出土文字资料所见的"什"皆是指由十人士兵构成的军队小班,而不见有作为邻保组织的"什"。

该条律文规定,体高五尺八寸(约140公分)及其以上的"驽马"(供乘骑之马)不堪使用,或不能按照令之规定奔驰,县司马处以赀二甲,县令、丞处以赀一甲。

又,有人犯罪时,在有些情况下,管辖其民的官吏、人员亦受处罚。如张家山汉简《二年律令·钱律》云：

> 盗铸钱及佐者,弃市。同居不告,赎耐。正、典、田典、伍人不告,罚金四两。或颇告,皆相除。尉、尉史、乡部、官啬夫、士吏、部主者弗得,罚金四两。(第201—202号简)

有人犯盗铸钱时,除了同居、伍人以外,里正、里典、田典、尉、尉史、乡部啬夫、官啬夫、士吏及管辖其地域之吏亦为处罚的对象。里正、里典、田典均是从民中选任的负责人,而不是官吏。

3. 告发、逮捕与缘坐、连坐的免除

因缘坐、连坐而为处罚对象之人,原则上告发或逮捕该犯罪人,则得以免除处罚。① 如上引《钱律》中,同居、伍人均告发犯人则得以免除处罚,里正等负责人、官吏均逮捕犯人则得以免除处罚。妻子告发丈夫之罪,亦得以免除"收"。②

4. 缘坐、连坐的目的

秦汉时期国家设定缘坐、连坐制度的目的在于以下三点：

第一,重刑威慑人们不要犯罪,以预防犯罪。法律通过刑罚威慑人们不要犯罪,以达到一般预防,这就是刑罚的效果之一。缘坐、连坐均加重了潜在犯罪人的负担,进一步提高威慑的效果。在缘坐、连坐制度下,人们不仅害怕自己受处罚,而且不得不顾忌相关人员尤其家族成员受处罚,从而达到提高犯罪预防效果的作用。

第二,强制人们告发、逮捕犯人,以帮助国家的侦查、打击犯罪活动。在缘坐、连坐制度下,与犯人有一定范围关系之人,也是最了解犯罪的人,他们只有告发或逮捕犯人,才得以免除处罚。反过来说,他们不告发、不逮捕犯人时,才应当缘坐、连坐受罚。可见缘坐、连坐均含有强制人们告发、逮捕犯人的效果。

第三,强制人们互相监视,以预防犯罪。为了告发、逮捕犯人,人们只得平常互相监视,要不然无法察觉别人的犯罪。换言之,缘坐、连坐有强制人们互相监视的作用。《韩非子·制分》早就阐述其原理：

> 然则去微奸之道奈何？其务令之相规其情者也。则使相窥奈何？曰：盖里相坐而已。禁尚有连于己者,理不得[不]相窥,惟恐不得免。有奸心者不令得忘〈志〉,窥者多也。如此,则慎己而窥彼,发奸之密。告过者,免罪受赏。失奸者,必株连刑。如此,则奸类发矣。奸不容细,私告任坐使然也。

---

① 详见水间大辅：《秦律·漢律における連坐制》,载水间大辅：《秦汉刑法研究》,知泉书馆2007年版。
② 睡虎地秦简《法律答问》云："夫有罪,妻先告,不收。"(第170号简)《二年律令·收律》云："夫有罪,妻告之,除于收及论。"(第176号简)

（七）绝对法定刑

现在，欧洲的刑法，以及受欧洲刑法影响而制定的各国刑法，一般采用"相对法定刑"（relative Strafdrohung）。相对法定刑是以对各种犯罪行为规定法定刑上限与下限的形式，审判人员可以在法定刑或"处断刑"（由于存在刑罚的加重或减轻事由而加重或减轻法定刑后的刑罚）的范围内自由裁量，宣告刑罚。在此试举一个极端的例子，即日本《刑法》第235条对盗窃罪的规定：

> 窃取他人之财物的，为盗窃罪，处10年及其以下惩役或者50万日元及其以下罚款。

审判人员可以在10年及其以下惩役或者50万日元及其以下罚款的法定刑或对此加重、减轻的处断刑的范围内自由裁量，宣告刑罚。

相对于此，近代以前的中国刑法一直采用"绝对法定刑"（absolute Strafdrohung）。绝对法定刑是以对各种犯罪行为规定刑罚之种类与分量的形式。审判人员若判断某个行为符合某种犯罪的构成要件，则刑罚由此必然确定，审判员没有选择宣告刑的自由裁量空间。如《唐律疏议·贼盗律》对盗窃罪的规定：

> 诸窃盗，不得财笞五十；一尺杖六十，一疋加一等；五疋徒一年，五疋加一等；五十疋加役流。

这条律文规定，将盗窃所得财物的价值换算为绢布，按照绢布的价值处以从笞五十到加役流。该条中按照盗窃财物的价值规定相应的没有弹性幅度的处罚，审判人员不可以在笞五十至加役流的范围内自由裁量，随意宣告刑罚。例如，盗窃值一尺绢布的财物时，若没有符合其他规定的事情，则宣告刑就是杖六十，没有审判人员考虑罪状等裁量余地。也就是说，近代以前中国司法中原则上不可能存在"量刑"这一行为。

秦汉律令早已经采用绝对法定刑。例如，张家山汉简《二年律令·盗律》就盗窃罪规定：

> 盗臧（赃）直（值）过六百六十钱，黥为城旦舂。六百六十到二百廿钱，完为城旦舂。不盈二百廿到百一十钱，耐为隶臣妾。不盈百一十到廿二钱，罚金四两。不盈廿二钱到一钱，罚金一两。（第55—56号简）

据这条律文，盗窃罪按照盗窃财物的价值处以黥城旦舂至罚金一两。审判人员不可以在黥城旦舂至罚金一两的范围内自由裁量，随意选择宣告刑，其宣告刑只要按照盗窃财物的价值自然确定。

在绝对法定刑之下，对同一犯罪行为，无论哪个审判人员也只得宣告同一的刑罚。因此可以说，绝对法定刑可以防止审判人员恣意量刑，保障司法的统一性，有助于确立中央集权体制。然而，事物的两面性也导致另一方面的弊害，即作出判决时不能考虑犯罪案件的诸种情况。例如，《二年律令》规定贼杀人的处弃市，即使犯罪人用非常残忍的方法杀死被害人，或者被害人有过错，但审判人员只得作出弃市的判决。虽然明知有这种弊害,近代以前的中国仍不采用相对法定刑,反而通过细化构成要件,试图使事实上可以考虑案情。如对于斗伤,《二年律令》按照伤害的手段、程度规定刑罚。虽然审判人员不能考虑案情随意选择宣告刑,但宣告刑按照是否使用凶器等案情自动确定,这样事实上可以使一些案情反映出宣告刑。这种构成要件的细化也见于唐代以后,究其起源在于秦汉律令。

第五节　民　事　法

（一）买卖合同

秦汉时期,缔结买卖合同时订立"券"或"券书"。券、券书均为书面合同。例如,居延旧简云：

> 建昭二年闰月丙戌,甲渠令史董子方买鄣卒□威裘一领,直（值）七百五十。约至春,钱毕已。旁人杜君隽。(26·1)

这就是以买卖合同为内容的券书的实例。居延汉简所见的买卖合同中大致按照以下事项的顺序记载：(1) 缔结合同的年月日；(2) 买卖人的姓名、籍贯；(3) 买卖物件；(4) 价格；(5) 支付期限；(6) "傍人"的姓名。① 傍人是缔结合同时在场之人,起着证明确实缔结合同的作用。有些券书中载有当事人与傍人在缔结合同时一起喝酒。例如,居延旧简云：

> □置长乐里乐奴田卅五亩,贾钱九百,钱毕已。丈田即不足,计亩数环（还）钱。旁人淳于次孺王充、郑少卿。沽酒旁二斗,皆饮之。(557·4)

犹如战国时期及此前的"盟"那样,饮酒可能具有一种仪式上的意义,即向神明发誓履行合同。

缔结合同时做两份券书,对两者木简侧面的相同位置用刃具刻上切口,合同的双方当事人分别保管一份。日后,确认确实已经缔结合同之事时,叠摞双方的券书,查看切口的位置是否一致。券书在诉讼时也作为重要的证据。②

（二）婚姻

1. 可以结婚的亲属范围

有些先秦文献主张所谓"同姓不婚"③,此原则到唐律被明文规定下来。④ 汉代亦

---

① 参见冨谷至：《黃泉の國の土地賣買——漢魏六朝買地券考——》,载《大阪大學教養部研究集録（人文・社會科學）》第36辑,1987年。
② 《周礼·秋官·士师》郑司农注云："若今时市买,为券书以别之,各得其一,讼则案券以正之。"《秋官·朝士》郑司农注云："谓若今时辞讼,有券书者为治之。"
③ 例如,《国语·晋语四》云："叔詹谏曰：'……同姓不婚,恶不殖也。'"
④ 《唐律疏议·户婚律》云："诸同姓为婚者,各徒二年。"

似乎存在这种想法,①而当时法律是否禁止同姓之间的婚姻,不明。

据张家山汉简《二年律令》,"同产"(同父的兄弟姊妹)之间禁止婚姻。②又,西汉元帝时期,一个女子控告养子说,此养子常以她为妻,因妒笞责她。县令王尊就此案件说,律中没有关于以母为妻的法规。于是,王尊将养子悬在树上,让人用弓箭射杀之。③

然而,是否允许其他亲属之间的婚姻呢,不明。西汉惠帝娶其姊鲁元公主与宣平侯张敖的女儿(也就是外甥女)为皇后。④武帝将其父景帝之姊大长公主的女儿(也就是表姐妹)娶为皇后(陈皇后)。⑤东汉末期的荀悦就前者责难说,这是轻蔑礼而污辱人情的行为。⑥但东汉末期,儒家思想的礼制已经渗透社会,故荀悦有这种想法。而儒家思想未必渗透的西汉后期以前,可以结婚的亲属范围可能比较大。

2. 私家奴隶的婚姻

如上所述,"隶臣"是男性奴隶,"隶妾"是女性奴隶。但隶臣、隶妾均是官有奴隶,与私人所有的奴隶有别。私家男性奴隶称为"臣"或"奴",私家女性奴隶称为"妾"或"婢";有时又冠以"人"而称为"人臣""人奴"等。至少在法律、行政文书中,从战国后期到刚统一六国不久的秦朝时使用"臣""奴""妾",而其后专用"奴""婢",⑦汉代继承之(为避免烦琐,以下除特别注明者外,私家男性奴隶皆称为"奴",私家女性奴隶皆称为"婢")。

据张家山汉简《二年律令》,奴在法律上可以与婢结婚。⑧但一般认为奴婢未经主人许可,不能擅自结婚。婢成为其他家奴的妻子时,他们所生之子给予婢之主人作为奴婢。⑨同一主人的奴与婢结婚时,他们所生之子如何处理不见于史料,但可以推测应给予主人作为奴婢。

奴在法律上可以娶民为妻,两者所生之子给予奴之主人。⑩但是,奴不能娶主人及其母亲、妻子、女儿为妻。⑪

---

① 例如,《白虎通德论·姓名》云:"人所以有姓者何?所以崇恩爱,厚亲亲,远禽兽,别婚姻也。故纪世别类,使生相爱,死相哀,同姓不得相娶者,皆为重人伦也。"
② 《二年律令·杂律》云:"同产相与奸,若取(娶)以为妻,及所取(娶)皆弃市。"(第191号简)另,睡虎地秦简《法律答问》云:"同母异父相与奸,可(何)论?弃市。"(第172号简)这条律文规定,同母异父之兄弟姊妹通奸的,处弃市。然而,是否还禁止婚姻不明。
③ 参见《汉书》卷七六《王尊传》。
④ 参见《史记》卷四九《外戚世家》。
⑤ 同上。
⑥ 参见《汉纪》卷五《孝惠皇帝纪》惠帝四年条。
⑦ 睡虎地秦简中的法律文书(战国后期)使用"臣""奴""妾"。在里耶秦简中,限定于到目前为止公布的文书而言,始皇二十八年(前219年)的文书中使用"臣""妾",三十一年(前216年)以后的文书中使用"奴""婢"。
⑧ 如后所述,对于婢成为其他家奴之妻的情况,《二年律令》中设有规定,由此可以认为奴婢之间在法律上可以结婚。
⑨ 《二年律令·杂律》云:"主婢奸,若为它家奴妻,有子,子畀婢主,皆为奴婢。"(第188号简)
⑩ 参见《二年律令·杂律》(第188号简)。
⑪ 《二年律令·杂律》云:"奴取(娶)主、主之母及主妻、子以为妻,若与奸,弃市,而耐其女子以为隶妾。"(第190号简)

民是否可以娶婢,不明。在岳麓书院藏秦简《为狱等状四种》案例7中,主人沛解放妾媚为庶人后,娶之为妻。但是,该件中,沛不向乡申报婚姻,故媚在户籍上不是妻子(后文有述)。然而,媚为妾时出生的沛子蕀,至少在沛死后已经不是臣、奴而是自由人。主人在法律上是否可以使婢保持其身份而为"妻",不明。另外,没有婚姻关系的主人与婢所生之子,给予主人作为奴婢。①

3. 婚姻程序

在前引《为狱等状四种》案例7中,沛不向乡申报与媚的婚姻,故媚在户籍上不是妻子而依然为"免妾"。可见在秦国,为了使婚姻在法律上成立,必须向乡申报。

4. 离婚

据睡虎地秦简,与妻子离婚时必须申报。② 向哪里申报没有记载,按理来说与婚姻程序一样,必须向乡申报。

(三) 继承

秦汉时期,继承"爵""户"之人称为"后"(以下称为"后继人"),其中儿子称为"后子"。据张家山汉简《二年律令》,后子原则上必须是与正妻所生的嫡子,而若无嫡子则以与"下妻""偏妻"所生的男子为后子。③ 关于下妻、偏妻所指,诸家说法不一,无论如何不是正妻,这一点上是一致的。④ 彻侯(武帝以后因避讳改称为"列侯")无嫡子,则以与"孺子"或"良人"所生的男子为后子。⑤ 孺子、良人皆为彻侯的姬妾。

与已离婚的妻子及后妻之间分别有男孩子时,后妻的男孩子优先继承。⑥ 后妻无男孩子,则以与已离婚的前妻所生的男孩子为后继人。⑦ 寡妇怀孕时夫亡,得待产下遗腹子后办理爵、户的继承。⑧

"同产"(同父的兄弟姊妹)成为后继人时,在生前与死者同居的同产中,以同母之人为后继人。同母之人有复数时,以年龄最高之人为后继人。无同居的同产,则在不同居的同产中,以同母之人为后继人。同母之人有复数时,以年龄最高之人为后继人。⑨

---

① 参见《二年律令·杂律》(第188号简)。
② 睡虎地秦简《法律答问》云:"弃妻不书,赀二甲。"(第169号简)
③ 《二年律令·置后律》云:"疾死置后者……其毋适(嫡)子,以下妻子、偏妻子。"(第367—368号简)
④ 日本专修大学《二年律令》研究会推测,偏妻乃侧室之一,居住在与丈夫、正妻所住主房同一占地中的房屋;下妻照料正妻的日常生活,居住在与正妻同一房屋。参见《張家山漢簡「二年律令」譯注(一)——賊律——》,载《專修史學》第35号,2003年;《張家山漢簡「二年律令」譯注(八)——效律·傅律·置後律——》,载《專修史學》第42号,2007年。
⑤ 《二年律令·置后律》云:"疾死置后者,彻侯后子为彻侯,其毋适(嫡)子,以孺子子、良人子。"(第367号简)
⑥ 《二年律令·置后律》云:"弃妻子不得与后妻子争后。"(第380号简)
⑦ 《二年律令·置后律》云:"后妻毋子男为后,乃以弃妻子男。"(第381号简)
⑧ 《二年律令·置后律》云:"死,其寡有遗腹者,须遗腹产,乃以律为置爵、户后。"(第376号简)。
⑨ 《二年律令·置后律》云:"同产相为后,先以同居,毋同居乃以不同居,皆先以长者。其或异母,虽长,先以同母者。"(第378号简)

故意自杀的人,不能为他立后继人。①

1. 爵位的继承

据张家山汉简《二年律令》,有爵者死亡后,其后继人继承的爵位按照死亡的原因及死者的爵位来区别。有爵者病死时,按照以下方法继承爵位:彻侯的后子为彻侯,关内侯的后子为关内侯,大庶长至左庶长的后子为公乘,五大夫的后子为公大夫,公乘的后子为官大夫,公大夫的后子为大夫,官大夫的后子为不更,大夫的后子为簪袅,不更的后子为上造,簪袅的后子为公士。② 也就是说,彻侯、关内侯的爵位均直接继承到后子,而大庶长至左庶长的后子一律为公乘,五大夫至簪袅的后子分别继承低二级的爵位。

同样的制度在战国末期的秦国似乎已经实施。秦王政时大夫沛死亡,其后子羛为"走马"。③ 走马乃爵位之一,始皇二十六年(前221年)左右改称为簪袅。④ 据《二年律令》,大夫的后子为簪袅,可见这种爵位继承与《二年律令》所见制度一致。另外,对于上造病死的情况,《二年律令》中没有相关规定,后继人似为"公卒"或其以上的身份或爵位。⑤ 公卒乃无爵者之一,但其身份高于无爵者中的"士伍""庶人"。公士的爵位不得继承给后继人,后继人在"傅籍"时被授予士伍的身份。⑥

相对于此,有爵者因战争、徭役、履行官吏职务等为国家从事某种公务而死亡的,或因此负伤后20天内死亡的,则其儿子直接继承爵位。若无儿子则以女儿、无女儿则以父亲、无父亲则以母亲、无母亲则以男同产(同父的兄弟)、无男同产则以女同产(同父的姊妹)、无女同产则以妻、无妻则以祖父、无祖父则以祖母登记在与死者同一名籍之人继承。⑦ 汉高祖时,鲁侯奚涓战死,因为他无子,所以母底继承之而为重平侯,⑧可以说是这种制度的实例。

---

① 《二年律令·置后律》云:"其自贼杀,勿为置后。"(第375号简)
② 《二年律令·置后律》云:"疾死置后者,彻侯后子为彻侯,其毋适(嫡)子,以孺子子、良人子。关内侯后子为关内侯,卿侯(后)子为公乘,五大夫后子为公大夫,公乘后子为官大夫,公大夫后子为大夫,官大夫后子为不更,大夫后子为簪袅,不更后子为上造,簪袅后子为公士。"(第367—368号简)。另,对于后子以外的男子,"傅籍"时按照其父爵位授予爵位。参见《二年律令·傅律》(第359—360号简)。傅籍是国家为了征发民众役使劳役,登记达到成年的男子。
③ 参见《为狱等状四种》案例7。
④ 参见王勇、唐俐:"走马"为秦爵小考》,载《湖南大学学报(社会科学版)》2010年第4期;肖燦:《对〈岳麓书院藏秦简《数》的主要内容及历史价值〉一文的校补》,简帛网,http://www.bsm.org.cn/? qinjian/5554.html,2023年10月20日访问;朱汉民、陈松长主编:《岳麓书院藏秦简(叁)》,上海辞书出版社2013年版,第117页注3。
⑤ 《二年律令·傅律》云:"不为后而傅者……不更至上造子为公卒。"(第359—360号简)据此,连后子以外的上造的儿子也在傅籍(后文有述)时被授予公卒的身份,所以至少上造的后子应该在其父死亡时被授予公卒或其以上的身份或爵位。
⑥ 《二年律令·傅律》云:"不更以下子年廿岁……皆傅。公士、公卒及士五(伍)、司寇、隐官子,皆为士五(伍)。"(第364—365号简)
⑦ 《二年律令·置后律》云:"□□□□为县官有为也,以其故死若伤二旬中死,□□□皆为死事者,令子男袭其爵。毋爵者,其后为公士。毋子男以女,毋女以父,毋父以母,毋母以男同产,毋男同产以女同产,毋女以妻。诸死事当置后,毋父母、妻子、同产者,以大父,毋大父以大母与同居数者。"(第369—371号简)。
⑧ 参见《汉书》卷一六《高惠高后文功臣表》。

曾犯过耐及其以上之罪的人不能继承爵位。①

2. 户之继承

"户"原则上继承到儿子,而无儿子则父亲或母亲继承,无父母则妻子继承,无妻子则女儿继承,无女儿则孙子继承,无孙子则耳孙继承,无耳孙则祖父母继承,无祖父母则同产之子中登记在与死者同一名籍之人继承。②

虽然女子成为户主,但无后继人而嫁到外家时,其田宅与丈夫的田宅合并。若后来她离婚,或丈夫死亡时,她可以收回原有的田宅而再成为户主。她离婚时,还可以收回田宅以外的财物。③

死亡时没有相当于后继人的亲属而有奴婢的,解放其奴婢为庶人,给予主人的田宅与财物。奴婢有复数时,可以继承户的仅是一个人,应让侍奉主人时间最长的人或主人信任的人继承。④

3. 遗嘱

汉代将生前留下的遗嘱称为"先令"。⑤ 据张家山汉简《二年律令》,通过先令分给田宅、奴婢、财物时,乡部啬夫(即各乡之长)亲自听取先令,将其内容写在"参辨券"上。参辨券乃券书之一,是可以分割为三片的符契。诉讼中围绕先令的内容纠纷时,以参辨券为证据。诉讼当事人若不提交参辨券,则不受理该诉讼。⑥

1984 年江苏省仪征县胥浦第 101 号墓出土的一批简牍中,含有以先令为内容的文书,因记载于 16 支竹简,故似乎不是券书本身,但在了解汉代先令文书形式方面仍很重要。该文书中记载:(1) 元始五年(公元 5 年)九月壬辰朔辛丑,一个名为朱凌之人临死时请求县三老、乡三老、都乡有秩、都乡佐、里师等人制作先令券书;(2) 朱一家的亲属关系;(3) 遗嘱的内容(妹仙君与异父妹弱君将分别从母妪所借的陂田一处、稻田一处、桑田二处还给妪,妪又将稻田二处、桑田二处借给异父弟公文);(4) 保证人的姓名;等等。⑦ 都乡有秩的"都乡"乃县治所置之乡,"有秩"是"啬夫"中得 100 石官秩之人。也就是说,都乡有秩是乡部啬夫的一种。但在该文书中,除了都乡有秩以外,还有各种人参与制作券书。故未必只有乡部啬夫才能制作券书,或许这是《二年律令》以后制度变化的结果吧。

---

① 《二年律令·置后律》云:"尝有罪耐以上,不得为人爵后。"(第 390 号简)
② 《二年律令·置后律》云:"死毋子男代户,令父若母,毋父母令寡,毋寡令女,毋女令孙,毋孙令耳孙,毋耳孙令大父母,毋大父母令同产子代户。同产子代户,必同居数。"(第 379—380 号简)
③ 《二年律令·置后律》云:"女子为户,毋后而出嫁者,令夫以妻田宅盈其田宅。宅不比,弗得。其弃妻,及夫死,妻得复取以为户。弃妻,畀之其财。"(第 384 号简)
④ 《二年律令·置后律》云:"死毋后而有奴婢者,免奴婢以为庶人,以庶人律予之其主田宅及余财。奴婢多,代户者毋过一人,先用劳久、有夫(?)子若主所言吏者。"(第 382—383 号简)
⑤ 汉代以前没有将遗嘱称为"先令"的例子,而岳麓书院藏秦简《为狱等状四种》案例 7 中将遗嘱称为"令",如:"沛死时有(又)不令。"(第 128 号简正面)
⑥ 《二年律令·户律》云:"民欲先令相分田宅、奴婢、财物,乡部啬夫身听其令,皆参辨券书之,辄上如户籍。有争者,以券书从事。毋券书,勿听。"(第 334—335 号简)
⑦ 这批竹简的图版、释文载于王勤金等:《江苏仪征胥浦 101 号西汉墓》,载《文物》1987 年第 1 期。

第六节 司法程序

如第一章所述,东汉郑玄认为,关于犯罪的诉讼案件称为"狱",关于财物的诉讼案件称为"讼"。《周礼》所说的狱、讼是否作为这种意义使用,存在分歧,但秦汉时期所说的狱、讼大致可以作为这种意义使用。① 因此,秦汉时期似乎已经区别刑事案件与民事案件,而两者之间在司法程序方面也可见若干差异。本节将概述刑事案件与民事案件的司法程序。

(一)刑事程序

1. 告、劾

刑事程序一般由各地县廷受理"告""劾"开始。告是向国家申告关于犯罪案件的消息,如犯罪案件的发生等事情。这大致相当于今天所说的"控告""告发""举报"。向国家申告自己所犯之罪称为"自告"。

相对于此,"劾"是官吏在侦查与讯问的基础上控告犯罪。虽然这与"告"相似,但由官吏办理,并且是在侦查与讯问的基础上的控告,在这些点上与告不同。因此,也有这样的例子,即有人对一个犯罪案件"告"后,官吏进行侦查,在此基础上又"劾"。②

2. 侦查

县廷受理告、劾,知道犯罪案件的发生后,则实施各种侦查活动。县廷按照情况派遣人员去尸体发现现场或案发现场实施调查,③并调查在这些现场或侦查过程中发现的证据,④以及勘验尸体或受伤、被害人的身体。⑤

通过告、劾与侦查确定犯罪嫌疑人,县廷就派遣人员逮捕犯罪嫌疑人。⑥ 犯罪嫌疑人若逃亡,则实施"追捕"。⑦ 逮捕犯罪嫌疑人后,将之拘留在县"狱",即监狱。

县廷对犯罪嫌疑人进行讯问,记录其供述。即使中途察觉犯罪嫌疑人做虚伪的供述,

---

① 参见徐世虹:《汉代民事诉讼程序考述》,载《政法论坛》2001年第6期。
② 参见鹰取祐司:《断狱手续きにおける「劾」》,载鹰取祐司:《秦汉官文书の基础の研究》,汲古书院2015年版;〔日〕宫宅洁:《围绕"劾"——中国古代诉讼制度的发展》,杨振红等译,广西师范大学出版社2016年版。
③ 例如,睡虎地秦简《封诊式》"贼死"条中,某亭求盗甲告发在其辖地内某处发现一个被杀尸体,县廷接受其告发后,派遣令史某去尸体发现现场,与牢隶臣某一起调查。又如同篇"穴盗"条中,某里士伍乙控告有人对其家的墙壁挖洞而盗窃衣服,县廷派遣令史某去乙家调查。
④ 例如,在《封诊式》"贼死"条中,令史某与牢隶臣某一起调查发现被杀尸体的房屋,查看尸体所穿的衣服与放在尸体旁边的鞋。在《奏谳书》案例22中,狱史举阚调查在侦查过程中找到的刀鞘。
⑤ 例如,在《封诊式》"贼死"条中,令史某与牢隶臣某一起检验一个被杀尸体。在同篇"出子"条中,女子甲为女子丙推倒而流产,县廷命有出产经验的隶妾检验女子甲的身体。
⑥ 例如,在《封诊式》"告子"条中,士伍甲以不孝之罪控告其子士伍丙,县廷接受其控告后,就派遣令史己与牢隶臣某去丙家逮捕。在同篇"出子"条中,被害者女子甲控告女子丙,县廷接受其控告后,就派遣令史某去丙处逮捕。
⑦ 例如,《二年律令·捕律》规定,群盗杀伤人,或群盗以外之人贼杀伤人,实施强盗行为时,案发的县、道必须立刻动员吏、徒进行追捕(第140号简)。在《奏谳书》案例5中,士伍军控告大奴武逃亡,校长池接受该控告后,就与求盗视一起追捕武。

也先要使其供述到最后,然后指出矛盾之处而诘问之。这被认为是适当的讯问方法。①

虽然犯罪嫌疑人被诘问,但做了好几次虚伪的供述,或改变供述而不承认罪状,并依律应当拷打的②,可以拷打。实施拷打时,必须将此记载在文书中。③ 设定刑讯制度的理由应该是这样的:用拷打得出的供述有可能虚伪,故特地将实施拷打之事写在文书中,以唤起其他相关官员的注意。④ 相关官员考虑供述中有虚伪的可能性,以后更应慎重地审理该件,以防止冤案的发生。

县廷向犯罪嫌疑人原来所属之乡递送文书,查询犯罪嫌疑人的姓名、身份、经历等信息,确认犯罪嫌疑人的供述是否正确。⑤ 当时保管户籍的机关是乡,户籍中载有这些信息,故县廷可向乡查询犯罪嫌疑人的信息。

3. 诊问

犯罪嫌疑人承认自己的罪状,则县廷对通过以上侦查活动而查明的事实关系加以总括。此程序称为"诊问"或"问"。⑥

4. 鞫

诊问后进行"鞫"。如张家山汉简《奏谳书》案例5云:

●鞫之:武不当复为军奴,军以亡弩(奴)告池。池以告与视捕武。武格斗,以剑击伤视。视亦以剑刺伤捕武。审。(第45—47号简)

但是,关于鞫具体是指何种程序,有以下三种观点:

第一种观点认为,鞫是对审理得出的犯罪的过程与事实加以简明的归纳总结。⑦

第二种观点认为,在经过诊问确定的事实关系中,作为适用律令的前提,确认犯罪行为是怎样的行为,此程序称为鞫;通过诊问总括的是案件的全部真相,而通过鞫确认的只是律令上应当受到惩罚的犯罪行为。⑧ 据此观点,例如在上引记载中,"武不当复为军奴"以下可以认为是从经过诊问确定的事实关系中,抽出为了判断应该适用何种律令的最基本的必要部分。

---

① 参见《封诊式》"讯狱"条(第2—3号简)。
② 睡虎地秦简未进一步说明"依律应当拷打"的具体内容是什么。
③ 参见《封诊式》"讯狱"条(第3—5号简)。在《奏谳书》案例17中,犯罪嫌疑人士伍毛改变好几次供述,并犯罪嫌疑人乐人讲不承认罪状,故狱吏笞打两人。在《奏谳书》案例22中,犯罪嫌疑人公士孔改变好几次供述,因此狱吏要笞打时,孔终于承认罪状,坦白自己的罪行。
④ 参见《封诊式》"治狱"(第1号简)。在《奏谳书》案例17中,虽然犯罪嫌疑人士伍毛单独盗窃一只牛,但因受拷问做了虚伪的供述,即与乐人讲一起盗窃之。虽然讲没有盗窃牛,但经不住拷问,承认盗窃牛,服处罚。
⑤ 参见〔日〕籾山明:《中国古代诉讼制度研究》,李力译,上海古籍出版社2009年版,第61—66页;〔日〕宫宅洁:《秦汉时期的审判制度——张家山汉简〈奏谳书〉所见》,徐世虹译,载〔日〕籾山明主编:《中国法制史考证》(丙编·第一卷),中国社会科学出版社2003年版。
⑥ 参见〔日〕宫宅洁:《秦汉时期的审判制度——张家山汉简〈奏谳书〉所见》,徐世虹译,载〔日〕籾山明主编:《中国法制史考证》(丙编·第一卷),中国社会科学出版社2003年版。
⑦ 参见张建国:《帝制时代的中国法》,法律出版社1999年版,第310—311页。
⑧ 参见〔日〕宫宅洁:《秦汉时期的审判制度——张家山汉简〈奏谳书〉所见》,徐世虹译,载〔日〕籾山明主编:《中国法制史考证》(丙编·第一卷),中国社会科学出版社2003年版。

第三种观点认为,鞫是指由有权论断案件的县令等吏来实施的讯问,与由狱吏实施的讯问不同。① 据此观点,"武不当复为军奴"以下可以认为是记录县令等吏对犯罪嫌疑人实施的讯问结果。

哪种观点是正确的,难以判断。

5. 判决

县廷在审理结果的基础上作出判决。但据《二年律令》,对于死罪及"过失杀人""戏杀人"(参见第四节(一)),县无权作出判决,必须向其县所属"二千石官"即郡呈报,二千石官命"毋害"(考勤时受到公平的评价)的都吏进行再次审理。都吏向二千石官呈报其结果,郡守与丞均审查之,判断为应当问罪时,通知县执行刑罚。② 这应该是为了慎重地判断犯罪嫌疑人是否真的犯死罪,并且其杀人行为真的不是由故意所致。

这种"必要性复审制"又见于唐代以后、近代以前的中国,此制度可以说是其起源。

6. 谳

"谳"是在不能判断应该作出何种判决时,向上级机关请示。县向郡请示,郡向廷尉请示。廷尉是中央朝廷九卿中主管司法的机构,其长官亦称廷尉(又叫廷尉卿)。廷尉亦不能判断时,上奏皇帝请示。③

7. 复审

作出判决后或执行刑罚后,有时又实施复审。复审大致可以分为两种情况,一种是受有罪判决之人、受刑人及其家属请求复审,另一种是国家主动实施复审。

关于前者,秦汉时期有"乞鞫"(请求复审)的制度。据《二年律令》,已受有罪判决之人,对其判决有异议时,在判决后一年内可以乞鞫。但是,受死刑判决之人不能亲自乞鞫,只有其父母、兄弟姊妹、配偶、子才能提出。县、道的令、长、丞均从乞鞫的请求人处听取并记录乞鞫的内容,向自己县、道所属的二千石官报告,二千石官命都吏办理该复审。④

关于可以乞鞫的期间,《二年律令》规定判决后一年内,而《周礼·秋官·朝士》郑司农注云:

若今时徒论决,满三月,不得乞鞫。

据此,"今时"即东汉前半期有这样的制度,即作出徒刑判决并经过三个月,则不允许乞

---

① 参见〔德〕陶安:《试探"断狱"、"听讼"与"诉讼"之别——以汉代文书资料为中心》,载张中秋编:《理性与智慧:中国法律传统再探讨——中国法律史学会二〇〇七年国际学术研讨会集》,中国政法大学出版社2008年版;陶安:《秦汉刑罰體系の研究》,创文社2009年版,第392页注35。
② 《二年律令·兴律》云:"县道官所治死罪及过失、戏而杀人,狱已具,勿庸论,上狱所二千石官。二千石官令毋害都吏复案,问(闻)二千石官。二千石官丞谨掾,当论,乃告县道官以从事。"(第396—397号简)
③ 《汉书》卷二三《刑法志》。
④ 《二年律令·具律》云:"罪人狱已决,自以罪不当,欲气(乞)鞫者,许之。……死罪不得自气(乞)鞫,其父母、兄姊弟、夫妻、子欲为气(乞)鞫,许之。……狱已决盈一岁,不得气(乞)鞫。气(乞)鞫者各辞在所县道。县道官令、长、丞谨听,书其气(乞)鞫,上狱属所二千石官,二千石官令都吏覆之。都吏所覆治,廷及郡各移旁近郡,御史、丞相所覆治移廷。"(第114—117号简)

鞠。可见从汉初到东汉前半期之间,乞鞠的期间有所改变。

相对于此,关于后者,设有一个名为"录囚"的制度。录囚是皇帝、各级官吏定期或不定期巡视各地之狱,查看治狱是否有迟缓淹狱与冤案,以及时审决案件,尤其对有冤罪可能性的案件进行复审,以及时平反冤狱。这是中央朝廷监督全国司法状况的重要手段。

8. 刑罚执行与季节

战国中期以后,由于受所谓阴阳五行说的影响,产生了"顺气行罚"的观念。① 顺气行罚是指只在秋冬时期执行刑罚。顺气行罚的思想认为,春夏是万物生长的季节,而秋冬是凋落肃杀的季节,故刑罚亦应按这种季节的循环只在秋冬执行;如果在春夏执行刑罚,则是造成灾害、变异发生的原因。《周礼》中将司寇以下承担刑事程序之官均分类为"秋官"[参见第一章第五节(二)],可以认为是由这种顺气行罚的思想所导致。

秦及汉初似乎未实施顺气行罚。② 而至迟到西汉武帝时期以后,死刑原则上只在冬季执行。③ 至迟到东汉中期之前,发展并确立了这样的原则,即死罪以外在立秋以后实施刑事程序,只有死罪在冬季的三个月执行刑罚。④

(二) 民事诉讼

1. 自言

民事诉讼一般是由原告向县提起诉讼开始。原告提起民事诉讼,汉代以"自言"一词表示。⑤ 自言是私人向官方进行申诉、申请的行为。自言时提出的文书亦称为"自言"或"自言书"。⑥

2. 验问

县受理诉讼后,命被告人所在之乡,对被告人进行"验问"。验问乃讯问。乡啬夫

---

① 但《春秋左氏传·襄公二十六年》云:"[蔡声子]对曰:'……古之治民者,劝赏而畏刑,恤民不倦。赏以春夏,刑以秋冬。'"据此处蔡声子的说法,往昔的统治者只在秋冬执行刑罚。姑且不论往昔的统治者是否真的如此刑以秋冬,若蔡声子真的如此说,则秋冬执行刑罚这一想法应该追溯到春秋中期。然而,这一记载也许是战国中期以后在阴阳五行说的影响下形成的。

② 岳麓书院藏秦简《为狱等状四种》及张家山汉简《奏谳书》载有战国末期(秦)至西汉高祖时期的审判案例,其中不论季节执行刑罚。例如,在《奏谳书》案例17中,秦王政元年(前246年)二月,雍县对乐人讲执行黥城旦。

东汉陈宠说,秦时不论季节执行刑罚,而萧何制定季秋执行的制度,如《后汉书》卷四六《陈宠列传》云:"秦为虐政,四时行刑,圣汉初兴,改从简易。萧何草律,季秋论囚,俱避立春之月。"可见,因为东汉时流行的《九章律》中有顺气行罚的规定,所以陈宠认为萧何创始了该制度。如上所述,东汉时有些人认为《九章律》是萧何所撰的书。但其实《九章律》是西汉后半期以后编纂的,而不是萧何所撰[第二节(三)]。故我们难以认同萧何制定顺气行罚的制度属于史实。

陈宠又说,商周时在"三微"即冬十一月、冬十二月、春正月的三个月之间不实施断狱,据其本传记载,"宠奏曰:'……臣以为殷周断狱不以三微,而化致康平,无有灾害。'"但这亦难以认为是史实。

③ 参见影山辉国:《汉代「顺氣行罰」考》,载《東洋文化研究所紀要》第133册,1997年。

④ 《后汉书》卷二五《鲁恭列传》云:"恭上疏谏曰:'……旧制至立秋乃行薄刑。'"卷四六《陈宠列传》云:"汉旧事断狱报重,常尽三冬之月。"

⑤ 参见徐世虹:《汉代民事诉讼程序考述》,载《政法论坛》2001年第6期。

⑥ 参见[日]籾山明:《中国古代诉讼制度研究》,李力译,上海古籍出版社2009年版,第184—185页。

将被告人传唤到乡进行验问。对于财物的诉讼,开始验问前,官吏必须向被告人宣告以下法规,提醒其不要做虚伪的供述,即:故意供述与实际不同的财物价值,供述完后经过三天依然不订正,不说出真情的,要问罪。① 乡记录被告人的供述,制成"爰书"(公证文书)报告县。县通过爰书确认被告人的供述,若发现被告人的供述中有可疑之处,则驳回到乡,要求重新验问。

被告人承认原告的请求称为"服"。被告人若"不服",则需作出"自证爰书",以证明自己的主张是正当的。

以上就是以县为中心的民事诉讼程序。而关于轻微的民事争讼,汉代有时用这样的办法谋求解决,即请求有见识之人裁决,或请求乡官以"喻解"与"训告"裁决。②

第七节 儒家与法家的影响

(一)秦朝与法家思想

如第一章第六节所述,法家思想对秦国政治造成较大影响。这种影响在统一六国以后亦然,如始皇帝深受韩非著作的感动。又,李斯至迟在 5 世纪末被置于法家之一的地位。③ 从李斯的上奏文来看,他似乎还是有与法家思想一样的想法。《史记》卷六《秦始皇本纪》始皇三十四年条云:

> 丞相李斯曰:"五帝不相复,三代不相袭,各以治。非其相反,时变异也。……且〔淳于〕越言乃三代之事,何足法也。……今诸生不师今而学古,以非当世,惑乱黔首。……语皆道古以害今,饰虚言以乱实。"

李斯在向始皇帝的上奏文中主张,应该对应时势变化设定制度,不必遵循"古"。这种想法符合法家思想(参见第一章第六节)。同书卷八七《李斯列传》中载有李斯向二世皇帝提出的上奏文,其中引用《申子》(相传申不害所撰)与《韩非子》的记载,并且又说:

> 若此然后可谓能明申韩之术,而脩商君之法。

他将商鞅、申不害、韩非等法家学说推崇为理想的状况。李斯从战国末期起出仕于秦,至迟在秦统一六国前后为廷尉,到始皇三十四年(前 213 年)以前为丞相,以后一直到二世皇帝二年(前 208 年)为止在其地位。他的思想应该一直给予秦朝政治以不小的影响。

二世皇帝与宦官赵高的发言中亦可见法家思想的影响。赵高亦主张要对应时势变化,如《史记·李斯列传》云:

---

① 例如,居延新简云:"建武三年十二月癸丑朔乙卯,都乡啬夫宫以廷所移甲渠候书召恩诣乡。先以证财物故不以实臧五百以上,辞已定,满三日而不更言请者,以辞所出入罪反罪之律辨告,乃爰书问。"(EPF22:21)
② 参见〔日〕籾山明:《中国古代诉讼制度研究》,李力译,上海古籍出版社 2009 年版,第 142 页。
③ 参见(南朝)刘勰:《文心雕龙·封禅》云:"秦皇铭岱,文自李斯,法家辞气,体乏弘润。"

高曰:"盖闻圣人迁徙无常,就变而从时。见末而知本,观指而睹归。物固有之,安得常法哉。"

二世皇帝责难李斯等大臣时,也引用了《韩非子》的记载。①

秦朝实施镇压思想、限制言论的"焚书坑儒",其背景亦有法家思想。首先,所谓"焚书令"公布于始皇三十四年(前213年),其具体内容如下:

(1) 在史官所藏的史书中,将秦国以外的全都烧毁。

(2) 非博士官职责上所藏,而是民间所藏的《诗》、《书》、诸子百家之书,全部要交给郡守、尉,烧毁之。医药、卜筮、农业之书不在此限。

(3) 此令发出后,30天以内不烧毁以上所列书的,处黥城旦。

(4) 二人及以上一起谈论《诗》《书》的,处弃市。

(5) 以古非今的,处三族刑。

(6) 吏见知以上犯罪而不检举的,处以与犯人相同的刑罚。

(7) 希望学习法令的,应以吏为师。②

在以上内容中,(5)与(7)可以说是直接落实法家的主张。法家一直主张,不必遵循"古",应该对应时势变化。与(7)一样的记载,又见于《商君书·定分》与《韩非子·五蠹》。③

"焚书令"原来是由李斯提议的。李斯的理由是诸子百家根据各自学说评论国家所下的命令,并根据古时的情况进而批评现在的政治。对皇帝独裁的国家来说,这种情况不好,故秦朝利用法家思想而排除之。

进而,翌年,即始皇三十五年(前212年)实施了所谓"坑儒"。在咸阳的"诸生"之中,将"妖言"惑众的460多人活埋。"诸生"是指学者,妖言是指讲灾异、鬼神而预言凶吉。"坑儒"一词初见于《汉书》《论衡》等东汉文献,但始皇帝的长子扶苏曾就该事件指出诸生"皆效法孔子",故可以认为其中确实含有不少儒家。只是该事件的开端是始皇帝为了永生不死,招聘"方术之士"侯生与卢生,但他们最后均逃亡。而被活埋的对象是妖言之人。由此可以认为,被活埋的不仅有儒家,还有方术之士。

始皇三十七年(前210年),始皇帝去世,李斯与赵高涂改始皇帝的遗诏,让末子胡亥即位为二世皇帝。然而,诸公子与大臣均怀疑遗诏的内容,而且诸公子皆为二世皇帝之兄,大臣皆为始皇帝所任,未心服于二世皇帝。于是,二世皇帝听从赵高的献策,陷诸公子与大臣于罪而肃清之。虽然这种行为可以说在不信任臣下这一点上是符合

---

① 参见《史记·秦始皇本纪》二世皇帝二年条及《李斯列传》。
② 以上参见《史记·秦始皇本纪》始皇三十四年条及《李斯列传》。
③ 《商君书·定分》云:"吏民欲知法令者,皆问法官。……故圣人必为法令,置官也,置吏也,为天下师,所以定名分也。……故圣人为法,必使之明白易知,名正,愚智遍能知之。为置法官,置主法之吏,以为天下师,令万民无陷于险危。"《韩非子·五蠹》云:"故明主之国,无书简之文,以法为教;无先王之语,以吏为师。"

《韩非子》的思想的①,但《韩非子》否定君主的恣意处罚。② 虽然二世皇帝不信任臣下,但却完全信任赵高。从法家思想来说,这应是重大过错。再有,二世皇帝责难李斯等大臣时,引用《韩非子》的记载,但这不过是为使建设阿房宫等自己的奢靡行为正当化而进行的辩解而已。总而言之,二世皇帝逾越本来的法家思想,只想利用法家思想中对自己有利的部分,最终成为招致秦朝灭亡的原因之一。

(二)西汉初期的黄老思想与法律

二世皇帝元年(前209年),陈胜、吴广起义,旧六国势力群起响应,对抗秦朝。对于这种叛乱的发生,汉代人认为其原因之一在于秦朝实施苛酷的法律。由于"天下苦秦苛法久矣"的反作用,汉朝建立后,法家思想的势力后退,黄老思想取而代之,对政治产生较大影响。黄老思想是道家中的一派,其理想是所谓"无为自然","从民之欲,而不扰乱",即对别人、社会不过分干预、骚扰。

首先,高祖六年(前201年),曹参任齐相国(后来改为"丞相"),就采用盖公的意见进行统治。盖公是学习黄老思想的人,他向曹参陈述意见,主张重视清静,则民自然安定。结果,齐国安定。

惠帝二年(前193年),汉相国萧何死去,曹参继任汉相国。曹参对后任的齐丞相说,不要干扰狱与市。其理由在于狱和市是将善与恶收纳的地方,故若干扰这些地方,则恶人没有寄托之处,最终造成紊乱之源。从他的这种想法中亦可见黄老思想的影响。

曹参就任汉相国后,选择郡国之吏中不善于文辞而又持重敦厚的有德者,任命为丞相史。与此相反,官吏中言辞苛刻、追求名誉的人,则斥退驱逐之。曹参看到别人有细小的过错,尽量掩匿遮盖之,日夜喝酒,不敢请求皇帝裁决。惠帝责备了这一点,曹参就回答说,汉朝已有萧何制定的明确法令,故我们只要遵守就行。③ 以上政策皆是对别人、社会不过分干预的表现,其背后自应有黄老思想的影响。

再后面的吕后时期,政治上陆续肃清诸侯王,但在民政方面却维持了黄老思想的态度。据司马迁的说法,惠帝、吕后时,民众得以脱离战乱,君臣均想安息于"无为";因此,惠帝什么都不敢做;虽然吕后为女子,但只要发出命令,天下就得以安泰;刑罚很少使用,犯罪的人很少;民众努力发展农业,衣食逐渐富足。④

文帝时期亦基本上与此一样。东汉应劭认为,文帝学会黄老思想,其统治重视"清静无为"。⑤ 相传文帝的皇后窦氏亦爱好黄老思想,其子景帝、景帝的太子、窦氏一族皆不得不读黄老思想之书。⑥

---

① 《韩非子·备内》云:"人主之患在于信人,信人,则制于人。"
② 《韩非子·用人》云:"释法制而妄怒,虽杀戮而奸人不恐。罪生甲,祸归乙,伏怨乃结。故至治之国,有赏罚而无喜怒,故圣人极。有刑法而死无螫毒,故奸人服。"
③ 以上参见《史记》卷五四《曹相国世家》。
④ 参见《史记》卷九《吕太后本纪》。
⑤ 参见《风俗通义·正失》。
⑥ 参见《史记》卷四九《外戚世家》。

(三) 西汉武帝时期的儒家

经过文帝、景帝时期的"文景之治",汉朝国内稳定,财政充裕。武帝以此为背景,积极实施对外远征。这种积极作为的政策与黄老思想互不相容。因此,黄老思想为儒家思想所替代。提起儒家思想,根据古时的情况而批评现在的政治,对法治主义持有否定性态度,对皇帝专制的中央集权国家来说,本来不是合适的政治思想。实际上,秦朝也曾镇压之。然而,到了西汉武帝时期,儒家逢迎国家权力,提供对皇帝绝对性支配进行粉饰并予以正当化的政治理论。公孙弘在武帝之下历任博士、太常、左内史、御史大夫、丞相等高官,其贡献在于将儒家思想推广到官界、政界,如对博士官设置弟子50人的员额。然而,相传公孙弘也只不过是用"儒术"掩饰法律与官署的事务。① 再有,张汤任廷尉时,窥见武帝倾心于儒家思想,故张汤为了附会儒家的经义作为决狱的根据,就请博士弟子中学会《尚书》《春秋》之人为廷尉史。② 以儒生充实廷尉的审判机构,这也是此前未有的现象。

武帝既不重视传统规范、习惯规范,也不用德统治民众。不仅如此,他还新制定不少法律,用苛酷的法律严厉地打击犯罪。史书中被称为"酷吏"的执法严明、不讲人情的那群官吏就活跃于这一时期,如赵禹、张汤、义纵、王温舒、尹齐、杨仆、减宣、杜周、田广明等。③

(四) 西汉后期之后的儒家思想与法律

到了西汉后期,儒家思想的影响进一步扩大,并逐渐成为国教。伴随着这一状况,出现基于儒家思想指导法律变革的动向。例如,地节四年(前66年)宣帝下诏制定如下法规:儿子隐藏父母罪行,妻子隐藏丈夫罪行,孙子隐藏祖父母罪行,皆不论罪;若父母隐藏儿子罪行,丈夫隐藏妻子罪行,祖父母隐藏孙子罪行,其隐藏罪人之罪应当判处"殊死"(无疑应当处死的真正死刑罪名)的,④通过廷尉上奏皇帝(皇帝判断是否减免刑罚)。⑤ 这条法规使《论语》"父为子隐,子为父隐"的观点落实成为"亲亲得相首匿"的现实制度。

但是,宣帝并未必醉心于儒家思想。宣帝任用精通法律之吏,又用"刑名"之术制约臣下。刑名是法家思想所主张的一种控制臣下的技术,即君主判定臣下的"名"(臣下的职责、发言、评价)与"刑(形)"(臣下所立的实绩)是否一致,若"刑"不如"名",则处罚之。元帝为皇太子时,向宣帝说:"陛下执法太重,应该任用儒生。"宣帝对此回答说:"汉朝有其独特的制度,就是霸道与王道共用。怎么能如周朝那样,专用德教进行统治?而且,俗儒不识时势,是古非今,混淆名与实,不知该当遵循什么。怎能将政治委

---

① 参见《史记》卷一二一《儒林列传》"公孙弘"条。
② 参见《史记》卷一二二《酷吏列传》"张汤"条。
③ 参见《史记·酷吏列传》、《汉书》卷九〇《酷吏传》。
④ 关于殊死,参见陶安:《秦漢刑罰體系の研究》,创文社2009年版,第232—238页。
⑤ 《汉书》卷八《宣帝纪》地节四年条云:"夏五月,诏曰:'……自今子首匿父母,妻匿夫,孙匿大父母,皆勿坐。其父母匿子,夫匿妻,大父母匿孙,罪殊死,皆上请廷尉以闻。'"

托给这些人呢?"①"不识时势,是古非今"这一对儒家的批评,原来也是法家所主张的。

东汉和帝时期,廷尉陈宠上奏建议,律令之中合乎儒家经书的思想而可以实施的,选取大辟罪的条文200条,耐罪、赎罪2800条,合为3000条,以使与"甫刑"[参见第一章第二节(二)]相对应,其他的条文全都可以删除。也就是说,出现按照儒家经书的思想全面地改定法律的动向。其后陈宠触罪,改革方案搁浅,后来其子陈忠大略依照陈宠的意旨呈奏改革方案,此方案被采纳施行。②

(五)"春秋之义"与治狱

西汉武帝时期以后,伴随儒家思想的兴起,治狱时常常引用儒家的经书,其中最受重视的是《春秋》。《春秋》是春秋时期鲁国的编年体史书,而其注释书《春秋左氏传》《春秋公羊传》《春秋谷梁传》(所谓"春秋三传")及汉代春秋学均认为是孔子加笔删削的书,其简洁的记载中含有孔子的道德性价值判断,此即所谓"微言大义"。例如,《春秋·僖公二年》云:

　　虞师、晋师灭夏阳。③

春秋三传均认为,此简洁的记载中含有对虞国的批评。例如,《公羊传》就此记载说明如下:本来的话,《春秋》应该将小国的虞国列在晋国之下;虽然如此,这条记载中却将虞国列在晋国之上,目的是彰显在虢国夏阳被占领事件中虞国是"首恶",即元凶;因为虞国接受晋国赠品,准许晋国军队通行于其领土之上,晋国由此占领夏阳。

《春秋》中所含的道德性价值判断标准称为"春秋之义"。虽然《春秋》中没有"春秋之义"之语,也没有明确表示道德性价值判断的标准,但春秋三传及汉代春秋学均认为《春秋》的记载间接地表示这种标准,春秋三传及董仲舒《春秋繁露》、何休《公羊传解诂》等汉代春秋学的著作中也多有指出。西汉武帝以后,将春秋三传及春秋学指出的道德性价值判断标准作为春秋之义予以引用。例如,西汉末期,益州刺史孙宝就引用春秋之义,《汉书》卷七七《孙宝传》云:

　　春秋之义,诛首恶而已。

这样的想法是在做坏事的人中只诛罚元凶。虽然《春秋》及春秋三传中没有"诛首恶而已"之语,但这一概括性言语则是用来表示上引《公羊传·僖公二年》所见道德性价值判断的。

也有些春秋之义明确记载于春秋三传。例如,《汉书》卷六四下《终军传》云:

　　〔徐〕偃以为春秋之义,大夫出疆,有可以安社稷,存万民,颛之可也。

此处所引的春秋之义以《公羊传·庄公十九年》的记载为据:

---

① 参见《汉书》卷九《元帝纪》。
② 参见《后汉书》卷四六《陈宠列传》、《晋书》卷三〇《刑法志》。
③ 《公羊传》《谷梁传》均作"夏阳",而《左传》作"下阳"。

聘礼,大夫受命,不受辞。出竟有可以安社稷利国家者,则专之可也。

春秋之义以春秋三传及春秋学的著作为据,但治狱时一般引用基于《公羊传》及《春秋繁露》《公羊传解诂》等汉代公羊学著作所见的春秋之义。以下试举出其主要例子:

(1) 大夫出疆,有可以安社稷,存万民,颛之可也

武帝元鼎年间(前 116—前 111 年),博士徐偃作为使者巡视地方情况。徐偃假托皇帝诏令,让胶东国与鲁国制造盐与铁。徐偃回长安后,向武帝上奏此事。御史大夫张汤控告,徐偃的行为应当构成"矫制大害"罪,据法律应当判处死刑。徐偃依据春秋之义,主张大夫出国境之外,遇到能够安定社稷、存续万民的事情,可以专断处理。故其行为不应当入罪。张汤想按照法律进行处罚,却不能驳倒徐偃用来辩护的春秋之义。

武帝命谒者终军审问徐偃的罪状。终军诘问徐偃:你巡视的是汉国内,却说出国境之外;并且胶东国、鲁国的盐、铁均有余藏,让制造盐铁之事不能说是安定社稷、存续万民。终军由此驳倒徐偃的主张,使其词穷,承认罪状。①

(2) 以功覆过

西汉后期(昭帝或宣帝时期),大司农田延年为官事租用民众的牛车三万辆。后来有人告发,虽然牛车的租金本来总共值三千万钱,田延年却上报六千万钱,因而盗取三千万钱。御史大夫田广明对此陈述意见,认为春秋之义中有"以功覆过"的说法,田延年对当年在让昌邑王退位这一事件中立下功劳,故建议对该案件不予过问,权且算作皇帝给予田延年三千万钱的回报。②

(3) 诛首恶而已

成帝鸿嘉年间(前 20—前 17 年),广汉郡发生群盗。太守扈商懦弱,不能胜任其职,禁止群盗。益州刺史孙宝根据春秋之义中有"诛首恶而已"的说法,上奏说扈商就是导致群盗的"乱首",应该处罚之。③

(4) 原心定罪

哀帝初年,博士申咸诽谤薛宣,说薛宣不给母亲服丧等,由于不忠孝而被免官,故不应该再次封为列侯,并留在朝廷中。薛宣之子右曹侍郎薛况屡次听到这些话,故将财物送给门客杨明,想要让他损伤申咸面容,使其不能继续担任官吏(当时脸上有伤的人不能就任官职)。杨明就在宫门外砍击申咸,砍断其鼻子,破其嘴唇,创伤身体八处。

对于该案件,御史中丞等人陈述意见,认为杨明砍伤皇帝近臣,故其行为与通常的伤人罪不同,杨明、薛况皆应处弃市。相对于此,廷尉庞真认为,春秋之义是推究行为者的心情来定罪名(原心定罪),薛况由于其父亲被诽谤而发怒,实施罪行,并没有其他

---

① 参见《汉书》卷六四下《终军传》。
② 参见《汉书》卷九〇《酷吏传》"田延年"条。
③ 参见《汉书》卷七七《孙宝传》。

意图,故该案件应该以通常的伤人罪论处。①

(5) 君亲毋将,将而诛焉

新莽时,王莽的孙子王宗画了戴着天子衣冠的自画像,并作三枚印章,所刻内容是王莽死后自己继承帝位。另外,王宗的舅父吕宽的家属已因徙迁刑而被流放到合浦郡,王宗暗地里与他们联系。后来以上事情被发现,王宗自杀。对于该案件,王莽根据春秋之义责难王宗的行为,即"对君主与父母不得存恶念。有恶念就要惩罚之"。

那么,为何治狱时引用春秋之义?其理由如下:

第一,为了更加巩固是否有罪的判断根据。对于是否有罪,本来依照法律判断就行,而汉朝通过附会春秋之义这一道德规范,期望更加巩固其判断根据。

第二,当直接适用法律不适当时,有时将春秋之义替代法律作为判断根据。例如,徐偃的行为依照法律判断,应当构成"矫制",即假托皇帝之诏而令吏民之罪。然而,徐偃以春秋之义为后盾,主张自己的行为不应当入罪,张汤亦不能断然驳回其辩解。

徐偃的主张最后为终军所驳倒,不被承认。但也有这样的例子,即承认根据春秋之义作出的与法律相矛盾的判决。例如,光武帝时,平原郡出现许多盗贼。太守赵意讨伐并逮捕之,斩其头领。除此以外,应当处罚的还有数千人,而赵意向光武帝上奏,主张"恶恶止其身",请求让他们全都移居到京师附近的郡。光武帝采纳赵意的意见,让他们移居到颍川郡、陈留郡。②"恶恶止其身"见于《公羊传·昭公二十年》。但是,根据春秋之义作出与法律矛盾的判决时,必须得到皇帝的批准。

【思考题】

一、名词解释:

1. 睡虎地秦简 2. 廷行事 3. 完城旦舂 4. 录囚 5. 先令 6. 春秋之义

二、简答题:

1. 简述秦汉时期的主要法源。
2. 简述秦汉时期的"律令"与西晋泰始律令以后的律令之间的差异。
3. 简述文帝刑制改革的意义与背景

三、论述题:

1. 论述秦汉时期法律制定的历史。
2. 论述秦汉时期的刑罚制度。
3. 论述秦汉时期法律指导思想的变化及其意义。

【重要参考论著】

1. 闫晓君:《秦汉法律研究》,法律出版社2012年版。
2. 张建国:《帝制时代的中国法》,法律出版社1999年版。

---

① 参见《汉书》卷八三《薛宣传》。
② 参见《后汉书》卷二六《赵意列传》。

3. 〔日〕籾山明:《中国古代诉讼制度研究》,李力译,上海古籍出版社 2009 年版。
4. 高恒:《秦汉法制论考》,厦门大学出版社 1994 年版。
5. 〔日〕冨谷至:《秦汉刑罚制度研究》,柴生芳、朱恒晔译,广西师范大学出版社 2006 年版。

第三章　三国两晋南北朝的法律制度

> **重要内容提示**
>
> 三国两晋南北朝既是一个比较混乱的历史时期，又是法律史上承上启下的过渡特征十分明显的时期。该时期先后制定的魏律、晋律、北齐律等重要法典，各具鲜明特点，萌芽于汉代的法律儒家化则是贯穿该时期的主线。此外，律令界限的分明、新法律形式的出现、律学及法律解释学的发展、中古五刑的初步形成、司法制度的一些变化等，亦值得关注。

第一节　概　　说

三国两晋南北朝一般指从公元 220 年曹丕建立魏国后到公元 581 年隋朝建立前的这段历史时期。不过，其起始和结束未必如一般所指那么严谨。

东汉末年，黄巾起义使汉帝国在风雨飘摇中趋于崩溃。群雄蜂起，割据混战，逐渐形成魏、蜀①、吴三国鼎立局面。初起，刘汉将倾未倾之际，曹操挟天子以令诸侯，统一北方，功莫大焉。公元 220 年，曹丕代汉称帝，建立魏，至公元 263 年灭蜀。公元 265 年司马炎代魏，建立晋朝（史称西晋），至公元 280 年灭吴，其后全国出现短暂统一。但"八王之乱"导致西晋灭亡（316 年），"中原陆沉"，南北分割。南迁的晋宗室及士族在南方建立东晋（317 年），此后又依次被宋（420 年）、齐（479 年）、梁（502 年）、陈（557 年）取代，是所谓的"南朝"（若加上此前南方的孙吴政权，因均建都于南京，史称"六朝"）。北方的匈奴、鲜卑、羯、羌、氐等游牧民族入侵者，乘机纷纷建立政权，呈现"五胡十六国"的乱局。公元 386 年，鲜卑族拓跋氏建立北魏，再次统一北方，约经百余年而分裂为东魏、西魏（534 年）。公元 550 年，高洋取代东魏建立北齐；公元 557 年宇文觉取代西魏建立北周；公元 577 年，北周灭北齐。从北魏建立到北周灭亡就是所谓的"北朝"。公元 581 年，北周静帝禅位于杨坚，隋朝建立。至公元 589 年隋朝灭陈，南北分治终于以北方的胜利而告终，结束持续近四百年的混乱。

该时期虽是一个总体混乱和充满破坏性的时期，古老的汉文明承受着社会崩溃的

---

① 刘备即位称帝时，自以为承继汉统，其国号称"汉"。但魏晋多以作为地名的"蜀"相称，陈寿《三国志》也以"蜀"代称刘备一系。后世承继而来，也称之为"蜀"。参见卢弼：《三国志集解》，中华书局 1982 年版，第 713 页。

残酷后果。但这也是一个孕育和更新的时期,新血液、新思想、新信仰、新制度不断融入这片土地。割据政局虽不乏黑暗,但生存和竞争压力反而为制度、思想的发展提供相对自由的空间,民族大融合也给汉文化带来活力和生机。而儒家学说地位的上升、胡汉进一步融合、外来佛教日趋兴旺、统一趋势的重新抬头,构成新一轮文明生长的全部要素。这一切,给英国历史学家汤因比留下深刻印象,他在巨著《历史研究》中,竟把中国由南北朝开始到唐朝达到鼎盛的生长过程归入一个新的文明——"中古文明",作为以秦汉帝国为顶峰的"古代中国文明"的继替者。

的确,三国两晋南北朝将近四百年的积累,对隋唐文明的繁荣产生决定性作用。没有南北朝的苦难和沉思,隋唐王朝的成就不可想象。在法律领域,该时期的法律制度同样对隋唐法律产生了深刻影响。程树德早就洞察其间的承继扬弃关系:"今之言旧律者,率溯源于唐。顾唐本于隋,隋本于北齐,此征之律目之相同,而可知也。""今齐律虽佚,尚可于唐律得其仿佛。盖唐律与齐律,篇目虽有分合,而沿其十二篇之旧;刑名虽有增损,而沿其五等之旧;十恶名称,虽有歧出,而沿其重罪十条之旧。"[①]陈寅恪也敏锐察觉到北魏律、北齐律的重要性。[②] 北齐律源于北魏律,北魏律又源于汉律和魏晋律。如果说北齐律是南北朝法律的最高成就,则隋唐律的骨架身形早已在北齐律中塑造完成。

第二节 立法概况与法律形式

对于认识任何一个国家或者某一时期的法律制度而言,文本上的法律所能反映的情况尽管可能存在局限,仍不失为概观当时主要情况的基本途径。三国两晋南北朝时期,立法模式发生极为重要的转变,秦汉时期律、令不分的情况逐渐转变为律、令分野。它们与新生的独立的格、式等法律形式,奠定了隋唐法律制度的基础。这一时期的立法之所以能取得重要成就,原因是多方面的:一是律学与法律解释紧随秦汉之后持续繁荣,法律编纂技术得到很大提高;二是儒家思想逐渐渗透到法律制度中,立法如何从形式乃至实质上践行儒家观念成为重要的变革动力;三是入主中原的少数民族推动固有法与中国传统法的折冲融合,成为新增长点。

一、律学及法律解释的发展

所谓律学,在中国古人的认识中并没有特定的内涵和外延,一般都被笼统地称为研究法律的学问。[③] 律学的发展在我国由来已久。从脉络上来说,在历经先秦刑名学的兴起和两汉律学的发展之后,一般认为到三国两晋南北朝时期,律学达到较为繁荣

---

① 程树德:《九朝律考》,中华书局1963年版,第339、393页。关于唐律的渊源,此仅为一家之说,学界还有一些不同见解。
② 参见陈寅恪:《隋唐制度渊源略论稿》,生活·读书·新知三联书店1954年版,第100—115页。
③ 参见何勤华:《秦汉律学考》,载《法学研究》1999年第5期。

的地步。① 刑名之学的诞生源于国家与社会对法律稳定性的需求,希望通过追求立法语言的准确性来达到使民知所趋避、使官不得滥用自由裁量权的目的。② 从这种意义上来说,这种刑名学的思路类似于现在的法律实证主义,法律性强于政治性。但在春秋战国争雄的背景下,刑名学的政治性又超过法律性,管、李、申、商、韩等法家人物纷纷将刑名作为富国强兵的工具,《汉书·艺文志》称:"法家者流,盖出于理官。信赏必罚,以辅礼制。"法律本身内容的精确性并不是刑名学所追求的根本目的,精确的法律只是控制社会的手段。从先秦至秦朝,这种思路并没有发生根本性转变。

刑名学政治化导致的重要结果是政府对法律制定、传播、实施以及相关知识的垄断。以吏为师、以法为教被认为是秦朝的常态。迨及汉朝,国家兴亡与法律之间的关系不再如之前般受重视。政府对法律的垄断逐渐被私人打破,刑名学的政治性有所转向,政治性与法律性并重。③ 由此延伸出两条脉络:一条是以儒家学者为主体的法律诠释式律学;另一条是以司法世家为主体的法律解释式律学。④ 诠释与解释的主要差异在于创造性的不同。前者如春秋决狱式的以经补律、以经饰律、以经注律、以经破律等⑤;后者如张汤断鼠狱式的家族传承⑥。春秋决狱的出现,意味着法律解释权从政府到私人的扩张。司法世家的律学传承也意味着"以吏为师"在汉代的衰落。⑦ 这两种情况都推动了与国家法律并存的法律诠释或解释的存在和发展。甚至在一定条件下,私人性质的律学成果成为司法的规范来源。

到三国两晋南北朝时期,律学的发展经过积累达到比较繁荣的局面。一方面,诸多对立法、司法等产生重要影响的律学大家甚至律学世家得以出现,如刘劭、张斐、杜预、刘颂、崔浩、高允、羊氏家族、蔡法度、范泉、渤海封氏、裴政等。另一方面,一些重要的法律理念也随着律学的成熟逐渐定型化。

这一时期,律学发展的一大特征就是它与立法、司法等紧密联系在一起。⑧ 在立法方面,如著有《略论》的刘劭曾参与曹魏《新律》的制定;著有《律本》二十一卷的杜预

---

① 但也有学者提出不同意见。参见陈灵海:《通往唐永徽〈律疏〉之路——中古佛教律学与世俗律学的互动》,载《学术月刊》2015 年第 9 期。
② 参见王沛:《刑名学与中国古代法典的形成——以清华简、〈黄帝书〉资料为线索》,载《历史研究》2013 年第 4 期。
③ 就此,有学者认为:"春秋战国时期的法学,在中国古代法律史上,可以说是形而上的,它与律学的联系在于着重学理探讨,致力于法的必要性、重要性的论证方面;而律学特别是魏晋律学则着重律文意义的阐发,重运用,可说是形而下的。"参见蒋集耀:《中国古代魏晋律学研究》,载《上海社会科学院学术季刊》1990 年第 3 期。此说甚允。
④ 也有学者将汉代律学主体分为两类:一类是明法律、决狱平的文墨之吏;一类是著名的经学家。参见郭东旭、申慧青:《渤海封氏——中国律学世家的绝响》,载《河北学刊》2009 年第 5 期。
⑤ 参见朱腾:《再论两汉经义折狱——以儒家经典与律令的关系为中心》,载《清华法学》2011 年第 5 期。
⑥ 《史记·酷吏列传·张汤传》载:"张汤者,杜人也。其父为长安丞,出,汤为儿守舍。还而鼠盗肉,其父怒,笞汤。汤掘窟得盗鼠及余肉,劾鼠掠治,传爰书,讯鞫论报,并取鼠与肉,具狱,磔堂下。其父见之,视其文辞如老狱吏,大惊,遂使书狱。"
⑦ 参见(清)沈家本:《历代刑法考》,邓经元、骈宇骞点校,中华书局 1985 年版,第 2142 页。
⑧ 参见曾宪义、王健、闫晓君主编:《律学与法学:中国法律教育与法律学术的传统及其现代发展》,中国人民大学出版社 2012 年版,第 177 页。

曾参与西晋《泰始律》的制定;崔浩曾参与太武帝时北魏律、令的制定;蔡法度曾起草了《梁律》;渤海封氏的子弟封述曾参与制定《北齐律》;裴政曾参与北周《大律》乃至隋律的制定,等等。在司法方面,或有律学家成为司法官。如刘颂曾任廷尉,参与议肉刑、律令等事,《晋书·刘颂传》称其"详辨刑名,该核政体"。或有律学思想直接影响具体司法裁判。如曹魏时,法律规定犯大逆罪者诛及已经出嫁之女,在"毋丘俭案"中,针对要被株连的荀氏之女,程咸上书陈明法理,充分说明这一规定的不合理性,最终该律条被废止。① 又如,北魏时曾经发生"费羊皮卖女案",虽然皇帝最后的诏令裁决似乎有悖于立法原意,大臣李平、杨钧、崔鸿、王雍等都在对该案的讨论中展现出精湛的律学素养。② 总而观之,律学发展与法律实践紧密联系在一起,律学不仅是对法律的抽象理解,而且成为立法与司法的指导理念,这是该时期极为重要的特点。律学之所以能深刻影响法律实践,跟当时律学的的高度发达有关。

现存最能够反映当时律学理论高度的文献,当属张斐的《注律表》。③ 晋《泰始律》制定后,明法掾张斐对《泰始律》的基本法理进行过深入解读。④ 第一,明确刑法编纂的基本原理。《注律表》称:"律始于《刑名》者,所以定罪制也;终于《诸侯》者,所以毕其政也。王政布于上,诸侯奉于下,礼乐抚于中,故有三才之义焉,其相须而成,若一体焉。"这指出《泰始律》二十篇的篇章安排乃是遵循尊王抑臣的原则制定的。第二,明确定罪的基本法理。《注律表》准确界定了故、失、谩、诈、不敬、斗、戏、贼、过失、不道、恶逆、戕、造意、谋、率、强、略、群、盗、赃等法律术语,并称:"凡二十者,律义之较名也。"尽管这些术语并非全都是罪名,但它们是最主要的法律概念,发挥着清晰表达犯罪构成的功能,也就是定罪的基本要素。张斐的这些解释不仅适用于《泰始律》,也可适用于秦汉乃至隋唐律,故可被视为对中国法律史关键词的基本解读。第三,明确影响法定刑轻重的要素。如"卑与尊斗,皆为贼,斗之加"⑤,卑幼与尊长斗殴要按贼而非斗的律条加以处罚;又如"向人室庐道径射,不得为过,失之禁也",向居室、道路等投射不再区分故意与过失。身份关系、客观危险性被认为是导致这两种情况被加重处罚的影响因素。第四,明确刑罚适用原则。如《注律表》说明了基本刑罚的种类、刑罚的累加适用方式、刑罚适用的有限平等理念等。第五,区分此罪与彼罪。《注律表》提出:"律有事状相似而罪名相涉者,若加威势下手取财为强盗,不自知亡为缚守,将中有恶言为恐猲,不以罪名呵为呵人,以罪名呵为受赇,劫召其财为持质。此六者,以威势得财而名殊者也。"即这六种威势得财的情况具有外观相似性,因此有可能被混淆。但从不同罪的实质出发,六者差异明显,对其进行逐一界定,则此罪与彼罪之间就可以界限分明。第六,明确司法审判原则。《注律表》首先明确司法审判的审问方式,然后要求司法从

---

① 参见《晋书·刑法志》。
② 参见《魏书·刑罚志》。
③ 参见《晋书·刑法志》。
④ 同上。
⑤ 参见周东平主编:《〈晋书·刑法志〉译注》,人民出版社2017年版,第183页。

法理与律文两个角度出发,实现"理直行正"的目标。尽管只有区区1700余字,《注律表》的表述不可避免地存在缺陷或不足,但它已构建起一个比较完整的关于刑法的立法、司法理念。法律不再是仅被视为政治层面的治理工具,而成为追求社会公平正义的特定方式。

这种体系化的法律理论认识,意味着时人对法律的内在逻辑已有比较深刻的理解。对法律深刻认识的另一方面是法律解释的发达。例如,在前揭"费羊皮卖女案"中,我们可以看到时人已经非常擅长对法律概念、法律适用原则等进行解释。当然,法律解释的发达并不意味着当时已经有发达的法律解释学。法律解释学是对法律解释进一步抽象总结的结果。该时期是否已经能够从更抽象的角度探讨法律解释,值得商榷。但这并不影响当时已经有相当发达的法律解释的判断。法律解释的发达为更为合理的法典编纂奠定深厚的理论基础。

二、法典编纂

承接两汉而来的三国两晋南北朝,面临着自汉代就已存在的法律适用难题——法律数量庞大错综的困扰。据《汉书·刑法志》记载,汉武帝时期"律令凡三百五十九章,大辟四百九条,千八百八十二事,死罪决事比万三千四百七十二事。文书盈于几阁,典者不能遍睹",以致"罪同而论异","奸吏因缘为市"。《晋书·刑法志》进一步指出:"(汉律)世有增损,率皆集类为篇,结事为章。一章之中或事过数十,事类虽同,轻重乖异。而通条连句,上下相蒙,虽大体异篇,实相采入。《盗律》有贼伤之例,《贼律》有盗章之文,《兴律》有上狱之法,《厩律》有逮捕之事,若此之比,错糅无常。后人生意,各为章句。叔孙宣、郭令卿、马融、郑玄诸儒章句十有余家,家数十万言。凡断罪所当由用者,合二万六千二百七十二条,七百七十三万二千二百余言,言数益繁,览者益难。"法律庞杂使得适法者可以营私舞弊,滥权弄法,司法不公也由此产生。三国两晋南北朝的法律发展建立在承继汉律的基础上,上承汉律是治国理政的重要手段,但汉律的庞杂必然影响到承继的效果。

如何化繁为简,便于法律适用?一个可行的方法就是对法律进行重新整合编纂。这一时期法律编纂发展出两个基本方向:第一,推进律、令分野,不同法律形式承载不同性质的法律内容,隋唐律令格式并行的法律体系已见雏形;第二,削减法律条文,形成内容更为集中和简明的法典体例。

秦汉时期的法律形式主要为律、令、廷行事、故事、决事比等。但以这些形式组成的秦汉法律烦冗复杂,越到后期越影响法律实效。因此,法律形式的进一步规范化成为该时期法律发展的主要方向之一。一方面,律、令分野,法律形式与法律内容之间的关联性逐渐明晰。在秦汉法律中,律令的内容之间并没有明确界限,两者之间的区别尚不明显。① 但到该时期,律、令之间的规范分工逐渐明确,律主要以刑事类法规为

---

① 参见张忠炜:《秦汉律令关系试探》,载《文史哲》2011年第6期。

主,令主要以行政类法规为主,例如晋泰始律令。故杜预《律序》称:"律以正罪名,令以存事制。"①另一方面,格和式两种法律形式在此时也成为部分法律的名称。前者如《隋书·经籍志二》载:"后齐武成帝时,又于麟趾殿删正刑典,谓之《麟趾格》。"后者如《魏书·高祖纪》载:"(延兴十四年)十有二月壬午,诏依准丘井之式,遣使与州郡宣行条制,隐口漏丁,即听附实。若朋附豪势,陵抑孤弱,罪有常刑。"北周时则制定《大统式》。这一时期的律、令、格、式等法律形式,最终发展成为隋唐法律体系的主要结构。

尽管法律形式的完善有助于通过内容的区分便捷地查找法律,但这并不能够从根本上解决法律繁杂问题。因此,如何制定更加合理的法典结构,形成内容更体系化和简明的法典,是该时期立法上致力革新的问题。

首先,法典条文被进一步整合。从前揭《晋书·刑法志》②可知,汉律到后期已出现篇目与内容不完全对应的现象。如此一来,无法按照犯罪客体区分法典篇章和犯罪类型,这必然增加适法难度。因此,重新归类法律条文实现篇目与内容的对应成为亟须解决的事情。对此,《魏律》编纂者就已着手努力。如《晋书·刑法志》载:"《盗律》有劫略、恐猲、和卖买人,科有持质,皆非盗事,故分以为《劫略律》。《贼律》有欺谩、诈伪、逾封、矫制,《囚律》有诈伪生死,《令丙》有诈自复免,事类众多,故分为《诈律》……"

其次,法条整合导致可被纳入特定法典的篇目增多。以刑律为例,虽然出土秦汉律的篇目众多,但以刑法为主的篇目相较于魏晋南北朝时期仍然较少。《魏律》为18篇,晋《泰始律》《北魏律》和《梁律》为20篇,《北齐律》12篇,北周《大律》25篇,篇数虽有不均,但刑法篇目多数较秦汉有所增加。

最后,法典篇目的编排顺序更为紧要。随着法典篇目的增加,如何对之进行顺序整合亦成为问题,由此产生几个重要变化。第一,从魏律开始,秦汉时的《具律》被改造为《刑名》(如《魏律》)或《刑名》《法例》(如晋《泰始律》)或《名例》(如《北齐律》),置于篇首,发挥统领法典的作用。第二,按照尊王的理念,重新整合分则的篇目。从魏晋律开始,这种编纂理念就开始形成。张斐《注律表》云:"律始于《刑名》者,所以定罪制也;终于《诸侯》者,所以毕其政也。王政布于上,诸侯奉于下,礼乐抚于中,故有三才之义焉,其相须而成,若一体焉。"沈家本曾经提出,明朝以前的刑律编纂排序或为尊王或为重民,尊王则事关国政的篇目居前,如《卫禁》《厩牧》等,重民则事关民事的篇目居前,如《贼盗》《户婚》等。③ 从该时期的刑律来看,尊王,亦即将《卫禁》《厩牧》规定于前的倾向极为明显。第三,篇目排列还尊重法律适用的顺序。如《泰始律》的篇目顺序为:"一、《刑名》,二、《法例》,三、《盗律》,四、《贼律》,五、《诈伪》,六、《请赇》,七、《告劾》,八、《捕律》,九、《系讯》,十、《断狱》,十一、《杂律》,十二、《户律》,十三、《擅兴律》,十四、《毁亡》,十五、《卫宫》,十六、《水火》、十七、《厩律》,十八、《关市》,十九、《违制》,二十、

---

① 《太平御览》卷六三八《刑法部四》。
② 即"《盗律》有贼伤之例,《贼律》有盗章之文,《兴律》有上狱之法,《厩律》有逮捕之事"等。
③ 参见(清)沈家本:《历代刑法考》,邓经元、骈宇骞点校,中华书局1985年版,第1360—1361页。

《诸侯》。"①其中《告劾》《捕律》《系讯》《断狱》的结构遵从举报→抓捕→审理→裁判的司法顺序。这一结构发展到唐律,由于《捕亡》《断狱》的后置,进一步演变为实体法→程序法(抓捕→裁判)的逻辑结构。这种结构不仅符合事物发生、发展的顺序,而且遵循一般认识规律,是法典编纂不断成熟的表现。

在完善法典体例的同时,减少法条数量、控制法典体量的编纂理念也逐渐主流化。该时期的统治者多致力于削减法条数量。针对东汉末年条文繁杂,曹魏政权就已开始努力削减法条。魏文帝下令,在断罪中只能使用郑玄对律文的解读,其后又下诏改定刑制,"删约旧科,傍采汉律,定为魏法"②。在晋朝律、令分野的情况下,律主要是断罪的法条,故《泰始律》仅有620条共27657字,法典内容大为省减。南朝的宋、齐承继晋律,不过《梁律》条数有所增加,达2529条。相比之下,北朝律条逐渐减少的趋势更为明显。北魏太武帝神䴥四年(431年)诏司徒崔浩等定刑名,凡390条;正平元年(451),改定刑制,凡391条。北魏孝文帝太和三年(479年)定刑律为832条;其后河清三年(564)的《北齐律》为949条,北周《大律》为1537条。后来的隋《开皇律》多沿袭《北齐律》而为500条,律文更为简明,③真正实现法典瘦身、简明化定型,"是中国法典史上真正由繁入简的分水岭"④,成为唐宋法典的范本。

整体上,三国两晋南北朝时期的法典编纂逐渐走向成熟。与秦汉相对实用主义的法律制定方式相比,这一时期的法典编纂更加注重理念设计。法律的制定目的不仅仅在于维护现实的规范秩序,而且希望借此表现新的政治理念。当然,新政治理念的宣示也并非其全部目的,增加法律规范的可适用性、提高司法裁判的可控性也是重要的法律编纂目的。在理念与实用交织的目的下,这一时期的法典编纂得到长足进步,法律具体内容等也受到深远影响(这一点详见后文)。

三、区别律、令与新法律形式

三国两晋南北朝的法典编纂,不仅律、令实现分野,而且格、式也出现并逐渐完善。这四种法律形式对隋唐乃至宋代都有深远影响。这些法律形式不只是名称有别,所承载的具体内容也多有差异。《唐六典》卷六《尚书刑部》载:"凡律以正刑定罪,令以设范立制,格以禁违止邪,式以轨物程事。"这是唐代定型后的律、令、格、式,其功能相对比较明确。不过,这种区别并非自始存在,而是随着历史发展逐渐形成。

律、令在秦汉时没有明确界限,但在这一时期逐渐成为功能有别的法律形式。之所以出现这种情况,可能有以下原因。冨谷至认为,律、令分野尤其是独立令典的出现

---

① 《唐六典·尚书刑部》。
② 《晋书·刑法志》。
③ 参见陈寅恪:《隋唐制度渊源略论稿》,生活·读书·新知三联书店1954年版,第113—115页。
④ 参见周东平:《"举重以明轻,举轻以明重"之法理补论——兼论隋律立法技术的重要性》,载《东方学报》(京都)第87册,2012年12月。

有着内外两种动因。① 在外因上,三国至晋的皇帝诏书的承载形式已经实现从简牍到纸的转变。在汉代,皇帝的诏令被写在简牍上,然后这些诏令被编缀成册书。受制于书写材料,这种记载诏令的册书往往采取首简(也即较早的诏令)被收卷在内并向末卷编绳的方式予以整理。当出现新的诏令时,它们可以直接被续编到末卷之上。这种简单的诏令整理方式较为实用,但不利于法典的全面整合、编纂。而纸的出现不仅可以解决这些问题,而且它也较难直接用续页的方式实现诏令的接续。这就在客观上要求令典的出现。在内因上,礼典的形成及其法源化对令典的出现产生推动作用。汉初叔孙通定礼仪,实际上已经具有规范性质。② 相较于律令体系,礼典(主要指《周礼》)的成型及其体系化更早,而且已经成为重要的法律依据。③ 那么参酌礼典制定更为体系化的令典,遂成为法律的发展方向。这两个动因被认为对令典的形成起到重要的推动作用。不过,这些原因仅可说明律、令分野的可能性,很难说明律、令分野的必然性。在必然性上,该时期正是法律儒家化的关键节点,在儒家观念下,"礼之所去,刑之所取,失礼则入刑"④。即礼、刑之间需要明确的界限。反映到国家统治策略中,国家的教化功能与刑罚功能也需要有所区分,而且不仅需要体现在治理对象上,还需要体现在治理工具上。⑤ 礼、刑当然需要分开,政、刑也应该有所区别。如果政、刑不分离,那就意味着统治者的主要统治工具仍然是刑法。一旦政、刑分离,尽管两者之间仍然有着比较密切的关系,但刑法作为统治工具的地位就有所收隐,法律儒家化所要求的德主刑辅的价值诉求才体现得更明显。所谓政、刑分离,主要表现为律、令分野。"律以正罪名,令以存事制",正对应着刑、政关系。

格、式的出现也有着现实需求,但相对而言,它们更多地体现出实践而非理念需求。"唐代《律》《令》《格》《式》体系形成的关键,很大程度上在于《格》《式》作为两种新的法律形式而出现,又尤其在于此前大量处于《律》《令》之外的法律规范的演变和编纂态势。"⑥随着律、令分野的形成,律典与令典成为重要的法律渊源。但编纂后的律典和令典却不得不面对法律条文滞后性的现实。对法典的随时修订显然是一件相对困难的事情,与此同时,皇帝的敕例却不断出现。因此,格、式的出现很大程度上就是为回应这种现实矛盾而产生的。实际上在格、式出现之前,类似的敕例编纂已经出现,典型的如《晋故事》。《晋书·刑法志》载西晋制定泰始律令的同时,又将"其常事品式章程,各还其府,为故事",编纂故事共三十卷。《唐六典·尚书刑部》则称:"晋贾充等撰

---

① 参见〔日〕富谷至:《通往泰始律令之路(Ⅱ):魏晋的律与令》,朱腾译,载中国政法大学法律史学研究院编:《日本学者中国法论著选译(上册)》,中国政法大学出版社2012年版,第178—187页。
② 参见张建国:《叔孙通定〈傍章〉质疑——兼析张家山汉简所载律篇名》,载《北京大学学报(哲学社会科学版)》1997年第6期。
③ 参见祝总斌:《略论晋律之"儒家化"》,载《中国史研究》1985年第2期。
④ 《后汉书·陈宠传》。
⑤ 参见李勤通:《令格式何以称刑书》,载杜文玉主编:《唐史论丛》(第二十二辑),三秦出版社2016年版,第137—139页。
⑥ 楼劲:《魏晋南北朝隋唐立法与法律体系:敕例、法典与唐法系源流》(上卷),中国社会科学出版社2014年版,第3页。

律、令,兼删定当时制、诏之条,为《故事》三十卷,与《律》《令》并行。"即《晋故事》是对当时皇帝诏、敕进行删定和编纂后的成果,由此也可以想见其具体内容的繁杂。后来随着法律实践的发展,格、式之间的区别也越来越明显。格仍然是诏、敕进入法典的重要途径;式却具有相对稳定性,到唐代成为主要规定行政细则的法律形式。

三国两晋南北朝时期,法律形式逐渐从秦汉时期的律令不分向律令分野、格式并行的格局发展。律、令分野作为对秦汉法律形式的发展,不仅体现为律、令之间刑事法律与行政法律的差异,而且法典化程度也较秦汉为高。因此,律、令主要就是刑事法典与行政法典的区别,而法典化的律典与令典呈现出基本法的色彩,由此形成被称为"律令法"的基本法律体系。一旦基本法成型,就容易导致法典与皇帝法权尤其是超法规处断权之间的冲突,故格、式成为删定诏敕,使之常行法化的重要途径。但这并不意味着格、式的法律效力就低于律、令,而只是说明四者之间的立法途径与法律功能并不完全相同。

第三节 法律的进一步儒家化

三国两晋南北朝时期,法律儒家化得到进一步发展。早在秦朝,法律与儒家理念就有相合之处。① 经过汉武帝罢黜百家、独尊儒术,同时伴随着春秋决狱等的兴起,法律受儒家的影响愈加深刻,三国两晋南北朝时期的法律儒家化更有加速发展的趋势。在上述法律形式的变迁中,法律儒家化已经在发挥潜移默化的影响。不过,体现最为明显的当属法律内容的儒家化。例如,北魏时曾加重对不孝罪的处罚,并且扩大不孝的范围,类似居丧作乐这样的行为自此时开始被视为不孝。《魏书·献文六王·赵郡王干传》载:"[袭赵郡王元]谧在母丧,听音声饮戏,为御史中尉李平所弹。"《魏书·景穆十二王·任城王云传》载,元嵩叔父死,未及卒哭便游田,孝文帝大怒,诏曰:"嵩不能克己复礼……有如父之痛,无犹子之情,捐心弃礼,何其太速! 便可免官。"唐律吸收这一内容,《唐律疏议·名例律》"十恶条""不孝"的疏议曰:"居父母丧,身自嫁娶,若作乐,释服从吉……"即是法律儒家化的一个具体表现。从更大范围来看,"所谓法律儒家化表面上为明刑弼教,骨子里则为以礼入法,怎样将礼的精神和内容窜入法家所拟定的法律里的问题。"② 从礼的精神和内容及其对法律的影响来看,准五服以制罪、八议、重罪十条、官当、权留养亲、使父子无异财等,是目前学术界认为的这一时期法律儒家化的典型表现。

---

① 参见杨振红:《从出土秦汉律看中国古代的"礼"、"法"观念及其法律体现——中国古代法律之儒家化说商兑》,载《中国史研究》2010 年第 4 期。
② 瞿同祖:《中国法律与中国社会》,商务印书馆 2010 年版,第 378 页。

一、准五服以制罪

一般认为,所谓准五服以制罪"即依服叙之亲疏远近尊卑以作为定罪量刑的依据"①。也就是说,准五服以制罪是根据人们之间亲属关系的远近确立定罪量刑差异的原则,亲属关系则可以通过服丧中所着丧服的差别予以形象地表现。亲属间尊卑长幼的等差制度本是儒家最为重要的观念之一。准五服以制罪作为法律原则在法律中的定型,意味着法家刑无等差的理念遭受巨大挑战,即承继秦而来的法律受到儒家观念的重大冲击。

亲属关系影响定罪量刑的法律规则早已出现。但有人认为准五服以制罪最早可能出现在东汉末建安年间曹操制定的《魏科》《甲子科》中,②但最为学界熟知的当是晋《泰始律》中"峻礼教之防,准五服以制罪也"的规定。由于晋《泰始律》的深远影响,嗣后东晋和南北朝法律也在很大程度上继受该法律原则。此后的隋唐宋元明清等朝亦无不准五服以制罪,故其成为中华法系的基本法律原则之一。

准五服以制罪有几个主要适用规则:第一,人身性犯罪上以卑犯尊的加重处罚,以尊犯卑的减轻处罚。如《魏书·刑罚志》载北魏律规定:"卖子有一岁刑;卖五服内亲属,在尊长者死,期亲及妾与子妇流",再如《太平御览》卷七百三十九引《续晋阳秋》载朱道扶因为痫病病发而被母亲活埋,其母本应判弃市,后来因为母亲的身份被改判流刑。但奸罪例外,服叙近的可能处罚要加重,这是维护血缘关系纯洁的要求。第二,财产性犯罪上服叙近则处罚轻,服叙远而处罚重。这也是准五服以制罪的重要特征,但这一点在现存三国两晋南北朝时期的文献中没有明显发现。第三,刑罚适用上的家族连带主义,而且这种连带根据亲属关系的远近而有轻重之别。如《晋书·刑法志》载曹魏律:"以言语及犯宗庙园陵,谓之大逆无道,要斩,家属从坐,不及祖父母、孙。"第四,由此原则进一步派生出在诉权限制、婚姻禁忌、析产继承、荫官、回避等问题上的具体规则。例如《晋书·江统传》载:"故事,父祖与官职同名,皆得改选,而未有身与官职同名,不在改选之例。"任官需要回避父、祖的名讳,这也是对准五服以制罪的回应,而且对隋唐律有直接影响。

二、八议

八议是儒家思想的体现,也是我国古代法律的重要制度。所谓八议,即议亲、议故、议贤、议能、议功、议贵、议勤、议宾。《周礼·秋官·司寇》中就已经有八辟的记载:"以八辟丽邦法,附刑罚:一曰议亲之辟,二曰议故之辟,三曰议贤之辟,四曰议能之辟,五曰议功之辟,六曰议贵之辟,七曰议勤之辟,八曰议宾之辟。"但由于《周礼》成书可能在战国时期,不少内容可能是对儒家理想的反映,很难说真正反映了周朝的法律制度。

---

① 丁凌华:《五服制度与传统法律》,商务印书馆 2013 年版,第 199—200 页。
② 参见丁凌华:《五服制度与传统法律》,商务印书馆 2013 年版,第 199 页。

因此,很难说八辟在先秦就已经出现。不过,八议在汉代可能已经出现,[①]至少其部分内容作为制度性措施已经成为法律适用的重要规则。[②] 到三国曹魏律时,八议正式入律。[③] 此后八议制度被历代沿用,只是到明清时期有其文化趋势。

八议的本质是一种刑罚适用原则。当特定范围内的人犯罪后,不适用一般的刑罚规则,而是由皇帝通过专门程序根据个案确定所应适用的刑罚。考察八议的具体内容可知,八议主要适用于三种身份的人:第一,与皇帝有特定身份联系的人,如议亲、议故;第二,为国家作出贡献或者有能力作出贡献的人,如议贤、议能、议功、议勤;第三,具有特定身份的人,如议贵、议宾。简言之,八议之所以能够入律,是因为它既合于亲亲相隐的理念,又合于刑不上大夫的理念。首先,一般来说亲亲相隐作为古代法律原则,主要适用于子为父隐(即卑为尊隐)的情况,但在儒家理念中,"父为子隐,子为父隐,直在其中矣"[④]。这种相隐是双向的,而且应该成为所有人的规范。孟子甚至主张,舜应该将犯罪的父亲偷出监狱而不吝以身试法。[⑤] 八议也有这种内涵,由于皇帝的特殊地位,他可以容隐的范围被扩大,与他有直接关系的人可以享受刑罚优待。故《史记·五帝本纪》集解引马融称:"谓在八议,君不忍刑,宥之以远。"其次,贵贱有序、等差分明是儒家的理想政治形态。无论是为国家作出贡献的人,还是具有士大夫身份的人,都可以享有一定的刑罚优待。故《晋书·刑法志》称:"古典刑不上大夫,今士人有犯者,谓宜如旧,不在刑例,则进退为允。"

不过,作为一种特权性的刑罚适用原则,八议在当时已经遭受非议。如《太平御览》卷六五二《刑法部十八》引西晋傅玄著《傅子》曰:"若亲贵犯罪,大者必议,小者必赦,是纵封豕于境内,放长蛇于左右也。"不过从儒家的角度来看,八议是理想制度的必然要求。在这种矛盾背景下,尤其礼法合流趋势下,八议制度的发展是不断法制化的进程,到隋唐律臻于完备。

三、重罪十条

所谓重罪十条,是指《北齐律》中不在八议、论赎、恩赦之列的十种罪行。《隋书·刑法志》称为:"一曰反逆,二曰大逆,三曰叛,四曰降,五曰恶逆,六曰不道,七曰不敬,八曰不孝,九曰不义,十曰内乱。"重罪十条是隋唐律中"十恶"的实质来源。

---

① 参见龙大轩:《八议成制于汉论考》,载《法学研究》2012年第2期。
② 如《汉书·东方朔传》载:"隆虑主卒,昭平君日骄,醉杀主傅,狱系内宫。以公主子,廷尉上请论。"但"议宾"等估计还未出现。
③ 《唐六典·尚书刑部》载:"《周礼》以八辟丽邦法,附刑罚,即八议也。自魏、晋、宋、齐、梁、陈、后魏、北齐、后周及隋皆载于律。"
④ 《论语·子路》。
⑤ 《孟子·尽心上》载:"桃应问曰:'舜为天子,皋陶为士,瞽瞍杀人,则如之何?'孟子曰:'执之而已矣。''然则舜不禁与?'曰:'夫舜恶得而禁之?夫有所受之也。''然则舜如之何?'曰:'舜视弃天下犹弃敝屣也。窃负而逃,遵海滨而处,终身欣然,乐而忘天下。'"

重罪十条与十恶本质上也是一种刑罚适用原则。① 一般来说,刑法分则中对这些犯罪已经作出比较明确的规定,但这些犯罪十分严重,针对普通犯罪的刑罚适用原则如八议、恩赦等将不再适用,重罪十条成为在这些情况下指导刑法分则适用的重要原则。这一刑罚适用原则之所以出现,自然是因其所侵害的往往是当时刑法所保护的最重要法益,罪行既如此严重,以至于普通刑罚适用原则不适合再发生效力。总的来看,重罪十条所保护的法益主要是国家法益和家族法益。如反逆、大逆、叛、降、不敬等主要是侵害国家法益、皇权根本的犯罪行为;恶逆、不孝、不义、内乱等主要是侵害家族或人伦法益的犯罪行为;不道则是严重侵害家族法益、个人法益乃至社会法益的行为。② 重罪十条将家族法益的保护程度提高,甚至在相当程度上与国家法益并列,可以说是法律家族主义的体现,也是法律儒家化最为重要的表征之一。

重罪十条的形成也非一时之功,其中很多罪行早在秦汉时期就已经成为重罪。汉代已有不道的罪名,主要包括诬罔与罔上、诽谤与袄言、狡猾、大逆、惑众及其他。③ 这些犯罪成为重罪十条中反逆、大逆、叛、降、不道等罪的源头。④ 有人称之为不道罪群,并认为秦汉还有不孝罪群,主要包括后来十恶中的恶逆、不孝、不睦、不义、内乱等,⑤ 亦即重罪十条中的恶逆、不孝、不义、内乱等(不睦为隋律所加)。可以说,重罪十条中的绝大多数罪名已见于汉代。但这些罪名是否适用上请、论赎等,有待于进一步考察。三国两晋南北朝初期,这些罪名得到进一步发展。如《晋书·刑法志》载曹魏律:"又改《贼律》,但以言语及犯宗庙园陵,谓之大逆无道,要斩,家属从坐,不及祖父母、孙。至于谋反大逆,临时捕之,或汙潴,或枭菹,夷其三族,不在律令,所以严绝恶迹也。"这说明曹魏时反逆已经开始从汉代的不道罪中分离出来,只是并不彻底。到晋朝,律学得到极大发展,不同罪名之间的区别日益明显。张斐《注律表》称:"亏礼废节谓之不敬""逆节绝理谓之不道""陵上僭贵谓之恶逆"。虽然仅论及不敬、不道和恶逆,但这足以说明罪名之间的区别已变得较为明显,这就为重罪十条这种更为严格的罪名分化提供了前提条件。此时,法律虽然严惩这些罪行,但并未给其设计统一的刑罚适用原则。《晋书·隐逸·董养传》载:"每览国家赦书,谋反大逆皆赦,至于杀祖父母、父母不赦者,以为王法所不容也。奈何公卿处议,文饰礼典,以至此乎!"也即,不适用恩赦的规

---

① 参见陈晓枫:《〈历代刑法志〉:话语·语境与前见作用》,载倪正茂主编:《批判与重建:中国法律史研究反拨》,法律出版社2002年版,第279页。

② 由于重罪十条没有留下具体条文,因此本文采通说,认为重罪十条与十恶之间有着相对直接的传承关系,故此处的分类主要参照《唐律疏议·名例律》"十恶"条的记载。

③ 参见〔日〕大庭脩:《汉律中"不道"的概念》,王子今译,载〔日〕籾山明主编:《中国法制史考证(丙编·第一卷)》,徐世虹主译,中国社会科学出版社2003年版,第369—430页。戴炎辉则认为十恶中的谋反、大逆、恶逆及不道来源于汉律的不道。参见戴炎辉:《唐律十恶之渊源》,载中国法制史学会出版委员会编:《中国法制史论文集》,成文出版社1981年版,第1—72页。如果对应的话,戴说可以对应重罪十条的反叛、大逆、恶逆和不道等罪。本书采大庭脩说。

④ 在汉律不道罪中,不敬或大不敬是专门的罪名还是不道罪下的分罪名,尚存疑问。但无论是大庭脩还是戴炎辉,都不否认汉代文献中的不敬或大不敬与重罪十条或十罪有极为密切的联系。

⑤ 参见〔日〕若江贤三:《秦汉律中的"不孝"罪》,载《东洋史研究》1996第2期,第249—282页。

则并未涵摄重罪十条所涉的全部罪行。到《北齐律》,重罪十条及其功能最终定型,成为影响中国传统法律文化的重要规则。①

四、官当

所谓官当,是指以官当刑,通过降低或免除官职来替代刑罚的适用。官当成为法律规则虽早已出现,但始于何时颇有争议。从传世和出土的文献来看,②有人认为,秦汉时期就已经存在的爵当与官当相似。③ 但从爵位制到官僚制的转变正是中国古代政治制度的重大变革之一,因此两者之间不能简单等同,直接将以爵当官等同于官当,说服力不足。一般认为,以官当刑的明确规定来自晋律。《太平御览》卷六百五十一《刑法部十七》载:"晋律曰:免官比三岁刑。"这是较为明确的类似官当的制度。其后,北魏律有更全面的规定。《魏书·刑罚志》载北魏《法例律》规定:"五等列爵及在官品令从第五,以阶当刑二岁;免官者,三载之后听仕,降先阶一等。"南朝《陈律》中,官当之名更为明确。《隋书·刑法志》载《陈律》规定:"五岁四岁刑,若有官,准当二年,余并居作。其三岁刑,若有官,准当二年,余一年赎。"到隋《开皇律》,官当制度趋于完善。

一般认为,官当制度体现的是礼治原则下皇帝优礼臣下的制度措施。④ 官当也就被视为儒家理念中君臣关系的具体体现。《论语·八佾》载孔子主张"君使臣以礼,臣事君以忠"。孟子则称天子为人爵,与诸侯大夫无异。⑤《白虎通义·爵》与孟子颇有不同,但也称:"天子者,爵称也。"在这些观念下,儒家理念中的君臣关系带有一定的合作性。君臣之间并非绝对的人身依附关系,臣下具有相对独立性。这种独立不仅体现在思想观念的独立上,而且体现在刑法适用的独立上。官当即对这种独立地位的认识,也因此,官员享有应该的刑法优待。

至于官当的本质是什么,目前有四种看法,包括特权说、易刑规则说、刑罚说、行政处分说等。⑥ 实际上这四种观点是从不同角度考察官当得出的结论。第一,从具体规则来看,官当带有一定的特权性,官员犯私罪时可以适用官当尤其可以证明。根据古代官员所犯罪行的性质差异,法律将之分为公罪与私罪:为追求国家公益却因过失或

---

① 北周制定的《大律》,虽无重罪十条之类罪名,但也具体规定了十种重罪的罪名。参见叶炜:《北周〈大律〉新探》,载《文史》2001 年第 54 辑。
② 如《商君书·境内》载:"爵自二级以上,有刑罪则贬;爵自一级以下,有刑罪则已。"又如《汉旧仪》记载:"秦制二十爵,男子赐爵一级以上,有罪以减,年五十六免。"再如张家山汉简《二年律令·钱律》规定:"捕盗铸钱及佐者一人,予爵一级。其欲以免除罪人者,许之。"参见张家山二四七号汉墓竹简整理小组编著:《张家山汉墓竹简[二四七号墓]》(释文修订本),文物出版社 2006 年版,第 36 页。
③ 参见曾代伟:《"官当"创制探原》,载《史学月刊》1996 年第 5 期;张伯元:《"爵戍"考》,载《华东政法学院学报》2004 年第 1 期;艾永明:《官当新论——回归法律史解释的考察》,载《比较法研究》2012 年第 6 期。
④ 这一时期,皇帝在刑法方面优礼臣下的制度措施不仅只有官当。如《隋书·刑法志》载:"(梁武帝)既即位,乃制权典,依周、汉旧事,有罪者赎。其科,凡在官身犯,罚金。鞭杖杖督之罪,悉入赎停罚。其台省令史士卒欲赎者,听之。"这也是一种措施,体现当时刑法优礼臣下的整体环境。
⑤ 《孟子·万章下》。
⑥ 参见艾永明:《官当新论——回归法律史解释的考察》,载《比较法研究》2012 年第 6 期。

不谨慎所犯下的为公罪,为追求个人私益所犯下的为私罪。其中,追求个人利益而侵害国家或他人的利益却仍然可以适用官当,这自然是官员特权。第二,从适用方式来看,官当是不适用原有刑罚而用其他刑罚替代。无论公罪还是私罪,刑法都规定了本罪及其应当适用的刑罚。适用官当并不意味着既有刑罚无效,而是说降职、免官等可以与特定程度的刑罚相替换执行。这样就形成一种专门的刑罚替代适用。第三,从适用后果来看,官当的降职或免官是一种特定的刑罚措施。官当是通过降职或免官来免受自由刑或死刑等,但无论降职或免官本身的性质是什么,它们显然都给人带来不利益。唐律将免官视为刑罚,这点也为部分现代学者所接受。① 因此,将降职与免官看作古代特有的刑罚方式也是可以接受的。第四,从法律实质来看,官当在某些情况下具有鲜明的行政处罚性。从官当所适用的官员行为来看,公罪与私罪皆牵涉其中。但从官当对公罪的优待甚于私罪来看,公罪更能够反映官当的本质。公罪在一定程度上相当于现代法律中的行政违法而非刑事违法。而在明清之前行政责任承担方式并不独立的情况下,作为对刑事责任的缓和,官当成为行政违法的责任承担方式。从这一角度讲,官当也可被视为一种对行政违法的刑事处罚。同时,由于古代优待士大夫观念的影响,故官当能够及于私罪。

从这四个面向可见,官当制度是通过以刑易刑的方式,对官员所犯的公、私罪等行政违法和刑事违法行为所采取的刑罚措施。官当反映的是我国古代民事、行政、刑事责任等无法清晰分离时期的特殊责任形态,并深受儒家士大夫观念的影响。

五、权留养亲

权留养亲②是指中国古代被判处重刑的罪犯,当其父母或祖父母没有成年子孙等依靠时,有关官府根据法定条件向皇帝上请,经批准后可以暂缓行刑、减轻刑罚或者收赎等,留下单丁罪犯以侍奉父母或祖父母的刑罚执行制度。权留养亲自三国两晋南北朝时期出现后,因其合乎儒家伦理而被历代所承。

通说认为,权留养亲起源于北魏时期。③ 此前东晋成帝咸和二年(327年),句容令孔恢坐罪应弃市,但皇帝下诏:"[孔]恢自陷刑网,罪当大辟。但以其父年老而有一子,

---

① 参见高绍先:《中国刑法史精要》,法律出版社2001年版,第426页。
② 关于权留养亲,常常又被称为存留养亲、留养承祀。但实际上从权留养亲到存留养亲,再到留养承祀是一个逐渐变化的过程,反映出古代价值观念的逐渐变迁。早期权留养亲强调"权"的暂时性,因此当养亲责任消失后,刑罚就继续或者通变执行。如《唐律疏议·名例律》"犯死罪应侍家无期亲成丁"条规定:"本为家无成丁,故许留侍,若家有期亲进丁及亲终已后期年者,并从流配之法。"存留养亲则不再仅仅是"权",而且意味着刑罚的执行完毕。如《大明律·名例律》"犯罪存留养亲"条规定:"凡犯死罪,非常赦所不原者,而祖父母、父母老疾应侍,家无以次成丁者,开具所犯罪名奏闻,取自上裁。若犯徒流者,止杖一百,余罪收赎,存留养亲。"其中,"余罪收赎"尽管只限于徒流,但却意味着刑罚已经被执行。留养承祀则不仅意味着存留养亲,而且有延续宗祀之意。(因此有学者也直接将留养与承祀分开。参见谢全发:《留养承祀制度初探》,载《重庆教育学院学报》1999年第4期。)又如《清通典》卷八十五《刑六》载:雍正十一年七月,"尚书张照奏准,一夫殴妻死,审无故杀别情者,如家无承祀之人,准留承祀,以枷责完结"。
③ 参见瞿同祖:《中国法律与中国社会》,商务印书馆2010年版,第74页。

以为恻然,可特原之。"①这一案例有权留养亲之意,但更可能是皇帝的临时诏令。到北魏时,孝文帝太和十二年(488年)诏:"犯死罪,若父母、祖父母年老,更无成人子孙,又无期亲者,仰案后列奏以待报,著之令格。"②权留养亲在此时已经被纳入法律而制度化。北魏《法例律》中也明确规定:"诸犯死罪,若祖父母、父母年七十已上,无成人子孙,旁无期亲者,具状上请。流者鞭笞,留养其亲,终则从流。不在原赦之例。"③相比之前的孝文帝诏令,《法例律》对权留养亲的适用条件做了更详细的规定。第一,适用前提是应该被处以死刑与流刑的罪犯,罪犯的祖父母、父母须在七十岁以上,且没有成年子孙和期亲;第二,适用程序根据犯罪应处刑罚的差异而有所不同,犯死罪的需要具状上请由皇帝决断,犯流罪的可能由法官直接裁决;第三,法律效果是罪犯回家奉养其亲,而被暂缓的刑罚将在所奉养之亲死亡后继续执行,同时该罪犯不能成为恩赦的对象。

嗣后,权留养亲为历代多有继承,成为古代影响深远的刑罚执行制度。权留养亲的出现既反映了中国古代恤刑的传统,体现君主的仁厚,又与儒家的孝伦理相合。但在产生根源上,这一制度在很大程度上可能与古代养老制度的变迁有关。在汉代,养老制度相对发达。通过受鬻法、赏赐、减免税赋、王杖制度等,老年人不仅可以得到生活所需的物质资源,而且成为社会尊敬的对象。④但经过汉末与三国两晋南北朝的战乱,养老制度受到很大影响。以北魏为例,孝文帝太和三年(479年)曾经下诏:"昔四代养老,问道乞言。朕虽冲昧,每尚其美。今赐国老各衣一袭,绵五斤,绢布各五匹。"孝文帝虽赐给年老者物资,但却是偶发性的,且直到太和十五年(491年)才又"议养老"。⑤而且从国家能够提供的资源来看,这种养老方式明显不能满足年老者的日常需求。当无法通过国家进行养老时,家庭就是养老责任的主要承担者。因此,通过权留养亲,社会的养老问题得以缓和,皇帝也可以表现自己的宽厚、仁慈,以及对儒家孝伦理的深刻认同。故薛允升曰:"存留养亲,本系悯犯亲之衰老无依,并非谓犯人之情可宽恕也……留养并非古法,不过出于世主一时之意见,后遂奉为成规,盖欲博宽厚之名,一或变更,恐人议其苛刻也。"⑥

六、使父子无异财

在儒家观念中,家庭关系极其重要。家庭是建构伦常秩序的基本场域。只有通过家庭,亲属之间的尊卑关系才能有效建立起来。家庭关系的建立不仅需要抽象的伦理规范,而且依赖实际的物质基础。其中,财产是搭建家庭的基本要素,统一的家庭也就需要统一的财产制度。因此,日本学者滋贺秀三认为:"中国语所提到的家,可以说是

---

① 《太平御览》卷六百四十六《刑法部一二》。
② 《魏书·刑罚志》。
③ 同上。
④ 参见臧知非:《"王杖诏书"与汉代养老制度》,载《史林》2002年第2期。
⑤ 《魏书·高祖纪》。
⑥ (清)薛允升:《唐明律合编》,怀效锋、李鸣点校,法律出版社1999年版,第38—40页。

意味着共同保持家系或家计的人们的观念性或现实性的集团,或者是意味着支撑这个集团生活的财产总体的一个用语。"①当儒家理念逐渐成为社会主流价值时,家庭统一性就成为法律重点保护的内容,财产的统一性也自在其中。

先秦时期,同居共财是财产制度的常态,只是到春秋战国尤其战国时期,随着大家庭的瓦解,同居共财才逐渐遭受影响。② 在战国末期,出于鼓励耕战的需要,秦国商鞅在变法中开始强制推行"异子之科"。《史记·商君列传》载商鞅规定:"民有二男以上不分异者,倍其赋。"实际上不仅法律强制分家,而且即使在不分家情况下,同居父子所采取的也是异财制度。③ 异子分家的制度,也被汉代继承。张家山汉简《二年律令·户令》载:"寡夫、寡妇毋子及同居,若有子,子年未盈十四,及寡子年未盈十八,及夫妻皆癃病,及老年七十以上,毋异其子;今毋它子,欲令归户入养,许之。"④从"毋异其子""欲令归户入养"等可以判断,除特殊情况外,汉初继承了秦朝"异子之科"的制度。⑤但随着儒家观念逐渐成为国家、社会的主流理念,这一制度受到冲击。《汉书·元帝纪》载:"(汉元帝初元五年)令从官给事宫司马中者,得为大父母、父母、兄弟通籍。"在该事件中,皇帝通过诏令准许从官给事宫司马中等官员与祖父母、父母同居。尽管法律规范的对象有限,仍然可见儒家同居共财理念对法律的影响。至东汉末,蔡邕"与叔父从弟同居,三世不分财,乡党高其义"⑥。同财共居已得到社会认可。

曹魏上承东汉的理念,并从制度上加以肯定,《新律》明确规定:"除异子之科,使父子无异财也。"⑦对此可能有两种理解:第一,这是一条规则,仅仅废除异子之科,这样的客观结果是父子无异财,但这未必是国家强制要求的;第二,这是两条规则,法律不仅废除异子之科,而且禁止父子异财。如何来理解这条规定尚需佐证。西晋初年曾经发生过一个很有名的案件。《晋书·庾纯传》载,贾充与庾纯交恶,因此贾充"又以纯父老不求供养,使据礼典正其臧否"。庾纯的父亲不求庾纯供养,这说明庾纯的财产并不能由其父亲支配。而且,司马攸提出:"凡断正臧否,宜先稽之礼、律。八十者,一子不从政;九十者,其家不从政。新令亦如之。按纯父年八十一,兄弟六人,三人在家,不废侍养。纯不求供养,其于礼、律未有违也。"这说明父子异财并不为法律所禁止。因此,当时"使父子无异财"可能尚未成为法律规范。不过无论哪一种解释,都意味着同居共财已经成为法律的价值取向。其后,别籍异财逐渐成为法律禁止的事项。如《晋书·殷仲

---

① 〔日〕滋贺秀三:《中国家族法原理》,张建国、李力译,法律出版社 2003 年版,第 42 页。
② 参见尹成波:《从异子之科到禁止别籍异财》,浙江大学 2009 年博士学位论文。
③ 参见〔日〕堀敏一:《论中国古代家长制的建立和家庭形态》,周东平译,载《中国社会经济史研究》1991 年第 4 期。
④ 张家山二四七号汉墓竹简整理小组编著:《张家山汉墓竹简[二四七号墓]》(释文修订本),文物出版社 2006 年版,第 55 页。
⑤ 参见杨振红:《从出土秦汉律看中国古代的"礼"、"法"观念及其法律体现——中国古代法律之儒家化说商兑》,载《中国史研究》2010 年第 4 期。
⑥ 《后汉书·蔡邕传》。
⑦ 《晋书·刑法志》。

堪传》载:"以异姓相养,礼律所不许,子孙继亲族无后者,唯令主其蒸尝,不听别籍以避役也。"《魏书·酷吏·崔暹传》载:"(崔暹)坐遣子析户,分隶三县,广占田宅,藏匿官奴,障各陂苇,侵盗公私,为御史中尉王显所弹,免官。"无论是"不听别籍以避役"还是"坐遣子析户",这些都说明禁止别籍异财的法律化程度在不断提高。① 到唐律,禁止别籍异财完全定型。

第四节 刑 事 法 律

三国两晋南北朝时期,刑事法律作为主要的法律部门,正发生着不同于秦汉律的显著变化,且呈现双重性。一方面,秦汉法律制度犹有余威,旧法统仍然影响着此时的刑事法律制度;另一方面,新的法律观念和制度也不断出现和完善,奠基了嗣后成熟的隋唐刑事法律制度。这种双重性是秦汉律到隋唐律过渡期的重要体现,具体表现在肉刑存废、赎刑的变化、中古五刑初创、连坐范围缩小等方面。这些内容从刑罚方面反映出传统刑事法律的文明化过程。尽管这一时期战乱频仍,但政治、法律文明进步的总方向并没有改变。

一、肉刑存废之争

废除肉刑、实行自由刑是法律文明化的重要标志。自汉代文、景二帝之后,废除肉刑已成为中国传统刑事法律发展难以逆转的趋势。但法律上废除了肉刑并不意味着主张肉刑的社会观念会彻底消失。尤其在频遭动荡的三国两晋南北朝时期,肉刑存废之争也最为激烈。从汉末曹操掌权的汉献帝建安十三年(208年)到东晋桓玄辅政的晋安帝元兴末年(404年),是否应该恢复肉刑的争论就有八次之多。② 甚至十六国中的南燕慕容超也曾下令恢复肉刑,只是终因臣下多反对而作罢。

作为一种刑罚,肉刑的功能主要是一般预防与特别预防。当新刑罚体系无法有效地实现这两大功能时,肉刑作为刑罚工具的作用就凸显出来。故肉刑存废之争是秦汉刑罚尚未完全过渡到中古五刑的必然反映。特种刑罚的制定与废止,有一个适应过程,直接的行政命令无法完全否定其存在基础,因此需要经过反复的讨论。肉刑存废之争不仅是刑事法律制度的重要体现,也是中国古代立法制度的反映。

为论证肉刑废止的合理与否,辩论双方主要从理念与实践两个方面展开。理念上,争论焦点是肉刑究竟是否为圣人所制。至少从荀子开始,圣人制肉刑的观念就成为肉刑正当性的辩护理由。《荀子·正论》云:"杀人者死,伤人者刑,是百王之所同也,未有知其所由来者也。"此处的"刑"就是肉刑。③ 班固继承这一观念,《汉书·刑法志》

---

① 从这些案件来看,法律禁止别籍异财,可能还有其他原因,如防止规避赋役、多占田宅等。
② 参见薛菁:《魏晋南北朝刑法体制研究》,福建人民出版社2006年版,第60—65页。
③ 征诸前后文,荀子所说的"刑"指的是肉刑。而以刑罪指代肉刑直到秦汉律中仍旧是如此。参见〔日〕冨谷至:《秦汉刑罚制度研究》,柴生芳、朱恒晔译,广西师范大学出版社2006年版,第9页。

引荀子称:"禹承尧舜之后,自以德衰而制肉刑,汤武顺而行之者,以俗薄于唐虞故也。"这些观念成为三国两晋南北朝时期支持肉刑的理论来源。如钟繇提出:"大魏受命,继踪虞、夏。孝文革法,不合古道。"①他认为汉孝文帝废除肉刑有悖古道,而恢复肉刑是效法虞、夏的做法。但这种理论也容易遭受挑战。《尚书·吕刑》载:"苗民弗用灵,制以刑,惟作五虐之刑,曰法。杀戮无辜,爰始淫为劓、刵、椓、黥。"反对者遂借这部儒家经典否定肉刑为古制之说。如曹魏尚书丁谧针对《尚书·吕刑》的这一说法称:"按此肉刑在于蚩尤之代,而尧、舜以流放代之,故黥、劓之文不载唐、虞之籍,而五刑之数亦不具于圣人之旨也。"②

在实践上,肉刑存废之争主要有三个焦点:第一,肉刑是否可以缓和死刑、有助于增加人口;第二,肉刑是否足以止奸;第三,刑罚制度轻重衔接的合理与否。

在第一个问题上,肉刑支持者认为可以用肉刑替代部分死刑,这不仅符合仁道观念,而且有助于增加人口。如钟繇提出:"若今蔽狱之时,讯问三槐、九棘、群吏、万民,使如孝景之令,其当弃市,欲斩右趾者许之。其黥、劓、左趾、宫刑者,自如孝文,易以髡、笞。能有奸者,率年二十至四五十,虽斩其足,犹任生育。今天下人少于孝文之世,下计所全,岁三千人。"③卫展也称:"古者肉刑,事经前圣,汉文除之,增加大辟。今人户凋荒,百不遗一,而刑法峻重,非句践养胎之义也。愚谓宜复古施行,以隆太平之化。"④但肉刑反对者提出肉刑不仅会使异国之人不敢归附,而且有伤仁道。如王朗提出:"前世仁者,不忍肉刑之惨酷,是以废而不用。不用已来,历年数百。今复行之,恐所减之文未彰于万民之目,而肉刑之问已宣于寇雠之耳,非所以来远人也。"⑤由于仁道理念的弹性,无论支持者还是反对者都可以从中获取理论资源。至于是否能增加人口,不同立场的人从生育、迁移等角度也各有看法。

在第二个问题上,肉刑支持者认为当时犯罪率高的原因在于刑罚威慑力不足,而肉刑可以对潜在犯罪群体形成威慑,有利于降低犯罪率。如陈群主张:"若用古刑,使淫者下蚕室,盗者刖其足,则永无淫放穿窬之奸矣。夫三千之属,虽未可悉复,若斯数者,时之所患,宜先施用。"⑥刘颂提出:"今死刑重,故非命者众;生刑轻,故罪不禁奸。所以然者,肉刑不用之所致也。"⑦但肉刑反对者认为,以肉刑作为部分死刑的替代刑是否有效要考虑时代差异,在犯罪多发的时代重置肉刑以减少死刑,只会导致人们因为刑罚的减轻而轻易犯罪,同时随着犯罪者的增多,人们也会不以为耻。如周顗、曹彦、桓彝等提出:"肉刑平世所应立,非救弊之宜也。方今圣化草创,人有余奸,习恶之徒,为非未已,截头绞颈,尚不能禁,而乃更断足劓鼻,轻其刑罚,使欲为恶者轻犯宽刑,

---

① 《三国志·魏书·钟繇传》。
② 《通典》卷一百六十八《刑法六·肉刑议》。
③ 《三国志·魏书·钟繇传》。
④ 《晋书·刑法志》。
⑤ 《三国志·魏书·钟繇传》。
⑥ 《三国志·魏书·陈群传》。
⑦ 《晋书·刑法志》。

蹈罪更众,是为轻其刑以诱人于罪,残其身以加楚酷也。"①

在第三个问题上,自文景改革刑制后,新刑罚梯度的轻重衔接合理与否就颇有争议。肉刑支持者认为,取消肉刑后,死刑与生刑之间的落差过大。如班固"深论其事,以为外有轻刑之名,内实杀人。又死刑太重,生刑太轻,生刑纵于上,死刑怨于下,轻重失当,故刑政不中也。"②仲长统在《昌言·损益篇》中也言:"肉刑之废,轻重无品,下死则得髡钳,下髡钳则得鞭笞。死者不可复生,而髡者无伤于人。髡笞不足以惩中罪,安得不至于死哉!"③前揭刘颂也认为死刑重而生刑轻。他们对新刑罚设计中梯度缺陷的批评有其道理,但由此主张恢复落后的肉刑则不可取。因为即使号称"千古之仁政"的新刑罚制度,也难免存在弊病,完全可以通过不断改进而得以克服,不应简单否定,连婴儿带洗澡水一起倒掉。何况肉刑具有严重的标签作用,正如孔融指出的,"被刑之人,虑不念生,志在思死,类多趋恶,莫复归正。"④肉刑者难以使受刑人重新社会化的副作用,和文景改刑制"开改恶之路"的功绩,必须被正视。

尽管不乏支持者,争论也很多,但肉刑最终没有被恢复。从这些争论中可以明显看出,肉刑废除后,替代出现的刑罚体系"轻重无品",死刑与生刑的衔接存在问题。刑种之间只有层次清晰、梯度合理、衔接紧密,才能疏密有致,发挥应有功能,否则其威慑功能将会大打折扣,最终影响到社会秩序。肉刑支持者为填补这种衔接失当问题,把肉刑作为重要工具再次祭出。但因肉刑自身存在巨大瑕疵,无论从儒家伦理出发,还是诉诸一般人的感受,已经很难为社会所接受,君主也不愿背负"无德"恶名。因此,肉刑存废之争本质上是当时的刑罚制度存在缺陷的反映,而当肉刑支持者有心却无力弥补这一缺陷时,新刑罚体系的出现就产生必要性,这也是中古五刑之所以出现的客观需求。

二、赎刑的变化

在刑罚发展史上,三国两晋南北朝是中古五刑形成的关键时期,该时期上承繁杂多元的秦汉刑罚体系,下启轻简有序、层次分明的隋唐五刑体系。秦汉刑罚包括财产刑、肉刑、徒刑、死刑等,不同刑种又有繁杂的执行方式;隋唐五刑则由笞、杖、徒、流、死组成,每一刑种又由轻重有序的固定刑等构成。从秦汉刑罚制度过渡到中古五刑,其间主要有两个变化:第一,财产刑从主刑体系中剥离;第二,笞、杖、流进入主刑体系。对于前者而言,标志性的财产刑就是赎刑。从秦汉时期的赎刑到隋唐时期的赎刑,两者发生根本性变化,三国两晋南北朝是发生变化的关键转折点。

赎刑在我国出现甚早。《尚书·舜典》有"金作赎罪",《史记·五帝本纪》集解引马融称:"意善功恶,使出金赎罪,坐不戒慎者。"《尚书·吕刑》载:"吕命穆王,训夏赎刑,作《吕刑》。"又曰:"两造具备,师听五辞。五辞简孚,正于五刑。五刑不简,正于五罚。

---

① 《晋书·刑法志》。
② 同上。
③ 《后汉书·仲长统传》。
④ 《晋书·刑法志》。

五罚不服,正于五过。"孔颖达正义曰:"五刑之辞不如众所简核,不合入五刑,则正之于五罚,罚谓取其赎也。"按照这些记载,赎刑最晚到西周就已经出现,并被作为过失犯罪的替代性刑罚。不过由于缺乏更多文献支撑,这些说法是否可靠,值得商榷。更确定的赎刑记载主要在秦汉时期。

秦汉的赎刑有独立赎刑和附属赎刑两种形态。① 第一,作为独立刑罚,赎刑是一种财产刑。张家山汉简《二年律令·告律》规定:"告不审及有罪先自告,各减其罪一等,死罪黥为城旦舂,城旦舂罪完为城旦舂,完为城旦舂罪,鬼薪白粲及腐罪耐为隶臣妾,耐为隶臣妾罪耐为司寇,司寇、迁及黥颜頯罪赎耐,赎耐罪罚金四两,赎死罪赎城旦舂,赎城旦舂罪赎斩,赎斩罪赎黥,赎黥罪赎耐,耐罪金四两罪罚金二两,罚金二两罪罚金一两。"②按照减罪一等以及刑等之间的衔接可见,这条规则构成两个刑罚体系:首先,死罪、黥城旦舂、[完城旦舂、鬼薪白粲、腐罪]③、耐隶臣妾、[司寇、迁、黥颜]、赎耐、罚金构成死刑、肉刑、劳役刑、财产刑体系;其次,赎死、赎城旦舂、赎斩、赎黥、赎耐、耐罪金四两、罚金二两、罚金一两构成单纯的财产刑体系。④ 第二,作为附属刑罚,赎刑是特定情况下的替代性惩罚措施。如张家山汉简《二年律令·贼律》规定:"贼杀伤父母,牧杀父母,殴詈父母,父母告子不孝,其妻子为收者,皆锢,令毋得以爵偿、免除及赎。"⑤就该条规定来看,侵害父母的行为不能被赎,反过来也即一般的行为可以被赎。但需要注意的是,这里的赎是用爵赎而不是用财产赎。⑥ 因此,秦汉时期的赎刑既包括作为财产刑的独立赎刑,也包括作为爵的功能的附属赎刑。

作为财产刑的赎刑在秦汉之后继续存在,且这种赎刑在主刑体系中占据重要地位。在三国两晋南北朝的初期,赎刑仍然作为财产刑存在于主刑体系中。如《晋书·刑法志》载曹魏律:"其死刑有三,髡刑有四,完刑、作刑各三,赎刑十一,罚金六,杂抵罪七,凡三十七名,以为律首。"这种赎刑应当就是作为财产刑的赎刑,这就使得死

---

① 参见韩树峰:《汉魏法律与社会》,社会科学文献出版社 2011 年版,第 26 页。
② 张家山二四七号汉墓竹简整理小组编著:《张家山汉墓竹简[二四七号墓]》(释文修订本),文物出版社 2006 年版,第 26 页。
③ 这三者在该条中大约被视为同一刑等。按照宫宅洁的研究,城旦舂与鬼薪白粲等相似,但适用对象不同,后者多适用于特权阶层。参见〔日〕宫宅洁:《中国古代刑制史研究》,杨振红等译,广西师范大学出版社 2016 年版,第 82—88 页。本条的鬼薪白粲与腐罪可能是类似性质。不过,《二年律令·具律》另一条,将腐作为斩右趾的递进式刑罚。因此,秦汉可能有不同类型的腐。
④ 张家山汉简《二年律令·具律》规定:"赎死,金二斤八两。赎城旦舂、鬼薪白粲,金一斤八两。赎斩、府(腐),金一斤四两。赎劓、黥,金一斤。赎耐,金十二两。赎迁,金八两。"参见张家山二四七号汉墓竹简整理小组编著:《张家山汉墓竹简[二四七号墓]》(释文修订本),文物出版社 2006 年版,第 25 页。由此可见,上文所引《二年律令·告律》的第二个刑罚体系基本上都有对应的金额,由此形成二斤八两、一斤八两、一斤四两、一斤、十二两(缺赎迁的八两,疑为漏写)、四两、二两、一两的罚金体系。
⑤ 张家山二四七号汉墓竹简整理小组编著:《张家山汉墓竹简[二四七号墓]》(释文修订本),文物出版社 2006 年版,第 14 页。
⑥ 参见韩树峰:《汉魏法律与社会》,社会科学文献出版社 2011 年版,第 34—35 页。当然在秦汉时期还有具有一定特色的以钱赎刑的方式。如《汉书·贡禹传》载汉武帝时"用度不足,乃行一切之变,使犯法者赎罪。"尽管皇帝诏令中存在钱赎,但这些都并不是恒定性法律规范。

刑、髡刑、完刑、作刑、赎刑构成曹魏律的类五刑体系。① 晋律虽然对魏律刑制改动很大,但却保留了死罪、耐罪以及赎罪三大类。② 这种类五刑体系具有鲜明的过渡性色彩,与后来的中古五刑存在巨大差异,即保留了赎刑这种财产刑。新五刑体系的出现,需要将财产刑剥离出去。

发生重要变化的时期在南朝萧梁。《隋书·刑法志》载梁律:"其制刑为十五等之差:弃市已上为死罪,大罪枭其首,其次弃市。刑二岁已上为耐罪,言各随伎能而任使之也。有髡钳五岁刑笞二百,收赎绢,男子六十匹。又有四岁刑,男子四十八匹。又有三岁刑,男子三十六匹。又有二岁刑,男子二十四匹。罚金一两已上为赎罪。赎死者金二斤,男子十六匹。赎髡钳五岁刑笞二百者,金一斤十二两,男子十四匹。赎四岁刑者,金一斤八两,男子十二匹。赎三岁刑者,金一斤四两,男子十匹。赎二岁刑者,金一斤,男子八匹。罚金十二两者,男子六匹。罚金八两者,男子四匹。罚金四两者,男子二匹。罚金二两者,男子一匹。罚金一两者,男子二丈。女子各半之。五刑不简,正于五罚,五罚不服,正于五过,以赎论,故为此十五等之差。"这段记载包含着梁朝的两类刑罚体系:第一,正刑体系,包括死罪(枭首、弃市)、髡钳五岁刑笞二百、髡钳四岁刑、髡钳三岁刑、髡钳二岁刑、赎死、赎髡钳五岁刑、赎髡钳四岁刑、赎髡钳三岁刑、赎髡钳二岁刑、罚金十二两、罚金八两、罚金四两、罚金二两、罚金一两;第二,收赎体系,除死刑外,其他所有正刑刑等都有对应的赎的金额,也即男子六十匹、男子四十八匹、男子三十六匹、男子二十四匹、男子十六匹、男子十二匹、男子十匹、男子八匹、男子六匹、男子四匹、男子二匹、男子一匹、男子二丈等(女子减半)与正刑直接对应。如果说作为主刑的赎死也可以再赎,这只能说明梁律中有两种赎刑,一种是作为财产刑的赎罪,另一种是作为替代刑罚的收赎。正是作为财产刑的赎罪消失,作为替代刑罚的收赎出现,中古五刑才真正建立起来。梁律恰恰体现出这种过渡时期的特征。

梁律之后采取赎刑与收赎并存体系的还有北周律。北周律的刑制是,主刑体系由死刑、流刑、徒刑、鞭刑、杖刑、赎死刑、赎流刑、赎徒刑、赎鞭刑、赎杖刑组成;每个主刑又各有以中绢为计量单位的收赎体系。《隋书·刑法志》称:"(北周律)其大略滋章,条流苛密,比于齐法,烦而不要。"这一说法切中其弊。相比之下,北齐律的主刑体系则由死刑、流刑、徒刑、鞭刑、杖刑组成,每个主刑又有对应的以中绢为计量单位的收赎体系。如果说梁律、北周律都还是双重赎刑体系,北齐律则已经变成单行收赎体系,赎刑消失。此后的隋唐律多继承北齐律,自秦汉以来的财产刑遂从主刑体系中消失。

---

① 参见韩国磐:《中国古代法制史研究》,人民出版社1993年版,第254页。也有学者根据这段记载认为,魏律有死刑、髡刑、完刑、作刑、赎刑、罚金、杂抵罪等七种刑罚,而不止有五刑。参见倪正茂等:《中华法苑四千年》,群众出版社1987年版,第288页。但据《唐六典》卷六《尚书刑部》载:"(晋律)又有杂抵罪罚金十二两、八两、四两、二两、一两之差。弃市以上为死罪,二岁刑以上为耐罪,罚金一两以上为赎罪。"也就是说,晋律中的杂抵罪实际是以罚金为处罚手段,而罚金在理念上又被认为可以归类为赎罪。根据魏晋律之间的内在关联性,罚金与杂抵罪应该不能被认为是独立的刑罚方式。

② 参见张建国:《魏晋五刑制度略论》,载《中外法学》1994年第4期。不过,他显然认为魏晋赎罪是作为附属刑罚而存在,这是可商榷的。

三、中古五刑的初创

在古代刑制中,以隋唐律为代表的中古五刑是中国刑罚史上的成熟之作。从宏观上来看,五刑说上承先秦法律理想中的五刑观念。《论衡·谢短篇》云:"唐、虞时,唐、虞之刑五刑,案今律无五刑之文。"秦汉并非五等刑制,隋唐律虽承其而来,但却与之有别。隋唐五刑上承先秦理想,下受曹魏"更依古义制为五刑"①新制设计的影响。三国两晋南北朝时期则是中古五刑制度的初创时期。② 从微观上看,中古五刑的形成需要财产刑的剥离,也需要其他刑种的进入,同时既有的刑种也逐渐发生变化。一方面,中古五刑中的多样刑种在秦汉已经出现,经过三国两晋南北朝的发展,它们逐渐成为主刑或者主刑的主要执行方式。另一方面,在笞、杖、徒、流、死的中古五刑体系中,笞、杖、流在三国两晋南北朝时期进入主刑体系,徒刑逐渐稳定为一年至五年的刑期体系,死刑则形成以绞、斩为主的结构体系方式。

第一,死刑逐渐定型。秦汉时期的死刑有"腰斩""磔""弃市""枭首"等多种类型,三国两晋南北朝时的死刑类型则趋向简化。《晋书·刑法志》载曹魏律"其死刑有三",又载《泰始律》"死刑不过三"。晋的刑罚制度对曹魏多有继承,故魏晋的三种死刑类型可能是相同的。《晋书·刑法志》载张斐《注律表》称:"枭首者恶之长,斩刑者罪之大,弃市者死之下"。《唐六典》卷六《尚书刑部》载《泰始律》"其刑名之制,大辟之刑有三:一曰枭,二曰斩,三曰弃市。"由此可知,魏晋的死刑可能是枭首、斩刑、弃市。又根据《晋书·刑法志》载,曹魏律中"但以言语及犯宗庙园陵,谓之大逆无道,要斩"。曹魏斩刑的执行方式大概是腰斩。③ 那么,弃市就有可能是以斩首为执行方式。④ 到南北朝时期,南朝与北朝分别为隋唐绞、斩二等的死刑体系贡献了不同方面。其一,南朝的死刑类型收缩为两种。如《隋书·刑法志》载梁律"弃市已上为死罪,大罪枭其首,其次弃市。"而北魏初年虽曾定死刑为斩、绞两种,但北朝多数时期死刑为三至五种不等。其二,北朝的死刑纳入绞为执行方式之一。《魏书·刑罚志》载北魏太武帝命崔浩定律令:"分大辟为二科:死,斩;死,入绞。"可见,北魏初年,法定死刑类型只有斩、绞两种。但《魏书·刑罚志》载:"高祖(北魏孝文帝)驭宇,留心刑法。故事,斩者皆裸形伏质,入死者绞,虽有律,未之行也。"北魏太武帝将绞首作为死刑类型的规定没有得到落实。到太和元年,司徒元丕建议:"大逆及贼各弃市袒斩,盗及吏受赇各绞刑,踣诸甸师。"《魏书·高祖纪》载:"(太和元年七月)庚子,定三等死刑。"至少到北魏孝文帝太和元年

---

① 《晋书·刑法志》。
② 参见薛菁:《魏晋南北朝刑法体制研究》,福建人民出版社2006年版,第211页。
③ 程树德采此说。参见程树德:《九朝律考》,中华书局1963年版,第200页。冨谷至则认为魏晋时期只有腰斩与弃市(斩首)两种刑罚。参见〔日〕冨谷至:《从终极的肉刑到生命刑——汉至唐死刑考》,周东平译,载范忠信、陈景良主编:《中西法律传统》(第七卷),北京大学出版社2009年版,第25—26页。
④ 参见〔日〕冨谷至:《从终极的肉刑到生命刑——汉至唐死刑考》,周东平译,载范忠信、陈景良主编:《中西法律传统》(第七卷),北京大学出版社2009年版,第24页。但根据《晋书·刑法志》所见东晋时期肉刑存废之争中有"截头绞颈,尚不能禁"说法,沈家本认为弃市实际以绞首为执行方式。参见(清)沈家本:《历代刑法考》,邓经元、骈宇骞点校,中华书局1985年版,第135页。

(477年),绞首作为死刑类型开始进入实践。此时北魏的死刑种类有三种。其后,北齐、北周的死刑种类有四五种不等。北齐死刑为辕、枭首、斩、绞;北周则为磬、绞、斩、枭、裂。隋唐律中的死刑体系应该是综合南北朝制度而形成的。

第二,流刑在北魏律中正式进入主刑体系。类似流刑的迁徙刑在我国古代出现得很早,如秦汉的迁刑。但流刑经过很长时期才进入主刑体系。北朝在流刑主刑化的历史上居功至伟。《魏书·刑罚志》载北魏《贼律》规定:"谋杀人而发觉者流,从者五岁刑;已伤及杀而还苏者死,从者流;已杀者斩,从而加功者死,不加者流。"到北魏,流刑业已成为死刑与五岁徒刑之间的主刑,缓解了生刑与死刑的梯度落差。不过此时的流刑是否分等并不清楚。到北周时期,流刑已分等。《隋书·刑法志》载,北周《大律》"五刑之属各有五,合二十五等",其中"流刑五,流卫服,去皇畿二千五百里者,鞭一百,笞六十。流要服,去皇畿三千里者,鞭一百,笞七十。流荒服,去皇畿三千五百里者,鞭一百,笞八十。流镇服,去皇畿四千里者,鞭一百,笞九十。流蕃服,去皇畿四千五百里者,鞭一百,笞一百。"相比之下,北齐律虽然也有流刑,但并未分等。流刑也出现在南朝。《隋书·刑法志》载梁武帝天监三年(504年),一个叫任提女的人,因拐卖人口被判处死刑。在被询问是否服判(乞鞫)的司法程序环节,她的儿子赞同其有罪,因此被梁武帝判处了"流于交州"之刑。不过,这种法外用刑是否会影响到成文立法,并不确定。

第三,徒刑的独立性进一步增强,并且刑等逐渐定型。在秦及汉初,劳役刑(也即徒刑)多与肉刑并处,但汉文帝废除肉刑后,劳役刑开始具有独立性。不过髡钳等作为肉刑象征仍与徒刑交织在一起。如曹魏律的徒刑有三种,其中"髡刑四"可能是钛右趾髡钳五岁刑、钛左趾髡钳五岁刑、髡钳五岁刑笞一百、髡钳五岁刑;而完刑作为徒刑的独立性更明确,可能是四岁刑、三岁刑、二岁刑;作刑则可能是一岁刑、半岁刑与百日刑。①整体上看,魏律中的徒刑与髡钳等仍有联系,表现得颇为复杂。到晋律,《唐六典》卷六《尚书刑部》载《泰始律》:"髡刑有四:一曰髡钳五岁刑笞二百;二曰四岁刑;三曰三岁刑;四曰二岁刑。"此外不再有徒刑,徒刑呈现简化趋势,且与髡钳等的关系进一步削弱。嗣后,这些简化趋势在南北朝都有所体现,其中南朝的徒刑体系对晋律的继承性更强。据《隋书·刑法志》的记载,梁律的徒刑仍沿用《泰始律》的髡刑四等制度,但到陈律,徒刑增加了一岁刑而变成五等。北朝的徒刑体系略有不同。北魏时已有徒刑,如《魏书·刑罚志》载北魏《盗律》别条规定:"卖子孙者,一岁刑。"此外,还有四岁刑、五岁刑等。随着北魏律的发展,其可能形成一岁到五岁的刑等。嗣后的北齐律与北周律,徒刑刑等逐渐清晰。《隋书·刑法志》载北齐律:"三曰刑罪,即耐罪也。有五岁、四岁、三岁、二岁、一岁之差。凡五等。"将徒刑称为刑罪或耐罪,说明北齐律中徒刑被认为与肉刑仍有内在勾连,但五等徒刑制度初具规模。《隋书·刑法志》载北周律:"三曰徒刑五,徒一年者,鞭六十,笞十。徒二年者,鞭七十,笞二十。徒三年者,鞭八

---

① 参见张建国:《魏晋五刑制度略论》,载《中外法学》1994年第4期。

十,笞三十。徒四年者,鞭九十,笞四十。徒五年者,鞭一百,笞五十。"即北周律中,徒刑的名称最后定型,而且五等制度初步成熟。不过北周律的徒刑制度仍与鞭、笞关系密切,并非独立适用,但也与髡剥离,表明了时代特征。总之,从南北朝时期的徒刑发展来看,徒刑的名称、独立适用、五等制度正在逐渐形成,任何单独朝代都没有形成犹如隋唐律中徒刑的定型,这还有待于隋律的创制。

第四,杖刑从北周律正式进入主刑体系。杖刑进入五刑体系是中古五刑的重要变化之一。唐虞世南《北堂书钞·刑法部下》"杖刑六"认为鞭、扑是杖刑的源流。这一观点也为近现代学者所认同,如沈家本认为:"扑即今之笞杖,三代以上不在五刑之列,惟学校典礼诸事用之,所谓教训之刑也。"①现代学者则总结道:"笞杖鞭不分,均源于鞭扑薄刑。"②简言之,在先秦以来的法律思想中,鞭扑主要作为教育手段适用于家、学校等领域。杖刑作为执行鞭扑的手段并未适用于实施刑罚的场合。到东汉时期,杖作为惩罚性的工具逐渐显示出独立功用。如《后汉纪·孝顺皇帝纪》载:"明帝时政严事峻,九卿皆鞭杖。"虽然这属于法外刑,但杖开始作为常用惩罚工具发挥更大作用。三国两晋南北朝时期,杖刑逐渐成型并进入主刑体系。首先,三国两晋南北朝时期鞭刑开始大量出现。如《晋书·刑法志》载:"魏明帝改士庶罚金之令,男听以罚金,妇人加笞还从鞭督之例,以其形体裸露故也。"《魏书·刑罚志》载道武帝时期:"当刑者赎,贫则加鞭二百。"《隋书·刑法志》载梁律:"制九等之差:有一岁刑,半岁刑,百日刑,鞭杖二百,鞭杖一百,鞭杖五十,鞭杖三十,鞭杖二十,鞭杖一十。"在鞭杖不分的情况下,鞭刑或鞭杖刑的大量适用意味着杖刑的扩张和法定化。其次,完全独立的杖刑开始出现。鞭、杖混同的情况逐渐被鞭、杖分离所取代,两者分离的前提必然是杖刑独立性的增强。如《晋书·刑法志》载《泰始律》:"轻过误老少女人,当罚金杖罚者,皆令半之。"再次,鞭、杖实现彻底分离,并且主刑化。鞭杖一体的情况逐渐演变为鞭、杖刑罚分离的局面。这种情况最终在北朝出现。如北齐律的刑罚制度中鞭、杖明确作为两种刑罚出现,且各以五等刑差成为主刑。北周律也是如此。最后,到隋律时,鞭刑在主刑中消失,杖刑成为原有鞭杖刑演化后的主要形态。

第五,笞刑逐渐成为刑制中的常见刑种。从前引沈家本的观点来看,笞刑也被认为是从鞭、扑中分化出来的。但笞刑独立的时间远比杖刑为早。秦汉时期,笞刑就已经成为法定刑,但适用范围相对较窄。如睡虎地秦墓竹简《秦律十八种·司空》规定:"城旦舂毁折瓦器、铁器、木器,为大车折輮,辄笞之。"③又如张家山汉简《二年律令·行书律》规定:"邮人行书,一日一夜行二百里。不中程半日,笞五十;过半日至盈一日,笞百;过一日,罚金二两。"④在汉文帝废除肉刑后,笞刑的地位上升,成为重要刑种。

---

① (清)沈家本:《历代刑法考》,邓经元、骈宇骞点校,中华书局1985年版,第357页。
② 李宜霞:《杖刑源流论考》,载《湖南科技大学学报(社会科学版)》2005年第6期。
③ 睡虎地秦墓竹简整理小组编:《睡虎地秦墓竹简》,文物出版社1990年版,第53页。
④ 张家山二四七号汉墓竹简整理小组编著:《张家山汉墓竹简[二四七号墓]》(释文修订本),文物出版社2006年版,第46页。

但笞刑的主刑地位并未就此完全确立,此时的笞刑是与徒刑同时适用的。① 此后相当长的一段时间内,笞刑的这一地位并未改变。如据前揭《唐六典·尚书刑部》的记载,《泰始律》中的髡钳五岁刑要附加笞二百。魏晋刑制多有所同,曹魏律极有可能也是徒刑附加笞刑。南朝梁律实际上也是如此,《隋书·刑法志》载梁律:"有髡钳五岁刑笞二百。"相比较南朝,北朝的笞刑适用更为广泛,成为刑制中的常见刑种。它也主要作为主刑附加刑出现,但所附加的主刑范围较北朝为广。如在北齐律中,笞刑附加流刑与刑罪适用,北周律亦如之。可见从秦汉到三国两晋南北朝,笞刑的地位逐渐提高,但并未摆脱附加刑的地位,直到隋律它才成为独立主刑。

与隋唐完全相同的中古五刑在三国两晋南北朝时候尚未出现,但其基本要素已经具备。尤其是北朝刑制中,北齐的杖、鞭、刑、流、死,北周的杖、鞭、徒、流、死,已经与隋唐五刑相差无几。一旦作为附加刑的笞成为独立主刑并取代鞭刑,笞、杖、徒、流、死的五刑结构就完备了。再加上刑等的完善,中古五刑到隋律定型。

四、优待出嫁女,缩小连坐范围

在传统刑法制度中,连坐是重要一环。自连坐出现以来,族刑就受到儒家知识分子的批判。② 如《孟子·梁惠王下》称:"昔者文王之治岐也……罪人不孥。"《盐铁论·周秦》亦称:"《春秋传》曰:'子有罪,执其父。臣有罪,执其君,所失之大者也。'今以子诛父,以弟诛兄,亲戚相坐,什伍相连,若引根本之及华叶,伤小指之累四体也。如此,则以有罪反诛无罪,无罪者寡矣。"但无论儒法,其思想理念中又都有支持连坐的因素。因此,自秦汉时期法定化后,虽几经废立,连坐的基本发展趋势是缩而不废。亦即连坐持续存在,只是连坐范围呈现限缩趋势。在三国两晋南北朝时期,这一趋势最明显地体现在出嫁女连坐与否的问题上。

在秦汉时期,连坐(主要是家族内的连坐)范围主要包括父母、妻子儿女、同产。其中,"对于出嫁女,收孥时不收。但父族家族坐重事,应该会诛及已出之女。"③例如《后汉书·明帝纪》载:"(中元十六年)诏令郡国中都官死罪系囚减死罪一等,勿笞,诣军营,屯朔方、敦煌;妻子自随,父母同产欲求从者,恣听之;女子嫁为人妻,勿与俱。谋反大逆无道不用此书。"这意味着,除了在谋反大逆无道等严重犯罪中,东汉时已出嫁之女在一般情况下已经不再成为连坐对象。三国两晋南北朝初期仍然如此。《晋书·刑法志》载:"是时魏法,犯大逆者诛及已出之女。"因为"毌丘俭案"的契机,程咸提出:"大魏承秦汉之弊,未及革制,所以追戮已出之女,诚欲殄丑类之族也。然则臣以为女人有三从之义,无自专之道,出适他族,还丧父母,降其服纪,所以明外成之节,异在室之恩。而父母有罪,追刑已出之女;夫党见诛,又有随姓之戮。一人之身,内外受辟。今女既嫁,则为异姓之妻;如或产育,则为他族之母。此为元恶之所忽,戮无辜之所重。于防

---

① 参见闫晓君:《汉初的刑罚体系》,载《法律科学》(西北政法学院学报)2006年第4期。
② 参见马作武:《族刑论》,载《法学评论》1997年第4期。
③ 贾丽英:《秦汉家族犯罪研究》,人民出版社2010年版,第264页。

则不足惩奸乱之源,于情则伤孝子之心。男不得罪于他族,而女独婴戮于二门,非所以哀矜女弱,蠲明法制之本分也。臣以为在室之女,从父母之诛;既醮之妇,从夫家之罚。宜改旧科,以为永制。"他主要有两个重要论点:第一,女性的附属地位随着出嫁已经发生改变;第二,连坐出嫁之女是使其腹背受罪,显失公平。于是,皇帝下诏改定法律。但到西晋《泰始律》中这一想法才成为法律。《晋书·刑法志》载:"减枭斩族诛从坐之条,除谋反适养母出女嫁皆不复还坐父母弃市。"后来到北魏孝明帝时,崔纂评论:"斯乃不刊之令轨,古今之通议。"①

经过这一系列的发展,出嫁女逐渐被排除出连坐范围。这显然是一种社会进步,体现出同情弱者的基本伦理价值。但根本上,女性连坐范围的缩小并不是试图为其提供独立法律地位的结果,而是要辨明女性在不同人生阶段究竟附属于谁。正如李贞德针对北魏"驸马致死兰陵长公主案"所言:"这些条文的原始目的,并不是在为已婚妇女的娘家兄弟开脱,而是在确定女性一旦出嫁,她的家族认同转到夫家,连坐责任也随之改变。"②在法律儒家化的背景下,出嫁女的连坐归属是通过深入解释儒家伦理,避免其影响法律时可能带来的伦理冲突。《礼记·郊特牲》云:"妇人,从人者也;幼从父兄,嫁从夫,夫死从子。"尽管从伦理层面来说,这一观念是可理解的,但从规范层面来说,三从之间存在内在冲突。从父、从夫、从子表面来看并不冲突,这是因为任何人都可以有多重身份。就女子而言,女儿、妻子、母亲可以和谐地体现在同一个人身上。但女性的附属性在于自身意志的非独立性,也即"无自专之道"。因此,当父、夫、子之间的意志出现冲突时,规范层面就必然出现问题。出嫁女的连坐问题就是这种内在冲突的具体表现。出嫁女不在父家连坐范围,实际就是确认夫家意志在这种情况下的优先性。这也是三国两晋南北朝时期律学逐渐发展的重要成就。

第五节　司法制度的新变化

三国两晋南北朝时期,不仅法律理念和制度发生着重大变化,司法制度也在逐渐变化。司法是实现从法律效力转变成法律实效的关键所在。当法律发生极大变化时,司法也将随之发生重要变化。例如法律儒家化是这一时期的主要发展趋势,司法也相应向恤刑方向进一步转变,犯罪者的保障和司法待遇亦有朝着文明发展的倾向,为后世司法制度的成熟与完善奠定基础。

一、中央三省制与司法机关的变化

1. 三省制初步形成

魏晋官制上承汉制。从秦制到汉制,中央行政中枢发生了从丞相到三公,再到尚

---

① 《魏书·刑罚志》。
② 李贞德:《公主之死:你所不知道的中国法律史》,生活·读书·新知三联书店 2008 年版,第 76 页。

书的转变。自汉武帝为削弱相权而逐渐倚重尚书以后,尚书台最终在东汉成为总理国家政务的中枢。曹魏时,尚书台仍旧掌管政务,下辖吏部、左民、客曹、五兵、度支等五曹尚书。到晋朝增减不一,但列曹总数不过六,其中吏部、度支、主客、五兵、三公、左民等曹被认为是唐代吏、户、礼、兵、刑、工六部的渊源。① 基于皇权与臣权之间的内在矛盾,皇帝为加强集权,在尚书掌握大权后,又试图通过内侍等分尚书之权。因此,曹魏时置秘书令,后又从中分出中书,承担一定的决策职能。到后来,中书取代尚书省掌握了政治实权,由此形成中书决策、尚书执行的运作模式。在中书秉承皇帝意旨承担决策职能的同时,皇帝又通过更亲近的近侍进行决策审议,西晋时直接设立门下省。最终,中书省、门下省、尚书省在唐代演变为分别承担决策、审议封驳、执行的三省分立制度。

2. 司法机关的变化

三省六部制的逐渐成型也影响到司法机关的设置,中央层面的司法机关叠床架屋。首先,六部内存在专门管理司法的部门。如曹魏时期尚书内的三公郎、二千石郎、比部郎等都有司法权限,嗣后北齐尚书内的都官曹、二千石曹、比部曹等同样也有司法权限。其次,尚书外另有专管司法的机关。如曹魏的廷尉,孙吴的大理等都有司法权限。北齐改廷尉为大理,官署称大理寺,长官为大理寺卿,但司法权限并未改变。最后,廷尉之外的御史中丞、司隶校尉等也有司法权限。

相比之下,地方司法机关主要分为州、郡、县三审级,其司法职能与行政职能依然没有明确区分。同时,地方司法机关的司法权限受到中央越来越严格的限制。如《三国志·魏书·司马芝传》载:"诸应死罪者,皆当先表须报。"有学者提出,这意味着在魏明帝时,应判处死刑的案件需要上奏皇帝进行最后裁决。② 其后,这些规定在南北朝时期愈发具体、规范。

值得注意的是,曹魏时曾设"律博士"一人置于廷尉中,讲授律学。晋沿之,北齐增至四人。虽然这并非严格意义上的司法机关,但律博士的设立对司法具有重要意义。卫觊称:"刑法者,国家之所贵重,而私议之所轻贱;狱吏者,百姓之所悬命,而选用者之所卑下。王政之弊,未必不由此也。请置律博士,转相教授。"③

二、皇帝直接干预和参与司法审判

三国两晋南北朝的皇帝常亲自参与司法,进行"折狱""录囚",以示自己宅心仁厚,同时实现对司法的监督。

所谓"折狱"就是进行司法裁判。在有专门司法机关的情况下,皇帝一般较少直接

---

① 参见白钢主编:《中国政治制度史》,社会科学文献出版社2007年版,第260页。
② 参见乔伟主编:《中国法制通史(第三卷·魏晋南北朝)》,法律出版社1999年版,第100页。但有学者认为该条材料不能证明当时中央已经收回地方的死刑核准权。参见胡兴东:《中国古代死刑制度史》,法律出版社2008年版,第204页。从该材料的文义来看,应该是司马芝对当时存在的法律制度的描述,而不是对皇帝的请求。因此,本文仍然采乔伟说。
③ 《三国志·魏书·卫觊传》。

参与案件审理。但基于对官僚的不信任以及为彰显自己的仁厚,不少皇帝有时会亲自参与司法裁判,这也是皇帝最高司法权的体现。《三国志·魏志·明帝纪》载:"(魏明)帝尝言'狱者,天下之性命也',每断大狱,常幸观临听之。"《宋书·武帝纪下》载南朝宋孝武帝下诏:"其有狱讼亏滥,政刑乖愆,伤化扰治,未允民听者,皆当具以事闻。"北周武帝也以决狱勤奋著称。皇帝通过躬亲决狱,可以对司法进行直接监督,表明自己重视司法民命。但皇帝干预司法,也容易形成对司法权的侵蚀,甚至有时候会导致违法裁判,譬如前文提到的北魏"驸马致死兰陵长公主案"。

"录囚"指的是皇帝、皇帝使者或者负有监督职责的司法官员定期或者不定期地巡视监狱,纠正冤案、裁决滞留案件的司法制度。这一制度来自汉代,但当时主要是郡守的权力。① 其后,录囚逐渐成为皇帝独占的权力。② 在三国两晋南北朝时期,皇帝录囚的事情经常发生。如《晋书·武帝纪》载:"(泰始五年)丙申,帝临听讼观,录囚徒,多所原遣。"《梁书·武帝纪》载梁武帝下诏:"凡犴狱之所,可遣法官近侍,递录囚徒,如有枉滞,以时奏闻。"在传统司法以口供为中心的证据制度下,冤案时有发生,"录囚"就是给被冤屈者一个可能的洗冤机会。这种司法监督也有助于司法裁判的清明。但它与皇帝亲自折狱一样,同样不可避免地存在着不当干预司法的问题。

三、刑讯制度的规范化

在传统司法运作过程中,刑讯一直存在。古人早就认识到刑讯逼供存在的弊端。如《尉缭子·将理》云:"笞人之背、灼人之胁、束人之指而讯囚之情,虽国士有不胜其酷而自诬矣。"因此,秦汉时期就有将刑讯规范化的尝试。如睡虎地秦墓竹简秦律《封诊式·治狱》载:"治狱,能以书从迹其言,毋笞掠而得人情为上;笞掠为下。"③《后汉书·章帝纪》载汉代法律规定:"掠者唯得榜、笞、立。"但在酷吏辈出的秦汉时期,刑讯逼供泛滥的问题并未得到有效解决。到三国两晋南北朝时期,受儒家观念影响,刑讯规范化的需求进一步提高。"恤狱讼""拷讯以法,不苛不暴"成为司法制度发展的重要诉求。④ 这一时期,尤其南北朝时代,刑讯制度的规范化取得较大进步。

南朝梁律对刑讯加以明确规定。《隋书·刑法志》载梁律:"凡系狱者,不即答款,应加测罚,不得以人士为隔。若人士犯罚,违捍不款,宜测罚者,先参议牒启,然后科行。断食三日,听家人进粥二升。女及老小,一百五十刻乃与粥,满千刻而止。"陈律继承梁朝的刑讯制度。同书《刑法志》载陈律:"其有赃验显然而不款,则上测立。立测者,以土为垛,高一尺,上圆,劣容囚两足立。鞭二十,笞三十讫,著两械及杻,上垛。一上测七刻,日再上。三七日上测,七日一行鞭。凡经杖,合一百五十,得度不承者,免死。"虽然陈律继承梁律,但两者有所不同,以至于当时就有人提出异议。《南史·儒

---

① 参见(清)沈家本:《历代刑法考》,邓经元、骈宇骞点校,中华书局1985年版,第791页。
② 参见马作武:《"录囚""虑囚"考异》,载《法学评论》1995年第4期。
③ 睡虎地秦墓竹简整理小组编:《睡虎地秦墓竹简》,文物出版社1990年版,第147页。
④ 参见《北史·苏绰传》。

林·沈洙传》载:"梁代旧律,测囚之法,日一上,起自晡鼓,尽于二更。及比部郎范泉删定律令,以旧法测立时久,非人所堪,分其刻数,日再上。"陈律制定后,当时就有人提出,陈律相比梁律的刑讯制度过于轻缓,期望能够加重。但是在周弘正、沈洙等人的据理力争下,陈律并没有改变。刑讯的严酷性与当时的人道性伦理观念存在冲突,相关论争最终以伦理观念的胜出结束。

刑讯滥用情况也出现在北朝,刑讯的规范化成为南北朝的共同选择。《魏书·刑罚志》载北魏献文帝时期:"理官鞫囚,杖限五十,而有司欲免之则以细捶,欲陷之则先大杖。民多不胜而诬引,或绝命于杖下。显祖知其若此,乃为之制。其捶用荆,平其节,讯囚者其本大三分,杖背者二分,挞胫者一分,拷悉依令。皆从于轻简也。"又载:"(北魏孝文帝)时法官及州郡县不能以情折狱。乃为重枷,大几围;复以缒石悬于囚颈,伤内至骨;更使壮卒迭搏之。囚率不堪,因以诬服。吏持此以为能。帝闻而伤之,乃制非大逆有明证而不款辟者,不得大枷。"北魏统治者试图通过规范刑讯的种类与执行方式以应对刑讯的滥用,荆、枷等刑具的使用方式受到了限制。

刑讯逼供是中国古代早就存在的司法弊病。自秦汉以来,解决这一问题的主要思路就是推动刑讯从自由化走向规范化。三国两晋南北朝时期是刑讯规范化的重要时期,踵继的隋唐律及以后皆遵循这一模式。但刑讯规范化也使其合法化。从这个角度讲,刑讯规范化也是其在中国古代无法摆脱被滥用而曲折走向文明化的原因之一。

四、完善诉讼与死刑审核制度

三国两晋南北朝时期,司法审判模式也在发生显著变化,其中比较重要的是上诉的发展、直诉的法定化,以及死刑复奏制度的逐步完善。

在直诉出现之前,秦汉律中就已经有名为"乞鞫"的上诉制度。曹魏为简化诉讼程序,曾不准被判处二岁刑以上的犯人家属代为乞鞫,只允许犯人自己进行乞鞫。《史记·夏侯婴列传》司马贞《索隐》称:"《晋令》云:'狱结竟,呼囚鞫语罪状,囚若称枉欲乞鞫者,许之也。'"按照这个说法,晋朝很可能也沿用魏律,采取只允许犯人自己上诉的规定。但从《隋书·刑法志》所载"任提女案"来看,这个规定最晚到南朝梁的时候就被废止了。北朝的上诉制度也有一定发展,北魏献文帝曾大力推行案件重审,以至于"每于狱案,必令复鞫,诸有囚系,或积年不断。"[①]法律也明确规定:"狱已成及决竟,经所绾,而疑有奸欺,不直于法,及诉冤枉者,得摄讯覆治之。"[②]自认冤枉而上诉的人,按律可以要求重新审理案件。

在上诉制度之外,直诉(俗称"告御状")制度也得到发展。汉代就已有直接上书皇帝请求司法裁判的案例,缇萦上书救父堪称典型。但直诉的法定化要到西晋。晋武帝时设有"登闻鼓",南北朝也都有登闻鼓的设立。直诉有助于冤假错案的纠正,也是震慑滥权官吏,加强司法集权,树立皇帝亲民形象的措施。

---

① 《魏书·刑罚志》。
② 同上。

在死刑执行方面,死刑审核逐渐制度化:第一,死刑判决权逐渐收归中央;第二,死刑判决后执行前的审核更加严格。就前者而言,在汉代和三国两晋南北朝的初期,地方官员的司法权较大,死刑判决权不同程度地容易被地方专擅。但到三国两晋南北朝时期,死刑判决权的总趋势是逐渐收归中央。南朝宋孝武帝规定,凡死刑重犯必须上报朝廷,但只是交由专门机关审理而不是皇帝。就后者而言,死刑被判决后,皇帝仍然通过其他方式对之进行复核。如北魏太武帝时,"当死者,部案奏闻。以死不可复生,惧监官不能平,狱成皆呈,帝亲临问,无异辞怨言乃绝之。"①也就是在"狱成"(判决作出)后,皇帝仍然要对案件进行复核,防止出现冤案。

从这些层面可以看出,司法制度在这一时期逐渐走向集权化,地方司法权从各个方面被削弱,中央司法权则相应地不断加强。这种趋势不仅受到法家君权观念的影响,而且受到儒家仁政理念的浸润。通过这些层面,我们也可以观察到儒家对传统法律制度的多层次影响。

【思考题】

一、名词解释

1. 律学 2. 律令法 3. 准五服以制罪 4. 八议 5. 重罪十条 6. 官当

7. 权留养亲

二、简答题:

1. 简述张斐《注律表》的主要内容。

2. 简述中古五刑制度的初创形态。

三、论述题:

1. 论述三国两晋南北朝时期法律儒家化的主要表现。

2. 论述三国两晋南北朝时期肉刑存废之辩。

【重要参考论著】

1. 程树德:《九朝律考》,生活·读书·新知三联书店1954年版。

2. 陈寅恪:《隋唐制度渊源略论稿》,中华书局1963年版。

3. 丁凌华:《五服制度与传统法律》,商务印书馆2013年版。

4. 楼劲:《魏晋南北朝隋唐立法与法律体系:敕例、法典与唐法系源流》,中国社会科学出版社2014年版。

5. 〔日〕冨谷至:《汉唐法制史研究》,创文社2016年版。

6. 周东平、薛夷风:《北朝胡汉融合视域下中古"五刑"刑罚体系形成史新论——兼评冨谷至〈汉唐法制史研究〉》,载《学术月刊》2021年第3期。

---

① 《魏书·刑罚志》。

第四章 隋唐时期的法律制度

重要内容提示

继承三国两晋南北朝而来的隋唐法律,是中国传统法律的成熟阶段。尤其唐朝,在立法思想上注重礼法合一、礼融于法,在法律形式的完备性、法典篇章结构的精炼性、法典基本内容的周延性等方面,显示出比以往更高的水准和更突出的传统法特征,并成为后代历朝法律的楷模,也是中华法系母法成熟的标志,对东亚、东南亚法律发展有深远影响。

具体而言,唐初立法指导思想,《开皇律》《贞观律》《永徽律疏》《开元律》等重要法典,律令格式的法律形式,行政、刑事、民事法律的基本内容,唐代司法制度的新发展,以及安史之乱后随着社会情势变迁而发生的相应变化,都值得关注。

公元581年,隋文帝杨坚建立隋朝,八年后灭南陈,重新统一中国。隋初文帝君臣励精图治,初具百业俱兴气象,取得开皇之治。在法制建设方面,制定了著名的《开皇律》。

但隋朝的统治只维持了短暂的二世三十余年。公元618年,唐高祖李渊推翻隋朝,建立唐朝,继续定都长安。唐前期君臣为恢复经济、清明政治的努力,造就贞观之治、开元之治等盛世景象,在政治、经济、文化乃至法律制度的建设方面,都取得辉煌成就,产生了后来被称为《唐律疏议》的著名法典,标志着传统中国的法律进入成熟期。但安史之乱导致唐帝国由盛转衰,随着社会情势变化,其立法指导思想和法律制度都发生相应变化。

如果说我们对秦汉帝国的感觉是初期的、朴素的,那么隋唐帝国则给人以绚烂、恢弘、开放、自然、成熟的感觉,气象万千,而明清帝国则过于规范、琐碎。隋唐时期是我国古代社会发展到全盛的时代,其法律制度也发展到空前完备的地步。这不仅为后来的宋元明清法律制度的发展奠定了基础,而且对东亚、东南亚一些国家的法律发展也有重要影响。

第一节 立法概况

一、隋朝的立法概况

有学者认为:"完成南北统一的隋朝,调整和统一了南北两朝的法制,为继起的唐朝以律令格式作为'东洋法制史上的枢轴'(中田熏语)奠定了基础。唐朝律令格式的形式和内容,均本于隋朝的律令格式而成的。"①《隋书·经籍志》中也说:"隋则律令格式并行。"隋朝主要有《开皇律》《大业律》两种法典,以及令、格、式,但均没有完整保存下来。

(一)《开皇律》

据《隋书·刑法志》②记载,杨坚为北周相时,即"行宽大之典,删略旧律,作《刑书要制》"。即位后,本着"帝王作法,沿革不同,取适于时,故有损益"的原则,命高颎、郑译、杨素等人继续削除北周的苛法,"乃采魏、晋旧律,下至齐、梁,沿革重轻,取其折衷",修定新律,确立五刑二十等和十恶之制,并"蠲除前代鞭刑及枭首轘裂之法。其流徒之罪皆减从轻"。开皇三年(583年),隋文帝鉴于新律仍过于严密,每年断狱犹至万数,又命苏威、牛弘等人仍以宽刑为指导原则,更定新律,"除死罪八十一条,流罪一百五十四条,徒、杖等罪千余条,定留惟五百条,凡十二卷。……自是刑网简要,疏而不失",称为《开皇律》。它是"轻税、轻刑"政策下笼络人心的措施,其体例成为唐律的直接蓝本,并为宋、明初的法典所承袭,大约八百年间无大更改。

(二)《大业律》

隋炀帝杨广继位后,以高祖"禁网深刻",而"百姓久厌严刻,喜于宽刑"为由,命牛弘重修律令。大业三年(607年),新律修成,诏颁天下,称之为《大业律》。《大业律》比起《开皇律》有数端变化:一是删去"十恶之条",仅存其八。二是减轻处罚条文200多条,"其五刑之内,降从轻典者二百余条,其枷杖决罚讯囚之制,并轻于旧"。三是在篇目上将《开皇律》的12篇分为18篇,具体是名例、擅兴、捕亡、杂、诈伪、断狱六篇不变,改卫禁为卫宫、职制为违制,分户婚为户、婚两篇,厩库为仓库、厩牧两篇,贼盗为贼、盗两篇,并增加请赇、告劾、关市、斗四篇,共计18篇。隋炀帝虽标榜宽政省刑以笼络人心,但《大业律》基本上没有得到认真执行,不过具文而已。

(三)立法与毁法——隋朝法制的破坏及其教训

隋朝的法律制度尤其隋文帝前期的法制,应当说立法比较宽简,制度比较完善,是文帝开皇初年诸多改革中的重要一环。隋初的法制,由于文帝的率先身体力行,臣下也多能秉公守法,得到较好的实施。如文帝第三子秦王杨俊"奢侈、违犯制度",被文帝免官。虽有个别大臣为之求情,但文帝仍然坚持"法不可违",并反驳这些大臣"何不别制天子儿律?"③文帝在位时期,涌现一批循吏、清官,如赵绰、柳彧、苏威、刘行本、梁彦光等。东汉末年以来,社会长期动荡,至此迎来开皇之治,尤具意义。

但到开皇中后期和仁寿年间,文帝"无宽仁之度,有刻薄之资"④的猜忌性格逐渐

---

① 〔日〕岛田正郎:《东洋法史》,明好社1967年版,第46页。
② 本节下引出自该志的资料,一般不再一一注明。
③ 《隋书·文四子传·秦孝王俊传》。
④ 《隋书·高祖本纪》"史臣曰"。

暴露,喜怒无常,不再依律定罪,而是鼓励法外用刑。如对于官吏,或在殿廷决罚、朝堂杀人;或引入诱惑侦查,诱引官吏受贿,"患令史赃污,因私使人以钱帛遗之,得犯立斩"。或官吏"有小过失,则加以重罪","若有衍犯,听于律外斟酌决杖"。至于"盗边粮者,一升以上皆死,家口没官","盗一钱以上皆弃市","四人共盗一榱桶,三人同窃一瓜,事发即时行决"的极端情形,正是在开皇时期轻刑、轻税旗号下出现的不正常现象。于是酷吏横行,"以残暴为干能,以守法为懦弱"。遂致人人自危,无复开皇初年的清明景象。

隋炀帝也是一个文武兼备的、有才华的帝王,即位伊始,推行一些改革措施,包括修东都,开运河,利及后世。也曾标榜轻刑,修成《大业律》。但他诏颁《大业律》的目的在于欺世钓名,并没有认真实施。由于隋炀帝"外征四夷,内穷嗜欲,兵革岁动,赋敛滋繁",连年的对外征战,特别是多次征讨高丽,民工在水中日夜赶造船只,腰以下生蛆,赴辽东而死者更不计其数,使社会矛盾急剧激化,农民"聚为盗贼",起义不断。对此,隋炀帝"更立严刑,敕天下窃盗以上,罪无轻重,不待闻奏,皆斩。"以至下诏:"为盗者籍没其家。"以至恢复轘裂、枭首、罪及九族等酷刑。大臣斛斯政投奔高丽后,后被高丽作为政治交易而送还,炀帝命缚降臣斛斯政于柱,"公卿百僚并亲击射,脔割其肉,多有啖者。啖后烹煮。收其余骨,焚而扬之。"①但酷刑并没能挽救隋朝的命运,反而加速其灭亡。

清初王夫之在论及隋代政治和法制时曾指出:"隋无德而有政,……以立法而施及唐、宋,盖隋亡而法不亡也"②。清末沈家本也评论说:"观于炀帝之先轻刑而后淫刑,与文帝如出一辙。文淫刑而身被弑,炀淫刑而国遂亡。盖法善而不循法,法亦虚器而已。"③后人对隋朝法制的这些评论大体是适当的。

二、唐初立法的指导思想

(一)礼法关系:德礼为政教之本,刑罚为政教之用

自汉代礼刑并用、礼法合流以来,魏晋以降的法律向儒家化方向迅速迈进。唐初,唐太宗曾组织大臣就礼与刑的关系进行讨论,魏征提出:"仁义,理之本也;刑罚,理之末也","为国之基,必资于德礼"。④ 太宗采纳这些意见,总结以往运用礼、刑两手统治的经验,"朕看古来帝王以仁义为治者,国祚延长,任法御人者,虽救弊于一时,败亡亦促。既见前王成事,足是元龟"⑤,明确宣布礼与刑两者不是对立的,"失礼之禁,著在刑书",违礼必然要受到刑法的处罚。

唐初统治者更在《唐律疏议·名例律》中提出"德礼为政教之本,刑罚为政教之用"

---

① 《隋书·斛斯政传》。
② (清)王夫之:《读通鉴论》卷十九《隋文帝》,舒士彦点校,中华书局1975年版,第630页。
③ (清)沈家本:《历代刑法考》,邓经元、骈宇骞点校,中华书局1985年版,第47页。
④ (唐)吴兢编著:《贞观政要》卷五《公平》,上海古籍出版社1978年版,第171、180页。
⑤ 同上书,第149页。

的法制指导思想,强调德本刑用,即伦理道德为治国之根本,刑罚镇压为辅助手段。这一思想是对西周"礼刑并用"、汉朝"德主刑辅"、魏晋以来"引礼入律"思想的继承和发展。因此,唐朝形成以礼为内容,以法为形式,融礼法为一体,相辅相成,相互为用的思想,它既体现在对唐律的疏议上,也体现在唐律的各个方面,从而对唐代的立法、司法产生深刻而广泛的影响,有力地巩固了唐朝的统治,也深刻地影响了后代。

在唐代礼法合流动向中,许多原来属于礼的规范被赋予法的外貌。例如,"避讳"原来属于礼的问题,本是传统中国对皇帝或父祖等尊长的人名避而不用,这种禁忌情形在世界史上也是罕见的。《礼记·曲礼》云:"卒哭乃讳,礼不讳嫌名,二名不偏讳。"但在礼法合流的汉代,已有"百姓多上书触讳以犯罪"[1]的情形,当时已经实行着与《礼记》不同的所谓"生讳",至隋代,"生讳"已行至皇太子。成书于南北朝晚期的《颜氏家训·风操》记述了避讳过多引发社会混乱的诸种例子,申述命名时的各种注意事项,更说明避讳被法律采纳的社会基础业已存在。至唐代,不仅有皇帝发布的关于避讳的诏敕[2],而且《唐律疏议·职制律》"上述奏事犯讳"条规定:"诸上书若奏事,误犯宗庙讳者,杖八十,口误及余文书误犯者,笞五十。即为名字触犯者,徒三年。若嫌名及二名偏犯者,不坐。"至于"府号官称犯父祖名"条规定的"诸府号、官称犯父祖名,而冒荣居之"者,徒一年,亦是其例。至此,我们可以确认礼的精神被法律所吸收而立法化、成文化。[3] 也就是说,汉隋间之所以流行春秋决狱,是与其时法律儒家化程度较低的状况相适应。至唐代,礼法已有如水乳交融,完满结合,人们完全可以抛弃礼经而直接从成文法中寻找到儒家倡导的礼的精神准则,故流行了七百年之久的春秋决狱,作为法律儒家化的重要手段,终于完成其使命而被废止。这都是传统法律业已成熟和中华法系母法最终确立的重要标志。

(二)立法应宽简、划一、审慎、保持稳定性、连续性与权威性

隋文帝、炀帝不依律令、"淫刑"而亡的事实,对唐初统治者的教训是深刻的。所谓"动静必思隋氏,以为殷鉴"[4];"载舟覆舟,所宜深慎"[5]是也。唐初立法贯彻了这一指导思想。所谓"宽",是指立法内容应轻刑省罚;所谓"简",是指立法形式要条文简明。唐高祖即位后,即强调立法"务在宽简,取便于时"[6],指示负责修律的官员们,"本设法令,使人共解,而往代相承,多为隐语,执法之官,缘此舞弄。宜更刊定,务使易知"[7],即务必改变以往历代修律时"多为隐语"的习惯,使法律易于为人所知。唐太宗李世民

---

[1] 《汉书·宣帝本纪》。
[2] 《册府元龟·帝王部》"名讳"。
[3] 以上关于"避讳"由礼制上升为法律化的问题,参见〔日〕布目潮渢:《最近日本之唐代史研究——以律令为中心》,载《中国唐史学会会刊》(内部发行)第6期,1986年;〔日〕布目潮渢:《唐職制律の"上書奏事犯諱の条"について——避諱の系譜》,载〔日〕布目潮渢《布目潮渢中国史論集》(上卷),汲古書院2003年版,第358—399页。
[4] (唐)吴兢编著:《贞观政要》卷八《刑法》,上海古籍出版社1978年版,第248页。
[5] 同上书,第8页。
[6] 《旧唐书·刑法志》。本节下引出自《旧唐书·刑法志》的资料,一般不再一一注明。
[7] 《旧唐书·刘文静传》。

即位后,进一步贯彻立法务在宽简的思想,指示"国家法令,惟须简约,不可一罪作数种条。格式既多,官人不能尽记,更生奸诈,若欲出罪即引轻条,若欲入罪即引重条。数变法者,实不益道理,宜令审细,毋使互文。"①并强调"务在宽平",大力减轻刑罚。如《贞观律》"比古死刑,殆除其半","减大辟者九十二条,减流入徒者七十一条";"凡削烦去蠹,变重为轻者,不可胜纪。"大量删除旧律中一些严苛的内容,真正做到"法网宽于往代",法律宽简适中。

强调审慎立法,保持法律的稳定性与连续性,既是对以往立法经验的总结,也是唐初君臣政治成熟的表现。在该思想指导下,一是不轻易地制定法令,立法时要慎重;二是一旦立了法就要坚决执行,不轻易改变和废止法律。唐太宗强调保持法律的稳定性与连续性,反对法令数变,为此指示:"不可轻出诏令,必须审定,以为永式。"②故唐律严格规定法律的修改程序:"诸称律、令、[格、]式不便于事者,皆须申尚书省议定奏闻。若不申议,辄奏改行者,徒二年。"③以保持法律的稳定性。《新唐书·刑法志》说:"自房玄龄等更定律、令、格、式,讫太宗世,用之无所变改"。太宗时期"法令密而庐井定"④的安定局面与法律的相对稳定不无关系。又如《永徽律》对《贞观律》即使有一字之改,也予以说明,以示慎重。《唐律疏议·名例律》"大不敬"条疏议:"旧律云'言理切害',今改为'情理切害'者,盖欲原其本情,广恩慎罚故也。"即是其例。

唐初统治者也很注意维护律典的权威性。中国传统社会基于法自君出的特点,皇帝的诏令具有最高的法律效力,可以轻易更改律典的规定。唐初统治者对于律典与皇帝诏令的关系有着清醒的认识:律典往往是集体耗时费力才修定的成果,诏令则多是人主一时喜怒哀乐的体现,再完善的律典,也可能因为皇帝的言行而轻易地遭到破坏。⑤因此,一部律典乃至整体的法律能不能得到贯彻实施,很大程度上取决于皇帝的态度。在这方面,唐太宗就注意到"不可轻出诏令",以此克制和约束自己的行为。《唐律疏议·断狱律》"辄引制敕断罪"条更严格规定:"诸制敕断罪,临时处分,不为永格者,不得引为后比。若辄引,致罪有出入者,以故失论"。这虽没有否认各种皇帝断罪的制敕在超法规的临时处分时有高于一切法律的效力,但毕竟是"不为永格者",若非经过整理汇编,成为普遍适用的法律形式,就不能继续用来作为定罪量刑的依据。若违反,致使量刑不当,按其故意或过失论罪。

唐初上述这些立法思想曾深刻影响到唐朝的统治,除武则天时期与安史之乱时期外,唐律基本上保持了它的稳定性和权威性,《新唐书·刑法志》甚至还说至唐末"高祖、太宗之法,仅守而存"。后来的宋、明、清各朝的法律,基本上是一朝一基本律典,就在很大程度上得益于唐代立法经验的启示。

---

① (唐)吴兢编著:《贞观政要》卷八《赦令》,上海古籍出版社1978年版,第251页。
② 同上书,第252页。
③ 《唐律疏议·职制律》"律令式不便辄奏改行"条。
④ (清)王夫之:《读通鉴论》卷二十《太宗》,中华书局1975年版,第697页。
⑤ 参见(唐)吴兢编著:《贞观政要》卷五《公平》,上海古籍出版社1978年版,第165页。

(三) 严格执法、一断以律

从文本上看,隋代无论《开皇律》还是《大业律》皆可为良法,但现实中隋末恰好就是弃良法而不用,法制毁坏,导致灭亡。所以唐朝统治者在强调德礼的重要作用的同时,并不否认严格执法的重要性。唐太宗指出隋朝的弊政在于"法之不行,自上犯之"。他说:"朕见隋炀帝,都不以官人违法为意,性多猜忌,唯虑有反叛者。朕则不然,但虑公等不遵法式,致有冤滞。"① 故将执法的重点放在督促各级官吏奉公守法上。房玄龄等大臣也认为:"理国要道,在于公平正直"。为了"长守富贵",唐太宗君臣一致认为对于执法难点的贵族官僚,即使应当享有特权,这种特权也应当由法律来规定,应当严格按照法律规定来办事,做到"志存公道,人有所犯,一于法"。② 例如皇叔江夏王李道宗就因"坐赃下狱",受到"免官,削封邑"的处分。又如原为李世民旧部、秦府功臣的岷州都督高甑生,因诬告李靖谋反,被处以"减死徙边"的处罚。

唐初特别是贞观初年,由于统治者带头守法,注意休养生息,社会矛盾得到缓和,出现"天下帖然,人人自安","外户不闭,行旅不赍粮,取给于道路焉"的状况。但是,君主专制制度的本质,决定了所谓"一断于法""一断于律"等原则的时代局限性,只能行于一时,不能行于一世,更不可能维持长久。如贞观后期,唐太宗就逐渐"任情以轻重",不再像前期那样能听取大臣的劝谏,使趋于稳定的法律统治受到一定影响。

三、唐前期的立法成就

(一) 唐前期的主要立法活动

1. 《武德律》——唐律的初创。唐高祖在太原起兵时,效仿汉高祖,宣布废除隋朝苛法,"约法十二条"以收拢民心。唐朝建立后,于武德二年(619年)命刘文静等大臣修订律令,在隋《开皇律》的基础上进行增删,制定五十三条新格。武德四年(621年),又命裴寂等按照《开皇律》加以损益,主要是将五十三条新格入于新律,余无所改,并于武德七年(624年)颁行,是为《武德律》,共十二篇,五百条。

2. 《贞观律》——唐律的定型。唐太宗即位后,在《武德律》的基础上,立即着手修订法典。此项工作由房玄龄、长孙无忌等大臣主持,召集了精通儒学、法律的学士法官参与厘改,费时十余年,于贞观十一年(637年)完成,是为《贞观律》,亦为十二篇,五百条。《贞观律》的篇目条文数等虽仍与《武德律》相同,但内容上则有较大变化。如创设加役流为减死之刑,改革兄弟分居连坐俱死的制度,完善官僚贵族议请减赎当免等特权和讯囚之制,严格法官出入人罪的刑事责任,"比隋代旧律,减大辟者九十二条,减流入徒者七十一条","凡削烦去蠹,变重为轻者,不可胜纪。"沈家本说"唐律以贞观所修为定本"不无道理。可以断言,《贞观律》的问世,标志着唐朝基本法典初步定型。自此之后对其修改之处就很有限了。

---

① (唐)王方庆:《魏郑公谏录》卷三。
② (唐)吴兢编著:《贞观政要》卷五《公平》,上海古籍出版社1978年版,第172页。

3. 《永徽律》及《律疏》——唐朝立法的高峰。唐高宗即位的永徽元年（650年），敕令太尉长孙无忌等人共同撰定律、令、格、式。次年，下诏颁行新律，史称《永徽律》，内容绝大部分沿袭《贞观律》，仍为12篇500条。①

《永徽律》之所以著名，不在于律条而在于《律疏》。所谓律疏，或称疏议，是对律文的解释、注释。秦汉以来的《法律答问》、汉律章句、《张杜律》等，可视为其渊源。在唐代的科举考试中，明法是常科。由于"律学未有定疏。每年所举明法，遂无凭准。"永徽三年，唐高宗下诏，"广招解律人"，由长孙无忌、李勣、于志宁等共19个人参撰《律疏》，规模之大历代罕见。次年完成三十卷的修撰工作，经高宗批准，颁行天下。需注意的是《律疏》（后人称之为《永徽律疏》）原与《永徽律》并行，大约宋元之际翻刻唐律时，才将两者合并，定名《故唐律疏议》，即流传至今的《唐律疏议》。它是中国迄今最早完整保存下来的第一部法典，也是中华法系的代表性法典。

《律疏》对唐律的律文本身及原注作出详尽的注疏，并对司法中可能发生的疑难问题，自设问答。这样，唐律中律文的比例大约占百分之二十，疏文则达到了百分之八十。疏文与律文本身一样，具有同等的法律效力，这就给唐代的司法考试尤其司法实际工作带来很大的便利，因此，"自是断狱者皆引疏分析之。"

《律疏》不仅具有促进唐代法律统一适用的现实意义，而且通过对法律的注释，在理论上阐明了中国古代法的原则精髓，推动了传统律学的发展。特别是疏文中大量引用儒家经典《周礼》《礼记》等内容，使得儒家经典条文化，儒家思想全面融入律文之中，礼法融合达到新的高度。这正是中华法系母法成熟的标志。唐律之所以能够完整保存下来并影响后世以及周边国家，《律疏》之功不可没。

4. 《开元律疏》——唐代修律的尾声。唐代发展到开元时期，社会形势已有所变化。唐玄宗开元六年，曾敕令吏部侍郎兼侍中宋璟等人删定律令格式。后又下诏修订《律疏》，删除不合时宜的条款与称谓等，由中书令李林甫等奉旨重新刊定《律疏》30卷，于开元二十五年（737年）颁行天下。后人称之为《开元律疏》。后来，唐玄宗敕令尚书都省抄写五十本，遣使颁于天下。在敦煌、吐鲁番出土文书中，尚能见到《开元律疏》的残卷。此后唐朝就很少有大规模而系统地修订律令格式之举。

5. 《唐六典》。开元十年（722年）唐玄宗李隆基召起居舍人陆坚修《六典》，经过十余年的反复修订，于开元二十六年（738年）编成《唐六典》30卷。唐玄宗原本准备仿照《周礼》的体例，按"六官"的职责分工分类编纂，并亲自题写"六典"的纲目，即《周礼·天官·大宰》所说的理（治）典、教典、礼典、政典、刑典、事典。但在实际编纂过程中，由于唐代政制与《周礼》的描述存在巨大差异，编纂工作无法进行下去。最终，《唐六典》实际上是以唐代诸司及各级官佐为纲目，采取了"以官统典""官领其属，事归于职"的原则，将全书分为正文和注文两部分，前者规定国家各级机关的设置、职掌及各级官员的考核、奖惩、俸禄、休致等内容，所叙诸官司职掌，多直接取自当时颁布的令、

---

① 或以为今本《唐律疏议》502条，之所以多出2条，是后人在句读唐律时，误将职制、斗讼篇中的各一条分别句读为两条所致。

式,属第一手资料;后者则叙述各级机构及官职的源流和演变,多取自先代典籍。

《唐六典》三十卷内容编排为:卷首是三师、三公、尚书都省;第2—7卷依次分叙尚书省的吏、户、礼、兵、刑、工六部;第8—12卷依次分叙门下、中书、秘书、殿中、内侍等五省;第13—29卷分别叙述御史台与太常、光禄、卫尉、宗正、太仆、大理、鸿胪、司农、太府等九寺,国子、少府、军器、将作、都水等五监,十二卫和东宫官属等;末卷即第30卷分叙三府、都督、都护、州、县等地方行政组织。

关于《唐六典》的性质问题①,目前学术界有两种说法。一为行政法典说,认为《唐六典》是中国古代最早的一部行政法典;是中国历史上第一部较为系统的典章制度方面的行政立法,对后世特别是明清会典的编纂产生了重大影响。二为非行政法典说,认为《唐六典》是"以显示有唐一代制度盛况为目的的一部官修典籍",是唐代官修政书。因为中国古代法律生活的本身不能产生出一部现代社会法律分类意义上的"行政法典"。

还有一部分学者主张从礼制的角度来理解《唐六典》的性质。"六典不是具有强制性的'法典',也没有在一定的时期内予以公布的性质。只与'礼制'具有深远的关系,必须从这一角度去考察。"认为玄宗当开元盛世,力图把其时的统治比作《周礼》的世界,即理想的世界,其表现之一就是编撰六典这种典籍。实际上,日本学者内藤乾吉很早就指出:六典以大部分法律为内容,但象周礼而号六典,其注文以本文为指针,其制作意图乃以唐代官制作一王典,至少在把周官称作周礼的意义上,有把唐六典视为礼典的倾向。礼法二事,所谓王道之端也。以礼入法,两者之一致乃王者理想之表现。这些姑且不论。因为《开元礼》《唐六典》二书,本来就是唐代制度方面的书,以之为典据而制作格、敕等实行法毕竟很少,至少,不能认为它们是有力的法源。

6. 立法着重修订律令格式。唐前期立法活动始终围绕着修订律令格式进行。据统计,开元之前,唐代的13次立法活动,无一不是与修订律令格式相关。这与玄宗之后的唐后期共有7次立法活动,其中修格仅一见,其余6次均围绕着格后敕或刑律统类展开修订的情形,是大不一样的。②

四、法律形式的定型

唐朝法律形式主要有律、令、格、式四种。自秦汉以来,法律形式的划分,整体上仍处于一种无序状态。晋代严格律、令之分,隋代初步形成以律、令、格、式为基本形式的法律体系。至唐代,这一法律形式已经定型,正如唐高宗所说:"律令格式,天下通规"。《唐六典·尚书刑部》也说:"凡文法之名有四,一曰律,二曰令,三曰格,四曰式。"这是唐律的主要形式。此外,还有敕、例等作为补充形式。

---

① 以下关于《唐六典》的相关论述,详见胡戟等主编:《二十世纪唐研究·政治卷》,"法制"(周东平撰),中国社会科学出版社2002年版,第155—158页。
② 参见《中国大百科全书·中国历史卷·隋唐五代史》"律令格式"条(陈仲安撰),中国大百科全书出版社1988年版,第241页。

(一) 律、令、格、式及其性质

1. 律。秦汉以来，律一直是国家最主要的法律表现形式，是国家的基本法典，唐代自不例外。按照《唐六典》的解释，律的主要作用是"正刑定罪"，起到刑法典的作用。唐代武德、贞观、永徽、开元年间，曾有较大规模的修律活动，后世也有《唐律疏议》保存下来。律是唐代法律的核心，在各种法律形式中最为稳定。

2. 令。中国古代成文法以律为主，辅之以令。令是国家政权组织方面的制度规定。按照《唐六典》的解释，令的作用是"设范立制"，即有关国家组织制度方面的规定。所谓"令者，尊卑贵贱之等数，国家之制度也"。令所涉及的内容十分广泛，包括国家官员的设置、品秩、俸禄、选举、考课，国家祭扫的礼仪，以及户口、田制、赋役、仓库、厩牧、关市等制度方面的规定。可以说，唐代的令就是规定国家制度的行政管理方面的法令，是唐代行政法的基本形式。唐令从武德开始至建中时删定为止，共有14次的编纂刊定，以唐初刊定的唐令最为重要，越到后来越形式化。关于唐令的篇数，据《唐六典》所载，开元七年令为30卷27篇，总计1546条。学者还认为："《开元二十五年令》的正附篇目总数应与《开元七年令》相同"，其条数约为1500条左右。①

唐代令格式均未能像律那样完整保存下来。唐令的复原工作，最著名的当推日本学者仁井田陞的《唐令拾遗》与池田温为编辑代表的《唐令拾遗补》。近年来，天一阁宋《天圣令》的新发现，则为唐令的复原开辟了新天地。

3. 格。格是皇帝对国家机关分别颁行的以及因人因事颁布的诏令，整理汇编而成的法规；因其适用范围的不同可分为两类，适用于各曹司的留司格和适用于地方各州县的散颁格。关于唐格的性质，颇多争议。笔者赞同这样的观点：格不是与律、令、式平行的法典，而是它们的追加法，不但与它们有相近似的内容，而且可以修改、补充和变通律、令、式的规定，具有比律更高的权威性。唐格包括三类内容，第一类刑法条流和第二类禁断条令是主要的、大量的，构成唐格的主体；而第三类管理条例则不占有重要地位。这正是《唐六典》所谓的"格以禁违正邪"，即格乃是禁人违犯的条令与相关的罚则。② 还有认为唐格性质为行政法规的观点也很流行。如"格是唐代与律并行的比较典型的行政法规"，"唐代的格是一部颇具规模的以国家各级行政机构职能编排篇目，并经严密立法程序编定的行政法典。"③ 而采取折中意见者认为："格是本朝或前朝皇帝临时颁布的针对具体违法、违令行为进行刑事处罚或行政处分的制敕；经有关部门整理、加工、修改，去掉重复及矛盾的内容，按尚书省各部门分目，分门别类汇编而成的单行法规。在某种程度上具有刑事特别法或行政特别法的性质，其效力往往大

---

① 参见藏建国：《天一阁藏明抄本〈官品令〉考》，载《历史研究》1999年第3期。
② 参见刘俊文：《论唐格——敦煌写本唐格研究》，载姜亮夫、郭在贻编纂：《敦煌吐鲁番学研究论文集》，汉语大词典出版社1991年版，第542—548页。
③ 胡留元：《从几件敦煌法制文书看唐代的法律形式——格》，载《法律科学》（西北政法学院学报）1993年第5期。

于律。"①

唐格在法源上,与律、令、式不同。前者源于当代皇帝发布的制敕,后者主要增损前代旧文而成。唐格是按部门分类的条格,留于本司行用的,称为"留司格";颁行于天下诸州县通用者,称为"散颁格"。唐格在形式上还可分为正格和杂格两种,其中杂格又可分为选格、赏格等临时颁布的单行格,以及随时发布的标明"永格""常式"的制敕,即敕格。

唐代共修格14次,数量达19部之多,但均散佚。

唐后期,格演变为格后敕,成为断罪的主要依据和主要法律形式。格后勒只是制敕的编集,即编敕。敕的地位在唐后期日益重要,凡事"皆先检详制敕",故删定格敕成为立法的重要内容,它直接影响五代及赵宋以编敕和刑律统类为基本法典的立法活动和法律形式。

4. 式。式的起源,当在战国末期。云梦秦简中有一组简标明为《封诊式》,与唐代式的内容十分类似,可以说是目前已知的最早的式。学者们对唐式性质的认识相对于唐格而言较为一致。按照《唐六典》的解释,式的作用是"轨物程事",《新唐书·刑法志》则谓是百官有司"所常守之法",后世多沿用之。因此,式主要是围绕律令的执行所规定的细则以及百官诸司的办事章程,也就是国家机关的公文程式和行政活动细则,具有行政法规性质。中央国家机关的每一部门都有相应的式作为行使职权、处理政务的规章。从某种程度上讲,式就相当于现代行政部门颁布的"实施细则"。

唐代先后颁修过10次左右的式。在式的结构上,《唐六典·尚书刑部》和《旧唐书·刑法志》有同样的记载,大致谓式有三十三篇,"亦以尚书省列曹及秘书、太常、司农、光禄、太仆、太府、少府及监门、宿卫、计账名其篇目",为二十卷。在内容上,唐式与唐令是对应的。

(二)律、令、格、式的关系

关于唐朝律令格式的法典体系内部关系,目前国内的中国法制史教科书一般认为:令、格、式是从积极方面规定的国家制度、方针、政策、办事章程等,属于行政法规,律则是对违反了这些规定的消极处罚。但也有日本学者持其他意见,认为唐代的法典体系,基本上由刑罚法规的律,和非刑罚法规的令、随时补订法律的格、关于施行法律而制定细则的式组成。钱大群在反对律令格式都是刑法的观点的同时,重申了中国学者的传统观点并加以补充,认为律是定罪判刑的刑法,而令、格、式之间的区分是依其位阶及作用效力的不同来划分:令与式都是各种正面的典章制度法规,格实际是立法当局对法律进行修正补充的一种手段。并进而论述唐律(指刑律,即《唐律疏议》)仅仅是刑法,而不是通说所谓的"诸法合体"的法典。② 同时,他据《唐六典·刑部郎中》中有关"刑部式"的内容,《律疏》中的有关律条,及《旧唐书·职官志·刑部》中的记载,认

---

① 张晋藩主编:《中国法制史》,中国政法大学出版社1999年版,第190页。
② 参见钱大群:《律、令、格、式与唐律的性质》,载《法学研究》1995年5期。

为律、令、格、式的法律概括概念应为"文法"①与"法律"。仅就"文法"而言,既包括刑法也包括其他法律。如果从刑法这一概念本身所具有的现代法律视角来看,律为刑法的观点应该是公允的,也即律令格式都是刑法的观点是错误的。②从古代刑书的角度讲,律令格式都是刑书的观点则反映了古人尤其宋人视政治变革为陌路的思维方式。

五、唐后期法制的变革

(一)唐宋变革论及其表现

"唐宋变革论"首先由日本学者内藤湖南在《概括的唐宋时代观》一文中提出,他认为唐和宋在社会性质上有着显著的差异,唐代是中世的结束,而宋代则是近世的开始,其中包括了唐末至五代的一段过渡时期。这种差异主要体现在几个方面:首先是皇权的强化与官僚性质的转变,即"贵族政治的衰颓和独裁的兴起";其次是田制的变化与人民地位的提高;再次是经济制度的显著变化;最后是学术、文艺、法律等上层建筑的性质也有明显变化。法律的变化亦是其中一种。③

欧美学界将上述观点称为"内藤假说"(Naito Hypothesis)。这种以历史内容来划分时代的方法,第一次打破中国历史研究中的王朝体系,无疑是一大进步,也大大促进中国古代史的研究。宫崎市定继承内藤的学说,并从社会经济史这个侧面论证了社会变革的过程。④

中国学者对"唐宋变革论"亦有近似的看法,从不同角度敏锐地观察到唐宋之际显著的社会变化。陈寅恪指出:"唐代之史可分为前后两期,前期结束南北朝相承之旧局面,后期开启赵宋以降之新局面。关于政治社会经济者如此,关于文化学术者亦莫不如此。"⑤钱穆也认为:"论中国古今社会之变,最要在宋代。宋以前,大体可称为古代中国,宋以后,乃为后代中国。"⑥但近年来,对该说的反思与批判渐多。⑦

---

① 参见钱大群:《唐代法律体系正确理解的转捩点——辨〈新唐书〉"唐之刑书有四说"并复有关观点》,载《北方法学》2015年第3期。但对此也有不同意见:钱大群的这一观点是以批判刑法说的态度对待刑书说,将刑法所具有的特征等同于刑书。而古代的刑书与现代的刑法有着很大的不同。相比之下,刑法具有的法律性更强,刑书具有的政治性更强。《新唐书·刑法志》所称"唐之刑书有四,曰:律、令、格、式"的说法是建立在刑书这一专有概念的基础上的。所谓刑书,指的是与儒家理想有差的统治者所制定的规则体系,其中既可能包括刑法的内容,也可能包括非刑法的内容。它包含了儒家知识分子对法律作为政治工具所具有的排斥性。而且,自"刑书"一词诞生以来,它总是或直接或间接地与刑法存在密切关系。参见李勤通:《令、格、式何以称刑书——对〈新唐书〉"唐之刑书有四"的解读》,载杜文玉主编:《唐史论丛》(第二十七辑),三秦出版社2016年版,第120—143页。
② 参见李勤通:《令、格、式何以称刑书——对〈新唐书〉"唐之刑书有四"的解读》,载杜文玉主编:《唐史论丛》(第二十七辑),三秦出版社2016年版,第120—143页。
③ 参见〔日〕内藤湖南:《概括的唐宋时代观》,载刘俊文主编:《日本学者研究中国史论著选译》(第一卷),中华书局1992年版,第10—18页。
④ 参见〔日〕宫泽知之:《唐宋社会变革论》,载《中国史研究动态》1999年第6期。
⑤ 陈寅恪:《论韩愈》,载《历史研究》1954年第2期。
⑥ 钱穆:《理学与艺术》,载《故宫季刊》1974年第4期。
⑦ 参见杨际平:《走出"唐宋变革论"的误区》,载《文史哲》2019年第4期。

(二) 唐后期法制的变化及其影响

1. 唐后期法制指导思想的转变。唐后期由于阶级矛盾空前激化，唐王朝的统治陷入全面危机。与之相对应的是法制指导思想有了较大的转变，总的倾向是由轻税、轻刑改为重税、重刑，由"宽简""慎恤"变为"峻刑典"。据《唐会要》卷三九《议刑轻重》载会昌元年十二月都省奏云："禁严则盗贼屏息，闾里皆安；政缓则攘窃盗行，平人受弊。定其取舍，在峻典刑。"《宋史·刑法志》引文彦博的上言："唐末五代，用重典以救时弊，故法律之外，徒、流或加至于死。"这一转变对之后的五代赵宋产生了重要的影响，这也是唐宋变革论在法律方面的表现之一。

2. 法律形式的变化。表现为以下两点：(1) 格后敕与宋代编敕。唐后期不再像唐初那样进行编格，立法活动的主要内容是编撰格后敕，即直接编订新颁的敕，称为格后敕。宋沿用唐代编敕的传统，使之成为一项最经常的立法活动。(2) 刑律统类对宋代的影响。刑律统类即"以刑律分类为门，而附以格敕"①，是将带有刑事内容的敕、令、格、式进行混合编排，附于律疏之后，并将全部律文按照性质种类分成若干个"门"的一种编纂方式，其实质仍然是编敕。自唐宣宗《大中刑律统类》之后，盛行于五代，并对宋代立法有非常重要的影响。故宋代律典一改汉唐旧名，称之为《宋刑统》。

3. 轻法改重法、重刑。这是唐后期以降法律调整的总趋势之一，尤其在处理违反礼教罪、杀人放火及盗贼罪、破坏国家财政罪和官吏贪赃枉法及失职罪等类犯罪时更是如此。② 例如对于盗贼罪的处置，唐律本来规定计赃定刑，但《册府元龟》卷六一二《刑法部·定律令四》载建中三年三月敕节文云："当府界内，捉获强盗，不论有赃无赃，及窃盗赃满三匹以上者，并准敕集众决杀。"《唐会要》卷三九《议刑轻重》载会昌元年十二月敕旨云："自今以后，窃盗计赃至钱一贯以上，处极法。抵犯者便准法处分，不得以收禁为名。"处刑之重，莫此为甚。

从刑罚上看，用各种事实上的酷刑，取代唐律五刑，是唐末以来法律调整的另一个趋势。其明显的例证就是恢复早已废除的酷刑，如腰斩、枭首、族诛。五代时还出现凌迟刑，滥用决杖，改用军法戮人，等等。

第二节　行政法律制度

隋唐时期的行政法律规范的内容，主要散见于律、令、式中，如《唐律疏议·职制律》《官制令》《职方式》等，建立了较为完备的行政法律体系，为官吏依法行政创造了条件，使行政法律成为隋唐王朝法制建设的重要成就之一。

---

① 《新唐书·刑法志》。
② 参见刘俊文：《论唐后期法制的变化》，载《北京大学学报（哲学社会科学版）》1986年第2期。

一、政权体制

(一) 中央的三省六部制

隋朝中央官制废除北周模仿《周礼》所置六官,确立尚书、中书、内史三省,尚书省下分设吏、礼、兵、度支(户)、都官(刑)、工六部,形成三省六部制。

唐朝在确定中央政权体制时大体沿用隋制,如三省六部制。三省为中书省、门下省和尚书省,其权限有明确的划分,各有侧重,互相牵制。中书、门下两省为中枢决策机关。中书省掌军国政令,专门负责批答各机关的公文、奏章,起草诏命,颁发制书。以中书令为长官,下属有中书侍郎、中书舍人等。门下省掌审查诏令、奏章,拥有封驳违失的权力,凡中书省拟定的诏旨、政令,应送门下省审阅,门下省认为内容有不妥之处,即可封还中书省,由其重新拟定。其长官是侍中,下属有门下侍郎、给事中等官。尚书省掌管行政,为最高行政执行机关。皇帝的旨意及中书省、门下省议定的事项均由尚书省组织实施。其长官是尚书令,下设有左右仆射、左右丞等官。由于唐太宗曾任尚书令,大臣不敢比肩,此后遂成虚衔,不再实授,而以左右仆射为长官。唐前期"以三省之长中书令、侍中、尚书令共议国政",即以三省长官组成集体宰相在皇帝领导下管理中央政权。故其职责是"佐天子总百官、治万事"。① 凡军国大政、官吏任免,均须在宰相联席会议政事堂上商议决定,而总于皇帝,便于其控制。

由于尚书省是执行机关,其机构比较庞大,故下设吏、户、礼、兵、刑、工六部,各部有尚书一人、侍郎一或二人为正副长官。每部又下设四司,共二十四司,协助尚书省长官共同组成国家最高行政执行机构,行使国家的行政管理权。吏部主掌人事,具体包括对全国各级文职官员的管理,如官员的荐选、任免、考核、升降、赏罚、勋封等事务。户部主掌财政与民政,负责对全国户婚土田赋税的管理,具体包括对户口、土地、财政、赋税、钱粮、赈灾等方面的管理。礼部主掌全国的礼仪教育的管理,具体包括礼仪、祭祀、燕飨、科举、教育等。兵部主掌兵政,为全国最高军事行政管理部门,具体负责武官的荐选、任免、考核、升降、赏罚及军事行政。刑部为全国的司法行政管理部门,掌管全国的司法行政,并参与重大案件的审理复核。工部主管全国的农林水利、工程营建及对各类工匠的管理等事务。

此外,唐朝中央还设有三师(太师、太傅、太保)、三公(太尉、司徒、司空)等地位很高但并无实权,只能"坐而论道"的顾问职位,故皆为虚衔。另设有九寺(太常寺、光禄寺、卫尉寺、宗正寺、太仆寺、大理寺、鸿胪寺、司农寺、太府寺)、五监(国子监、少府监、将作监、军器监、都水监)。九寺相当于秦汉的九卿,但因六部权力较大,九寺地位有所下降。五监也成为六部的附属机构。还有专管文化典籍的秘书省等机构。

(二) 地方行政体制

隋朝地方行政体制初沿周、齐的州郡县三级制。开皇三年(583年)罢郡,实行州、

---

① 《新唐书·百官志》。

县两级建制,并省并一些州县。

唐朝在地方行政体制上也沿袭隋制。为加强京畿地区的治理,在长安设京兆府,以京兆尹为长官,地位高于外地各州刺史。陪都所在之州,亦称府,其长官为府尹。地方实行州(有时称郡)、县两级建制。州的长官为刺史,掌管全州事务。县置长官县令,下置各类官吏负责具体政务。县以下的基层机构,乡设乡正,里设里正,除协助官府完成各项行政任务外,还负责协助维持地方治安。

另外,唐代还设有一些临时性的地方机构。如唐太宗贞观年间在全国设置十道,开元时分为十五道,作为相对独立的监察区,后来逐渐演变为高于州的一级地方行政机关。唐初在边疆地区设立都督府,长官称为都督,统辖数州军事防务,唐高宗以后部分都督改称"节度使",天宝之后,节度使独揽军政大权,不仅成为州以上的一级行政机构,有些节度使还威胁到中央政权的统治。

二、职官制度

隋唐王朝通过法律形式对职官的选拔、考课、致仕予以制度化,并依照法定的程序进行严格的管理,提高了官吏的素质和行政效率。

(一)职官的选拔

隋唐时期官吏的主要来源有两种:一是世袭荫官,二是科举。

1. 荫官。世袭是指官吏的子弟可以凭借父祖的官品勋封而得官。隋唐王朝官吏子孙荫袭官品的高低,是由该官吏的散官品位所决定的。凡五品以上散官者可以荫庇子孙一人为官。例如根据唐开元四年(716年)十二月敕规定,一品官之子,可直接获取正七品上的出身;二品官之子,可获得正七品下的出身;三品以下之子的荫官品级递减,至从五品者都可以荫庇儿子。三品以上可荫及曾孙,五品以上可荫及孙子。六品以下则没有此项特权。①

2. 科举。隋唐王朝选拔官吏的另一主要途径是科举考试。中国古代选拔官吏的制度,大约经历秦汉的察举、征辟制,发展为魏晋南北朝的九品中正制,再到隋唐之后的科举制。科举就是"设科举士",由国家组织各种科目的考试来选拔优秀人才,补充官僚队伍。自西魏以来,逐渐"罢门资之制"。隋文帝承其余绪,废除九品中正制,命各州举荐人才,"岁贡三人",后又实行分科举人。隋炀帝"始建进士科"②,典定科举制。

唐朝科举主要有常科和制科之分。常科即"岁举",是每年定期举行的考试,由吏部(开元后由礼部)主持,其科目有秀才、明经、进士、明算、明法、明书等,尤以进士、明经最为重要,相当于古代的孝廉、秀才。制科即"制举",是皇帝根据需要的特别选拔,"所以待非常之才",故其考试科目、时间、场所均由皇帝临时决定。制举的科目繁多,

---

① 《唐会要》卷八十一《用荫》。
② 也有人根据房玄龄十八岁举进士的事迹,认为进士科可能出现于更早的开皇十五、十六年间。参见韩国磐:《关于科举制度创置的两点小考》,载韩国磐:《隋唐五代史论集》,三联书店1979年版,第294—297页。宫崎市定甚至认为早在开皇七年。

如贤良方正能直言极谏、才识兼茂、文辞雅丽、志烈秋霜等。凡制举考试合格,原为官吏者可立即升迁或改任,无官者则由吏部授任。此外还有选拔武官的武举考试,由兵部主持并任用。

参加科举的生源有二:一是京师国子监及地方州学、府学、县学的生徒;二是各州县自学或私学的士子"投牒自列于州县",经预试合格后的乡贡。考试分为乡试、会试、殿试三个等级。乡试是各州(府)举行的地方考试,每年一次,考生可以跨州应试,考官由地方长官充任。会试是京师举行的全国性考试,由礼部侍郎主持,考生一般为各地举人。殿试是皇帝或以皇帝名义主持的试之于殿的考试。经过科举考试及第者,只取得做官资格,要得到录用,还必须通过吏部的考试。因此,唐代的常科及第,犹如现在的大学毕业再参加公务员考试一样,增加了录取的可能性,意味着可能登上仕途和今后发展比较顺利,不同于宋代以后科举及第的直接授官。

科举考试制度的最大优点就是相对公平——考生唯分数是论,而不以家庭出身、血统、背景、关系、金钱乃至当代弹性极大的所谓"表现"是论。其平等择优的原则具有一定的"现代性",或者说带有某种超越帝制时代的特征,也使得中国古代阶层壁垒森严的世族制"身份社会"转向可以相对流动的超稳定结构的社会,布衣宰相现象成为可能。科举制度还是当代文官制度的前身。

总之,科举制度是中国古代对世界制度文明的重大贡献,虽有十分严重的弊病,但仍有值得肯定的地方。

(二) 职官的任命

自北魏末年北齐以来,州郡僚佐已经多由吏部所授。隋朝更将选拔任命官吏之权全部收归中央。"当时之制,(吏部)尚书举其大者,侍郎铨其小者,则六品以下官吏,咸吏部所掌。自是,海内一命以上之官,州郡无复辟署矣。"①

另外,科举考试及第只是取得做官的出身,并不能马上任官。只有通过吏部的考试,才可以被正式任命为官。吏部考试"择人有四事:一曰身,取其体貌丰伟。二曰言,取其词论辩正。三曰书,取其楷法遒美。四曰判,取其文理优长。四事可取,则先乎德行;德均以才,才均以劳。"②也就是以吏部考试内容为身、言、书、判等四项,既有口试又有笔试,既看身材外貌,又看口才与书法。先考书、判,也即笔试,笔试既要看书法,又要看判答;合格者再察身、言,即为面试。通过吏部考试者,称为"释褐",意思是从此可脱去标志平民身份的褐衫,而身着官服了。吏部任命官员,不仅针对初释褐者,而且对全体六品以下官,都要定期进行考试。试毕根据考试成绩,再综合考察该官的德、才、劳等诸项,评定品级,予以正式委任。吏部提出任用名单,须报送门下省和中书省审批,最后由皇帝以制敕裁定,并以皇帝的名义发给委任书"告身"。任用司法官员,吏部还需与刑部商议,提出任用意见报批。

---

① 《通典》卷十四《选举二·历代制中》。
② 《通典》卷十五《选举三·历代制下》。

(三) 职官的考课

隋唐时期对官吏的考核称为考课、考绩。考课从内容到程序都已制度化和法律化。时间上,"岁课"每年举行一次小考,在基层机构进行。一切官吏无论高低,由本司或州县长官主持考核。"定课"每四年举行一次大考,是全国性的统一考核,四品以下官员由吏部考功司统一组织,三品以上官员则由皇帝亲自考核。唐朝考核的标准是根据《考课令》所规定的"四善二十七最"。所谓"四善",是国家对各级官吏的四项共同要求,"一曰德义有闻,二曰清慎明著,三曰公平可称,四曰恪勤匪懈"。德、清、公、勤四个方面有一项合格者为"一善",四项都合格者为"四善",四项均不合格者是"无善"。所谓"二十七最",则是根据不同部门的工作性质,分别提出27条具体专业要求,每合格一项为"一最"。例如献可替否、拾遗补阙,为近侍之最;铨衡人物、擢尽才良,为选司之最;推鞫得情、断处平允,为法官之最等。各类官吏皆依职事考课,根据不同部门考核结果,按官吏获得"善"与"最"的多少,评定为上、中、下三等九级,分别予以奖励或惩罚。奖励方式有加禄、晋级,惩罚方式为夺禄、降级,平平者保持原俸禄待遇。如果有违法犯罪行为,则依据唐律的有关规定追究刑事责任,或罢免其官职。

(四) 官吏的休假与致仕

唐朝官吏每工作十天,可有一天休假,称为"旬假";逢中秋、七夕、重阳、冬至等亦可休假,称为"节令假";因病、因事可请假,称为"事故假";家中有婚丧大事,可给予"婚丧假"。但不得超假,否则减俸或夺俸。在任期间,连续请假超过百日者,必须"停官",即停职,以免贻误公事。唐朝规定"职事官七十听致仕",致仕即退休。五品以上官吏致仕,须上表奏请皇帝批准;六品以下,也要申报尚书省批准。未满七十,因病"不堪公务"者,准其提前致仕。官吏致仕后,给予一定俸禄或继续享有某些待遇。

三、监察制度

隋唐时期根据社会的政治经济状况,在继承前代经验的基础上,形成台谏分离的监察体制。

(一) 御史台

隋唐王朝除通过吏部对官吏进行考核监督外,还设有独立于行政机关之外的专门机关御史台行使行政监察权,对中央百官和地方官吏进行监察。御史台长官为御史大夫,地位仅次于宰相,另有治书侍御史(隋省中丞之官,因讳"忠"故改称)或御史中丞(唐避高宗李治名讳,又改回)等副职,官员称为台官,是加强吏治的主要队伍。在总结前代经验的基础上,唐朝的监察机构更加完备。其职能有二:一是行使行政监察权,相当于现在的监察部;二是行使法律监督权,相当于今天的检察院。

唐朝御史台下设台院、殿院、察院。台院设侍御史六人,主要监督朝中文武百官,参与审理重大案件;殿院设殿中侍御史九人,主要是肃正朝仪,监督百官的君臣之礼;察院设监察御史十五人,主要巡按州县,监督地方官吏奉公尽职。三院各司其职,相互配合,协助御史大夫共掌监察大权。

唐代三院的御史官品都在七品上下,虽然官品低下,但权力极大。《文献通考·职官考》云:"御史为风霜之任。弹纠不法,百僚震恐。官之雄峻,莫之比焉。"御史有两大特权:一是独立奏事权。凡百官违法犯罪,御史都可以独立纠弹,即使御史台长官事先也无权询问奏弹内容,故有"台官无长官"的说法。[①] 二是风闻弹事权。唐代御史台虽不受理诉讼,但有告官吏违法者可持辞状立于御史台门外,御史有权到门外收来辞状,认为应弹奏之事则略去检举人的姓名,于上朝时奏劾。风闻弹事其实并不是过去某些学者所认为的无根据的胡乱弹劾,而是保护检举人的一种措施。一旦立案,当然首先要从检举人处取得证据。

(二)谏官制度与职责

隋唐谏官隶属于中央政府的中书、门下(内史)两省,成为正式的司谏职官。唐太宗深知君主决策关系重大,为减少失误,除设置门下省掌封驳权外,还专门设有谏官,包括左右谏议大夫、左右拾遗、左右补阙、给事中等。他们不仅对国家的决策者与执行者进行监督,如封驳皇帝失宜的诏命与臣下有违误的奏章,甚至可以对皇帝的个人生活直至王国大政进行劝谏、批评。这在君主专制国家中,是对最高权力的一种制约机制,有利于社会的正常发展。此外,还负责知起居事、知匦事等。

综上所述,御史代表皇帝,临制百司,是皇帝自上而下监督、统治百官的一种工具;谏官的监察则是自下而上,甚至皇帝也成为监察对象。这样就形成以上察下、以下督上的双向监察制。这种制度完备而富有活力,一方面监督了百官的违法行为,促使吏治清明;另一方面也在某种程度上限制了皇帝的极端专制,对维护君主专制体制发挥着重要作用。

第三节　刑事法律规范

隋唐时期刑事法律规范与前代相比,已发展到比较完备的程度,这体现在以《开皇律》和《唐律疏议》为代表的刑律中。隋唐律的结构基本上分为十二篇,它以总则性的《名例律》开篇,继之以分则性的《卫禁律》直至《杂律》,基本上按照犯罪所侵犯的客体分类成篇,最后以程序性规定的《捕亡律》《断狱律》收结。全律500条(但后世有误为502条者)。

一、《唐律疏议》各篇概述(隋《开皇律》各篇略同)

第一篇《名例律》(共57条)。名例律自北齐以来直至清朝,一直是古代律典的首

---

① 《大唐新语》卷四记载的这个故事可以说明。李承嘉为御史大夫,谓诸御史曰:"公等奏事,须报承嘉知;不然,无妄闻也。"诸御史悉不禀之,承嘉厉而复言。监察萧至忠徐进曰:"御史,人君耳目,俱握雄权,岂有奏事先咨大夫?台无此例。设弹中丞、大夫,岂得奉谘耶!"承嘉无以对。

篇,集中体现其刑律的基本精神和基本原则,相当于现代刑法的总则部分。依《唐律疏议·名例律》疏议的解释,"名者,五刑之罪名;例者,五刑之体例。名训为命,例训为比,命诸篇之刑名,比诸篇之法例。但名因罪立,事由犯生,命名即刑应,比例即事表,故以《名例》为首篇。"名例律规定的是各篇通用的刑罚名称、刑罚体例,以及定罪量刑应当参照的一些共同原则。内容包括五刑、十恶、保护官僚贵族特权的八议等法律规定,以及划分公私罪等定罪量刑的具体原则。

第二篇《卫禁律》(共33条)。依《唐律疏议·卫禁律》疏议的解释,"卫者,言警卫之法;禁者,以关禁为名。"它是关于皇帝宫殿、宗庙、陵苑的警卫,以及州镇、城池、关津、要塞、边防保卫方面犯罪的规定。内容既包括保护皇权神圣不可侵犯方面;也包括事关国家主权的守土卫国、防止外来侵袭方面;还有相当的条文含有治安警备的内容。

第三篇《职制律》(共59条)。依《唐律疏议·职制律》疏议的解释,"职司法制,备在此篇。"它是关于惩治官吏违法失职的法律。内容包括关于职官机构的设置、官吏的选任、失职、渎职、贪赃枉法,以及有关行政程序、行政效率和公文递送、交通驿传管理方面犯罪的规定,体现唐代统治者"以法治吏"的立法指导思想。对失职、渎职、贪赃枉法,违犯行政法纪,触犯纲常名教、伦理道德的官吏,一概采用刑事惩罚手段加以制裁,以期达到长治久安之目的。

第四篇《户婚律》(共46条)。户婚律是关于违反国家户籍制度、土地制度、赋税制度,以及婚姻家庭制度方面的规定,如脱漏户口、规避赋役、盗耕种公私田、违律为婚、立嫡违法等。其立法宗旨是为了保证国家赋役、税收的来源,维护纲常名教在婚姻家庭关系中的支配地位。因此,其重点是对违反上述制度者的惩治与处置,尽管规定的主要是民事方面的内容,但仍通过刑事手段对违犯者进行处罚。

第五篇《厩库律》(共28条)。依《唐律疏议·厩库律》疏议的解释,"厩者,鸠聚也,马牛之所聚;库者,舍也,兵甲财帛之所藏。"它是有关养护、使用官私牲畜,仓库管理、财物出纳方面犯罪的规定。对主典官吏及经手者,违犯法律一般皆须承担相应的刑事责任,有的还须赔偿经济损失。

第六篇《擅兴律》(共24条)。擅为擅发兵,兴为兴造。擅兴律是关于擅自征调军队、违犯军法的犯罪,以及擅自营建工程、违反工程建筑法式犯罪的规定。前者是为了保障皇帝对国家军队的绝对控制权;后者则是为了保证对全国人力、物力等涉及国家财政的经济事务实行统一严格的管理。

第七篇《贼盗律》(共54条)。贼盗犯罪历来是国家的重点打击对象,唐律也不例外。该篇是关于惩处直接危害国家政权、皇权统治,侵害他人人身权利和财产权利犯罪的法律规定。唐律进一步扩大了"贼"律的适用范围,将旧制单纯的"杀人曰贼"扩大到"狡竖凶徒,谋危社稷",将企图颠覆朝廷的政治性犯罪,如谋反、谋大逆、谋叛等,与杀人伤人罪共同列入"贼"章,从而加强了刑事镇压的职能。在"盗"律方面,首先把犯罪对象为政治、军事、宗教上具有重大意义的特殊物品,列为特殊保护对象,如"盗大祀神御物""盗御宝及乘舆服御物""盗官文书印""盗制书官文书""盗符节门钥""盗禁兵器""盗毁天尊佛像""发冢""盗园陵内草木""盗杀官私马牛"(唐律总第270—279条)等特别条款。其次才规定一般性窃盗的"强盗""窃盗""监临主守自盗"及"盗所监临"等几种罪。盗罪的特别法与普通法互相配合,使之更加严密、科学。

第八篇《斗讼律》(共60条)。依《唐律疏议·斗讼律》疏议的解释,"斗讼律者,首论斗殴之科,次言告讼之事"。它从"斗殴"和"告讼"两方面来惩治相争斗殴与非法告诉的违法犯罪行为。其内容包括斗殴致死伤、诬告、越诉、教唆词讼、投匿名书等。无论是在斗殴还是在告讼方面,唐律皆注重当事人的社会身份,同一犯罪行为,当事人双方因官民、良贱、尊卑身份的区别,在认定罪与非罪,或量刑轻重上,截然不同。

第九篇《诈伪律》(共27条)。诈即欺诈,伪即伪造。这是关于欺诈和伪造等方面违法犯罪的规定。其重点在于打击直接侵害皇权和国家权力的犯罪行为,故对政治性的欺诈、伪造罪行,惩处十分严厉,而对一般性的诈伪犯罪,惩处相对较轻。

第十篇《杂律》(共62条)。依《唐律疏议·杂律》疏议的解释,"本篇拾遗补阙,错综成文,班杂不同"。该篇将按犯罪客体分类而无法归入上述诸篇罪名的犯罪行为汇总为一篇,涉及面甚广。其内容既有一般性的刑事犯罪,如危害公共安全、坐赃、奸非等;又有以刑罚手段调整民事关系的内容,如负债违契不偿等,还包括对违反礼教、违犯行政法纪、破坏现行经济制度、公共交通秩序,以及影响社会治安等轻微犯罪的惩处等。

第十一篇《捕亡律》(共18条)。依《唐律疏议·捕亡律》疏议的解释,"若有逃亡,恐其滋蔓,故须捕系,以置疏网"。这是关于捕系逃犯及逃亡者的违法犯罪行为的规定。其内容涉及两方面:一是关于受命追捕逃犯及其他在逃之人的将吏、临时差遣者等各类"捕罪人"捉拿逃人以及违犯者的相应刑事责任。二是对从事军防宿卫、丁夫杂匠、官户奴婢等逃亡的惩治规定。

第十二篇《断狱律》(共34条)。依《唐律疏议·断狱律》疏议的解释,"狱者,确也,以实囚情。"这是有关囚禁、审讯、判决及执行等方面犯罪的规定。其内容主要包括审判原则、法官责任、拷讯囚犯、刑罚执行,以及监狱管理。司法官吏、审讯人员、监狱管理人员等如不按法律规定的程序讯囚、断案、关押递解囚徒,造成危害后果的,都要追究有关人员的刑事责任。同时它也反映了唐代的刑事诉讼程序,故有人将其视为唐代的刑事诉讼法。

二、《名例律》的主要内容

(一) 五刑二十等

所谓上古"五刑"经过汉文景两朝的刑制改革,从曹魏律开始,到南北朝时已明显呈现向新五刑过渡的趋势。隋文帝认为:"好生恶杀,王政之本";[①]"绞以致毙,斩则殊刑,除恶之体,于斯已极。枭首轘身,义无所取,不益惩肃之理,徒表安忍之怀。"故制定

---

① (隋)费房长:《历代三宝记》卷十二(《大藏经》史传部一)。

《开皇律》时,"枭轘及鞭,并令去也","其余以轻代重,化死为生,条目甚多,备于简策。"建立了由重到轻的死、流、徒、杖、笞等新的五刑二十等之制。这种以徒、流苦役体罚为中心的中古五刑体系的确立,是刑罚人道化和社会文明化的体现,故基本上为唐朝所继承,并沿用至清末,成为我国古代法典的一项基本制度。

唐律沿用隋律五刑二十等之制,但对由重到轻的五刑排列顺序做了调整,改为从轻到重,分别为笞、杖、徒、流(隋唐有所差别)、死。

1. 笞刑:五刑中最轻的一种。"笞者,击也,又训为耻。"即用楚(荆条、藤条之类)击打犯人腿部、臀部,以示惩戒。实际上带有耻辱刑和痛苦刑的性质。笞以十下为一等,分十、二十、三十、四十、五十,共五个刑等。

2. 杖刑:重于笞刑。《说文解字》解释"杖者持也,而可以击人者欤"。即以竹杖击人背部、腿部、臀部。杖也以十下为一等,分六十、七十、八十、九十、一百,共五个刑等。

3. 徒刑:重于杖刑。"徒者,奴也,盖奴辱之"。即以罪犯为奴,剥夺其人身自由,并强制到官府指定地点服劳役的一种刑罚,是自由刑与劳役刑的结合。徒以半年为一等,分一年、一年半、二年、二年半、三年,共五个刑等。较隋代之前服刑期间有所缩短,此即《隋书·刑法志》所谓"刑徒五岁,变从三祀"。

4. 流刑:重于徒刑。《尚书》曰"流宥五刑",疏议解释说:"谓不忍刑杀,宥之于远也"。即将罪犯流放到边远地区,终身不得回原籍,并强制其戴枷或束钳并服一定期限的苦役。自南北朝流刑成为主刑后,隋代流刑分为三等,分别流放一千里、一千五百里、二千里,以五百里为等差。应配者,一千里居作二年,一千五百里居作二年半,二千里居作三年。应住居作者,三流俱役三年。唐律的流刑依然分三等,但在流放里数、居作年限方面与隋律有所不同:分为二千里、二千五百里、三千里,但三流皆服劳役一年,称为常流。贞观之后另有加役流,为减死之刑,即流三千里,服劳役三年。

5. 死刑:最严厉的刑罚。依轻重分绞、斩两个刑等。疏议对"死刑二:绞、斩"的解释是:"故知斩自轩辕,绞兴周代。二者,法阴数也,阴主杀罚,因而则之,即古'大辟'之刑是也。"斩之所以重于绞,固然有身首分离与否的原因,日本《法曹至要抄》还指出:"绞罪待时而杀,若待时之间,邂逅会恩诏者,则配徒流。斩罪者不待时而杀之,故为重也。"与历代各种残酷的死刑相比,隋唐法律将死刑仅分为绞、斩二等,可以说是非常人道了。

此外,《名例律》中还规定了赎刑,所谓"金作赎刑",即以铜赎刑。自笞十至斩首,赎铜数量从一斤至一百二十斤不等。但赎刑并不是适用于所有的人。在一般情况下,它只适用于官僚贵族及其亲属,以及过失犯罪和老幼、废疾、笃疾等特殊情况,对于一般平民及犯"十恶"重罪者并不适用。

与墨、劓、剕、宫、大辟为内容的以肉刑为中心的上古"五刑"相比,隋唐律确立的以苦役徒刑为中心的中古五刑显然有长足的进步。前者是以残害身体的肉刑为主要执行方式,后者是以苦役并限制人身自由为主要执行方式。这是中国古代刑罚制度从野蛮逐步向文明过渡的体现,也是对西汉文景时期开始的废除肉刑的刑制改革成果的肯定和继承发展。故其刑罚体系基本上为宋、元、明、清各代所承袭。

(二)十恶重惩

隋《开皇律》首创的"十恶"规定为唐律所继承。《唐律疏议·名例律》"十恶"条说:"五刑之中,十恶尤切,亏损名教,毁裂冠冕,特标篇首,以为明诫。其数甚恶者,事类有十,故称十恶。"就是将最为严重的十类犯罪构成特别类罪,集中列于篇首,以示严惩。需注意的是十恶的具体处罚规定分布在分则性的各相关篇条中。

关于"十恶"与"重罪十条"的异同:隋唐法律十恶的主要内容均来自《北齐律》的重罪十条(实质来源),但其十恶之名可能借用自佛教十恶的术语(形式来源)。① 两者的差别主要是:十恶前三项有"谋"字,而重罪十条无"谋"字;十恶删重罪十条的"降"而增"不睦";其类罪名或称"罪"或称"恶"。

据《唐律疏议·名例律》的规定,这十种犯罪由重到轻依次是:

1. 谋反。"谓谋危社稷",即图谋危害国家政权,推翻皇帝统治,是对皇权的极大挑战,被认为是违反天常、悖逆人理的犯罪行为,故被列为首恶。

2. 谋大逆。"谓谋毁宗庙、山陵及宫阙",即意图破坏皇帝的祖庙、陵墓或者栖身之处,侮辱皇帝先人或者威胁皇帝人身安全,故被列为十恶之次恶。

3. 谋叛。"谓谋背国从伪",就是企图投降伪政权或者敌国。

4. 恶逆。"谓殴及谋杀祖父母、父母,杀伯叔父母、姑、兄姊、外祖父母、夫、夫之祖父母、父母。"即殴打或者谋杀祖父母、父母;对伯叔父母等其他尊亲属必须"杀讫",如仅仅谋而未杀,只能构成十恶中较轻的不睦。

5. 不道。"谓杀一家非死罪三人,支解人,造畜蛊毒,厌魅。"因其用残忍的手段害人,违背正道,故名不道。所谓杀一家非死罪三人,是指被杀之人须为一家,三人中俱无罪该合死者,若是数家各杀二人,并不构成不道,只构成故杀人。所谓支解人,是指杀人而肢解之。所谓造畜蛊毒,是指制造各种毒蛊,堪以害人者。所谓厌魅,是指使用各种邪术妖法意图害人者。造畜蛊毒、厌魅,旧时为重罪,但在今天看来,恐怕更多的是不能犯、迷信犯方面的问题。

6. 大不敬。西晋张斐解释说:"亏礼废节,谓之不敬。"② 大不敬,即不敬之严重者,其罪状包括:"盗大祀神御之物、乘舆服御物;盗及伪造御宝;合和御药误不如本方及封题误;若造御膳误犯食禁;御幸舟船误不牢固;指斥乘舆,情理切害,及对捍制使而无人臣之礼。"举凡侵犯皇帝人身、尊严、权力等各类行为,都可能构成此项罪名。主观方面既有故意,如盗取皇帝御用物品等,也有过失,如给皇帝配药误不按本方、准备御膳误不按《食经》等。

7. 不孝。"善事父母曰孝。既有违犯,是名不孝。"疏议中罗列了种种不孝的行为,如:"告言、诅詈祖父母父母,及祖父母父母在,别籍异财,若供养有阙;居父母丧身

---

① 周东平:《隋〈开皇律〉十恶渊源新探》,载《法学研究》2005年第4期。
② 《晋书·刑法志》。

自嫁娶,若作乐,释服从吉;闻祖父母父母丧匿不举哀,诈称祖父母父母死。"唐代由于提倡德礼为本,重视人伦孝道,所以对不孝罪的惩治总的来说是相当严厉的。

8. 不睦。"谓谋杀及卖缌麻①以上亲,殴告夫及大功以上尊长、小功②尊属。"这是为了禁止亲族相犯的行为,也是十恶对北齐重罪十条的弥补,目的在于进一步加强对家庭伦理关系的维护。

9. 不义。"谓杀本属府主、刺史、县令、见受业师,吏卒杀本部五品以上官长,及闻夫丧匿不举哀,若作乐,释服从吉及改嫁。"这是为了禁止没有血缘关系者"背义乖仁"的行为。

10. 内乱。"谓奸小功以上亲、父祖妾及与和者。"即男子奸小功以上亲属,或者父亲、祖父之妾,或者女子与之和奸(即通奸)等家庭中乱伦的行为。

从十恶的内容上看,谋叛以上三恶,各仅有单一罪名,恶名即罪名;恶逆以下七恶,各含有两个以上的选择性罪名,恶名乃罪名之总括。具体可以分为三类,第一类是严重危害国家政权和皇权的犯罪,如谋反、谋大逆、谋叛、大不敬等。这类犯罪因直接危及皇帝统治,所以是打击的重点,《开皇律》就规定:"犯十恶及故杀人狱成者,虽会赦,犹除名。"特别前三项重罪,是十恶的核心内容。依隋律,"大逆谋反叛者,父子兄弟皆斩,家口没官。"依《唐律疏议·贼盗律》"谋反大逆"条的规定:谋反及谋大逆者,不分首从皆斩,其父子年十六以上皆绞,十五以下及母、女、妻妾、祖孙、兄弟、姊妹,以及部曲、资财、田宅,一律没官。伯叔父及兄弟之子皆流三千里,不限户籍之异同。对"词理不能动众,威力不足率人者",也不分首从,一律处斩。甚至仅仅"口陈欲反之言,心无真实之计,而无状可寻者",也要流二千里。第二类是严重危害社会秩序的犯罪,如不道。第三类是严重危害家庭伦理关系的犯罪,如恶逆、不孝、不睦、不义、内乱等。从十恶所维护的对象看,无非是围绕着如何保护君权、父权、夫权、族权等来定罪的。十恶的规定一直沿用至清朝,直至清末《大清新刑律》才予以废除。

(三)保护官僚贵族减免处罚的特权的系统化

隋唐律继承魏晋南北朝以来的"八议""官当""听赎"等制度,并有所发展,使官僚贵族分别享有议、请(唐律)、减、赎、官当等法律特权。这些规定也多被后世承袭。

1. 八议。隋唐律继承曹魏《新律》以来的"八议"制度,规定对议亲、议故、议贤、议能、议功、议贵(唐代指三品以上职事官,二品以上散官及爵一品者)、议勤、议宾(唐代指北周、隋之国君及其后代)等八种人物的违法犯罪,特别是犯死罪时,司法机关不得按正常程序审判,必须将他们所犯罪行及应议理由上报皇帝,由皇帝交付都堂集议,一般要根据他们的地位、身份、功劳及其与皇室的关系等提出减免刑罚意见,议定再奏请皇帝裁断。八议中,除议亲、议贵、议宾有较固定的标准外,其他均由皇帝认定,"曹司不敢与夺",实际上并无固定标准。但"犯十恶者,不用此律"。

---

① 中国旧制丧服名,五服中之最轻者。
② 中国旧制丧服名,五服之第四等。

2. 请。隋律未见此规定。唐律的请，是指上请的特权，其适用对象的规格低于议，指皇太子妃大功以上亲属，应议者期亲以上亲属及孙，官爵五品以上人员，犯死罪可上请皇帝裁决，流罪以下例减一等。但是，"犯十恶，反逆缘坐，杀人，监守内奸、盗、略人、受财枉法者，不用此律。"①

3. 减。减是指减刑的特权。《开皇律》创设"例减"之制，规定："其在八议之科，及官品第七以上犯罪，皆例减一等。"即八议人员、七品以上官员犯非十恶之罪的，依例自然减常人一等处刑。唐律减的适用对象的规格低于请，指官爵七品以上人员，应请者的祖父母、父母、兄弟、姊妹、妻、子孙等，如犯死罪不能减免，但"犯流罪以下，各从减一等之例"②。

4. 赎。赎就是以钱财赎罪的特权。《开皇律》规定："其品第九以上犯者，听赎。应赎者，皆以铜代绢。"即九品以上官员犯非十恶之罪的，可以以铜赎罪。唐律则规定应议、请、减者及九品以上官，应减者的祖父母、父母、妻、子孙，"犯流罪以下，听赎"。但犯加役流、反逆缘坐流、子孙犯过失流、不孝流、会赦犹流等"五流"重刑者，"各不得减赎"，须"除名、配流如法"。同时，把作为易科的赎刑系统化。隋唐律系统地规定了从笞十至绞、斩二死，易科时分别赎铜一斤至一百二十斤。

5. 官当。官当是指官吏犯罪时，可以以撤停官员的官职来抵消徒刑、流刑的一种制度。《开皇律》完善了南陈和北魏的"官当"制度，规定："犯私罪以官当徒者，五品以上，一官当徒二年；九品以上，一官当徒一年；当流者，三流同比徒三年。"凡官员犯私罪以官当徒的，如应判处三年徒刑的人，五品以上官，一官当徒二年，余罪听赎；九品以上官，一官当徒一年，余者听赎。如应判处徒刑二年者，五品以上官，一官当徒二年，不再追究；九品以上官，一官当徒一年，余者听赎。如应处徒刑一年者，九品以上，一官当徒一年，不再追究。以官当流者，三流即三个等级的流刑都折合成徒三年来当罪。

唐律进一步完善之。根据《唐律疏议·名例律》"官当"条的规定，首先，犯公私罪均可以以官当徒。"诸犯私罪，以官当徒者，五品以上，一官当徒二年；九品以上，一官当徒一年。若犯公罪者，各加一年当。"其次，"以官当流者，三流同比徒四年"。即三等流刑均折合为徒四年来以官职抵当，比隋律多当一年。依疏议的解释，"品官犯流不合真配，既须当、赎，所以比徒四年"。再次，官吏如有两个或两个以上官职，"先以高者当，次以勋官当"。按唐代的官制，官职有职事官、散官、卫官、勋官之分，此外还有爵位。其中职事官、散官、卫官被视为一官，勋官为另一官。如果身兼数官，即先以职事官、散官、卫官中最高者当罪，再以勋官当罪。最后，官吏可以以历任的官职当罪。"若有余罪及更犯者，听以历任之官当。"按律文原注的解释，"历任，谓降所不至者"。即如果官吏以现任二官当罪之后仍有余罪或者再犯罪的话，可以以历任降所不至之官再当罪。

但官吏若"犯十恶、故杀人、反逆缘坐，狱成者，虽会赦，犹除名。即监临主守于所

---

① 《唐律疏议·名例律》"皇太子妃（请章）"条。
② 《唐律疏议·名例律》"七品以上之官（减章）"条。

监守内犯奸、盗、略人,若受财而枉法者,亦除名;狱成会赦者,免所居官"①。

总之,隋唐王朝通过法律设计将官僚贵族的司法特权系统化、制度化。所以,清人薛允升在《唐明律合编》卷二中深有体会地说:"唐律优礼臣下,可谓无微不至矣。"

(四)其他定罪量刑的基本原则

1. 老幼、废笃疾者减免刑罚。按照《唐律疏议·名例律》"老小及疾有犯"条的规定,唐律依据行为人的年龄和身体状况,将恤刑的程度分为四个等级。凡年满十五以上至七十以下,身体无残疾者,应负完全的刑事责任。其他三种情形则可恤刑以减免刑罚:第一,七十岁以上或十五岁以下及废疾(按唐《户令》的解释,"痴哑、侏儒、腰脊折、一肢废,如此之类,皆为废疾。")者,犯流罪以下,收赎。第二,八十岁以上或十岁以下及笃疾(按唐《户令》的解释,"恶疾、癫狂、两肢废、两目盲,如此之类,皆为笃疾。")者,犯反逆、杀人罪应处死刑的,上请;盗窃及伤人者,收赎;其余犯罪皆不论。在第一、第二的两种情况下,行为人可获得相对的恤刑。第三,九十岁以上或七岁以下,虽犯死罪不加刑,即必然恤刑。

值得注意的是,唐律还明确规定,如果是有人教唆九十岁以上或七岁以下者犯罪,只"坐其教令者。若有赃应备,受赃者备之",即只惩办教唆者,并由接受赃物者退还。"诸犯罪时虽未老、疾,而事发时老、疾者,依老、疾论。"从刑事责任的时效角度来看,这一规定也是很宽宥的。

唐律给社会弱势群体的老幼、废笃疾者减免刑罚的待遇,实际上是西周、汉代以来矜老怜幼恤刑原则的延续,是儒家提倡的仁政思想和古代人道主义思想在司法上的体现。它与现代刑法的刑事责任制度在原理上存在差别,不宜混谈。

2. 官吏犯罪划分公罪、私罪的原则。据《晋书·刑法志》,张斐已注意"犯罪为公为私"问题。隋唐律中的"公罪""私罪"或由此演变而来。《开皇律》在官当规定中注意区别对待官吏的私罪与公罪。唐律明确规定公罪、私罪的概念,并有不同的量刑原则。《唐律疏议·名例律》"官当"条原注曰:"私罪,谓私自犯及对制诈不以实、受请枉法之类";"公罪,谓缘公事致罪而无私曲者。"即私罪多出于故意,是指因私事犯罪,或者利用职权贪赃枉法、诈取私利的故意犯罪行为;公罪多出于过失,是指因执行公务并且没有为私人谋利目的的过失犯罪。公罪的处罚比私罪轻,即使相同条件下官当时,公罪也可以比私罪多当一年徒刑。

3. 同居相隐不为罪。唐律将汉律的"亲亲得相首匿"发展为"同居相隐",扩大了相互隐匿的范围。根据《唐律疏议·名例律》"同居相为隐"条的规定,"诸同居,若大功以上亲及外祖父母、外孙,若孙之妇,夫之兄弟及兄弟妻,有罪相为隐;部曲、奴婢为主隐皆勿论","其小功以下相隐,减凡人三等。若犯谋叛以上者,不用此律。"即凡是大功以上亲属、外祖父母、外孙、孙媳、丈夫的兄弟及其妻,均属相隐之列。所谓"同居",并不局限于亲属之间,但凡"同财共居"者,"不限籍之异同",即使无服制亲属关系,也可

---

① 《唐律疏议·名例律》"除名"条。

以相隐；部曲、奴婢也可为主人隐。但犯谋反、谋大逆、谋叛三种重罪，"不用相隐之律，各从本条科断。"

4. 自首减免刑罚。唐律对于自首制度有比较系统严密的规定，根据《唐律疏议·名例律》"犯罪未发自首"条的规定，其主要内容有：

（1）自首的法定条件是"诸犯罪未发而自首者，原其罪。"注云："正赃犹征如法"。即犯罪案发之前本人向官府交代，才是"自首"（亲首），免除处罚；但如有赃物，应归还原主。如果已被发觉或被他人告发后再去交代，只能视为"自新"。这就将自首与自新区别开来，只对自首者免予追究刑罚，因为"过而不改，斯成过矣。今能改过，来首其罪，皆合得原。"

（2）轻罪案发之后能够自首重罪的，免除重罪的刑罚；审问一事而自首他事的，他事可以免除刑罚。即"其轻罪虽发，因首重罪者，免其重罪；即因问所劾之事而别言余罪者，亦如之。"例如某人盗牛案发，因而自首私铸钱（罪重于盗牛），则虽盗牛之罚不能免，铸钱之罪却可以免除。

（3）如果遣人代为自首（代首）或者近亲属代为自首、揭发的，视同本人自首。但"其闻首告，被追不赴者，不得原罪。"即此时如本人被追捕而拒不投案的，不能免除刑事责任。

（4）如果自首不实（指自首之罪的性质不实）或者自首不尽（未如实交代所犯罪行的情节、数量等实情）者，不能完全免除刑罚，只可从轻处罚；对于不实不尽之余罪，仍应承担刑罚；但如至死罪者可以降一等处流刑。

（5）某些情形下，虽然不能全部免罪，但可以减刑。如"其知人欲告及亡叛而自首者，减罪二等坐之；即亡叛者虽不自首，能还归本所者，亦同。"又如《唐律疏议·名例律》"盗诈取人财物首露"条规定，"诸盗、诈取人财物而于财主首露者，与经官司自首同。其于余赃应坐之属，悔过还主者，听减本罪三等坐之；即财主应坐者，减罪亦准此。"首露与自首不同之点乃非对官司，而是对财主谢过请罪，并应将赃还财主。悔过还主是因受财枉法、受财不枉法、受所监临财物、坐赃等"彼此俱罪之赃"，悔过而将所受之赃返还财主之谓。因系对合犯，受财者可减本罪三等，与财者亦减本罪三等。还有官吏的"自觉举"，是公罪如公事失错、官文书稽程等的自我检举，乃特殊形态的自首，其处罚亦可减免。

（6）自首原免的限制。属于后果无法挽回或者无法弥补的犯罪，不能适用自首免刑的规定。"其于人损伤，于物不可备偿，即事发逃亡，若越度关及奸，并私习天文者，并不在自首之例。"即对于伤害人体、遗失、损坏官文书、官印等，私度关津，私习天文，强奸等，都不适用"自首原罪"的规定。至于"谋反"等严重危害国家的犯罪，自首也不能减免刑罚。此点最能显示唐律自首原理与现代法之差异。

这些规定既显示唐律鼓励犯罪人自首，又严格防止犯罪人利用这一法律规定侥幸谋取私利。

5. 共犯区分首从。唐律把二人以上共同犯罪称为"共犯罪"，并区分首犯与从犯。

根据《唐律疏议·名例律》"共犯罪造意为首"条的规定,其区分原则如下:一是常态共犯。"以造意为首,随从者减一等。"所谓造意,是指"倡首先言"的主谋,即最先提出犯罪意图者为首犯,从重处刑。而从犯则可减轻刑罚。二是家人共犯。在家庭成员构成的共同犯罪如脱漏户口、规避赋役等行为中,不论何人造意,以尊长为首犯,卑幼不坐。"尊长谓男夫者,假有妇人尊长,共男夫卑幼同犯,虽妇人造意,仍以男夫独坐。"女子始终屈从于男子。但如家人共同侵损他人身体、财物者,则按照一般的首从论处。三是主管职官"监临主守"与外人的共同犯罪中,即使由外人造意,仍以监临主守为首犯,其余为从犯。

6. 数罪并罚以重罪吸收轻罪为原则。根据《唐律疏议·名例律》"二罪从重"条规定,在数罪俱发或前罪已判决又发现余罪时,按照重罪吸收轻罪的原则论处。"诸二罪以上俱发,以重者论;等者,从一。若一罪先发,已经论决,余罪后发,其轻若等,勿论;重者更论之,通计前罪,以充后数。"凡一人构成两个以上犯罪,实行重罪吸收轻罪,刑不累加原则。两罪轻重不等,只科重罪,不计轻罪;两罪相等,从一罪处刑。如一罪先发而且判决,后又发现他罪,若二罪相等,维持原判;若后罪重于前罪,则通计前罪以充后数。

但"以赃致罪,频犯者并累科;若罪法不等者,即以重赃并满轻赃,各倍论。"

唐律关于数罪并罚的处理原则,体现了唐代统治者恤刑慎罚的思想。

7. 累犯加重。在沈约《宋书·王僧达传》中已有"累犯禁刑"的说法,作为专业术语始见于宋。唐律虽无其名,但"更犯"抑或"三犯"的规定已有其实。根据《唐律疏议·名例律》"犯罪已发已配更为罪"条的规定,"诸犯罪已发及已配而更为罪者,各重其事。"犯罪已被立案起诉或判决执行,又犯笞刑以上新罪,实行累犯加重处罚,即累计前后所犯罪行,合并执行数罪并罚。需要注意的是,对连续三次以上犯盗罪的,予以特别严厉的处罚:"诸盗经断后,仍更行盗,前后三犯徒者,流二千里;三犯流者,绞。"①可见唐律虽然宽宥,但对屡教不改者,尤其盗犯,则严惩不贷。

8. 断罪无正条时实行当然解释的原则。隋律即已规定断罪无正条时可举重以明轻或举轻以明重,实行当然解释的原则。② 这被唐宋律所继承。根据《唐律疏议·名例律》"断罪无正条"条的规定,"诸断罪而无正条,其应出罪者,则举重以明轻;其应入罪者,则举轻以明重。"其适用的前提是法律无明文规定的行为。"出罪"即免除或减轻行为人的法律责任,"入罪"即追究或加重行为人的法律责任。具体而言,对于应减轻处罚者,则列举或比照重罚处刑的规定从轻处断。如按《贼盗律》"夜无故入人家"条的规定,"诸夜无故入人家者,笞四十,主人登时杀者,勿论。"对于杀伤等则未作规定。若主人只是将其杀伤,既然杀死都不承担刑事责任,则杀伤更不用承担刑事责任了。这就是所谓的举重以明轻。对于应加重处刑的犯罪,则列举或比照轻罚处刑的规定从重

---

① 《唐律疏议·贼盗律》"盗经断后三犯"条。
② 周东平:《"举重以明轻,举轻以明重"之法理补论——兼论隋律立法技术的重要性》,载《东方学报》(京都)第87册,2012年12月。

处断。如《贼盗律》"谋杀期亲尊长"条规定,"谋杀期亲尊长,皆斩。"至于已杀伤或已杀死如何处置则未作规定。若将祖父母或父母杀死,显然比谋杀罪重,比照前条自然应处死刑。这就是所谓举轻以明重。根据这一较严密的当然解释原则,可以对隋唐律未明确规定的犯罪行为提供处罚依据,显示了隋唐律较高的立法技术。

9. 关于化外人案件的处理。唐代中外交流频繁,也已有"外国人"的称呼。《唐律疏议·名例律》在"化外人相犯"条中对涉外案件作出明确规定:"诸化外人,同类自相犯者,各依本俗法;异类相犯者,以法律论。"此处的"化外人"显然是以教化的异同为准,不仅包括外国人,还可能包括在风俗、赋税、礼法制度上比较特殊的羁縻州之内附异民族。根据这条法律规定,在唐的同一国籍的外国侨民等化外人之间相互侵犯构成犯罪,按其本国法律处断,实行属人主义原则;不同国籍的外国侨民等化外人之间相互侵犯构成犯罪,则按唐律处刑,实行属地主义原则。这一规定既维护了唐朝的国家司法主权,又尊重了外国人所属国的法律,体现了相当成熟的处理涉外案件的水平。

三、隋唐律其他主要犯罪规定

隋唐律在打击犯罪方面,可谓法网严密,疏而不漏。此处仅择要介绍侵犯人身权利、财产权利以及官吏贪赃枉法的贿赂犯罪的主要规定。至于其他未能展开的侵犯人身权利、财产权利的犯罪和官吏职务犯罪,以及未能涉及的破坏公共秩序、家庭秩序等犯罪,就不介绍了。

(一) 以"七杀"[①]为代表的侵犯人身权利方面的主要犯罪规定

1. "七杀"为代表的杀人罪。中国古代杀人罪在客观方面的构成要件上并没有什么大的不同,主要依据行为人的主观心理状态的不同(其核心在故与过失),将杀人犯罪归纳为谋杀、故杀、劫杀、斗杀、戏杀、误杀、过失杀等七种类型,简称七杀。唐代的谋杀主要是二人以上的合谋杀人,也可以是单独一人事前预谋而实施的杀人行为,"谋杀人者,徒三年;已伤者,绞;已杀者,斩"。故杀是无预谋的故意杀人行为,"斗而用刃,即有害心,及非因斗争,无事而杀,是名故杀,各合斩罪。"但主人故杀奴婢,只处徒一年。劫杀是因劫囚而杀人。斗杀是"元无杀心,因相斗殴而杀人"的行为,一般处绞刑。戏杀是"以力共戏,至死和同者",行为人主观上并无杀人动机,只因游戏或玩笑致死对方,故比照斗杀罪减二等处罚,流二千五百里。误杀则是因"斗殴而误杀伤旁人"的行为,其处刑"以斗杀伤论;至死者,减一等",流三千里。过失杀是行为人因过失造成他人死亡的行为,如"耳目所不及,思虑所不到",而致他人死亡的,一般"各依其状,以赎

[①] 在唐代立法中并未见到该术语,最早的文献记载当出自宋元时期的《刑统赋解》《吏学指南》等,是律学著作对杀人犯罪行为的类型化。因为这种概括能够比较合理地反映中国中古以来杀人犯罪的类型化,渐为学者所接受。还有六杀的概括,比起七杀,主要是少了劫杀。根据刘晓林告知的初步研究:(1)六杀与七杀皆属律学著作的概括,两者本身都不是立法的产物。(2)七杀的概括自宋元可见,而六杀的概括流行于明清。(3)明清虽流行六杀,但仅见有七杀之名。综上,虽有两说并存的情形,但时间较早与范围较大的说法可能更具优势。参见刘晓林:《立法语言抑或学理解释?——注释律学中的"六杀"与"七杀"》,载《清华法学》2018 年第 6 期。另,六杀与七杀的差别主要在有无劫杀,两唐书中可见将劫杀与谋杀并列的叙述,且不止一处。

论",允许以钱赎罪。但部曲、奴婢即使过失杀主者,亦处绞刑。

2. 伤害罪。隋唐律规定的伤害罪多因斗殴行为所致。唐律一般根据实施伤害的手段、伤害的程度、是否故意、斗殴双方的身份地位等情况,对伤害罪处以不同的刑罚,并且系统规定了伤害行为的保辜制度。

所谓保辜制度,是我国古代刑法中处理伤害案件的一项颇具特色的法律制度。其基本内涵是指当发生伤害之后,由于被害人伤情未定,在侵害人承认殴人之伤、情愿保养的前提下,由官府验明受伤之处,规定一定的期限,并责令侵害人对被害人积极治疗,在期限届满时再视被害人的具体伤情定罪量刑。保辜制度至迟在汉代已经出现。《唐律疏议·斗讼律》"保辜"条规定:"诸保辜者,手足殴伤人限十日,以他物殴伤人者二十日,以刃及汤火伤人者三十日,折跌支体及破骨者五十日。限内死者,各依杀人论;其在限外及虽在限内,以他故死者,各依本殴伤法。"也就是根据加害人的犯罪手段(有无使用器械)、被伤害人受伤害程度等,规定十至五十日的不同辜限;被伤害人如在辜限内死亡,加害人要负杀人罪责;如在辜限外死亡,或在辜限内因其他缘故死亡,加害人只负伤害罪的法律责任。

保辜制度在促使加害人尽力救助被害人以减轻自己的责任方面是有意义的。在古代医疗水平乃至科学水平不发达的背景下,它还涉及如何认定隔时死亡情况下的伤害行为与死亡结果之间是否具有因果关系,使对加害人的定罪量刑能够更准确。[①]

(二) 以"六赃"为核心的财产、贿赂方面的主要犯罪规定

1. 六赃。中国古代的"赃",在形式上是"罪人所取之赃",即赃物,实质上则是"货财之利"。《正字通·贝部》:"凡非理所得财贿皆曰赃"。据此可知,赃是指通过不正当途径获得的财物。即指在构成财物的夺取或授受之际,成为夺取或授受的对象的财物。赃罪或称犯赃,是与成为夺取或授受对象的财物有关的各种犯罪的总称,并以赃之数量和价值作为定罪量刑的标准。在唐代,则计赃按强盗、窃盗、受财枉法、不枉法、受所监临财物、坐赃(即六赃)科罪。

《唐律疏议·名例律》"以赃入罪"条疏议曰:"在律'正赃',惟有六色:强盗、窃盗、枉法、不枉法、受所监临及坐赃。自外诸条,皆约此六赃为罪。"唐律总结过去的立法经验,首次把一切与赃有联系的犯罪,综合规定为六赃,即六种典型犯罪。类似于六赃形式的犯罪,都要按六赃的具体罪名和量刑幅度处罚,即六赃是一切赃罪的比附标准。六赃的罪名基本上沿袭过去而来[②],表现了唐律对以往法律的继受。将其系统化、规范化,更易于定罪量刑,则是对以往法律的发展。

2. 财产犯罪。中国古代侵犯财产的犯罪称为盗。唐律中的"盗"规定在《贼盗律》中,主要分为"强盗""窃盗"和"监守自盗、盗所监临"三类。名称不同,犯罪主体、客体

[①] 参见周东平:《保辜制度新论——兼论伤害致隔时死亡的东西方法律规制及其价值》,载《中外论坛》2021年第3期。

[②] 参见〔日〕仁井田陞:《补订中国法制史研究·刑法》,东京大学出版会1980年版,第251—252页。

和客观方面各有差异。强盗、窃盗都是"凡人盗",犯罪主体为一般主体,其所侵犯的客体是官私财产权利(强盗同时侵犯了被害人的人身权利,是复杂客体)。在犯罪的客观方面,强盗表现为"以威若力而取其财",窃盗表现为"潜形隐面而取"。犯强盗罪,即使不得财,也要徒二年。得赃一尺徒三年,二匹加一等,十匹及伤人者绞,杀人者斩。如持杖,虽不得财,也要流三千里,得赃五匹即绞,伤人则斩。犯窃盗罪,虽不得财,也要笞五十;得赃一尺杖六十,一匹加一等;五匹徒一年,五匹加一等,五十匹加役流。盗窃罪一般不处死刑,但犯罪对象特殊者,如盗皇帝御宝等,才处绞刑。监守自盗和盗所监临则与窃盗不同,是特殊主体侵犯国家财产权利(前者)或所管辖下的私人财产权利(后者)的犯罪。为此,《唐律疏议·贼盗律》规定:"诸监临主守自盗及盗所监临财物者……加凡盗二等,三十匹绞。"

3. 贿赂犯罪。贿赂犯罪的犯罪客体是国家工作人员职务行为的廉洁性和不可收买性。六赃中的受财枉法、不枉法、受所监临财物三罪,其犯罪主体都只能是国家官吏,虽有侵犯财产关系问题,但涉及利用职务之便,主要犯罪客体显然是职务行为的廉洁性和不可收买性,属于贿赂犯罪,故根据犯罪客体而规定于《职制律》而非《贼盗律》中。对此,薛允升《唐明律合编》卷十一早就指出:"唐律职官有犯赃私,均在职制门,不另列受赃名目,可谓得体。"只是考虑到贿赂的授受主要是财物,因此也就与赃联系起来而归入六赃之中。根据《职制律》的规定,受财枉法是指"受有事人财而为曲法处断",为其牟取不正当利益。监临主司受财而枉法者,得赃"一尺杖一百,一匹加一等,十五匹绞"。受财不枉法是指"虽受有事人财,判断不为曲法"的行为。监临主司受财价值"一尺杖九十,二匹加一等,三十匹加役流。"受所监临财物是指"监临之官不因公事而受监临内财物"的行为,一般是主管官员私下接受所部吏民的财物。因为收礼者与送礼者之间存在职务上的从属关系,虽不因公事,但只要收受赃的价值"一尺笞四十,一匹加一等;八匹徒一年,八匹加一等,五十匹流二千里。"主动向官员送礼的"与财之人,减监临罪五等,罪止杖一百。"如果监临官主动"乞取"财物,比照前款规定加一等处刑;若有"强乞取"情节,则比照受财枉法罪处刑。

4. 坐赃。坐赃是六赃中前五类赃罪之外,概括其余赃罪的表达方法。在唐律中,坐赃名目林林总总,有几十项之多。但在犯罪主体、情节、性质、量刑上,都与其他五种赃罪不同。首先,作为一般主体的因赃犯罪,唐律排除了性质恶劣的强盗、窃盗等盗罪,将其另立专项于《贼盗律》中。其次,作为特殊主体监临官吏的贪赃犯法,唐律将之全部归入《职制律》的受财枉法、不枉法、受所监临财物三项,以及《贼盗律》中的临守自盗。因此,它只是"非监临主司"和普通百姓"因事受财"的结果,是总括前五类赃罪之外的其余赃罪,故不入《职制》《贼盗》两律而立于《杂律》之首。该律"坐赃致罪"条规定:"诸坐赃致罪者,一尺笞二十,一疋加一等;十疋徒一年,十疋加一等,罪止徒三年。谓非监临主司,而因事受财者。与者,减五等。"成为六赃罪中最轻的一种赃罪。

第四节　民事法律规范

一、将社会成员即权利主体划分为官民、良贱

隋唐承魏晋以来世族社会之余绪,仍然十分强调社会等级秩序,严格区分官民、良贱的不同身份和地位。官僚贵族在衣食住行、生老婚丧等方面都依照各自的官爵而有不同的规格待遇,处处与平民不同,即使犯了罪,也享有议、减、赎、官当以及请(唐)等特权。

一般的平民在法律上被称为凡人或良人,俗称为百姓、白丁。良人大致可以分为四等:士、农、工、商。"凡习学文武者为士,肆力耕桑者为农,功作贸易者为工,屠沽兴贩者为商。"①四等之中,以士的地位最高,农、工、商依次次之。他们享有不同的政治权利和社会地位,但"工商之家不得预于士",商人阶层地位尤其低下,受一定的歧视。

与良民相对应的是贱民,隋唐时期的贱民有官贱、私贱两大类,总体上又可以分为两个等级:一是地位最低的官私奴婢。他们处于社会最底层,毫无人身权利和财产权利,完全属于主人所有,依唐律规定,"奴婢贱隶,律比畜产",即被当成牲畜或者财产看待。二是地位稍高的隶属于官府的官户、杂户、番户、工户、乐户、太常音声人等,他们主要是由重罪犯人(如反逆者)的家属缘坐没官而来,以及隶属于私人的部曲、客女。部曲之名源于军队的编制,后来转指私人军队、家丁、家兵等。客女是指部曲之女或者婢经放良者等。官户、部曲等地位比奴婢稍高,依唐律规定,"部曲不同资财",同时,如果官户及部曲殴良人者,罪加凡人一等,良人殴官户、部曲者,罪减凡人一等。而奴婢殴良人者要罪加凡人二等,良人殴奴婢者,罪减凡人二等。可见,官户、部曲等比奴婢的地位稍高,但比良人的地位要低。

二、成丁与人的行为能力

民事行为能力是指公民能够独立实施民事行为并承担相应的民事责任的能力。中国古代没有行为能力的概念,但有相近的概念,就是"成丁"。成丁通常是针对男子而言的,一个男子成丁以后,就可以独立承担政府的徭役和缴纳赋税,类似于独立承担民事责任。但成丁的概念是专为承担徭役和缴纳赋税而设定的,有时并不完全与民事行为能力相当,我们在这里姑且把成丁的年龄看成是具备完全行为能力的年龄。

虽然古代的行为能力一般以成丁为标准,但各朝成丁标准并不一致。隋唐时期的成丁年龄,隋初为18岁,开皇三年(583年)改为21岁,大业元年(605年)改为22岁。唐初为21岁,中宗神龙元年(705年)改为22岁,玄宗天宝三年(742年)改为23岁,代

---

① 《唐六典》卷三《尚书户部》。

宗广德元年(763年)更升为25岁。① 又据《唐六典·尚书户部》的规定,"凡男女始生为黄,四岁为小,十六为中,二十有一为丁,六十为老。""中男十八以上,亦依丁男给[田]。"隋唐田制,按成丁人口授田,男子如二十一岁成丁,应服徭役和缴纳赋税。然而男子十八以上即使未成丁,也可以授田,体现了唐代"轻徭薄赋"的德政思想。不过按照《唐律疏议·户婚律》"嫁娶违律"条的规定,"其男女被逼(违律为婚),若男年十八以下及在室之女,亦主婚独坐。"也就是说,在违律为婚的情况下,十八岁以下的男子是不用承担法律责任的,而十八岁以上的男子却要承担法律责任,这里显然认为十八岁以上的男子就具备了婚姻行为能力。

三、财产所有权

(一) 土地所有权

隋唐王朝所有权的主要内容是土地。土地所有权分为国有和私有两种形式。从一般的史籍看,在均田制废除之前,隋唐的国有土地在总耕地内占有相当的比重,而私田的数量比较有限。国有土地通过均田律令而化为永业田、口分田、职分田、公廨田、屯田等,私有土地通常称为庄、庄田、庄园等。它们均受到法律的严格保护,唐律严禁"占田过限",严禁盗耕种或妄认公私田及盗耕人墓田,禁止在官侵夺私田。

隋朝及唐前期,尤其在与均田制度相适应的保护不动产土地所有权的规定方面较有特色。依均田律令,受田的农民须向国家缴纳租庸调,农民对这部分土地只有使用权,没有处分权,禁止买卖这部分土地。故依《唐律疏议·户婚律》"卖口分田"条规定,"诸卖口分田者,一亩笞十,二十亩加一等,罪止杖一百;地还本主,财没不追"。但随着土地兼并的发展以及土地私有化的加强,永业田内的桑田、麻田从北齐以来就可以买卖,唐朝更逐步放宽对买卖土地的限制,允许农民因供葬而出卖永业田,因从狭乡迁居宽乡而出卖口分田等。

(二) 其他物的所有权

国家或私人的其他合法财产也受法律保护,唐律对此规定得相当详细:

1. 宿藏物。唐代将地下埋藏物称为宿藏物。凡于自己所有或所分的土地上发现宿藏物,除古董之类器物须送官外,其余归主人所有。若是于他人地内得宿藏物,发现人与土地所有人各得一半。若隐而不送者,计合还主之分,以坐赃论减三等处罚。若是私人借得或佃得官田宅,他人在该田宅之内发现宿藏物的,发现人与该借佃之人平分。但若是私人借得或佃得私田宅,他人在该田宅发现宿藏物的,发现人与私田宅所有人平分,借佃之人不能参与分配,因其"既非本主,又不施功,不合得分。"②

2. 阑遗物。唐代将他人遗失物称为阑遗物。依照《唐律疏议·杂律》"得阑遗物

---

① 梁方仲编著:《中国历代户口、田地、田赋统计》,上海人民出版社1980年版。据该书的相关资料还可知,两晋多为16岁(389年后为20岁),刘宋为17岁,西魏、北齐为18岁。赵宋又降至20岁,金仅17岁。

② 《唐律疏议·杂律》"得宿藏物隐而不送"条。

不送官"条的规定,"诸得阑遗物,满五日不送官者,各以亡失罪论;赃重者,坐赃论。私物,坐赃论减二等。"即拾得阑遗物五日内不送官者,以亡失罪论处。拾得官物,若是计赃重于亡失罪者,以坐赃论,罪止徒三年;拾得私物,以坐赃论减二等,罪止徒二年。其物并应归还官府或失主。

3. 漂流物。唐代对漂流物方面的法律规定完全不同于遗失物的规定,因拾得遗失物只是举手之劳,未付出劳动,而于水中捞取漂流物则须付出劳动并须冒一定风险,所以捞取漂流物者可以获得报酬。依《宋刑统·杂律》所引唐《杂令》的规定,于水中捞取漂流物(竹木等),应将其堆积于岸上并须报官公告,三十日内若有人认领,捞取人可以获得五分之一到五分之二的报酬;若无人认领,漂流物全部归捞取人所有。

其他的如损毁官私财物,例如随意采摘官私田园中的瓜果蔬菜等,也要追究法律责任。

四、契约制度

隋唐时期关于债的民事立法大为增加,债的种类也相应增多,如买卖、借贷、租赁、雇佣、寄托等,都能产生债权债务关系。与之相对应的是出现了很多种类的契约,关于契约的规定也相对完善了。

(一) 买卖契约

根据《唐律疏议·杂律》"买奴婢牛马不立券"条的规定,"诸买奴婢、马牛驼骡驴,已过价,不立市券,过三日笞三十;卖者,减一等。立券之后,有旧病者三日内听悔,无病欺者市如法,违者笞四十。即卖买已讫,而市司不时过券者,一日笞三十,一日加一等,罪止杖一百。"即对于奴婢、马牛驼骡驴等大宗的动产买卖,双方经过协商达成交易并支付钱款后,应当订立市券。所谓市券就是盖有市司官印的契约。若是超过三日不订立,买者笞三十,卖者减一等。同时卖方还须承担瑕疵担保责任,在立券后三日内,如果买方发现所买之奴婢或牛马等有旧病或者卖方有故意欺罔的行为,可以反悔;否则应当依法交易。若是超过三日,即使是有旧病或者故意欺罔,也应依法交易。违者笞四十。若是市司的官吏拖延出券的,一日笞三十,十日加一等,罪止杖一百。

对于不动产如土地、房屋等买卖,唐代也制定了严格的程序。除了不得买卖口分田、不得盗卖他人土地之外,唐代还规定百姓如果出卖土地,必须向官府申请文牒,请求批准。否则财没不追,地还本主。同时,按照《宋刑统·户婚律》引唐《杂令》的规定,土地的买卖必须先经过家长同意,同时应当征求亲邻意见,同等条件下亲邻有先买权。

(二) 借贷契约

对于借贷民事法律关系,唐律已有较细的分类。债可分为借、贷。借(欠负),属于使用借贷之债,是指以特定物借人,归还时也应以原物奉还。例如奴婢、牛马驼骡驴、车船之类,以及衣服、器玩之类。贷(负债),属于消费借贷之债,是指以非特定物借人,归还时无须奉还原物。例如金钱、粮食、丝绳之类。唐代的负债可进一步分为无偿借贷的"非出举"和有偿借贷的"出举"。

债务契约一经订立,双方均应恪守,禁止债务人违约不按时还债。唐代对无偿借贷的保护力度要大于有偿借贷。《唐律疏议·杂律》专设"负债违契不偿"条,对无偿借贷的债权人进行保护。"诸负债违契不偿,一匹以上,违二十日笞二十,二十日加一等,罪止杖六十;三十匹,加二等;百匹,又加三等。各令备偿。"若出现债务纠纷,不能自行和解者,应"告官司听断"。对债务人逾期不清偿债务的,债权人可以告官对债务人的财物进行牵掣(类似于扣押或者执行)。唐律也允许债权人采用自力救济的方式来牵掣,"诸负债,不告官司而强牵[掣]财物,过本契者,坐赃论。"①即如果牵掣之物价值超过债权,则超过部分以坐赃论。

对于有偿借贷即所谓出举者,唐代律令规定,"诸公私以财物出举者,任依私契,官不为理";"诸以粟麦出举,还为粟麦者,任依私契,官不为理"②。即有偿借贷的债权,只凭私人契约确定,权利人只能依靠自力救济进行牵掣,但如果牵掣财物的价值超过债权,则超过部分也要以坐赃论。

(三) 庸赁契约

庸在唐代是指利用并役使他人的劳力(包括人、畜等),类似于现在的雇佣;赁是指使用他人邸店(居物之处为邸,即仓库;沽卖之所为店,即店面)及铺肆、园宅、器物等,类似于现在的租赁。

依照《唐律疏议·名例律》"平赃及平功庸"条的规定,"平功、庸者,计一人一日为绢三尺,牛马驼骡驴车亦同;其船及碾硙、邸店之类,亦依犯时赁直。庸、赁虽多,各不得过其本价。"即如果需要折赃的话,若是计功作庸,即按照劳力来计算庸金的话,则一人一日折为绢三尺,牛马驼骡驴亦同。若是租赁的话,则船舶及碾硙、邸店之类,依照当时的赁直(租金)折赃。庸金或者赁直即使再多,也不能超过庸赁物的价值。例如借驴一头,乘坐过百日,计庸应得绢七匹二丈,但驴的价值却只值五匹,则赃数只能以五匹计算。

五、婚姻制度

(一) 结婚制度

隋唐时期男女成婚仍遵循古制,应有父母之命、媒妁之言。否则为无效婚姻,男女双方还要受到杖一百并强制分离的处罚。可知其继续确认尊长对卑幼的主婚权,建立婚姻关系,要由双方当事人的尊长合意立定"婚书",及有私约,或受聘财(婚姻成立的要件)。《唐律疏议·户婚律》"许嫁女辄悔"条规定:"诸许嫁女,已报婚书及有私约,而辄悔者,杖六十。"或"虽无许婚之书,但受娉财",亦不得悔婚,否则,同样处杖六十。但"男家自悔者,不坐,不追娉财"。

从某种意义上说,尊长(父母等)等主婚人才是当事人,婿媳非婚姻当事人,可以说

---

① 《唐律疏议·杂律》"负债强牵财物"条。
② 《宋刑统·杂律》"受寄财物辄费用"门引唐代《杂令》。

是被结合者,故惟命是从。但根据《唐律疏议·户婚律》"卑幼自娶妻"条的规定,如果"卑幼在外,尊长后为定婚,而卑幼自娶妻,已成者,婚如法;未成者,从尊长。"同时,唐律规定诸多结婚的禁止条件:禁止悔婚、重婚、居丧而婚、同姓为婚、非同姓而有五服以内血缘关系的男女通婚、良贱通婚。

(二) 离婚制度

隋代离婚资料甚少。唐代有关离婚的规定,分为强制离婚和协议离婚二种。强制离婚又分为官府强制离婚和丈夫强制离婚两种。

1. 官府强制离婚。指因违反国家法律,官府依法强制离异者。各种违律结婚如同姓为婚、良贱通婚、娶逃亡妇女、监临官娶所监临女等,均属于无效婚姻,必须强制分离。这就是唐律"当条称'离之''正之'者"的情形。

此外,唐律还特别规定了"义绝"的离婚制度。依《唐律疏议·户婚律》"妻无七出而出之"条疏议:"殴妻之祖父母、父母及杀妻外祖父母、伯叔父母、兄弟、姑、姊妹,若夫妻祖父母、父母、外祖父母、伯叔父母、兄弟、姑、姊妹自相杀及妻殴詈夫之祖父母、父母,杀伤夫外祖父母、伯叔父母、兄弟、姑、姊妹及与夫之缌麻以上亲,若妻母奸及欲害夫者,虽会赦,皆为义绝"。"诸犯义绝者离之,违者,徒一年。"法律认为"夫妻义合,义绝则离。"①在夫或妻殴、杀对方亲属或者双方亲属之间互相殴杀等情况下,夫妻情义已尽,由此官府强制夫妻离婚。

2. 丈夫强制离婚。唐律继续规定传统的"七出三不去"的离婚制度,即允许丈夫在七种情况下单方强制离婚,同时以三不去对其进行限制。七出离婚强调丈夫单方面的权利,甚至是无因弃妻。但唐律也有些限制性的细化规定,如妻无子,是指妻年五十以上无子者,如四十九岁以下者无子,未合出之。

3. 协议离婚。唐代称为"和离"。依《唐律疏议·户婚律》"义绝离之"条的规定,"若夫妻不相安谐而和离者,不坐。"疏议解释说,"谓彼此情不相得,两愿离者,不坐。"也就是双方感情不和,自愿离婚者,法律不追究其责任。这一规定,对于减轻妇女在婚姻关系上的痛苦,具有一定积极作用。

六、家庭制度

在家庭关系上总的说,中国古代法是以子孙服侍父母、家及宗族为其根本,强调的是子一方的义务。不同于现代法以父母保护、教育子女为其核心,强调的是父母的义务。

隋唐法律根据儒家"父为子纲""夫为妻纲"的原则确定家庭制度。"凡是同居之内,必有尊长",一律由男性家长充任。夫妻之间、父母子女之间的法律地位是不平等的。家长拥有对财产的绝对占有权和处置权,"尊长既在,子孙无所自专",不得"别籍异财"。父母等尊长对子女的婚姻拥有主婚权,公婆有强迫儿子休弃公婆不喜欢的儿

---

① 《唐律疏议·户婚律》"义绝离之"条。

媳妇的权力。父母对子女有教令权,子女不得违反教令,否则属于不孝重罪。子孙预谋杀害或殴打祖父母、父母,以恶逆罪处死;而祖父母、父母擅杀子孙,仅处徒刑。子孙不得控告祖父母、父母,否则亦属不孝。丈夫殴打妻子,不予处罚,或处罚极轻;而妻子殴打丈夫,或控告丈夫,属不睦重罪。其他家庭成员之间,亦按五服制罪原则分别处罚,实行尊卑、长幼、男女同罪异罚。

七、继承制度

在继承制度方面,唐代已经明确将宗祧继承与财产继承加以区别。

宗祧继承名义上是继承祭扫的权力,实际上是与标志政治权力的爵位继承紧密相连。它实行嫡长子继承制,并严格嫡庶之别。依《唐律疏议·户婚律》"立嫡违法"条的规定:"诸立嫡违法者,徒一年。即嫡妻年五十以上无子者,得立嫡以长,不以长者亦如之。"疏议解释说,若是立嫡,即应立妻之长子,否则就是违法。但若是妻五十以后无子,则允许立庶子为嫡。立庶子为嫡,也应先立长者,不立长者,也要给予徒一年的处罚。以庶冒嫡,徒二年;违法立异姓为嗣,徒三年。疏议还引《官爵令》的规定,"无嫡子及有罪疾,立嫡孙;无嫡孙,以次立嫡子同母弟;无母弟,立庶子;无庶子,立嫡孙同母弟;无母弟,立庶孙。曾、玄以下准此。无后者,为户绝。"如在上述范围内仍无宗祧继承人,允许收养同宗辈分相当之人,以保证宗统后继有人。收养就是将非亲生子拟制其有亲生子关系的行为。

财产继承在古代社会是附属于宗祧继承的,但因一般百姓有官爵者毕竟是少数,所以财产继承反而关系到每家每户。唐代已将"诸子均分"作为法定继承的基本原则。依《唐律疏议·户婚律》"同居卑幼私辄用财"条疏议引唐代《户令》的规定,"应分田宅及财物者,兄弟均分。妻家所得之财,不在分限。兄弟亡者,子承父分。"若有遗嘱者,即不按法定顺序继承,采取遗嘱优先的原则。女子出嫁后,原则上在娘家没有继承权,但据唐代《丧葬令》的规定,在"户绝"的情况下,女子可依法得到全部遗产。此外,在分家析产时,在室女可分到相当于未娶兄弟聘财一半的财物作为自己的嫁妆费。

第五节　唐律的特点与历史地位

一、唐律的特点

"姬周而下,文物仪章,莫备于唐。"[①]唐律集历代法律之大成,在立法思想、法律原则、法典体例、法律内容等方面,承袭并发展了以往各代立法的成果。同时,唐律又是唐代社会政治、经济、文化等高度发达的产物,将中国传统法典的共性与自身发展完善的特性融于一体,以"一准乎礼,而得古今之平"著称于世,充分体现传统法律儒家化、

---

① （元）柳赟:《唐律疏议·序》。

伦理化的色彩,成为古代世界法典中的一个典范。

(一) 礼法高度融合

自西汉以来,法律制度不断儒家化,历经数百年的演化渗透和融合过程,至唐律最终完成"一准乎礼",即完全以儒家礼教纲常作为立法的指导思想和定罪量刑的理论依据,真正实现礼与法的高度统一和有机融合。这样,唐律成为儒家纲常礼教法典化的典型代表,成为体现身份等级特权法的典型(集中表现在官僚制、良贱制、尊卑长幼制),实现了"礼"与"法"的合一、法律规范与道德规范的统一,使国家法律的统治力量与伦理道德的精神力量紧密糅合在一起,用法的强制力加强礼的束缚作用,礼的约束力又增强法的威慑力,从而构筑了严密的统治法网,有力地维护了唐朝的统治。唐律的"一准乎礼",是中华法系母法成熟的基本标志,也是中华法系与其他法系相区别的主要特点。

(二) 科条简要,用刑持平

唐律一方面继承魏晋以来法律条文力求简约的立法原则,将其贯彻于立法实践,另一方面注意"用刑持平","务在宽简","削繁去蠹,变重为轻",使唐律形成了科条简要、宽简适中的立法特点。这在其所制定的12篇500条的法典中、在由轻到重的独立的笞杖徒流死的刑罚体系中,均有较好体现。如在加减刑罚时,"二死、三流,各同为一减。加者,数满乃坐,又不得加至于死"。又如,处理殴人罪以"殴→殴伤→伤重→死"的级别,处理谋杀罪以"谋杀→已伤→已死"的档次,作为行为量化的档次也有一定的合理性。在中国古代社会中,无论是同以前还是以后的历代相比,唐律规定的刑罚(即法定刑)都是最为宽平的。不仅死刑执行方式比较文明,而且适用于死刑的条款也大为减少,笞杖徒流刑罚的适用也相对较轻,甚至出现过一年之中被判处并执行死刑者不过数十人的清明时期。因此,唐朝堪称中国古代法制文明的里程碑。

(三) 空前完备的法律

唐律的完备性表现在调整对象、法律体系、立法技术等方面的完备上。首先,唐律在调整对象上较为全面。举凡当时社会的政治、经济、军事、外交、民族、婚姻、家庭各个领域,唐律无不涉及,实现了对整个社会关系的全面调整,其法律的阶级性与社会性得到较好的展示。其次,唐代的法律体系比较完备。唐律的体系由律令格式等法律形式互相配合,各有侧重,较好地发挥出统一调整社会关系的功能。最后,立法技术等方面的完备。唐律虽然仅有12篇500条,但它法律内容丰富,法律逻辑严密,语言精练明确,立法技术高超,不仅基本能适应调整当时各种纷繁复杂的社会关系的需要,而且许多原则、标准比较周密,可操作性强。如自首、化外人有犯、轻重相举等原则的确立,公罪与私罪、故意与过失等概念的明确,对各种量刑标准的细致规定等。

总之,唐律以其结构严谨、立法内容与技术完善所体现出来的高度成熟而被举世公认。

二、唐律对中国后世及周边国家法律的影响

(一)唐律对中国后世法律的影响

唐律作为此前法律之集大成和传统法律的圭臬,为后来历代的立法所效法。在后人看来,唐律"乘之则过,除之即不及,过与不及,其失均矣。"①故被后世奉为立法的楷模。后代法律多在其基础上损益,少有改作。如五代各国立法基本上取法于唐。宋朝法制也"因唐律、令、格、式而随时损益"。元代"参照唐宋之制",修订《至元新格》。明初制定法律时,丞相李善长等人提出"宜遵唐旧",为明太祖欣然接受。明太祖还命臣下"日进二十条"唐律,逐一讲解,作为修订明律的重要参考。而大清律在"详泽明律"基础上,"所载律条与唐律大同者四百一十有奇","与唐律合者,亦什居三四。"②

(二)唐律对东亚、东南亚诸国法律的影响

唐律作为中华法系母法成熟的标志,不仅影响中国后世,还必然影响亚洲的周边国家和地区,成为这些国家古代立法的重要渊源。特别是东亚、东南亚诸国如朝鲜、越南、日本等国的法律,更深受其影响。例如日本在公元701年颁行的《大宝律令》,在日本法制史上具有划时代意义。日本学者认为这部法典大体上是采用唐律,其篇目、顺序与唐律一样,只不过考虑日本的国情而稍加斟酌,内容上略作简化而已。其后日本编制的另一部法典《养老律》也与唐律基本相同。如其第一卷有五罪、八虐、六议等,实即改造唐律五刑、十恶、八议而来。朝鲜古代法律《高丽律》也是摹仿唐律而成。杨廷福在《唐律初探》中指出,考查高丽王朝的法律共71条,其实是在《唐律》的500条上撷取69条,从唐《狱官令》中摘录2条而成。至于越南,无论是李朝统治时期颁布的《刑法》,还是陈朝颁布的《国朝刑律》,究其根源大体都"遵用唐宋之制"。而后来黎朝"参用隋唐",折中宋、元、明诸律,制定的《鸿德刑律》则成为越南"历代遵行"的成宪。

由此可见,唐律作为中华法系的母法,对中国后代的法制史,以及世界法制史,尤其东亚、东南亚诸国法制史的进程具有深远的影响。

第六节　司法制度

一、司法机关

(一)中央司法机关

隋代中央司法机关为大理寺、都官、御史台,唐代改都官为刑部。中央三个机构职权有所不同,但都拥有一定的司法权力,平时独立工作,互相制约,重大案件则联合审理,故被称为三法司。

---

① (元)柳赟:《唐律疏议·序》。
② (清)沈家本:《重刻唐律疏议序》。

1. 皇帝。隋唐皇帝仍掌握一切案件的最后裁决权。凡执行死刑案件之前,至少须三次(最多时达五次)奏请皇帝批准,以体现慎杀原则。皇帝还拥有对罪犯实行赦免和大赦权,并通过录囚检查司法机关的工作。

2. 大理寺。大理寺是隋唐中央最高审判机关①,仍以正卿和少卿为正副长官,下设有正、丞、主簿、司直、评事等官吏。据《唐六典》卷十八,"大理卿之职,掌邦国折狱详刑之事。以五听察其情:一曰气听,二曰色听,三曰视听,四曰声听,五曰词听。以三虑尽其理:一曰明慎以谳疑狱,二曰哀矜以雪冤狱,三曰公平以鞫庶狱。"其职权是负责审理中央文武百官及京师徒刑以上案件,并可以对刑部移送的各地疑难案件和复核的死刑案件进行复审。但其判决的徒流刑案件须送刑部复核,死刑的判决直接奏请皇帝批准。

3. 刑部(隋称都官)。刑部是中央最高司法行政机关,下设刑部、都官、比部、司门四司。正副长官为尚书和侍郎,下设有郎中、员外郎等官吏。其职权是"掌天下刑法及徒隶勾覆关禁之政令",即掌管刑法以及管理监狱犯人、司法机关的账目钱财、关津道路的禁令等司法行政事务,并负责复核大理寺徒流刑案件及州、县徒刑以上案件,但死刑案件须移送大理寺审理。

4. 御史台。御史台是中央行政监察机构和司法监督机关,隋朝正副长官为御史大夫、治书侍御史,下设侍御史八人,殿内侍御史、监察御史各12人。唐朝以御史大夫、御史中丞为正副长官,下设台院、殿院、察院。其职权除行使行政监察权和受理行政诉讼案件外,主要是监察百官有无犯罪行为,同时有权监督大理寺和刑部的审判活动,有时也参与重大疑难案件和官员犯罪案件的审理。

5. 三司推事。唐代发展了汉代高级官吏参与司法的"杂治"传统,规定对特别重大案件,由大理寺卿会同刑部尚书、御史中丞共同审理,称为"三司推事",以保证审判的公正性。此制成为后世三法司联合会审制度的滥觞。对于地方不便解送到京城的重大案件,则派监察御史、刑部员外郎、大理寺评事充当三司使前往审判,称为"小三司"。

(二) 地方司法机关

唐代的地方司法机关仍然由行政机关兼理,行政权与司法权合一,州县长官即为该审级的最高司法官,但直接管理诉讼的佐吏有所增加。例如各府设户曹参军和法曹参军,州设司户参军和司法参军,负责民事案件和刑事案件的审判。县则以县尉掌治安;司法佐,司户佐,史等掌刑、民案件,管理司法事务,协助理案,但由县令总负其责。县以下设有里正、村正等乡官,对于婚姻、田宅等民事案件和轻微刑事案件,也有一定

---

① 也有学者否定大理寺为唐前期中央最高司法机关的传统观点。如京外案件的犯人不伏辩、赃状未验露的徒罪以及流罪,州县皆须申省,即申尚书省;大理寺的管辖权仅及于在京案件,且相当一部分须要申省。刑部则主管全国相关案件的复审,并且负责将部分案件提交皇帝作最终裁决。在这种意义上,刑部被视为唐前期的中央最高司法裁决机关。认为唐后期使职的出现,推动大理寺最终成为中央最高司法机关。参见张雨:《唐代司法政务运行机制及演变研究》,上海古籍出版社2020年版。

的调解和处理权,不服可以上诉至县。

二、诉讼审判制度

(一) 起诉制度

1. 起诉。唐朝起诉制度仍有两种形式:一是举劾,即由监察机关或者各级官吏代表国家纠举犯罪,向司法机关提起诉讼,类似于近世的公诉。唐律规定,监察机关或各级官吏对重大犯罪应举劾而不举劾者,要负刑事责任。二是告诉,即当事人直接向官府控告,或由其亲属代诉,类似于近世的自诉。起诉要有按规定书写的起诉书,"诸告人罪,皆须注明年月,指陈实事,不得称疑。违者,笞五十。"①但口头起诉也具有合法的效力。

2. 越诉与直诉。告诉一般先向县衙提起,然后由县至州,再由州至大理寺。此即《唐律疏议·斗讼律》"越诉"条疏议所谓的"凡诸辞诉,皆从下始。从下至上,令有明文。"一般案件禁止越诉,越级告诉和受理者处以笞刑。但特殊情况允许越诉。唐朝直诉形式通常有上表、邀车驾和挝登闻鼓三种,武则天时还设有申冤匦,使有冤情无处申诉者可以向皇帝告诉。但由直诉而冲撞皇帝仪仗或控告不实者,要受到严厉的处罚,控告得实则可免罚。

禁止越诉的理由,根据《大清律辑注》的说法是:"下官未经受词,乌知其听断必亏枉?而辄赴上司称诉,蔑视本管之官,挟借上司之势,越分妄逞,即非良善。"故须受罚(但上级的裁判并非无效)。允许开辟直诉之路的理由,固然在权利救济上有其不得已的一面。但更深层的动机恐怕在于专制帝王要明主治吏,以警戒法司的枉法裁断,从而维护整体统治秩序,并博得关注民瘼的美誉。

3. 告诉的禁止。唐律对告诉规定了许多限制性条款,如除谋反、谋大逆、谋叛等罪外,卑幼不得控告尊长②,奴婢不得控告主人及其五服亲;在押犯人,八十以上、十岁以下老幼及笃疾者,除控告反、逆、叛或子孙不孝等罪外,也无权控告其他行为;不得以赦前事相告。此外,唐律还禁止"投匿名书告人罪",违者流二千里;"诸诬告人者,各反坐"。

唐《杂令》规定凡是田宅、婚姻、债负类案件,只能在每年十月初一至翌年三月三十日的六个月内起诉和受理。该规定可视为宋代务限法的渊源。

(二) 管辖制度

1. 级别管辖。级别管辖就是确定上下级司法机关的权限如何分工的问题。根据《唐律疏议·断狱律》"应言上待报而辄自决断"条引《狱官令》的相关规定:"杖罪以下,县决之。徒以上,县断定,送州覆审讫,徒罪及流应决杖、笞罪应赎者,即决配征赎。其大理寺及京兆、河南府断徒及官人罪,并后有雪减,并申省,省司覆审无失,速即下知;

---

① 《唐律疏议·斗讼律》"告人罪须注明年月"条。
② 五服亲既得相容隐,则禁止相告;若言告,则予处罚;被告者,同自首法。

如有不当者,随事驳正。若大理寺及诸州断流以上,若除、免、官当者,皆连写案状申省,大理寺及京兆、河南府即封案送。"

依此,县为第一审级,可以受理决断民事案件和笞、杖等轻微的刑事案件,徒刑以上案件,经县审理之后提出判决意见,还须报送州复审。州为第二审级,受理县的上诉案件,同时对于徒罪、流罪应决杖、笞或应赎者(不实际执行流放),有决断的权力。省即尚书省(刑部)为第三审级,有权按覆诸州及大理寺所断流以上罪,但无权核决,流刑案件还须送中书门下详覆,死刑案件须报请皇帝裁定。大理寺及京兆府、河南府也仅能断决徒罪,流以上罪须报送尚书省刑部。

2. 地域管辖。地域管辖就是确定同级司法机关之间权限如何分工的问题。依唐律规定,若是两个司法机关相距百里之内且须合并审理的案件,一般的原则是后羁押囚犯移送先羁押囚犯之处。但若是轻罪先发,重罪后发,须合并审理者,则移轻以就重。若是轻重相同,移犯人少者就多者。若是两处相距百里以外,为避免移送途中犯人逃逸或泄漏案情,所以各自审理断罪。违者杖一百。若是移送违法,则受移送的司法机关也应当先接收审理,同时应当报送上级司法机关裁决。若是拒不接收以及接收后不报送上级的,与违法移囚罪同等论处。

(三) 审判制度

唐朝审判制度日趋完善,主要表现在以下几个方面。

1. 规范讯囚制度,严格限制用刑。唐律重视司法官的审讯方法,要求首先运用"五听"方式,了解案情的有关事实。

必须使用刑讯时,应办理立案同判手续,拷讯只能用常行杖,不得超过三次,每次拷讯间隔时间为二十天,总数不得超过二百,杖罪以下不得超过应判决执行之数。超过拷讯限度致人死亡者,有关官员处徒刑二年。经过法定拷讯程序后,当事人仍不供认,可取保释放。同时须以相同数目反拷原告,但被杀、被盗,及被人决水、纵火损败者不反拷。

此外,不得对享有议、请、减等法律特权者,以及七十以上、十五以下的老幼、孕妇、残疾人进行拷讯。如果不能取得口供,只能"众证定罪"。

2. 实行法官回避制度。为了保证审判的公正性,唐代完善了法官回避制度,即所谓"换推"制度。《唐六典·尚书刑部》首次明确规定法官回避制度:"凡鞫狱官与被鞫人有亲属仇嫌者,皆听更之。"《狱官令》规定:"诸鞫狱官与被鞫人有五服内亲,及大功以上婚姻之家,并受业师,经为本部都督、刺史、县令,及有仇嫌者,皆须听换推。经为府佐、国官,于府主亦同。"①上述所谓"听更之"乃申请回避,而非自行回避。即司法官与当事人若有亲属关系、师生关系、仇嫌关系,或者曾为本部都督、刺史、县令等,均应回避。或者与连署同判的司法官之间有大功以上亲属者,也应回避。以防司法官故意出入人罪。

---

① 〔日〕仁井田陞:《唐令拾遗·狱官令》,东京大学出版会1964年版,第786页。

3. 证据制度。被告人的口供在古代审判中是最重要的证据,但有时由于某些特殊原因,例如被告人是法定的不能拷讯之人或被告人拒不招供的情况下,证人证言或者物证可以起到决定性的作用。

对于证人证言,依《唐律疏议·断狱律》"议请减老小疾不合拷讯"条引《狱官令》的解释,议请减老小疾等特殊群体适用"众证定罪"。所谓众证定罪,是指对这些人不能取得口供时,只要由三位以上与该案无利害关系者作证,且证言一致,明证其事,方能定罪。若是不足三人,或是三人作出相反证明,如二人证实、一人证虚者,不能定罪。若是三人证实,三人证虚,则构成疑罪,以赎论。但如果是法律允许相为隐的亲属,或者八十以上,十岁以下及笃疾,都不能强令其作证。

对于物证,根据《唐律疏议·断狱律》"讯囚察辞理"条疏议的规定,"若赃状露验,理不可疑,虽不承引,即据状断之。"所谓"赃状露验,理不可疑",是指物证确凿,无可置疑者,即可根据物证定罪而无须被告人口供。

4. 严格法官责任制度。首先,法官须依诉状问案。法官审理案件,不得超出起诉人在诉状中指控的罪行范围,"若于本状之外别求他罪者,以故入人罪论。"

其次,法官必须严格依律令格式定罪。北朝末年,这一倾向已经明显。《周书·宣帝纪》记载北周宣帝诏制九条之一就是"决狱科罪,皆准律文。"至隋文帝时,据《隋书·刑法志》记载:"断决大狱,皆先牒明法,定其罪名,然后依断。"开皇五年,更令"诸曹决事,皆令具写律文断之。"唐律承此,更明确规定:"诸断罪皆须具引律令格式正文,违者笞三十。"皇帝针对一时一事发布的诏令,凡未经过立法程序上升为法律的"永格",不得引用以为"后比";任意引用致使断罪有出入,故意者以故出入人罪论处,过失者以失出入人罪论。《唐律疏议·断狱律》"官司出入人罪"条对此详细规定:"诸官司入人罪者,若入全罪,以全罪论;从轻入重,以所剩论;刑名易者:从笞入杖、从徒入流亦以所剩论;从笞杖入徒流、从徒流入死罪亦以全罪论。其出罪者,各如之。即断罪失于入者,各减三等;失于出者,各减五等。"

最后,法官对于徒刑以上的案件,实行连署同判的制度。即必须由长官连署意见,共同承担责任。

5. 判决结果必须宣读。案件审理完毕,应向被告及其家属宣读判决,并要听取罪犯本人是否服判的意见:"诸狱结竟,徒以上各呼囚及其家属,具告罪名,仍取囚服辨。"

(四)刑罚执行程序

唐律规定,刑罚必须依法定程序执行:笞杖刑的判决在县执行。笞刑击打臀部,杖刑则背、腿、臀部分受;司法官决罚不如法,要负刑事责任。徒刑按年限和配役规定执行,在京师则男犯送将作监,女犯送少府监服劳役。在州县,则送至当地官府服劳役。流刑按规定里程执行;稽留不送,劳役不如期,主管官要受刑罚制裁。死刑沿用汉制,非"决不待时"案件,采用秋冬行刑;即使是"不待时"案件,逢"断屠月"及"禁杀日"等,亦不可行刑;违者杖六十。死刑的执行还须三复奏皇帝,即法官就死刑的确定判决在执行阶段应否特赦问题,必须三次奏请皇帝批准。但对于谋反大逆和恶逆及部曲奴婢杀主等重罪，只需一复奏即行处决。绞、斩不得混淆。"应绞而斩，应斩而绞，徒一年"。五品以上官员的死刑，往往赐其自尽，"若应自尽而绞、斩，应绞、斩而令自尽，亦合徒一年"。孕妇犯死罪，须待分娩后百天才能行刑，以保护无罪胎儿，这是法律趋于人道化的表现。

【思考题】

一、名词解释

1. 唐律疏议 2. 唐六典 3. 四善二十七最 4. 十恶 5. 公罪私罪 6. 七杀 7. 六赃 8. 保辜 9. 义绝

二、简答题

1. 简述《开皇律》的基本内容和主要特点。
2. 简述唐代律令格式的关系及其性质。
3. 简述隋唐时期《名例律》的基本内容。
4. 简述唐代审判制度的基本内容和特色。

三、论述题

1. 论述隋唐法律主要的犯罪规定。
2. 论述隋唐法律在中国古代法律史上的贡献和影响。
3. 论述唐律礼入于刑、礼法合流的具体表现及其意义。

【重要参考论著】

1. 杨廷福：《唐律初探》，天津人民出版社1982年版。
2. 王立民：《唐律新探》（第四版），北京大学出版社2010年版。
3. 钱大群：《唐律研究》，法律出版社2000年版。
4. 钱大群：《唐律与唐代法制考辨》，社会科学文献出版社2013年版。
5. 高明士：《中国中古礼律综论——法文化的定型》，元照出版有限公司2014年版。
6. 周东平：《中国中古法史论衡》，中西书局2022年版。
7. 刘俊文笺解：《唐律疏议笺解》，中华书局1996年版。

第五章 五代辽宋西夏金元时期的法律制度

> **重要内容提示**
>
> 五代辽宋西夏金元时期法律的基本特征是全面继承"唐法",但因各政权在主体民族、文化和经济上存在差异,形成同源下各具特色的法律制度。辽、西夏、金等以少数民族为主体的政权在"各依风俗"前提下皆以唐法为源,融合"国俗"和"汉法",建构各自法制。立法上,五代、宋以敕令格式为中心;辽、西夏和金以律令为主,融合"敕"创制出混合法典;元朝"条格"和"断例"简约分类成新起点。行政法上,分权和制约成为宋朝主流,四个民族政权以仿唐宋官制为重点;元朝六部完善不仅革新了中央机构,还影响了法典篇名结构;金元行省成为地方省制来源,成为地方行政变迁中划时代的事件。刺配和流刑成为宋、元两朝刑罚的新内容。民事法律中田宅私有制发达、扩大"义绝"、保护孤幼财产权成为新内容。在诉讼法上,越诉合法、法医学发达成为宋元新成就。

第一节 概 说

公元9—14世纪是中华大地上一个急剧变化的时期。强有力的统一中央政权的缺失,让中华大地上政权林立,五代十国混乱纷呈,两宋虽能对中原和江南进行有效统治,但周边少数民族政权纷起抗衡。这个时期有影响的少数民族政权有契丹辽朝、党项西夏、女真金朝和白族大理等。这些政权与宋朝并存,或战或盟,形成复杂的政治关系。中华大地上各民族政权虽异,但法律制度皆以唐法[①]为宗,结合自身传统和地区社会特点,构建各自法律制度。这个时期唐法在发展中形成以北方少数民族政权为主体的北支和南方汉人宋朝的南支。[②] 13世纪,随着北方蒙古族兴起,大蒙古国在东征西伐下,最后统一中华大地,建立大元王朝。元朝在法律上,以北支为基础,吸收南支精华,进行整合再创,然而由于国祚太短,没有完成融合再创就匆匆退出历史舞台,让唐朝中后期以来形成的唐宋社会变革力量被消解。

[①] 本章"唐法"指唐朝创制的礼制、官制和法制,具体是《开元礼》《唐六典》和律令格式四典。因为"唐律"在狭义上仅指法律中的"律典"和"疏议",广义上也仅指律令格式四典。

[②] 辽、金两朝都以"正统"自居,导致他们在学习唐法上没有政治意识形态上的障碍,反而这种正统意识加快了他们学习唐法的进程。参见宋德金:《辽朝正统观念的形成与发展》,载《传统文化与现代化》1996年第1期;宋德金:《正统观与金代文化》,载《历史研究》1990年第1期。

一、五代辽宋西夏金元诸王朝简介

五代十国时期(907—960年)军人专权,军阀为各自利益,连年征伐,战争不断,政权更迭纷繁。五代是后梁、后唐、后晋、后汉和后周,统治区域在中原。同期,江南和四川等地有吴越、吴、南唐、闽、南汉、楚、荆南、前蜀、后蜀、北汉等十个地方小政权,史称"十国"。

宋朝(960—1279年)是宋太祖赵匡胤通过陈桥兵变建立,定都开封。1126年金兵攻占开封,以此为界,此前称北宋,共传9帝。1127年赵构在南京(今河南商丘)称帝,史称南宋,后定都临安(今浙江杭州)。1279年为元朝所灭,南宋传9帝。

辽朝(916—1125年),又称大契丹国,是契丹族建立的一个北方政权。契丹族源于东胡后裔鲜卑的柔然部,北魏道武帝时聚居于辽水上游,自称青牛白马之后。唐贞观二十二年(648年)在契丹人居地设松漠都督府,酋长任都督并赐李姓。晚唐时契丹迭刺部首领耶律阿保机崛起并征服诸部,于916年称帝,以契丹为国名,史称阿保机为辽太祖。947年,耶律德光灭后晋,取燕云十六州,仿汉族礼仪受百官朝贺,建国号为"辽"。1125年辽朝为金朝所灭。

西夏是羌族中一支——党项人建立的地方性民族政权。唐朝时党项族形成八个著名部落,其中拓跋部最强。宋初党项政权经过李继迁、李德明经营,至李元昊正式称帝立国(1038年),国号大夏。大夏因在宋朝西面,故宋人称为"西夏"。西夏王朝共传10帝,历时190年。1227年蒙古攻破中兴府,杀西夏末帝李睍,西夏国亡。后党项人逐渐同周边汉、蒙、藏等民族融合。

金朝(1115—1234年),或称大金、金国,是东北地区女真族建立的民族政权。女真族原属辽朝藩部,后在首领完颜阿骨打领导下通过征伐统一诸部,于1115年建都会宁府(今黑龙江省哈尔滨市阿城区),国号大金。金朝立国后,与北宋订"海上之盟",向辽宣战,于1125年灭辽朝。后两次南下中原,于1126年灭北宋。后迁都中都(今北京),再迁至汴京(今河南开封)。金朝共历10帝,1234年,在大蒙古国和南宋夹击下灭国。

元朝(1271—1368年)是以蒙古族贵族为主体建立、统一中华大地的王朝。1206年蒙古族重要首领铁木真建立大蒙古国。1260年铁木真的孙子忽必烈以中原为中心建立大元王朝,定都大都(今北京)。1279年元朝灭南宋,结束五代以来中华大地上民族政权林立的现象,实现全国统一。1368年被朱元璋政权所灭。

二、五代辽宋西夏金元时期法律概说

五代十国时间虽短,政权频繁更迭,然诸政权在法律上都以唐法为渊源,直接把开元二十五年(737年)制定的律令格式四典,以及《唐六典》和《开元礼》作为法源,同时根据时代和政权需要,把唐中后期发展起来的"格后敕"充分发展,积极修撰成敕典。由于处于战争状态,五代十国在立法上,法律多趋向残酷;在司法上,法律滥用现象

严重。

宋朝法律全面继承唐朝和五代法律,沿袭以编敕作为立法的形式。历太祖、太宗、真宗和仁宗四朝发展后,在仁宗朝后期法律达到新高度。为适应法律发展的需要,宋神宗承担起总结和创新的重任。神宗朝的法律改革让宋朝法律在继承唐朝基本法律形式下又创造出自成体系的法律形式,表现在令、格和式有新内涵,赋予敕新性质,申明、指挥和断例开始稳定并法定为法律形式。于是,宋朝法律在形式上有律、敕、令、格、式、申明与断例,适用范围上分全国性、部门和地区性法律。《唐律》和《疏议》在宋朝一直没有重修,作为基本法律被直接适用,成为宋朝刑事法律的基本特征。宋朝形成刑事法律以律、疏议、刑统、敕、随敕申明和断例为主,非刑事法律以令、格、式、申明和例为主的分类体系。神宗朝后,立法中以敕、令、格、式和申明五种分类,导致立法细而繁,以适用为取向的法律分类开始出现,体现在宋朝,特别是南宋时事类立法的兴起,最终导致南宋后期《吏部条法》中以"门"为中心的立法不再以敕令格式和申明为分类,为元朝把法律形式简化成"条格"和"断例"提供来源。宋朝立法之盛,为中国古代法制建设中典型代表。宋朝法制中民事、官吏管理和社会保障救济立法构成法制新内容,体现宋朝社会发展中的"市民性"和"法治性"。宋朝国家疆域的缩小,导致原属区域间大宗物资贸易成为政权间商业贸易,于是茶法、盐法、马市和边境榷市等立法大量出现,跨境贸易激增。诉讼制度中复杂完善的越诉、诉讼状式、勘验格式化和翻异别勘等成为司法制度的重要内容。

辽金西夏和大理政权中,政治民族与国家文化经济主体存在不同,导致立法中"国俗"和"汉法"构成这些民族政权法律中两种渊源。二元法制的出现成为这些民族政权法律制度的特色。然而,政治上臣民一体,促使二元法律很快被以"唐法"为宗的汉法融合,同一成为趋势。辽朝建国初期建立起完善的二元法制:法律上以国俗治国族,以汉法治汉人;制度上,建立起南北面官制,北面官治契丹,南面官治汉人,成为辽政权的基本制度。法律形式上,融合律令敕而成的"条制"出现,不再严格区分律令格式敕的法律分类成为北支法律中的重要特点。

西夏在李元昊建国后,虽然国俗得到强行恢复和强化,但国家法制建设上,"唐法"与"宋制"成为直接来源。通过中期几代皇帝改革,最终在吸收和融合唐宋法律与本民族、区域特点下,制定代表西夏最高水平的《天盛律令》,让西夏法律在融合民族习惯、唐宋汉法上达到有机结合,构建起自成特色的法制。

金朝虽是东北女真族政权,但入主中原后,法律上以本民族传统习惯、隋唐法律和辽宋法律为渊源,创建自己的法制。皇统年间制定的《皇统制》是三者结合的产物。泰和年间制定的《泰和律义》和《泰和令》则以唐律、疏议和唐令为标准,制定本朝的律典与令典,以致元人用"实唐律也"来概括。金朝与宋朝的不同之处在于制定了独立的《泰和律》。金朝以《泰和律》和《泰和令》为中心的法律体系成为元朝建国初期的直接法律渊源。

元朝是在大蒙古国基础上发展而成。元朝入主中原和统一中华大地后,通过完善金朝后期形成的行省制度,把秦汉隋唐时期多属边藩民族政权的区域纳入划一的行政体制中,如岭北行省、甘肃行省、云南行省、江西行省、四川行省和管理西藏事务的宣政院,把整个中国地方行政归入中央的有效统治中。元朝在治理民族地区时辅以土官制,解决了统一政权下区域、民族和社会经济文化差异要求区别对待的需求。法律形式上,元朝继承宋朝后期简化律敕令格式申明的发展趋势,吸收辽西夏金的"条制",在继承秦汉以来法律分刑事与非刑事的体系下,把法律简化成"断例"与"条格",把隋唐律令格式、宋朝律敕令格式和申明的法律分类重新改革,走向简约。立法中继承宋朝重民事、诉讼的传统,提出"诸民讼之繁,婚田为甚",制定"诉讼"门加强诉讼立法。元朝法律是在以唐律令格式为宗的基础上,直接以金朝泰和律令格式敕为基础进行损益立法而成。

第二节 法律思想

一、五代时期"无法"与"重刑"

五代时期法律基本是全面继承唐法和补时之急,这成为五代法制的特征。从宋朝开始,史学界多认为五代是"无法"和"重刑"。南宋史家李焘称:"五代以来,典刑弛废……守牧多武人,率恣意用法。"[①]清朝史家赵翼认为:"五代乱世,本无刑章,视人命如草芥,动以族诛为事。"[②]近代陶懋炳认为五代时"无法可循、刑罚酷虐、官吏为奸","至于晋汉而极"。[③] 五代法律属于"重法"是宋朝大臣比较唐朝开元年间法律时得出的结论,最有名的是文彦博在熙宁三年(1070年)十一月二十一日奏折中指出:"臣闻刑平国用中典。自唐末至周,五代离乱,刑用重典,以救一时,故法律之外,轻罪或加于重,徒流或至于死。"[④]南宋叶适认为:"五代暴乱,承用重刑。盗一钱以上径坐死,而茶盐、榷酤升合铢两之犯,至无生出者。"[⑤]近代法史学界以五代十国是"无法""刑重"为基本特征。

五代立法中,"重刑"主要体现在随时随事颁行的"敕"中,如后唐同光元年(923年)规定军人、百姓杀牛驴马出卖者一律处死;后唐清泰二年(935年)六月规定盗窃罪不管数量多少一律处死;后周规定走私私盐者处死等。这些法律是特别法,不属于正常法律。此外,这个时期由于战争频繁,军人在外,常不守法而滥杀,导致法律适用十分失败。若把五代法律中很多当作"重法"的内容与唐中后期和宋朝相比,重刑结论很难成立。如唐中后期与五代在盗窃罪上的量刑、后周与宋初在私盐罪上的量刑相比,

---

① (宋)李焘:《续资治通鉴长编》卷二,"建隆二年五月戊寅条",中华书局2004年版,第46页。
② (清)赵翼:《廿二史札记校证》卷二十二,"五代滥刑",王树民校证,中华书局1984年版,第478页。
③ 陶懋炳:《五代史略》,人民出版社1985年版,第325页。
④ 《宋会要辑稿》,刘琳等点校,"刑法·格令一之八",上海古籍出版社2014年版,第8219页。
⑤ (宋)叶适:《叶适集·水心别集》卷二,"进卷·国本下",中华书局1961年版,第649页。

会发现它们之间存在很强的沿袭性。

从五代经历者、宋人王溥编的《五代会要》看,五代十国法律是对唐朝的全面继承;五代在法制上是"有法可依";在执法上,以"恤刑"为目的的大赦迭出,构成五代法制的重要内容。五代法制的缺点是特别法太多而导致酷刑、重法较为明显。

二、宋朝法律思想

(一)分权与制约的法律思想

宋朝法律思想的基本目标是对大臣分权与制约,实现中央集权,即"稍夺其权,制其钱谷,收其精兵"①。为此,国家加强立法。制度设置上,采用分权制约,如中央司法权由大理寺、审刑院和刑部分掌;财政权由户部、度支和盐铁"三司"分掌;兵权由枢密院和殿前都指挥司、侍卫马军司和侍卫步军司"三衙"分掌。地方设四监司分理和监督地方军事、财政、民政和司法事务,州设知州和通判分权等。官职上采用"权知"而不实授,名职上采用官、职、差遣分离等,即"名与实分"的任官制。

(二)"依法而治"的法制目标

宋朝皇帝多重法律,典型者有北宋的太祖、太宗、真宗、仁宗、神宗、徽宗,南宋的高宗、孝宗、理宗等,成为中国古代皇帝中重视法律最多的朝代。宋太祖提出"王者禁人为非,莫先于法令"②;太宗指出"法律之书,甚资政理,人臣若不知法,举动是过,苟能读之,益人知识"③。强调立法在国家治理中的重要性。立法上强调"立法贵中",执法强化"用法贵行"。对此,《宋会要辑稿·帝系十一·守法》中录有南宋高宗和孝宗两帝对"法治"的言论和事例,如宋高宗公开宣称"立法不贵太重,而贵必行。法必行,则人莫敢犯矣"④;宋孝宗提出"法之未成也,议之贵乎详;法之既成也,守之贵乎坚"⑤。编撰者在评论中指出"虑夫法太重而难必行,则立法贵乎中"⑥。

(三)义利并重下的民事法制建设

宋朝在社会思想上出现反复、长期的义利之争,其中道学、理学家面对社会中商品经济兴起,民间重"利"的社会现象,坚持重"义"去"利",以救时弊。代表人物有北宋程颢、司马光,南宋张栻、陆九渊、朱熹、吕祖谦、真德秀等,他们主张"存天理,去人欲"。如程颢说"大凡出义则入利,出利则入义。天下之事,惟义利而已"⑦。朱熹提出"义者,天理之所宜。利者,人情之所欲"⑧。与之相反,也出现大量强调经世致用的学者,

---

① (宋)司马光:《涑水记闻》卷一,中华书局1989年版,第11页。
② 《宋大诏令集·刑法上》卷二百,中华书局1962年版,第739页。
③ (宋)李攸:《宋朝事实·兵刑》卷十六,载《丛书集成初编》,商务印书馆1935年版,第24页。
④ 《宋会要辑稿》,刘琳等点校,"帝系十一·守法·亲定乾道新书",上海古籍出版社2014年版,第239页。
⑤ 同上书,第241页。
⑥ 同上书,第244页。
⑦ (宋)程颢、程颐:《二程集》卷十一,中华书局1981年版,第124页。
⑧ (宋)朱熹:《四书章句集注·论语集注》卷二,"里仁第四",中华书局1983年版,第73页。

他们提出义利并重,重新界定"利"的重要性。如北宋李觏公开言"利",认为"利"是仁爱礼义的基础;苏洵提出"义利相和";王安石强调"利者义之和,义固所为利也"。① 南宋形成以陈亮、叶适为代表的功利主义学派,公开言"利",反对理学家去"利"言论。叶适提出"成其利,致其义"的主张。宋朝"义利之争"的本质是商品经济发展,社会风气变革,市民社会兴起。通过争论,进一步解放社会风气,士大夫重"利",让法律上以财产为中心的民事法律获得发展。

三、辽西夏金元诸朝法律思想

辽西夏金元诸朝都是由少数民族建立的政权,法律思想有相同特征,体现在:各依风俗和以"唐法"为宗,参酌"宋制",融合"国俗"与"汉法",创制新法制。

(一)各依风俗

四个少数民族建立的政权中,由于统治民族是少数民族,治下民族繁多,面对拥有各种法律习惯的现实,国家法律的基本原则是"各依风俗",即承认各少数民族法律传统的合法性。辽朝二元法制公开承认契丹、汉人法律传统的合法性,是各依风俗的制度保障。辽太祖阿保机"乃诏大臣定治契丹及诸夷之法,汉人则断以律令"②。金朝设有"猛安谋克",在法律上保留国俗。元朝建国后,公开承认汉人、女真和色目人的法律传统。这种思想在蒙元时期十分成熟,如有"成吉思皇帝降生,日出至没,尽收诸国,各依风俗"③;在聘礼数额上明确规定"诸色人同类自相婚姻者,各从本俗法,递相婚姻者,以男为主;蒙古人不在此例"④。这种立法在辽西夏金诸朝法律中十分常见。

(二)宗"唐法",酌"宋制",融合"国俗"和"汉法",创一代之制

"各依风俗"是承认各民族法律习惯的合法性,在国家治理中,"唐法"作为四个少数民族政权法律建设的基本前提,是四个王朝法制建设的直接渊源。此外,四个政权还积极吸收宋朝法制,参酌"宋制"成为重要内容。国家在建设法制时,为调和、加快社会发展,法律建设上都有融合"国俗"和"汉法",为创制适合自己政权需要的法制而努力。西夏官制全面仿宋制,设尚书省、枢密院、三司、御史台等,虽为体现"国俗"创设"蕃号",但实为同一官制两个不同名称。《金史·刑法志》中有"以本朝旧制,兼采隋、唐之制,参辽、宋之法"⑤。说明金朝立法三大来源是民族习惯、隋唐法律和辽宋法制。《金史·移剌慥传》记载《皇统条制》是"皇统间,参酌隋、唐、辽、宋律令,以为《皇统制条》"⑥。金熙宗天眷元年(1138年)八月,中央在废除勃极烈制,"颁行新官制"时,在中

---

① (宋)李焘:《续资治通鉴长编》卷二百十九,"神宗熙宁四年正月壬辰条",中华书局2004年版,第5321页。
② 《辽史》卷六十一,"刑法志上",中华书局1974年版,第937页。
③ 《大元圣政国朝典章》卷五十七,"刑部十九·诸禁·禁宰杀·禁回回抹杀羊做速纳",中国广播电视出版社1998年影印本,第2057页。
④ 《大元圣政国朝典章》卷十八,"户部四·婚姻·婚礼·嫁娶聘财体例",中国广播电视出版社1998年影印本,第660页。
⑤ 《金史》卷四十五,"刑志",中华书局1975年版,第1015页。
⑥ 《金史》卷八十九,"移剌慥传",中华书局1975年版,第1987页。

央设三师、三公、三省六部,外设都元帅府、枢密院、宣抚司、劝农司、国史院、翰林院、审官院、太常寺等,全是宋朝官制的翻版。元朝在延祐四年(1317年)三月《职官殿年自被问停职日月计算》中总结为:"国朝开辟以来,创立制度,参定刑法,酌古准今,典章具备。然刑贵有常,事当归一。"①

第三节　法律形式和立法成果

一、五代时期的立法成果

五代十国立法上,后梁制定过完整的律令格式四典,即《大梁新定格式律令》,但自后唐起,律令格式四典全面适用唐朝开元四典,国家立法转向编敕和制定事类《刑统》。此外,重点制定官吏管理和选拔的《循资格》和《长定格》。这个时期最有影响的立法是编敕和修订《刑统》,成为宋朝编敕和《宋刑统》的直接来源。

后梁建立后为区别唐朝,以示革新,制定新法。开平三年(909年)十月全面删订律令格式,至四年十二月修成《大梁新定格式律令》,即《大梁式》20卷,《大梁格》10卷,《大梁令》30卷,《大梁律》和《目录》共13卷,《律疏》30卷,四典一疏凡五部共103卷。立法损益对象是唐朝开元二十五年(737年)律令格式四典及疏议,所以称"新删定"。这是现在可知的五代十国时唯一全面按律令格式四典的立法,也是唐朝开元二十五年后中国立法史上最后一次全面修订律令格式四典及疏议。

后唐建立者以李唐后人自居,在法律上禁止适用《大梁新定格式律令》,全面恢复唐朝法律,即适用《大和格》52卷,《刑法要录》10卷,《格式律令事类》40卷和《大中刑法格后敕》等。此外,同光三年(925年)二月制定《同光刑律统类》12卷,长兴四年(926年)六月重修《大中统类》。后唐通过恢复和修订唐朝中后期法律,建立自己的法律体系。然而,时代终有不同,后唐只有通过编格后敕适应社会发展的需要。这时的"格后敕"已经以刑事法律为主。天成元年(926年)九月李琪指出唐朝"《开元格》多定条流公事,《开成格》关于刑狱,今欲且使《开成格》"②。这说明唐朝中后期格后敕已以刑事为主,不再是前期的特征。清泰二年(935年)四月修成《清泰编敕》30卷,共394道,成为最新立法。

后晋在法律上全面继承后唐,晋天福元年(936年)十一月下诏,规定"唐明宗朝敕命法制,仰所在遵行,不得改易"。天福四年(939年)七月编成《天福编敕》,共368道,31卷,"令有司写录,与格式参用"③。后晋法律以唐律令格式为基础,增加后唐《清泰编敕》和本朝《天福编敕》而成。

---

① 《大元圣政国朝典章》卷四十六,"刑部八·诸赃·取受·职官殿年自被问停职日月计算",中国广播电视出版社1998年影印本,第1705页。
② (宋)王溥:《五代会要》卷九,"定格令",上海古籍出版社2006年版,第147页。
③ 同上书,第148页。

后周在法律上全面继承后唐、后晋,于广顺元年(951年)制定《大周续编敕》,是"以晋、汉及国初事关刑法敕条一十六件",编成两卷。后周显德年间曾要求中书省删定法律,但显德四年(957年)五月中书门下省奏称:"今奉制书,删律令之书。窃以律令之书,致理之本,经圣贤之损益,为今古之章程,历代以来,谓之彝典。朝廷之所行用者,律一十二卷,律疏三十卷,式二十卷,令三十卷,《开成格》一十卷,《大中统类》一十二卷,后唐以来至汉末编敕三十二卷,及皇朝制敕等。折狱定刑,无出于此"①。中书省提出不再重修律令格式诸典,采用"律讼之有难解者,就文训释,格敕之有繁杂者,随事删除"的原则修订。显德五年(958年)七月中书省奏称编成《大周刑统》,共21卷。从记载看,奏折中称"伏请颁行天下,与律疏令式通行,其《刑法统类》《开成编敕》等采掇既尽,不在法司行使之限"②。从中可知,《大周刑统》是对此前各类编敕整理的产物,后周法律是以唐朝律令格式和《大周刑统》为主。

五代十国的法律是对唐朝法律的全面继承和发展,由唐律令格式四典和唐中后期形成的"编敕"和"刑统"构成。五代立法的主要特点是以编敕和刑统为中心。同期的其他十国法律大体如此,没有全面革新的。宋太宗淳化年间修订令式时就以后蜀令式为版本,而后蜀令式是唐朝《开元令》和《开元式》,仅改其中一些用语与年号。"至道元年十二月十五日,权大理寺陈彭年言:'法寺于刑部写到令式,皆题伪蜀广政中校勘,兼列伪国官名衔,云'奉敕付刑部'。其帝号、国讳、假日、府县、陵庙名悉是当时事。伏望重加校定改正,削去伪制'。"③

二、辽朝的立法成果

(一)建国前的立法

契丹建国前是部族社会。《辽史·营卫志》记载其社会是"部落曰部,氏族曰族。契丹故俗,分地而居,合族而处"④。最初分八部,每部设首领一名,称为大人。从八部首领中推举一人为盟主,三年一换,成为部族联盟首领。阿保机成为盟主后,破坏盟主选举制,成为国主,建立国家。契丹建国前以习惯法为主,但735年辽皇室祖先雅里立阻午可汗时开始设立官制、牢狱等公共组织。阿保机建国初期,先后由汉人韩延徽、韩知古和康默记三位大臣参与创制官制法律。史书记载,"太祖初元,庶事草创,凡营都邑,建宫殿,正君臣,定名分,法度井井,延徽力也"⑤;蓟州汉人韩知古出任司法官员,"诏群臣分决滞讼,以韩知古录其事"⑥,神册年间韩知古还创制法律制度,"总知汉儿司事,兼主诸国礼仪。时仪法疏阔,知古援据故典,参酌国俗,与汉仪杂就之,使国人易

---

① (宋)王溥:《五代会要》卷九,"定格令",上海古籍出版社2006年版,第148—150页。
② 同上书,第149—150页。
③ 《宋会要辑稿》,刘琳等点校,"刑法·格令一之二",上海古籍出版社2014年版,第8212页。
④ 《辽史》卷三十二,"营卫志二",中华书局1974年版,第376页。
⑤ 《辽史》卷七十四,"韩延徽传",中华书局1974年版,第1232页。
⑥ 《辽史》卷一,"太祖纪上",中华书局1974年版,第8页。

知而行"①；蓟州汉人康默记出任司法官员，成为建国初期重要司法官员，"一切蕃、汉相涉事，属默记折衷之，悉合上意。时诸部新附，文法未备。默记推析律意，论决重轻，不差毫厘。罹禁纲者，人人自以为不冤"②。

（二）建国后立法

辽朝建国后法律建设以契丹习惯法和唐朝法律为直接渊源。辽太祖神册六年（921 年）制定《决狱法》，是建国后第一个成文法。辽太宗制定"治渤海人一依汉法"③。辽圣宗时萧太后执政，大力改革法律，史称"当时更定法令凡十数事，多合人心"④，统和十二年（994 年）对契丹及汉人相殴致死一律处断；二十四年（1006 年）禁止主人擅杀奴婢；契丹人犯十恶适用汉法；二十九年（1011 年）对宰相、节度使等世选之家子孙犯罪与平民同罚；颁布释放债务奴婢，加快辽朝法律汉化。

《重熙新定条制》（又称《重熙条例》）是辽兴宗耶律宗真时制定的重要法律。《辽史·刑法志》记载："（重熙）五年，《新定条制》成，诏有司凡朝日执之，仍颁行诸道。盖纂修太祖以来法令，参以古制。其刑有死、流、杖及三等之徒而五，凡五百四十七条。"⑤此次立法整理了辽太祖以来的立法成果，同时参考唐法，共 547 条。《重熙条制》从内容看，是律令敕的合编法典，名称用"条制"，形成新立法体例。

《咸雍条制》于辽道宗咸雍六年（1070 年）开始，后经太康、大安年间修订，历时 17 年而成。《咸雍条制》在《重熙条制》基础上修成。此次修律改变阿保机以来法制上契丹与汉人异制，以实行法律统一为目的。制定后由于反对太激烈，没有很好地实施。《辽史·刑法志》记载："（咸雍）六年，帝以契丹、汉人风俗不同，国法不可异施，于是命惕隐苏、枢密使乙辛等更定《条制》。凡合于《律令》者，具载之；其不合者，别存之。"⑥此次修法，删除重复的 2 条，共有 545 条，对唐律取 173 条，创设 71 条，共达 789 条，整个法典总数达 1000 条。大康年间对"律"和"条例"部分修订，增加 36 条；大安三年（1087 年）再增 69 条。《咸雍条制》是以律令为主的唐法体例。辽朝通过近百年法律发展，在吸收唐朝法律基本精神和形式后，融合本民族和时代特点，形成完整法律体系。大安五年（1089 年），即新法颁行两年后，辽道宗以新定法令太烦，"自今复用旧法，余悉除之"⑦为由废止新法。此次法律改革失败的原因主要是立法中吸收汉法太多，引起保守派反对。

《咸雍条制》在名称上用"条制"而不用"律"或"令"，内容上把律、令、格、式和敕整合编撰，法律被分成"律"与"条例"两部分，其中"条例"把令、格、式和敕等融合。此种立法改变了唐朝立法中律、令、格、式分类立法的传统，把这种新法律形式称为"条制"，

---

① 《辽史》卷七十四，"韩知古传"，中华书局 1974 年版，第 1233 页。
② 《辽史》卷七十四，"康默记传"，中华书局 1974 年版，第 1230 页。
③ 《辽史》卷六十一，"刑法志上"，中华书局 1974 年版，第 937 页。
④ 同上书，第 939 页。
⑤ 《辽史》卷六十二，"刑法志下"，中华书局 1974 年版，第 944 页。
⑥ 同上书，第 945 页。
⑦ 同上。

构成新的立法风格。

辽朝法律制度的基本特征是二元法制。在辽朝法律变迁中,唐朝法律成为主体,是国家立法与改革的移植中心。辽朝法律成为唐朝法律发展中北支的重要组成部分。

三、宋朝法律形式与立法成果

(一)法律形式的种类

宋朝法律形式以适用中具有渊源作用作为标准,分为律、疏议、刑统、敕、令、格、式、申明、断例、指挥和看详共11种,其中重要的有敕、令、格、式、申明和断例等6种。11种法律形式根据性质可以分为刑事类、非刑事类和混合类,其中刑事类有律、疏议、刑统、敕和断例;非刑事类有令、格和式;混合型有申明、指挥和看详。申明中申明刑统和随敕申明属于刑事类。根据法律形式的效力等级和作用,可以分为基本法律渊源、一般法律渊源和补充法律渊源。基本法律渊源有律、疏议和刑统;一般法律渊源有敕、令、格和式;补充法律渊源有申明、断例、指挥和看详。

1. 基本法律渊源

从法律渊源看,律、疏议和刑统是基本渊源。宋朝时"律"和"疏议"是特指概念,具体指唐开元二十五年(737年)制定的律典和律疏。① 唐中后期、五代辽宋金西夏元时把律典与疏议作为两个独立法典。对此,有学者通过考察唐朝出土的法律文献后指出唐时律典与疏议是两个并列独立的法律文本。② 整个宋朝《唐律》与《疏议》都是基本法律渊源。《宋刑统》是唐开元年间之后格后敕及后来编撰刑统整理和总结的产物。《宋刑统》是在"疏议"的基础上发展形成,是"疏议"的再生物。

《宋刑统》是唐朝开元年间事类立法《开元格式律令事类》出现后,对刑事法律按事类体例编撰的法典,其直接渊源是唐宣宗时《大中刑律统类》,修订的直接对象是《大周刑统》。建隆四年(963年)二月五日,窦仪提出:"周《刑统》科条繁浩,或有未明,请别加详定",修订时"凡削出令式、宣敕一百九条,增入制敕十五条,又录律内'余条准此'者凡四十四条,附于《名例》之次,并《目录》成三十卷"③。可知《宋刑统》是对《大周刑统》修订而成的产物。法典制定后被"模印颁行",即国家公开印刷发行,是现在可以看到的中国历史上首部国家公开印刷发行的法典。《宋刑统》与《唐律疏议》相比,两者虽在篇名、律文和疏议上大体一致,都是12篇,30卷,502条,但存在着以下不同:

首先,《宋刑统》在12篇结构下采用"门"的结构,把502条按事类分成213门,把性质相同或相近的律条、疏议、敕、令、格、式、起请等法律归为一门。

---

① 学术界很多时候把宋朝"律"与"疏议"认为是《宋刑统》中的"律"与"疏议",这是错误的,没有注意五代以来对"律"与"疏议"使用上的特定性和专门性。
② "从唐高宗永徽四年颁布《永徽律疏》之后,唐代一直存在律与律疏两种法典形式。这两种法典形式不仅卷数不同、书写形式不同,内容上也不同,律典中只有律文和注文,没有疏议的内容"。参见郑显文:《出土文献与唐代法律史研究》,中国社会科学出版社2012年版,第39页。
③ 《宋会要辑稿》,刘琳等点校,"刑法一·格令一之一",上海古籍出版社2014年版,第8211页。

其次，《宋刑统》在内容上收录了唐中后期以来的敕、令、格、式中与刑事法律有关的内容，是一种事类汇编体。

再次，《宋刑统》进行了时代化处理，即对法律中涉及帝号、国讳、假日、府县、陵庙名号等都改成宋朝的。

最后，《宋刑统》中疏议部分与《唐律疏议》存在差异。

关于宋朝律、律疏和《宋刑统》的关系，天圣七年（1029年）四月孙奭奏文最典型。天圣七年四月，孙奭言：

> 准诏校定律文及疏，缘律、疏与《刑统》不同，盖本疏依律生文，《刑统》参用后敕，虽尽引疏义，颇有增损。今既校为定本，须依元疏为正。其《刑统》内衍文者减省，阙文者添益，要以遵用旧书，与《刑统》兼行。又旧本多用俗字，寖为讹谬，亦已详改。至于前代国讳，并复旧字。圣朝庙讳，则空缺如式。又虑字从正体，读者未详，乃作《律文音义》一卷。其文义不同，即加训解。乞下崇文院雕印，与律文并行之。①

孙奭指出律、《疏议》和《刑统》三者是"本"和"支"的关系，即《疏议》是律的派生物，《刑统》是在《疏议》基础上发展而成。

宋朝不管北宋还是南宋，唐律、疏议和《刑统》一直作为国家基本法律渊源，构成国家基本法律。宋人认为"以敕破律"是当时法律适用的弊病观点，本质上是一种复古主义。因为司法中反对优先适用敕，就得优先适用《唐律》《宋刑统》，这与法律适用中特别法优于普通法原则是不相符的。

2. 一般法律渊源

宋朝敕令格式是一般法律渊源，是国家正式法律形式中的主体。宋朝敕令格式在形式上分为两个时期。前期是神宗元丰年间以前，"敕"是广义法律的称谓，不仅有刑事法律，还包括后来被纳入令格式中的法律。神宗元丰年间后，"敕"被严格界定在刑事法律领域，构成宋朝刑事法律立法的基本形式；令格式被界定在非刑事法律领域。这让宋朝法律形式上形成有明确分工和相互支持的体系。宋朝初期令格式直接适用唐朝开元年间制定的令格式三典，其中"令"与"式"在宋太宗淳化年间进行过简单修订，基本内容是唐朝旧典，仅对年号、用字、避讳等进行时代化处理，史称《淳化令》和《淳化式》。宋朝意义上的令典始于《天圣令》，式、格典始于《元符格》和《元丰式》。神宗元丰年间后敕令格式构成宋朝四大基本法律形式。宋朝敕令格式在形式上由综合性法典、事类性法律和机构性法律三类组成。综合性法典，如《绍兴敕》《绍兴令》《绍兴格》和《绍兴式》；事类性法律，如《农田敕》《五服年月敕》《宗室葬敕》《大礼敕》《南郊式》；机构性法律，如《中书省敕》《大宗正司令》《礼部格》和《吏部式》等。

宋朝敕令格式在内涵与外延上存在相对唐朝和宋神宗元丰年间前后两个时期的不同意义。宋朝"令式"与唐朝"令式"在内容上存在不同。对此，《直斋书录解题》中有

---

① 《宋会要辑稿》，刘琳等点校，"崇儒四·勘书之七"，上海古籍出版社2014年版，第2818—2819页。

"《唐令》三十卷、《式》二十卷。唐开元中宋璟、苏颋、卢从愿等所删定。考《艺文志》卷数同,更同光、天福校定,至本朝淳化中右赞善大夫潘宪、著作郎王泗校勘其篇目、条例,颇与今见行令式有不同者。"①这种情况同样适用于"敕"和"格"中。

宋初编敕是指对随时随事颁行的"宣""敕"进行整理编撰的立法活动,编敕而成的"敕"典内容上包括刑事与非刑事两部分。宋真宗咸平年间在编敕上发生转变,咸平编敕把《咸平敕》按律典十二篇体例编撰,内容只收刑事法律,不属刑事部分编成《仪制令》。宋仁宗天圣年间在编敕时把非刑事内容编入"附令敕"中。宋朝把"敕"严格界定在刑事领域始于宋神宗元丰年间。政和年间后,不管是综合敕典还是单行敕,内容都限定在刑事法律领域。现存《庆元条法事类》残卷、《吏部条法》中引用各篇敕都是刑事法律。宋朝综合敕典保守统计有 18 部,外加 100 多种各类单行敕和部类敕典。

宋朝最初适用《唐令》。宋朝意义上的令典始于仁宗天圣年间制定的《天圣令》。宋朝"附令敕"是"令"立法中重要的过渡形式。宋神宗对敕令格式的定义成为国家标准后,让以前大量编入敕类的法律划入"令格式"中,让令得到快速发展。神宗朝后,令构成宋朝法律的主体。宋朝修撰过 12 部综合令典,其中有 11 部颁行过。11 部令典分为三种风格:《唐令》式的令典,具体有《淳化令》和《天圣令》;《元丰令》式的令典,具体有《元符令》《元祐令》和《政和令》;《绍兴令》式的令典,南宋诸朝令典属于此类。宋朝令典篇名除《庆元条法事类》残卷中见到的 37 个外,没有明确记载,但考诸文献,最多有 50 个。宋朝还有 190 多篇单行和部类令典。

宋初直接适用《唐格》。宋初制定的重要格有《长定格》与《循资格》。北宋在"格"立法上,神宗朝是加速发展期,哲宗、徽宗朝进入高潮,北宋格的立法最高成就是《政和格》,标志着宋朝风格的综合格典正式形成。《绍兴格》是南宋诸朝格典立法体例的典范。宋格是各类制度中等级、数量、标准、职数等的具体规定,内容是规定酬赏、官员迁转的数限、官员管理、科举考试的具体程序和内容等。宋格有刑事内容,如《五服格》《政和编配格》和《斗杀情理轻重格》等。宋朝综合格典至少有 8 部,综合典格篇名在《庆元条法事类》残本中有 16 个。南宋格典篇名最少有 16 个,最多有 30 个。此外,有近 100 种单行和部类格典。

宋初直接适用《唐式》。宋太宗淳化年间对《唐式》进行修订,史称《淳化式》。宋朝式典正出现是《元丰式》,到《绍兴式》达 30 卷。宋式内容有"名数"与"样式"两部分,其中"名数"包括"人物名数、行遣期限之类"等;样式由公文程式和诉讼状式组成。宋式主要规定各类公文书写要素、格式及国家设定的各类度量衡的标准。宋朝综合式典现在可以见到的有 11 部。在数量上,《淳化式》有 33 篇;《元丰式》中有 5 卷;《元祐式》有 6 卷,127 条;《绍兴式》有 30 卷。其中《元符式》和《政和式》的卷数应在 30 卷。式典篇名数量从《庆元式》看最少有 18 篇,最多有 30 篇。此外,有近 100 种单行和部类式典。

---

① (宋)陈振孙:《直斋书录解题》卷七,"法令类",上海古籍出版社 1987 年版,第 223 页。

3. 补充法律渊源

宋朝补充法律渊源有申明、指挥、断例和看详。宋朝申明、指挥是重要法律形式，但效力和稳定性上较低，构成补充性法律渊源。断例与看详在法律效力上作用有限，是效力最低的法律形式。

申明[①]在宋朝是一个特殊用语，泛指中央机构对下级机构作出的法律指令、法律解释和法律解答等各种具有法律性质的文件总称。申明到北宋神宗朝出现新变化，国家在修订敕令格式时会把效力较低、稳定性较差的内容独立修撰，称为申明。申明立法史上的划时代事件是南宋绍兴年间编撰敕令格式时把申明编成两类，即申明刑统和随敕申明。申明在南宋成为重要法律形式，让宋朝法律形式转成敕、令、格、式和申明五种。宋朝申明有刑事类和非刑事类两种。刑事类申明分为申明刑统和随敕申明，如《绍兴刑统申明》《熙宁随敕申明》《元祐随敕申明》《绍兴随敕申明》《庆元随敕申明》等；非刑事类有《禄秩申明》《中书省申明》《尚书省申明》《枢密院申明》《三省通用申明》《三省枢密院通用申明》和《马递铺申明》等几十种。

断例在宋朝作为一种法律渊源，主要适用于司法领域。断例从内容看主要是刑事法律。断例在南宋成为重要法律形式，构成刑事法律的重要组成部分。宋朝编修撰的断例有：《庆历断例》《嘉祐刑房断例》《熙宁法寺断例》《元丰刑名断例》《元祐法寺断例》《绍圣断例》《元符刑名断例》《宣和刑名断例》《崇宁刑名疑难断例》《绍兴刑名断例》《乾道新编特旨断例》《强盗断例》《淳熙新编特旨断例》《嘉泰刑名断例》和《开禧刑名断例》等。

指挥作为一种法律渊源，在宋朝是可以确定的。宋朝指挥是一种颁布法律的形式，更多体现出的是一种立法中法律颁布程序与权威程序的程度。宋神宗朝后，指挥作为一种法律形式开始被确定下来。立法上，国家会对指挥进行编撰，如《透漏私茶指挥》《隆兴弊事指挥》等。宋朝立法中"指挥"主要有"某某指挥"和"修书指挥"两大类。"某某指挥"是指对某类法律进行立法时，在篇名上称为"某某指挥"，如《隆兴弊事指挥》；"修书指挥"是指修撰特定法律时颁发的各类指挥。在"某某指挥"上又称为"一时指挥"。这是宋朝"指挥"与"申明"的区别，因为指挥在法律上普适性低，稳定性差。但指挥可以通过特定程序成为稳定性更高的法律。

看详作为一种法律渊源始于宋神宗朝，其主要功能是作为法律解释时的补充。"看详"作为一种立法术语，在北宋中后期开始出现在立法中，把立法的原始材料、立法说明和法律渊源等编撰成书，称为"看详"。从现在看，看详就是立法说明和依据。看详是立法的说明与原始材料，在法律解释时看详成为重要依据。从现在史料看，看详又称为"厘正看详"。看详主要集中在神宗朝至南宋孝宗朝之间的立法上。看详按记载有《元丰敕令格式看详》《政和重修敕令格式看详》《绍兴新修敕令格式看详》《武学看详》和《都提举市易司看详》等。对"看详"在宋朝法律渊源中的作用，元丰七年（1084）七月壬戌御史黄降奏书中有说明：

---

① 参见谢波：《宋代法律形式"申明"考析》，载《史学月刊》2010年第7期。

朝廷修立敕令,多因旧文损益,其去取意义,则具载看详卷,藏之有司,以备照使。比者,官司议法,于敕令文意有疑者,或不检会看详卷,而私出己见,裁决可否。乞申饬官司,自今申明敕令及定夺疑议,并须检会看详卷,考其意义所归。所贵法定于一,无敢轻重,本台亦得以据文考察。"诏下刑部。刑部言:"元丰敕令格式看详卷共二百二十册,难以颁降。乞自今官司定夺疑议,及申明敕令须看详卷照用者,听就所掌处抄录。"从之。①

四、西夏的立法成果

(一)西夏立法简史

党项建国前沿袭氏族习惯法。《旧唐书·党项羌传》记载党项"俗尚武,无法令赋役"。唐王朝在党项聚居区设立羁縻府州,管辖党项。五代时在党项地区设立"和断官","蕃族有和断官,择气直舌辨者为之,以理其曲直。杀人者,纳命价钱百二十千"②。西夏建国前后,开始设官立制。李继迁仿照宋朝章典制度设立国家机构。李德明归附宋朝后,"其礼文仪节、律度声音,无不遵依宋制"③。李元昊称帝立国后,确立"重武尚法"的治国原则,积极完善本国制度,创立法律制度。《宋史·夏国传》记载李元昊"晓浮图学,通蕃汉文字,案上置法律",作战时"明号令,以兵法勒诸部"④。李元昊在参照宋朝法律制定成文法时也恢复和强化本民族风俗习惯,强调保留党项族"衣皮毛,事畜牧"和"忠实为先,战斗为务"的风俗,把自己汉姓改"鬼名氏",恢复民族发式,创立自己的文字。史书记载:"元昊欲革银、夏旧俗,先自秃其发,然后下令国中,使属蕃遵此,三日不从,许众共杀之。于是民争秃其发,耳垂重环以异。"⑤这样使西夏前期法制建设中民族习惯法获得主导地位。西夏在崇宗、仁宗时转为"重文尚法",兴起立法高潮,大量吸收唐宋法律制度,加快对中原儒家文化的学习。夏崇宗贞观年间(1101—1113年)颁布著名军事法典——《贞观玉镜将》,现残存四篇,分别是政令、赏功、罚罪和进胜。夏仁宗天盛年间(1149—1169年)制定《天盛改旧新定律令》,是西夏立法的最高成就。神宗年间颁布《新法》和《猪年新法》等。

(二)《天盛律令》

1.《天盛律令》的制定

《天盛律令》是西夏仁宗天盛年间颁行的《天盛改旧新定律令》简称。法典在1909

---

① (宋)李焘:《续资治通鉴长编》卷三百四十七,"神宗元丰七年七月壬戌条",中华书局2004年版,第8336页。
② (清)吴广成:《西夏书事》卷十一,载四川大学图书馆编:《中国野史集成(11)》,巴蜀书社1993年版,第24页。
③ (清)戴锡章编撰:《西夏纪》卷四,罗矛昆校点,宁夏人民出版社1988年版,第159页。
④ 《宋史》卷四百八十五,"夏国传上",中华书局1977年版,第13993页。
⑤ (清)吴广成:《西夏书事》卷十一,载四川大学图书馆编:《中国野史集成(11)》,巴蜀书社1993年版,第105页。

年被俄国探险家科兹洛夫于内蒙古额济纳旗黑水城遗址发现,现存20卷,20余万字,是目前发现西夏王朝最完整的法典,也是我国用少数民族文字刊印发行的现存最早法典。修撰人员是当时西夏中央政府的主要官员,从法典记载的参与修订人员来看,显然是一个集体工程。《天盛律令进律表》中记载修纂人共23人,主持者是北王兼中书令嵬名地暴,其他官职有中书令、中书、中书副、同中书副、中书承旨、枢密、枢密承旨、东经略司副、前面账门官、殿前司正等19名官员和4名汉文翻译者。法典有汉文和西夏文两种版本,现在只发现西夏文一种。法典共20卷,150门,1461条,其中965条属于刑事法律,496条属于行政、经济、民法、诉讼和军事等。[①] 从内容上看,是把唐朝时的"律"与"令"根据"门"编撰在一起,形成律令合编的事类体法典。

2.《天盛律令》的基本内容

法典既吸收、借鉴唐宋法典编纂经验,因袭唐宋法律体例和内容,还保留了党项部族习惯法。在编纂体例和内容上有西夏社会文化的特点和创新。法典把行政法规系统编撰入法典,如卷十《司序行文》,规定从中央行政机构诸司的品级、派官人数、官职、任期、官员"续、转、赏",到袭官、求官、赐官资格、方法、程序、用印、司印制度等,内容十分明确详尽。此部分属于唐宋的《官品令》《职官令》《职官格》和《职官式》等。法典中经济立法比例很高,从卷十五至卷十九都与经济有关,具体有农业、牧业、酿酒、池盐、市易、水利灌溉、租税、库储管理、对外贸易等内容。卷十九规定牲畜种类、分配、供应、官畜与私畜、牧场管理等。军事立法在法典中比重较大,卷四、五、六是军事立法。法典诸门内容与《唐律疏议》《宋刑统》相关内容比较后,可知《天盛律令》150门中,91门内容是《唐律疏议》《宋刑统》所没有,约占60.7%;其他59门内容与唐宋律类似或相近,约占39.3%。内容相似部分,除《天盛律令》中"十恶""八议"等十几门基本因袭唐律外,其余40多门与唐宋律相关内容虽有一定关联,但存在不同,体现西夏党项民族特征。[②]

3.《天盛律令》体现的法律文化

《天盛律令》体现出党项民族传统习惯、佛教道教文化和唐宋法律文化等因素的结合。

法典在内容上,以儒家"礼治"思想为指导思想,"礼"和"律"紧密结合,法典中尊君、孝亲、崇官成为核心思想,法典中十恶制、八议制度、官当制度、亲亲相隐制、准五服以制罪、同居共财成为基本法律原则。法典在吸收中原法律制度的同时,体现出党项民族风俗特点。如十恶罪与唐律完全相同的有八;刑名不同的有二,即"失孝德礼"和"恶毒",唐律统称"谋大逆"和"恶逆";刑名相同而内容不同的有一,即"不孝顺";此外,"不睦"和"失义"罪在情节界定上较唐宋法律宽松。法典在服制和亲等制度上,基本原则虽移植唐宋法律,但五服制中妇女地位较中原汉法中的地位高,嫡庶没有严格区分。法典对佛教、道教进行全面规范,确定佛道教的法律地位,建立完善管理体系,保护僧

[①] 参见陈永胜:《西夏法律制度研究》,民族出版社2006年版,第42页。
[②] 参见杜建录:《〈天盛律令〉与西夏法制研究》,宁夏人民出版社2005年版,第5—25页。

侣道士权益,对犯罪及处罚都有详细规定。

法典体例在吸收和借鉴《唐律疏议》《宋刑统》的基础上进行创新,体现在法典中虽以刑律为主,但民事、牲畜、军事和宗教法律所占比例很高,体现出西夏社会经济特征。法典在形式上不再严格区分律、令、格、式,而是把四种法律有机整合,按"门"撰入法典。法典主体是唐宋时期律令,但把敕、格、式等法律形式充分吸收入法典。法典立法体例是学习唐玄宗开元年间创立的"事类"立法体例。

五、金朝的立法成果

金朝法律变迁可分为初期、中期和后期。《金史·刑法志》对此有总结:

> 金初,法制简易,无轻重贵贱之别,刑、赎并行,此可施诸新国,非经世久远之规也。天会以来,渐从吏议,皇统颁制,兼用古律。厥后,正隆又有《续降制书》。大定有《权宜条理》,有《重修制条》。明昌之世,《律义》《敕条》并修,品式浸备。既而《泰和律义》成书,宜无遗憾。①

从上可知,金朝法律发展可分为:初期,法制简易,没有完整法律,以习惯法为主;中期,天会至明昌年间,开始制定法律;后期,泰和年间制定律令法律,构建起唐宋法律为主体并保有自己特色的法律体系。

1. 建国前的立法

女真族建国之前法律以习惯法为主。女真族立法始于完颜部与其他部杀人纠纷,两个部族无休止的复仇械斗,最后完颜部为解决此纠纷提出让能解决的人为首领。于是,完颜函普出面解决,采用杀人偿物,不械斗方式解决,两部族纠纷得以解决,并立法:"凡有杀伤人者,征其家人口一、马十偶、牸牛十、黄金六两,与所杀伤之家,即两解,不得私斗。"②女真人杀人赔偿马牛30匹从此开始,成为女真最早的立法。完颜石鲁时再次制定法律,但遭族人反对。"欲稍立条教,诸父、部人皆不悦,欲坑杀之。"③完颜盈歌制定法律,统一诸部信牌,"穆宗用太祖议,擅置牌号者置于法,至是号令乃一,民听不疑矣。自景祖以来,两世四主,志业相因,卒定离析,一切治以本部法令"④。

2. 建国后立法

建国后,立法基本在保持本民族习惯法下大量吸收中原汉法。金朝立法始于金太宗,他在不改旧制的前提下,根据辽宋法律制定新法,史称"虽承太祖无变旧风之训,亦稍用辽、宋法"⑤。天会七年制定《偷盗处罚法》;熙宗天眷元年制定《卫禁之法》;皇统三年(1143年)制定《皇统制》;海陵王正隆年间(1156—1161年)制定《续降制书》,内容更接近中原唐宋法律。金世宗初年制定《军前权宜条理》,大定五年(1165年)再次删

---

① 《金史》卷四十五,"刑志",中华书局1975年版,第1013页。
② 《金史》卷一,"世纪",中华书局1975年版,第2页。
③ 同上书,第3—4页。
④ 同上书,第15页。
⑤ 《金史》卷四十五,"刑志",中华书局1975年版,第1014页。

定《军前权宜条理》。大定年间制定《大定重修制条》;金章宗明昌元年制定《明昌律义》,但因各种原因没有颁行;明昌五年下诏重修,泰和元年修成《泰和律义》。这个时期重要法典有《皇统制》《正隆续降制书》《大定重修制条》《明昌律义》和《泰和律义》;其中《明昌律义》和《泰和律义》是以唐律为准制定的。

(1)《皇统制》是金朝第一部成文法典。金熙宗天眷三年(1140年)制定。《金史·刑志》记载:"至皇统间,诏诸臣,以本朝旧制,兼采隋、唐之制,参辽、宋之法,类以成书,名曰《皇统制》,颁行中外。时制,杖罪至百,则臀、背分决。"①《皇统制》以宋朝法律为源,数量达1000多条。内容中较特别的有丈夫用器刃殴死妻子的处死,徒刑是一年至五年,杖刑从一百二十至二百,以荆条打臀部,僧尼犯奸及强盗不论得财与否皆处死。

(2)《大定重修制条》是金世宗大定年间制定,法典于大定十九年(1179年)开始修订,大定二十二年(1182年)修成。此次立法对此前各种立法成果进行整理,法典把唐宋法律和金朝颁布的制诏清理,制定成新法典。大定十九年三月乙丑日,金世宗对立法有过指示,具体是"唐、宋法有可行者则行之"②。法典采用律典体例,共十二卷,1190条。从内容看是刑事法律,非刑事法律被另编成一部。在适用中,大定二十八年(1182)金世宗认为"制条拘于旧律,间有难解之词,命删修明白,使人皆晓之"③,于是再次修订。

(3)《明昌律义》。金章宗明昌元年(1190年)开始修订律令,明昌五年修成《明昌律义》。此次修法想解决"律"与"制"混乱问题,这里的"律"与"制"应就是宋朝"律"与"敕"的问题。修订原则采用"制"、唐律、疏议和《宋刑统》共编,以"制"为主,兼参律、疏和刑统修撰而成,称《明昌律义》;其他内容修撰成敕典,称为《敕条》。修成后,金章宗不满意,又重新组成人员修撰。

(4)《泰和律义》。明昌五年修成《明昌律义》和《明昌敕条》后,金章宗重新组成修法委员会,泰和元年最后修成《泰和律令敕条格式》,具体由《泰和律义》《泰和令》《泰和新定敕条》和《六部格式》组成。其中《泰和律义》包括"律文"与"疏议"两部分,共12篇,563条,30卷。法典与唐律相比赎铜数量增倍,徒刑增至四年和七年,对《唐律》删除了不合时宜的47条,"略有所损益"的有282条,完全保留有126条,把一条分为二、一分为四条的共6条,属于完全新创的有149条。史书评价法典"实《唐律》也"。《泰和令》共有29篇,加上随年月制定的制条,共修成20卷。《新定敕条》3卷,分别是:《制敕》95条,《权货》85条,《蕃部》39条,共219条。《六部格式》共30卷。此次立法,标志着金朝法律形式实现法典化,建立起法典体系,立法上继承秦汉以来以律令为主的结构;律典制定上充分继承唐朝的成果与形式,把疏议附在律文后;吸收唐中后期五代宋形成的编敕立法形式,编成《新定敕条》;把唐宋时期修格式灵活运用,修成《六部

---

① 《金史》卷四十五,"刑志",中华书局1975年版,第1015页。
② 《金史》卷七,"世宗本纪中",中华书局1975年版,第172页。
③ 《金史》卷四十五,"刑志",中华书局1975年版,第1021页。

格式》。金朝在充分吸收唐朝、辽宋法律成果的基础上,制定出有别于唐宋两朝的法律体系。可惜现今没有存留相应法典,无法窥见全貌。

金朝法律是在继承唐、辽和宋朝基础上,结合自己民族习惯创立起来的。金朝法律在充分融合唐、辽、宋旧制和女真族习惯法后,建立起中国历史上少数民族政权中法制较为完备的王朝。金朝在修撰《制书》时把唐宋时律、疏议、刑统、敕等与刑事有关的法律修撰在一起,发展了辽西夏时"条制"立法的特点,为元朝法律通过"断例"形式将与刑事有关的法律融合在一起提供了渊源。

六、元朝法律形式与立法成果

(一) 元朝法律形式种类

学术界认为,元朝法律形式由"条格"和"断例"组成。① 元朝继承了唐、辽、宋、西夏和金诸朝的法律形式,特别是金朝法律形式下变通创新的产物。这种创新是否成功值得讨论,但它成为明清法律形式发展的直接渊源则是客观事实。

对元朝法律形式的理解上应重点放在《元史·刑法志》中记载的"元兴,其初未有法守,百司断理狱讼,循用金律"②。这里的"金律"不仅指金《泰和律义》,还有《泰和令》《泰和新定敕条》和《六部格式》等。元朝至元八年(1271年)禁止用"金律",是仅指《泰和律》还是所有金朝法律,是问题的关键。从实践看,元朝对《泰和律》适用没有完全中断过。元朝法律发展的基础是泰和年间制定的律令敕格式,统一南宋后融入南宋法律。所以说,元朝法律形式是继承和融合唐辽宋西夏金法律中律令格式和制条、敕、断例等形式的产物。

元朝条格是唐朝以来以"令"为中心非刑事法律诸种类型的综合体。元朝条格相当于唐宋金时期"令"的观点是研究元朝法律史学者的基本观点。③ 追考此种观点,最早源于元人吴澄,他在《〈大元通制条例纲目〉后序》中说:"制诏、条格,犹昔之敕令格式也;断例之目曰卫禁,曰职制,曰户婚,曰厩库,曰擅兴,曰贼盗,曰斗讼,曰诈伪,曰杂律,曰捕亡,曰断狱,一循古律篇题之次第而类辑,古律之必当从,虽欲违之而莫能违也。"④ 吴澄认为《大元通制》中三类纲目与前朝相似之处是"诏制、条格"是敕令格式,"断例"是"律"。今人黄时鉴在继承吴澄观点的基础上,指出《大元通制》中"断例相当于律,条格相当于令并包括格式,诏制相当于敕"⑤。

---

① 这种认识的基础是《元史·刑法志》中记载《大元通制》结构时有:"其书之大纲有三:一曰诏制,二曰条格,三曰断例"。参见《元史》卷一百二,"刑法志一",中华书局1976年版,第2603页。《至正条格》残本的法律形式证明确实如此。
② 《元史》卷一百二,"刑法志一",中华书局1976年版,第2603页。
③ 这种看法现在基本获得研究元史及元代法律史学者的承认,国内黄时鉴、方龄贵、陈高华、张帆、刘晓等,国外如金文京、安部健夫、宫崎市定等,都有同样的看法。
④ (元)吴澄:《吴文正公集》卷十一,"《大元通制条例纲目》后序",《元人文集珍本丛刊》(四),台北新文丰出版公司1985年版。
⑤ 《通制条格·点校说明》,黄时鉴点校,浙江古籍出版社1986年版,第2页。

元朝法律上的新发展是《元典章》采用六部为纲目的编撰体例。元朝继承宋朝形成的事类立法体例时,根据元朝中央机构基本事务由六部负责,六部成为职能明确的中央机构的现实,立法体系上形成六部为"类",下再分"门"的体例。这种立法体例适应立法中简化的目的。采用六部下事类分类把以前积累的法律分类保留下来,让立法更加简约和适用更加方便。这是明清时期在保留律典制下,不再区分敕令格式申明,而把敕令格式申明相关内容简化成则例或条例的原因。

元朝是中国古代法律形式变迁史上的转型期,是把隋唐形成的律令格式和辽宋金发展起来的条制、敕、申明、指挥和断例融合的时期。中国古代法律形式分类有逻辑和实用两种形式,本质上是两者的转换与交叠。秦汉至唐开元时期,在法典化运动中,法律分类主要采用逻辑分类。唐开元以后,法律分类转向实用分类,转折点是唐开元年间编的《开元格式律令事类》,该书编撰的原则是"以类相从,便于省览",基点是实用。唐朝后期此种取向得到加强,代表性成果是唐宣宗朝制定的《大中刑律统类》。

(二) 元朝立法成果

蒙古族在建立大蒙古国时,制定过以蒙古习惯法为中心的《大扎撒》。元朝建立后,《大扎撒》仍然有效,但不再是元王朝的基本法律。元朝立法成果中最重要的有三部,即元世祖至元八年(1271年)制定的《至元新格》,元英宗至治三年(1323年)制定的《大元通制》和元顺帝至正六(1346年)制定的《至正条格》,三部法典是元朝法律发展中不同时期的成就体现。此外,元朝还有江西行省编撰、影响较大的《元典章》。

1.《至正条格》

至元八年(1271年),元世祖下诏废止适用金泰和律令,然而国家没有制定新法,于是出现法律适用上无法可依。几经反复,至元二十八年(1291年)何荣祖制定《至元新格》,成为元朝第一部成文法典。《至元新格》从现在存留的条文看,在结构上与《大元通制》《至正条格》和《元典章》都不同,法典条文都是法条,没有个案,内容集中在非刑事上。现在《至元新格》被学者黄时鉴辑录出96条。法典分公规、选格、治民、理财、赋役、课程、仓库、造作、防盗、察狱十门。从内容看,《至元新格》仅是部分法律的编撰,不是综合法典。

2.《大元通制》

《大元通制》是元朝中期制定的重要法典。法典对元仁宗以前的法律进行全面整理编撰。按吴澄的《〈大元通制条例纲目〉·后序》记载,法典分制诏、条格和断例三类。按《元史》记载,《大元通制》分四类,还有"令类",共577条。法典共有2539条,其中断例717条,条格1151条,诏赦94条,令类577条。法典中"断例"按唐律十二篇体例编撰,分卫禁、职制、户婚、厩库、擅兴、贼盗、斗讼、诈伪、杂律、捕亡和断狱十一篇,缺"名例",内容全是唐辽宋金时期律、敕、断例和申明中的刑事法律。法典中"条格"部分篇名是唐宋时期令典,按《刑统赋疏·通例》有祭祀、户令、学令、选举、宫卫、军防[①]、仪

[①] 《刑统赋疏》中记载为"军房",当是"军防"之误。

制、衣服、公式、禄令、仓库、厩牧、关市、捕亡、赏令、医药、田令、赋役、假宁、狱官、杂令、僧道、营缮、河防、服制、站赤、榷货,共27篇。法典内容上由条文和案例构成,是现在可以见到的中国古代法典中内容形式上具有特殊结构的法典。

3.《至正条格》

《至正条格》是元朝后期制定的法典。2001年在韩国发现《至正条格》的残本,证明了法典的真实性,同时为学术界提供了了解法典结构和内容的原始材料。法典体例继承《大元通制》。《元史·顺帝纪》记载,后至元六年秋七月"命翰林学士承旨脾哈、奎章阁学士夔夔等删修《大元通制》"①。说明法典是对《大元通制》重修的产物。欧阳玄在《至正条格·序》中记载法典中制诏150条,条格1700条,断例1059条,无"令类"。篇目结构上,"条格"按《四库全书总目·史部四十·政书类存目二·至正条格》记载,有祭祀、户令、学令、选举、宫卫、军防、仪制、衣服、公式、禄令、仓库、厩牧、关市、捕亡、赏令、医药、田令、赋役、假宁、狱官、杂令、僧道、营缮、河防、服制、站赤、榷货,共27篇。现存《至正条格》残本中有仓库、厩牧、田令、赋役、关市、捕亡、赏令、医药、假宁、狱官,共10篇,缺17篇。断例按律典11篇名编撰,缺"名例"篇,现存残本存有"断例"部分全部目录。《至正条格》不仅适用于当时的中国,也适用于当时的朝鲜。与《大元通制》相比,《至正条格》内容上更加简明,法条由条文和案例构成。

4.《元典章》

《元典章》全名为《大元圣政国朝典章》,是元朝江西行省地方政府整理编撰而成的法律用书。法典分为"前集"和"后集"。"前集"收录元宪宗七年(1257年)至元仁宗延祐七年(1320年)间颁行的各类法律文书,分诏令、圣政、朝纲、台纲、吏部(分官制、职制、吏制、公规)、户部(分禄廪、分例、户计、婚姻、田宅、钞法、仓库、钱粮、课程、农桑、租税、差发、赋役、科役、钱债)、礼部(分礼制、学校、释道、礼杂)、兵部(分军役、军器、驿站、递铺、捕猎)、刑部(分刑制、刑狱、诸恶、诸杀、诸殴、诸奸、诸赃、诸盗、诈伪、诉讼、杂犯、阑遗、诸禁)和工部(分造作、私使)十大类,共60卷,81门,327目。"后集"称"新集至治条例",不分卷,收录法律文书至英宗至治二年(1322年),分国典、朝纲、吏部、户部、礼部、兵部、刑部和工部八大类,共39门,94目。法典在门下分目,目下由条文和个案组成。两部分共120门,421目,2637条。法典收录的都是当时通行有效的法律,是元朝原始法律汇编。法典体例上最大的创新是采用六部为纲的分类体例,是中国古代立法分类上的新体例。从具体篇名结构看,在六部纲名之下,再根据性质,把以前律敕令格式的篇名进行整合,融合成新的类目篇名,构建起新法律篇目体例。《元典章》成为明清两朝律典和会典等法典体例的来源。法典多是对单行法律文件完整收录,没有进行删改整理,具有原始性。

七、五代辽宋西夏金元时期法律特征

五代至元朝,中华大地上建立的不同政权在法制建设上,都把唐朝开元年间制定

---

① 《元史》卷四十,"顺帝三",中华书局1976年版,第858页。

的律、令、格、式四典和《唐六典》《开元礼》作为基础来建设自己的法律。① 可分为两种方式：一是直接把唐朝开元年间制定的律典、令典、格典、式典和《唐六典》《开元礼》作为现行法源适用，二是将其作为立法损益的基础对象使用。

五代辽宋西夏金时期，不管是北方少数民族建立的王朝，还是汉人建立的宋朝，在法律上都以唐法为宗、为源。然而，由于政权主体民族的传统存在差异，北方少数民族政权和南方汉族政权在继承和发展唐法上存在大同小异的现象，形成北支和南支。北支中辽西夏金在法律发展中对唐法形式上继承较多，体现为以律令为中心构建自己的法律体系，对格式发展较少。金朝是在灭北宋的基础上入主中原，对北宋法律制度了解较多，在法制建设上对北宋法律继承较多，形成更为综合性的法律体系。南支五代与宋朝在继承唐法上，实质继承较多，形式继承较少。特别是宋神宗朝后，体现在继承唐朝律令格式的同时，发展形成敕、申明、断例和指挥等形式。元朝在建国初期主体官僚群体是金朝下的各类士人，法律上对金朝继承最多，统一南宋后对宋朝法律开始大量吸收。

总之，五代十国辽宋西夏金元时期，从政权、民族看，属于纷繁复杂时期，然而从法律发展和精神实质看，则是有内在统一精神内核的时期。从法律上看，这个时期的法律，一言以蔽之，皆是唐代法律遗音。因为：首先，这个时期诸王朝、政权在法律精神与原则上皆以唐法为宗；其次，这个时期诸朝、政权在法律上都直接把唐代法律作为法律渊源和立法损益对象，发展形成各具特色的法律体系。

第四节 行政法制

五代辽宋西夏金元时期在行政法制上基本可以分为两类：宋朝整个行政法制的基本目标是"事为之制，曲为之防"②，即对臣下权力采取分权与制约；辽西夏金元诸朝的基本目标是在保留"国俗"下实现行政法制的汉化，建立起合理的汉化后行政法制。

一、"事为之制，曲为之防"的宋朝行政法

宋朝行政组织设置上，基本目标是消除唐中后期形成的地方藩镇势力，强化中央集权。这使宋朝行政法律上体现出与前朝不同的特征。

（一）以分权和制衡为目的的行政机构设置

宋朝行政机构设置上以分权与制衡为目的，当然，它的目标与近代西方的分权和制衡有着本质上的不同，它的目标是防止官员专权，地方坐大，损坏皇权的独大；而近

---

① 对此，日本学者内藤乾吉指出，《唐律》和《疏议》在开元二十五年刊定后，唐朝、五代、宋、辽和金诸朝都将其作为现行法适用。参见〔日〕内藤乾吉：《中国法制史考证》，有斐阁1963年版，第148—181页。
② 《宋会要辑稿》，刘琳等点校，"选举六·贡士十二·贡举杂录之四十"，上海古籍出版社2014年版，第5379页。

代西方分权与制衡的目的是防止公权力滥用和保护公民权利。对于宋朝分权与制衡的目的,宋人范祖禹有过精彩总结:"收乡长、镇将之权悉归于县,收县之权悉归于州,收州之权悉归于监司,收监司之权悉归于朝廷。"[1]宋朝中央行政机构设置上是"二府、三司、三衙",地方是"四监司、知监"。

1. 中央机构

宋朝中央机构设"二府、三司、三衙",分掌行政权、军权和财政权。"二府"是中书省与枢密院。中书省是最高行政机构,以前由宰相独统,宋朝由"中书门下平章事"行宰相职,人员设二至三人,且无定员,外增设参知政事为副宰相,分其权。军权由枢密院、三衙分掌,具体是枢密院掌发兵权,三衙(殿前司、侍卫亲军马军司和侍卫亲军步军司)掌统兵权,形成"天下之兵,本于枢密,有发兵之权而无握兵之重,京师之兵,总于三帅,有握兵之重而无发兵之权。上下相维,不得专制"[2]。财政权由三司(盐铁、度支和户部)分掌,长官称三司使、副使,地位、遇侍与二府长官相同,称为"计相"。元丰官制改革后,三司之权统归于户部,户部成为中央专管财政的机构。

中央监察机构由御史台总领,下分台院、殿院和察院。门下省内设谏院,作为谏官体系,形成台谏分离的监察系统。

中央司法机构最初设大理寺、刑部,太宗时增设审刑院,元丰官制改革后恢复大理寺与刑部。

2. 地方行政机构

地方行政机构分为州、县两级,实践中有三级,即增加"路"。"路"最初是中央派出机构,是中央设在地方的监察区。"路"设四个独立机构,分别是经略按抚使(帅司)、提点刑狱司(宪司)、转运使(漕司)和提举常平使(仓司),分掌一路军政、司法、财赋和边防。四司互不隶属,直接对中央负责。

州是地方最高级行政机构,与州平级的行政区还有府、军、监。州长官称为知州,由皇帝任命文官出任,加"权知",即"代理",表示"名若不正,任若不久",后来规定"三年一易",本地人不能出任本州长官。此外,设通判一至二名,分知州权,职位上"即非副贰,又非属官",一州兵民财刑诸政务,通判与知州共签后才生效,相互分权制约,称"监州",后演变为州的副长官。

县设知县,由中央任命文官担任。大县设丞、簿、尉,小县设簿、尉,辅佐知县分掌赋税、诉讼和治安捕盗等事务。

(二)官、职、差遣分离和异论相搅的用人原则

宋朝为分权,对官员采用官、职、差遣分离的职官制度。"官"仅代表资历、俸禄高低,与职权无关,即有其官名,不任其职。职仅是衔号,与实际工作无关。官员的实质工作和权力由被差遣的具体工作所决定,称为差遣。对此,官员任某职时多称为权知、

---

[1] (宋)范祖禹:《范太史集》卷二十二,"奏议",文渊阁四库全书影印本。
[2] (宋)范祖禹:《范太史集》卷二十六,"论曹诵札子",文渊阁四库全书影印本。

提举、提点某机构事,充、判、行某职,意为临时委派任职。此制度称为"名若不正,任若不久",即把出任职事界定为"代理",防止专擅权力。

异论相搅的用人原则是指在官员任命上,把政见、作风不同的官员任命同朝为官,防止大臣形成专权,称为"异论相搅,即各不敢为"①。宋朝常用的方法是任命某人为宰相时,把与之意见相左的官员任命为台谏官员,让台谏官员对其进行控制,如神宗熙宁年间的王安石与司马光。

二、元朝行政机构的改革

元朝在行政机构上对唐宋时期行政机构有较大改革,成为明清两朝之先河。元朝行政机构是"其总政务者曰中书省,秉兵权者曰枢密院,司黜陟者曰御史台。体统既立,其次在内者,则有寺,有监,有卫,有府;在外者,则有行省,有行台,有宣慰司,有廉访司。其牧民者,则曰路,曰府,曰州,曰县"②。

元朝中央由中书省、枢密院和御史台组成,职能上中书省总理行政,枢密院负责军事,御史台承担监察。中书省由左右丞相、平章政事、左右丞、参知政事组成,构成最高行政决策机构,称为"都堂""都省",对皇帝负责。中书省下由六部负责不同性质的工作,使六部成为中央的重要行政机构。枢密院是中央军事机构,地方设都元帅府、万户等。御史台是中央最高监察机关,地方设西台和南台两个行台,全国划分为22个监察区。

元朝地方行政机构中最重要的是行省,全称为行中书省,最初是中书省的派出机构,后演化成地方最高行政机构。行省是我国地方行政组织——省的开始。元朝设十大行省,河南、云南、甘肃、陕西、四川、辽阳、江浙、湖广、江西、福建,外加中书省直辖区——"腹里",包括今河北、山西、山东等在大都附近的地区,再加征东行省,治理今朝鲜半岛。行省职能是"掌国庶务,统郡县,镇边鄙,与都省为表里……凡钱粮、兵甲、屯种、漕运、军国重事,无不领之"③。省下设路、府、州、县。路、府、州、县设达鲁花赤和行政长官两种,达鲁花赤由蒙古人、色目人出任,地位高于行政长官,如知府、知州、知县等,构成双重官制。

元朝中央设宣政院管理吐蕃地区(今西藏、青海安多和川滇康区藏区)和宗教事务,同时是审理全国宗教群体间诉讼的司法机构。宣政院使由帝师出任。地方各路设行宣政院,承担宗教管理与审理宗教群体间诉讼。吐蕃地区分设三道,即吐蕃等处宣慰使司都元帅府,吐蕃等路宣慰使司都元帅府和乌思藏纳里速古鲁孙等三路宣慰使司都元帅府。

---

① (宋)李焘:《续资治通鉴长编》卷二百十三,"神宗熙宁三年七月壬辰条",中华书局2004年版,第5169页。
② 《元史》卷八十五,"百官志一",中华书局1976年版,第2119—2120页。
③ 《元史》卷九十一,"百官志七",中华书局1976年版,第2305页。

三、辽宋西夏金元时期的选官

宋朝官员选拔上以科举为中心,考中进士者直接授官,形成完善的科举考试制度;官员选拔上出现士庶无别,取士不问家世成为基本特征。辽西夏金元诸朝,虽然举行科举考试,但选官上贵族世选世袭成为重要组成部分。金朝后期,元朝时期,吏人成为官员的重要来源,特别是元朝形成以吏为官员选拔的主要对象,构成中国古代特殊的选官制度。

宋朝为加强中央集权,文官在国家政治中居于主要地位。在选官上,科举制十分完备。宋朝形成三级考试,三年一考。初级称为解试,由州、转运司或国子监举行,合格者解送礼部;二级是省试,由尚书省礼部主持;三级是殿试。科举考试中形成完整的制度,具体有:搜身,以防考生挟带;弥封,亦称糊名,将考生试卷上姓名、籍贯封贴;誊录,将原卷封存,由专职人员抄副卷交考官批阅,防止通过字迹作弊;锁院,考官皆为临时差遣,受命后入贡院,阅卷完成前不得外出和接见亲友;别试,与考官有私人关系的得另派官员主持考试。

辽西夏金元诸朝,由于建国前存在部族制度,政权由部族中世袭贵族联合组建,导致建国后官员选拔以世袭为主流。如辽朝的耶律姓、萧姓等贵族成为重要官员来源。西夏选官以强宗大姓子弟为对象。法律规定:"国内官、军、抄等子孙中,大姓可袭,小姓不许袭。若违律小姓袭时,有官罚马一,庶人十三杖。官、军、抄赐大姓,大姓情愿,则允许于共抄不共抄中赐亲父、亲伯叔、亲兄弟、亲侄、亲孙等五种。"[①]元朝官员选拔上十分重视"根脚"[②],其中称为"怯薛"的宫廷护卫亲军中的贵族子弟,成为高级官员的主要来源。元人权衡总结称:"元朝之法,取士用人,惟论根脚。其余图大政为相者,皆根脚人也;居纠弹之首者,又根脚人也;莅百司之长者,亦根脚人也。"[③]此种现象是这个时期四个少数民族王朝中选官的重要特征。

四、宋朝官员法律知识的专业化

宋朝是中国古代较注重官员法律素质的时代。宋朝法律考试有明法科、出官试和试刑法,其中明法科和出官试是对一般官员的法律考试,试刑法是对司法官员的专业考试。

明法科是宋朝科举考试中的专科考试,是国家公开选拔法律人才的专门科举制度。但明法科考试选拔的法律人才仅是作为出官的前提。宋朝明法科可以分为一般明法科和神宗朝新明法科。新明法科始于熙宁四年(1071年),在元祐年间被更改,崇宁年间被废除,南宋建炎二年(1128年)恢复,绍兴十六年(1146年)再次被废止,成为中国古代法律专科考试中的重要内容。明法科始于宋太宗朝,中者给予进士身份,但

---

① 《天盛改旧新定律令》卷十,"官军敕"门,法律出版社2000年版,第353页。
② 指门第出身。
③ (元)权衡:《庚申外史》卷下,豫章丛书本。

当时考试内容中经学与法律并重,目的是获得"使经生明法,法吏通经"①的效果。神宗朝是宋朝明法科全盛时期,称为新明法科。新明法科在考试内容上取消经学考试,增加法律内容,特别是断案能力的考核;在出官上明法科合格者在"吏部即注司法,叙名在进士及第人之上"②,导致明法科成为当时最受瞩目的科举考试。

出官试是宋朝法律考试的重要内容,对象是已经获得当官资格的后备人员。考试合格后出任职官,考试分法律大义和断案两部分。宋神宗熙宁六年(1073年)规定进士、诸科同出身和授试监簿人员必须参加出官考试合格才能授职。宋朝出官试中最大规模的是吏部铨试,铨试中有法律考试,主要考断案和律文大义。

试刑法是宋朝选拔中央司法官员,特别是大理寺、刑部高级司法官员的专业考试,是中国古代时间最长的专业司法官员的法律考试。宋太宗端拱二年(989年)九月二十九日下诏从朝臣、京官中精通法律的官员中选拔刑部、大理寺等司法官员。③ 宋仁宗天圣六年(1028年)十二月八日规定详议官等中央司法官员从任过京师刑法官员、详断、详覆官中选,法直官要从任过幕职州县官的官员中选。地方州县司法官员,宋初主要从参加明法科合格者中选任,明法科合格一般是"入上州判司、紧县簿尉"。④ 北宋试刑法考试十分注重实践能力考察。宋真宗咸平二年(999年)三月规定试刑法断案考试从以前 2 道改成 30 道。真宗咸平六年(981年)十二月规定试刑法试律义考 10 道,断案考已经判决徒刑以上案件 10 道。"断案"考试是把原判的"刑名、法状、罪由"抹去,让应试者对真实案件进行全实景拟判。若应试者所拟判与原判完全相同评为"全通",相同 6 案以上"录用",相同 5 案以下定为"不及格"。⑤

第五节 刑事法律

一、辽朝刑事法律

辽朝刑法的特征是在继承唐律基本制度下拥有民族和时代特色。辽朝法定刑罚有死、流、徒和杖,没有笞刑。死刑有绞、斩和凌迟,附加籍没;流刑分流边城部族、投诸境外和罚使绝域三等;徒刑分终身、五年和一年半,同时附加杖刑,数量分五百、四百、三百,有时还附刺面。辽朝徒刑在《重熙条制》中有十分详细的立法,杖刑在《咸雍条制》中有十分详细的立法。杖刑有一般杖刑和特别杖刑,一般杖刑有五十至三百下;特别杖刑有沙袋、木剑、大棒、铁骨朵等。杖刑超过五十以上用沙袋决罚;木剑、大棒有三等,十五至三十下;铁骨朵有五和七下。沙袋决罚时,先在骨上及四周行刑。木剑、大

---

① 《宋会要辑稿》,刘琳等点校,"选举一四·新科明法之6",上海古籍出版社 2014 年版,第 5533 页。
② (宋)马端临:《文献通考》卷三一,"选举考四",中华书局 1986 年版,第 295 页。
③ 参见《宋会要辑稿》,刘琳等点校,"职官一五·法官之 32",上海古籍出版社 2014 年版,第 3425 页。
④ 参见《宋史》卷一百五十八,"选举志四",中华书局 1977 年版,第 3703 页。
⑤ 参见《宋会要辑稿》,刘琳等点校,"职官一五·法官之 33",上海古籍出版社 2014 年版,第 3426 页。

棒是辽太宗时创制,木剑面平背隆,在大臣犯重罪宽宥时使用。沙袋在穆宗时规定用熟皮缝制,长六寸,广二寸,柄条一尺。辽朝特别死刑较多,如投高崖、五车裂杀、熟铁锥塞、枭磔、生瘗、射鬼箭、炮掷和支解等。

刑讯工具有粗杖、细杖、鞭和烙四种。粗杖是二十下;细杖有三等,分别是三十至六十;鞭、烙共用,烙三十下鞭三百,烙五十下鞭五百。刑讯适用于被控犯罪而不承认者。

赎刑适用于官员因公事误犯,百姓年龄七十以上、十五以下。赎刑用铜钱计数,杖一百赎钱千。

刑法中还有八议、八纵制。

二、宋朝刑事法律制度

(一)"立法严,用法恕"的刑事政策

宋朝刑事法律基本采用"立法严,用法恕"的刑事政策,即刑事立法继承五代时加重立法的趋势,如《天圣敕》中死刑增加17个,流刑34个,徒刑106个,杖刑258个,笞刑76个,配隶63个,死刑奏听旨71个;《庆历敕》中死刑增加8个,流刑56个;《嘉祐敕》中死刑增加60个,流刑50个,杖刑73个,笞刑38个,配隶30个,死刑奏听旨增加46个。仅三部敕典中死刑就增加85个,加上死刑奏听旨的117个,两者共202个。这些内容在"律令"之外,即在唐律和《宋刑统》之外。但在法律适用时,通过折杖刑、刺配等减少法定主刑偏重现象,构成所谓"立法严,用法恕"的刑事政策。

(二)刑罚的创制

宋朝刑罚体系,若从法律看,由于全面继承唐朝法律,基本刑罚体系是隋唐五刑,但有"自立一王之法"[①]的"折杖法""编管法"和"刺配法"。三者分别是:流徒杖笞之轻刑是"折杖法",轻官吏之刑是"编管法",宽贷杂犯死之刑是"刺配法"。此外,宋朝凌迟刑法定化是中国古代刑罚史上影响最大的事件之一。具体看,折杖刑主要是作为流徒杖笞刑的替代刑,减少实质执行数量与处罚程度,刺配刑作为死刑的替代刑,让死刑变成生刑,减少死刑实际执行数量。

1. 折杖刑的普遍化

宋太祖为改革五代刑法严苛现象,于乾德元年(963年)制定《折杖法》,主要针对流徒杖笞四刑:

首先,把流、徒、杖、笞四刑折减成不同杖数。具体是:流刑中加役流改为杖二十,配役三年;流三千里,杖二十,配役一年;二千五百里,杖十八,配役一年;二千里,杖十七,配役一年。徒刑中徒三年,杖二十;二年半,杖十八;二年,杖十七;一年半,杖十五;一年,杖十三。杖刑中杖一百,折杖二十;九十,折杖十八;八十,折杖十七;七十,折杖

---

① (宋)张方平:《请减刺配刑名》,载(明)黄淮、杨士奇编:《历代名臣奏议》卷二百一十一,上海古籍出版社1989年版,第2772页。

十五;六十,折杖十三。笞刑中笞五十,为笞十;四十、三十,为八;二十、一十,为七。这样劳役刑仅加役流和流刑中保留,徒刑被废除。

其次,对折杖刑用杖进行规范,分成常杖与小杖,常杖长三尺五寸,大头阔不过二寸,厚及小头径不过九分。小杖不过四尺五寸,大头径六分,小头径五分。徒、流、笞、杖,用常杖。

最后,规定不同刑杖部位,徒流折杖时背部受刑,笞杖折杖臀部受刑,分别称为脊杖与臀杖。

折杖刑通过规范刑杖数量、刑杖制作规格和受刑部位,让五刑中四刑实际执行数量得到减轻,劳役实现减免,实现轻刑。对此,宋人评价折杖刑是"流罪得免远徙,徒罪得免役年,笞杖得减决数。而省刑之意,遂冠百王"①。从上述法律看,基本实现了这一目标。但实践中,由于数量太少,很多官员认为达不到罚戒效果,于是出现私增,为此,宋徽宗时还制定过"更定笞法"和"递减法",南宋时制定"折杖减役法"和"杖役互折法"等,调整与规范"杖"和"役"的关系。

2. 刺配刑制度化

刺配刑始于五代后晋天福年间,是"戢奸重典",属于加重刑。刺配刑最初作为死刑替代刑,即让死转生的刑罚。史称宋太祖"坐特贷者,方决杖、黥面、配远州牢城"②;"情罪尤重者,更为加杖刺配之法"③。但随折杖刑把加役流和流刑转成杖刑,让死刑和流刑之间空间增大。于是,刺配刑又成为死刑减等刑和徒流刑的加重刑。刺配在宋朝发展为主要的刑罚制度。从立法上,宋真宗大中祥符年间编敕时仅有46条,宋神宗熙宁三年(1070年)时达200多条,宋孝宗淳熙年间达570多条,成为宋朝刑罚的主体。

刺配刑包括三个方面的内容:刺字、迁流和劳役。从严格意义上讲,刺配是一个结合了黥刑、流刑和劳役刑的复合刑种,其中复活肉刑成为重弊。

刺配刑分刺字和不刺字二种。刺字由部位、符号和深度三个因素构成,具体部位分耳后、背、额、面;所刺标记分字和记号;深度有四分、五分、七分等。

刺配迁徙执行地的远近与罪名轻重有关,不同时期略有不同。宋哲宗元符年间分配本州、邻州、五百里、千里、二千里、三千里、广南军州、远恶军州和沙门岛等九等。南宋孝宗时分本州本城、本州牢城、配邻州、五百里、千里、一千五百里、二千里、二千五百里、三千里、广南州军、远恶州军、海外州军和永不放还等十三等。

刺配劳役上分为军役与一般劳役。军役有发配军队做各类杂役和充作禁军两种。一般劳役是在官营矿厂工作,主要有煮盐、造酒、烧窑、开矿、冶铁等,如在登州沙门岛、通州海门岛从事煮盐劳作。劳役上有时间差别,从实践看,有永不放还的,有有期限

---

① (宋)马端临:《文献通考》卷一六八,"刑七",中华书局1986年版,第1461页。
② 同上。
③ (宋)张方平:《请减刺配刑名》,载(明)黄淮、杨士奇编:《历代名臣奏议》卷二百一十一,上海古籍出版社1989年版,第2772页。

的,还有遇赦达一定次数后放还的。

3. 编管

宋朝编管是编录名籍,接受监督管制,限制人身自由的一种刑罚。它与刺配刑的主要区别是不刺面。编管适用对象主要是官员犯配隶刑被减等者和连坐处罚中编管人员。编管根据情节轻重分为羁管、编管、编置、安置和居住五个等级。编管地根据罪刑轻重分为本州、邻州和远州,远州分五百里、一千里、二千里等;编管时间根据罪行轻重分不同时期。

4. 凌迟刑法定化

凌迟刑作为死刑的一种执行方式,始于后晋时期。凌迟刑是让受刑人历尽苦楚而达威慑的酷刑。宋人钱易批评此刑让受刑者"身具白骨,而口眼之具犹动。四体分落,而呻痛之声未息"[①]。宋朝开始大量适用此刑,按《庆元条法事类》记载,南宋时已经成为法定死刑。

(三)治安管制中的特殊化

五代以来,有对窃盗罪和强盗罪加重处罚的立法趋势。宋朝建立后,此种现象没有得到根本改变,法律上出现《盗贼重法》和《重法地法》两部特别治安管制法,前者规定适用的罪名,后者规定适用的区域。

盗贼重法始于宋仁宗时,当时出现"盗贼"充斥的社会问题,官方认为此种现象是"不可以常法治之",[②]于嘉祐六年(1061年)制定适用于开封府管辖下诸县的《盗贼重法》。此法律内容现在不可知,但是中国古代首次针对特定地区、特定种类行为的特别立法。宋英宗治平三年(1066年)制定《盗贼重法》,规定京畿及漕、濮、澶、滑诸州县中若犯强劫死罪的,家产分给告发者,家属发千里外州军编管。法律采用属地主义和溯及以往的原则。宋神宗熙宁四年(1071年)再次制定《盗贼重法》,扩大适用范围,具体适用于河北东西路、京东东西路、淮南东西路、福建路、陕西路、永兴军及京畿等十路;上述地区外发生武装集体犯盗窃罪的适用该法。宋哲宗时期扩展适用到十七路。南宋继承了此种立法。

三、西夏刑事法律

西夏刑事法律基本上是吸收唐宋刑事法律,同时兼有民族和地区特色。

西夏罪名上移植唐宋律中"十恶"罪。罪名分十恶罪、杀人罪、伤害罪、放火罪、盗窃罪、贪赃罪、违反军事职责罪、违反边地巡检制度罪、犯奸罪、违禁罪、损毁、盗窃、丢失公文罪、妄劫他人牲畜、盗毁佛神罪等。其中十恶罪中"失孝德礼"名称与唐宋不同,此外,杀牲畜罪分杀自属牲畜和盗杀牲畜两种。

[①] (宋)钱易:《请除非法之刑》,载(宋)吕祖谦编:《宋文鉴》卷四十二,吉林人民出版社1998年版,第407页。

[②] 《宋会要辑稿》,刘琳等点校,"兵十四之一",上海古籍出版社2014年版,第8879页。

西夏刑罚以唐宋五刑为主体,分笞刑、杖刑、徒刑、劳役、死刑,外加"葱""戴铁枷""罚""没收入官"等附加刑。刑罚没有流刑,只有发往边地服苦役、守边城等。笞刑从十五下开始,此后以整数为等,即二十至一百下,共十等;杖刑设七、八、十、十三杖四等;徒刑分短期徒刑、长期徒刑、无期徒刑三种,其中短期徒刑有三个月至六年;长期徒刑有八年至十二年;无期徒刑,劳役十三年后留居服役地;死刑有绞杀和剑斩。

四、金朝刑事法律

金朝刑法基本内容与唐宋相同,《泰和律义》中确定五刑、十恶、八议、六赃、七杀、合告、不合告、应首、不应首、合加、不合加、合减、不合减等唐律中确定的刑事基本制度。

五、元朝刑事法律

元朝刑罚基本继承唐宋五刑,但笞杖刑以七为尾数。此法始于元世祖提出"天饶他一下,地饶他一下,我饶他一下"。① 元世祖减笞杖刑数量导致笞杖刑从 10 等变 11 等,即笞刑变成六等,由 7 下至 57 下,杖刑由 67 下至 107 下,共五等。

元朝死刑有绞、斩和凌迟。其中绞是否存在有争议,多认为元朝有斩无绞。但元朝"处死"是绞刑通用词,且《至元杂令》中有"绞罪至死",说明绞刑存在。元朝流刑较为发达,虽仍分三等,但由于疆域辽阔,实践中采用南方人犯流岭北,北方人犯流湖广。

烧埋银是元朝在人身伤害行为中致人死亡时给予受害者家属民事赔偿的特别附加刑,适用范围十分广泛,遍及各种致人死亡的事件,不分故意与过失,甚至是不可抗拒的原因等,只要死亡与某人有直接、间接关系,都得赔偿。元朝征烧埋银法定数额是白银 50 两。

元朝法律上形成"警迹人"和"红泥粉壁"的治安管理制度。两制度始于南宋,至元朝较成熟。两种制度是对累犯轻罪人员采用的一种社区强制劳动管理和耻辱刑相结合的处罚。

第六节 民事法律

五代辽宋金西夏元时期在法律思想上,从以前"重义贱利"转向"义利并重",加上宋元时期商品经济得到较大发展,促进了民事法律的发展。宋元民事立法是中国古代较为发达时期,获得显著成就,成为中国历史上较具特色的时期。如宋朝《景德农田敕》、元朝《田令》等对田产等不动产交易加大立法,形成较完善的不动产交易法律。在民事内容上,形成以"田宅、婚姻、债负、良贱和继承"为中心的五大部分,并以"婚田为甚",即以婚姻、田宅为主。

---

① 参见(明)叶子奇:《草木子》,中华书局 1959 年版,第 64 页。

一、完善以田宅为中心的物权法

宋元主要以"田宅"(即田产和房产)不动产为中心,构建起完善的物权法。宋朝物权除所有权外,还有永佃权(详见第六章第六节之四)、抵押权、典权、质权和使用权等用益物权。用益物权发达成为这个时期物权法的重要特点。

宋元在财产所有权上已经有专业术语,形成物主权和业主权,即动产所有权和不动产所有权。《宋刑统》中对宿藏物、阑遗物、漂流物、无主物和孳息等所有权归属有明确规定。不动产所有权和用益权转让要求立契约并到官府确认。《宋刑统》中增加有"户绝资产""死商钱物""典卖指当论竞物业""婚田入务""卑幼私用财"等财产保护和确认的法律。国家对田产所有权在法律上加强保护,重要立法是景德二年(1005年)制定的《景德农田敕》。史称该法"取户税条目及臣民所陈农田利害,编为书……成《景德农田敕》五卷,庚辰,上之,令雕印颁行,民间咸以为便"①。该法的目的是保证国家田税征收,但客观上却成为重要的不动产立法。从《宋会要辑稿》所引条文看,大量涉及田产保护与规范。此外,历次修订令典时都有《田令》一篇,专门调整不动产买卖。

宋朝法律公开承认田产私有,即承认百姓获得田产的"永业权",改变唐朝均田制下的田产所有权结构。宋初法律规定"垦田即为永业","满五年,田主无自陈者,给佃者为永业"。"永业"权成为国家对田宅等不动产所有权的保障。国家通过印契和税契制度保护田宅等不动产所有权。元朝在《词状新式》《告状新式》和《公私必用》等公文状式中大量规范不动产诉讼和契约格式。

宋朝田产交易十分频繁,乾道五年(1169年)九月六日扬州知州莫濛奏称,"人户交易田土,投买契书及争讼界至,无日无之"②。元朝在《通制条格·典卖田产事例》《元典章·田宅·典卖》下有详细规定。宋元在不动产转让上有完善的法律:首先,要求典卖田宅必须写立买卖契约。宋元国家为了规范买卖不动产合同,制定格式合同,即"官板契纸"。其次,问亲邻法定化。《名公书判清明集》中引"田令"规定"诸典卖田宅,四邻所至有本宗缌麻以上亲者,以账取问,有别户田隔间者,并其间隔古来沟河及众户往来道路之类者,不为邻"③。这里界定了"亲"和"邻"的含义。再次,缴纳契税。宋朝在田宅和大牲畜、舟船等交易时,交易成立以纳税盖印为准。对不纳税而私下交易的契约称为"白契",即"私立草契,领钱交业"。此类交易产生法律纠纷时得不到政府支持;纳税后盖有官府章印的称为"红契",产生法律纠纷时以契约为准。最后,过税离业法定化。宋朝明确规定田产交易必须办理税赋转移手续,否则即使事实上交易完成,田宅等不动产已经交付,在法律上也不成立,即"离业"的成立要件是办理过税手续。元朝在田宅等不动产交易上增加交易前到官府确认财权,给予证明的程序,称为"勘合给据"。

---

① (宋)李焘:《续资治通鉴长编》卷六十一,"景德二年十月已卯条",中华书局2004年版,第1369页。
② 《宋会要辑稿》,刘琳等点校,"食货三之十九",上海古籍出版社2014年版,第6024页。
③ 《名公书判清明集》卷九,"有亲有邻在三年内者方可执赎",中华书局1987年版,第309页。

元朝在继承宋朝田宅交易法律时，还有进一步发展，特别明显的是增加保护佃户权益，规定佃户可以退佃，但田主不得夺佃；官员无理夺占民户佃种官田，要受处罚；允许佃户转佃，"据佃种官田人户，欲转兑佃与人，须要具兑佃情由，赴本处官司陈告，勘当别无违碍，开写是何名色官田顷亩，合纳官租，明白附簿，许立私约兑佃，随即过割，承佃人依数纳租，违者断罪"①。对转佃严格规定，目的是防止有势之家和官员以强迫佃户转佃方式获取不正当利益，严格转佃程序是对此进行约束。禁止地主在出卖田产时同时典卖佃户，霸占佃户妻女为奴和出卖等。

宋元法律禁止监临官员和所管民户借贷钱物，做交易。如元朝规定"今后郡县在任官员，不得于富民借贷钱物，转行营运。违者，肃政廉访司体察究治"②。

二、借贷为主的债权法

五代辽宋金西夏元时期债权法较为发达。债的种类有契约之债、侵权之债、无因管理和不当得利之债等。其中，宋朝商品经济十分发达，带来契约之债的发达；辽西夏金元诸朝中侵权之债、无因管理之债较为明显，如元朝的烧埋银之债、阑遗之债等。

契约之债分为借贷之债、买卖之债、租佃之债、商事之债。宋朝借贷关系十分发达，从民间到官方都经营借贷业务。民间富商、豪强设铺放贷，州县、寺院和军队设抵当库、长生库放贷，总称为质库。发达的借贷产生借贷债务。买卖之债在宋朝主要有买卖和典当。动产买卖分为即时买卖契约、期货买卖契约、赊买赊卖契约。租佃之债分为田园租赁，称为"佃"，房屋、邸店、车船、牛马租赁，称为"赁"。于是，租佃契约有租佃田产契约、租赁房屋契约，以及车马、舟船、大牲畜和大农具租赁契约等。商事之债有委托、寄托、承揽等商业事务签订的契约。

侵权之债分人身伤害和财产损害两类。如故意放火、放水让他人财产受损要赔偿，弃毁、亡失、误损官私器物要赔偿，牧畜毁失官私庄稼要按价赔偿等。伤害他人时，采用保辜制度，同时进行经济赔偿。宋元人身伤害时主要支付医药费、赡养费，元朝还要赔烧埋银。财产侵权中有恢复原状、返还原物和赔偿等。

债的担保主要有人的担保、定金担保、抵当担保和质押担保等。宋元时人的担保较为发达，出现"保人代偿""保人均偿""干系人备偿"等。《庆元条法事类》中有"诸负债违契不偿，官为理索。欠者逃亡，保人代偿"③；"诸欠官物有欺弊者，尽估财产偿纳。不足，以保人财产均偿"④。南宋时定金在粮食、茶叶等大宗买卖中大量使用，成为重要担保形式。宋朝民间的质库、典铺，官办的抵当库，寺院的长生库，在借贷时都采用金银、珠宝、衣物、器具、牛马等物品质押。宋朝法律上禁止用人质押。元朝有保人"填还""代纳"和"倍纳"等。

---

① 《通制条格校注》卷十六，"田令·佃种官田"，方龄贵校注，中华书局2001年版，第475—476页。
② 《通制条格校注》卷二十八，"杂令·监临营利"，方龄贵校注，中华书局2001年版，第697页。
③ 《庆元条法事类》卷八〇，"出举债负"，黑龙江人民出版社2002年版，第903页。
④ 《庆元条法事类》卷三十，"理欠令"，黑龙江人民出版社2002年版，第512页。

债务履行上,禁止高利贷,禁止利过本,利息最高是"一本一利",即利不过本;禁止复利计算;禁止用物业折债,主要禁止用债务人的耕牛、田产等折债,以保障债务人的基本生活。北宋规定"民负息钱,无得逼取庄土、牛畜以偿"①;《庆元条法事类》中规定:"诸以有利债负折当耕牛者,杖一百,牛还主"②;"典卖田地,以有利债负准折价钱者,业还主,钱不追"③。禁止采用人身代偿,宋太宗至道二年(996年)规定:"贫人负富人息钱无以偿,没入男女为奴婢者,限诏到并令检勘,还其父母。敢隐匿者,治罪"④;《庆元条法事类》规定:"诸以债负质当人口(虚立人力、女使雇契同),杖一百,人放逐便,钱物不追。情重者奏裁"⑤。元朝禁止用人身偿还,但可以"折庸"代偿,即到债权人家服劳务偿债。宋元对合法的债务,可以申请国家强制执行,称为"官为理索"。元朝《告状新式》中有"应索债告状式"等。

债的消亡有因债务履行、因债免除、因超过法定时效和因遇恩赦等。宋朝规定债的诉讼时效,超过后国家不受理,成为债消亡的重要原因。宋朝田宅诉讼时效是20年,遗产分配不均诉讼时效是3年,诉没有分到财产时效是5年;诉遗嘱时效是10年;诉田宅买卖不问亲邻时效是3年等。

三、家庭继承法律

1. 对妇女、孤儿的保护

宋元家庭法律中对妇女有加强保护的倾向。离婚上不管义绝、和离都有放宽的趋势。在"义绝"离婚范围上,宋朝丈夫犯罪移乡,妻子可以提出离婚;夫家同居亲有强奸妻子行为,成不成,妻子都可以提出义绝离婚。元朝规定逼妻妾为娼,丈夫强奸妻子近亲属,夫家直系尊亲属强奸妻妾,丈夫及家中尊长非理、虐待妻妾都构成"义绝"。和离上,妻子在没有感情的情况下可以提出离婚,如因丈夫丑、家庭暴力、丈夫犯通奸等都可以提出。

放宽改嫁法律,规定夫死后,贫不能生存的百日后可以改嫁;娶妻时对改嫁女性没有太多歧视,如士大夫争相娶再婚女。在元朝改嫁已成社会风气,如"江南风俗侥薄,女人有夫,犹受雇于人,夫亡不嫁者,绝无有也"⑥;北方河南郑州至元年间有霍姓妻尹氏,夫死婆婆劝其改嫁时说:"世之妇皆然,人未尝以为非,汝独何耻之有?"⑦妇女再婚可以采取招夫进家,称为"接脚"。

宋元家庭法中对孤幼财产保护有创新,宋朝创制"检校"制度保护孤幼财产。宋人

---

① 《宋会要辑稿》,刘琳等点校,"刑法二之一三",上海古籍出版社2014年版,第8289页。
② 《庆元条法事类》卷八〇,"出举债负",黑龙江人民出版社2002年版,第902页。
③ 《名公书判清明集》卷九,"重叠",中华书局1987年版,第302页。
④ (宋)马端临:《文献通考》卷一一,"户口二",中华书局1986年版,第121页。
⑤ 《庆元条法事类》卷三十八〇,"出举债负",黑龙江人民出版社2002年版,第902页。
⑥ 《大元圣政国朝典章》卷四十二,"刑部四·诸杀·误杀·打死强要定亲媒人",中国广播电视出版社1998年影印本,第1575页。
⑦ 《元史》卷二〇〇,"列女传一",中华书局1976年版,第4488页。

对检校的解释是:"所谓检校者,盖身亡男孤幼,官为检校财物,度所须,给之孤幼,责付亲戚可托者抚养,候年及格,官尽给还。"①此制度最迟始于宋太宗太平兴国二年(977年),被《元丰令》纳入法典,《庆元条法事类》中有同样立法。宋朝法律上把遗腹子作为亲子,保护其财产权。元朝继承宋朝此类法律,保护户绝户幼女和父母双亡幼男权益。"户绝女幼,官为知在,候长召嫁,继户当差"②;"若抛下男女,十岁以下,付亲属可托者抚养,度其所需支给。虽有母招后夫,或携以适人者,其财产亦官为知数。如或嫁娶,或年十五,尽数给还。若母寡子幼,其母不得非理典卖田宅人口,放贱为良。若须合典卖者,经所属陈告,勘当得实,方行交易"③。父母双亡的家庭仅有幼年男女,财产由官府登记监管,让亲属抚养,官府按具体需要支付生活费。男子年龄达到十五岁或者结婚后,女子结婚后,财产由官府交还本人。若有母亲但子女年幼的,如母亲改嫁或招后夫,财产要受官府监管。若母亲不改嫁,重大财产处理必须提出申请和说明,官府给予证明才能处分。

2. 继承法的扩展

宋元继承法上有宗祧继承和财产继承均分、女子财产继承权扩大和遗嘱继承发达等特点。宋元继承上遗嘱继承优先,法定继承是原则。

法定继承上,宗祧由嫡长子继承,财产采用诸子均分制。宋元"子女"概念较广,有嫡庶、长幼、男女、遗腹子、非婚子、别宅子,只要父母认可,都可以成为合法继承人。户绝户财产继承时,抱养子、收养子、立继子、合继子、入舍婿、义子等都可以成为法定继承人。此外,继承上子承父分,妻承夫分,但妻承夫分时妻子不能出卖、转让,改嫁和归宗时不能带走。

户绝户继承较为复杂,继承人可以是女儿、归宗女、出嫁女、收养子、抱养子、立继子、合继子、入舍婿、义子等。宋元对户绝户女儿继承规定较为复杂,分在室女、出嫁女和归宗女三类。仅有女儿时,在室女与归宗女继承全部财产;只有出嫁女的,出嫁女继承三分之一,国家继承三分之二。有女儿与命继子,在室女得四分之三,命继子得四分之一;归宗女和命继子则是归宗女得五分之四,命继子得五分之一。可以看出,宋元时女儿继承权虽然受限较多,但权利开始增加。

遗嘱在继承上具有优先地位。宋朝对立遗嘱进行规范,规定不能无故取消法定继承人的继承权;必须是遗嘱人真实意思表示,不能"临终乱命",或迫于"悍妻黠妾";遗嘱宗族无异议,诸子画押,即遗嘱得到族众证明;遗嘱经官给印押,即"官给公凭"。这样的合法遗嘱称为"正验分明",具有法律效力。若不依遗嘱执行,产生诉讼,处罚不依遗嘱执行人。遗嘱诉讼时效是10年。

---

① 《名公书判清明集》卷七,"不当检校而求检校",中华书局1987年版,第228页。
② 《大元通制(节文)·户绝承继》,载《元代法律资料辑存》,黄时鉴辑点,浙江古籍出版社1988年版,第71页。
③ 同上书,第71—72页。

第七节 诉讼制度

五代辽宋金西夏元时期,在诉讼制度上,辽宋西夏和金基本相同,仅是辽西夏和金朝存在较浓民族特点,但由于诉讼基本制度都源自五代和宋朝,存在大同小异的问题。元朝在诉讼制度上较其他政权存在不同,是新的改革时期。

一、宋朝诉讼制度

宋朝司法制度中较具特色的有鞫谳分司、翻异别勘、越诉制度和法医检验等。

(一)审判制度

宋朝审判机构分为一般审判机构与专门审判机构。

1. 一般审判机构

一般审判机构分为中央审判机构与地方审判机构。中央审判机构由大理寺和刑部组成。大理寺是中央最高审判机构,但神宗改制前,大理寺主要是覆裁地方各类奏案,不开庭审理,工作较为单一。神宗改制后,分左断刑、右治狱。左断刑下设三案、四司、详断案八房、敕库等机构;右治狱设四案、开拆司、表奏司、左右推,成为中央审判机构。

刑部覆查全国已经判决的死刑案件、官员犯罪、叙复和昭雪等。淳化二年(991年)设审刑院。三者工作分工是大理审断、刑部详覆和审刑院详议。神宗官制改革后,审刑院废除后其职能并入刑部。刑部设尚书一人,侍郎、郎中、员外郎各二人。下分左右厅,左厅掌详复,右厅掌叙雪。

御史台主要是监察机构,但拥有一定司法权。御史台受理的案件有:官员重大犯罪、受贿引起错案、州县等不能审判的疑难案和奉旨审判的地方重大案件。

此外,宋朝中央还有登闻鼓院、登闻检院、理检院和军头引见司等机构承担不同审判职能。

地方审判机构分京城和其他地方。京城,即北宋开封府和南宋临安府,拥有不同于其他地方的司法权,审理奉旨交办案件时,不受刑部和御史台的约束。下设左右厅,各设判官、推官协助长官审理案件;府院,又称司录司,由司录参军负责,审理户婚等民事诉讼;左右军巡院,审理刑事案件。京府在刑事案件上只有杖以下判决权,以上要奏请皇帝核裁。

其他地方,道设提点刑狱司,称为监司,负责刑狱案件。州县由知州和知县负责,但分设属官辅助。州设录事参军、司理参军、司户参军和司法参军等诸官分别负责不同性质的案件。县由县丞、主簿和县尉参与司法,其中县丞、主簿参与民事诉讼,县尉参与刑事案件。

2. 专门审判机构

宋朝军人诉讼由枢密院、殿前司、侍卫马步军司、经略安抚司、总管司、都监和监押等受理。

财经案件由三司审理。三司是盐铁、度支和户部。三司设专门司法官员审判经济方面的案件。元丰改制后,三司归入户部,户部左右曹成为重要审判机构,其中左曹掌管户口版籍、贡赋、征榷、财政预算、户婚、田债诉讼;右曹掌管赏平、免役、保甲、义仓、赈济、水利、坊场诸事。宋朝户部是民事案件的中央审判机构,当事人对县一级民事案件不服,可以上诉到户部。

北宋在京城设有东西南北四个排岸司,"掌水运纲船输纳雇直之事"。排岸司设狱审理与漕运有关犯罪人员与行为,成为专门司法机构。

宋朝对宗室犯罪,由大宗正司审判,大宗正司成为重要司法机构。

(二)越诉法定化

宋初在诉讼上严格规定按审级层层上诉,严禁越诉,越诉者受处罚。北宋徽宗朝,随着司法腐败日益严重,国家开始放松越诉,规定法定事项可以越诉。如政和三年(1131年)对州县官员收受钱物,滥用法律允许越诉;宣和三年(1021年)对诸路州军官吏勒索财物,官员不认真审理,允许百姓越诉;宣和六年(1124年)对现任官员私自让机户织造布匹允许越诉;宣和七年(1125年)对官吏催税而强征民户耕牛允许越诉。南宋时为减少官吏对百姓滥权,广设越诉。南宋初年由于政局不稳,政府在越诉上规定较宽,在七个方面允许百姓越诉:非法侵占人物业;典卖田产不交割纳税;官吏受纳税租不依法;籴买官物,非理科配;私置税场,邀阻商旅;官司私自科率百姓;官吏理讼不依法,等。①

(三)民间"好讼"与官方"无讼"的社会风气形成

民间"好讼"与官方"无讼"成为宋朝司法上的重要特征。

1. 好讼之风与讼师

好讼,在宋朝称为"健讼"。宋朝民间好讼成为普遍社会现象。有学者通过对文集、笔记小说和地方志记载的整理,认为北宋时从京畿路、京东东路、京东西路、陕西路、淮南西路、淮南东路、荆湖北路、荆湖南路、江南东路、江南西路、广南东路、广南西路、两浙路、福建路、成都府路、潼川府路、秦凤路、夔州路、利州路和河东路等20个路都有"好讼"记载,其中两浙路、江南东路、江南西路、福建路最多。② 南宋时17路都有记载,好讼之风成为全国性问题,最典型的是江南和江西地区。南宋宁宗嘉定五年(1212年)十二月二十日,大臣奏称:"州县之间,顽民健讼,不顾三尺。稍不得志,以折角为耻,妄经翻诉,必欲侥幸一胜,则经州、经诸司、经台部。技穷则又敢轻易妄经朝省,无时肯止。甚至陈乞告中,微赏未遂其意,亦敢辄然上渎天听。"③ 由此可见,民间为诉讼可以穷尽所有程序与资源。宋朝诉讼主体有平民、官吏、豪强;有父子、母子、兄

---

① 参见郭东旭等:《宋代民间法律生活研究》,人民出版社2012年版,第163—174页。
② 同上书,第217—223页。
③ 《宋会要辑稿》,刘琳等点校,"刑二之一三七",上海古籍出版社2014年版,第8365页。

弟、叔侄、族人、邻里、主客、妇女和未成年人等。

伴随宋朝好讼之风而来的是讼学和讼师的出现,以补诉讼中民间法律知识、诉讼技能上的不足。讼学在宋朝称为"教引讼理""教授辞讼文书"。北宋仁宗时,沈括记载江西地区流传教人诉讼的专业书,称为《邓思贤》,"皆讼牒法也",此书在江西地区"村校中往往以授生徒"。① 这个时期江西、浙江地区民间出现专门教人诉讼和学习法律的人和团体。书称为"金科之法""四言杂语"。江西袁州出现"编户之内,学讼成风;乡校之中,校律为业"②;绍兴七年(1137年)九月二十二日的《明堂赦》中有"访闻虔、吉等州专有家学,教习词诉,积久成风,胁持州县,伤害善良。"绍兴十三年(1143年)闰四月十二日尚书度支员外郎林大声奏称:"江西州县有号为教书夫子者,聚集儿童,授以非圣之书,有如四言杂字,名类非一,方言俚鄙,皆词诉语。欲望播告天下,委监司、守令,如有非僻之书,严行禁止。"③宋朝讼学的形成,为民众在诉讼中以法律知识对抗官方提供了基础。宋朝学法风气的兴起,也与宋朝印刷术发达,国家公开发行法律,自由买卖法律书籍等原因有关。

宋朝学习法律知识主要集中在受教育群体中,一般平民百姓没有时间也没有能力学习法律。这就为专门为人诉讼提供法律知识与技能的人提供了市场。这是宋朝讼师在民间兴起的原因。讼师从事的职业主要有代理他人写诉状,称为"佣笔之人""珥笔之民"和"茶食人"。这些人在帮人写诉讼文书时也指导人诉讼。宋朝"健讼之民"不全是讼师,还有"专以教唆词讼,把持公事为业"者,以嚣讼、终讼为能的地方豪强恶棍等。宋朝讼师来源有落第士人、粗通文墨的豪强子弟、罢斥吏胥等。

2."息讼"对策

面对民间好讼之风,宋朝士大夫官僚群体通过提倡和强化"息讼"应对。宋朝士大夫官僚提出的"息讼"措施有:

首先,戒争。提出"不可以小利致争","不可以小忿兴讼",反复宣扬戒争成为宋朝官员息讼的重要手段。

其次,张扬争讼之害。宋朝官员在任职时常颁布《劝谕文》《劝农文》《约束榜》《司讼约束》等。这些文书中反复强调诉讼破坏家庭关系、受官府当众杖笞之辱和破财等。如"枷锁鞭笞痛不禁","骨肉变为冤仇,邻里化为仇敌","荒废本业,破坏家财,胥吏诛求,卒徒斥辱,道途奔走,犴狱拘囚"等。

最后,大兴调解。通过用情理原则,调解民间纠纷。宋朝调解分以下两种:一是鼓励民间调解,具体有责令亲邻劝说当事人和解,亲邻主要有乡绅、族长和家长等;二是诉讼到官府后,采用调解解决纠纷,具体有官员调解和以判决促调解两种形式。

(四)法医检验的成熟

宋元在法医检验制度上成绩突出。宋朝在刑事案件中越来越注重物证。如嘉定

---

① 参见(宋)沈括:《梦溪笔谈》卷二十五,"杂谈二",上海书店1984年影印本。
② 《正德袁州府志》卷一三,"新建郡小厅记","天一阁藏明代方志选刊",上海古籍书店1962年影印本。
③ 《宋会要辑稿》,刘琳等点校,"刑法二之一五〇",上海古籍出版社2014年版,第8378页。

四年(1211年)江西提刑徐似道提出"推鞫大辟之狱自检验始"①;宋慈认为"狱事莫重于大辟,大辟莫重于初情,初情莫重于检验"②。五代宋元在检验实践与理论著作上的主要成果有五代后晋和凝父子的《疑狱集》,宋朝郑克的《折狱龟鉴》、桂万荣的《棠阴比事》、宋慈的《洗冤集录》和郑兴裔的《检验格目》,元朝王与的《无冤录》等。从专业角度看,《洗冤集录》《检验格目》和《无冤录》是专业法医检验成果,另外三部是集侦查和检验为一体的案例集。

宋慈《洗冤集录》共5卷,53目。条令是对当时检验法律的汇编,检复总说、疑难杂说、初检、复检、验尸、四时变动等属于理论总结,其他是具体尸伤检验和区别方法。《洗冤集录》的特点如下:一是法医鉴定。书中对不同伤亡现象和死亡原因作出比较科学的鉴定结论,如对自缢中自杀与他杀鉴别进行总结。二是现场勘验,对不同现场勘验进行详细分类与区分。《洗冤集录》成为元明清时期法医检验标准,在世界法医学史上具有重要地位。

从《洗冤集录》的记载看,宋朝检验分为验状、检验格目和正背人形图。验状在北宋规定格式、内容和程序。官员在检验尸体时往往怕脏、臭,不愿认真进行,有时让仵作单独进行,于是出现各种弊病。为此,南宋郑兴裔制作"检验格目",规定检验时按格目填写,一式三份,一份交所属州县,一份交被害人家属,一份交各路提刑按察司。格目在淳熙元年(1174年)被刑部镂板颁行全国。为了准确标出受伤部位,让审判者准确把握案情,南宋创制出正背人形图。嘉定四年(1211年)江西道提刑按察使徐似道提出把正背人形图与检验格目结合,中央同意后推行至全国。于是,检验时只要对照受害人伤害情况,用红笔画出相应部位就行,简化检验程序,让不识字的人都能确认检验正确与否,受害人家属能辨别真伪,防止仵作、胥吏等官吏在验尸中舞弊,达到"吏奸难行,愚民易晓"的目的。③

(五)审判制度的特色

宋朝审判制度在继承前朝基础上有新发展和创新,较具特色的有鞫谳分司、翻异别勘和完善的审理时限立法等。

1. 鞫谳分司

鞫谳分司是在司法审判上采用审判分立。南宗周林曾奏称北宋是"狱司推鞫,法司检断,各有司存,所以防奸也"④。宋朝中央审判制度上,分为宋神宗元丰改制前后两个时期,前期是大理寺与审刑院分别承担不同审判工作;后期是大理寺设左断刑和右治狱,前者负责全国地方狱案,后者负责京城狱案,两者只负责审鞫,断案由检法案承担。御史台、三司、户部同样设专门的推勘和检法官员。地方上,州设州院、司理院

---

① 《宋会要辑稿》,刘琳等点校,"刑法六之七",上海古籍出版社2014年版,第8534页。
② (宋)宋慈:《洗冤集录译注》,高随捷、祝林森译注,"原序",上海古籍出版社2008年版,第1页。
③ 《宋会要辑稿》,刘琳等点校,"刑法六之七",上海古籍出版社2014年版,第8534页。
④ (明)黄淮、杨士奇编:《历代名臣奏议》卷二一七,"慎刑·推司不得与法司议事札子",上海古籍出版社1989年版,第2850页。

分别审理民事与刑事案件,设检法官负责判案。宋朝司法机构中设有不同职官分别承担案件审理与判决。案件审理者称为推司、狱司,官员有推直官、左右推、推勘官、录事参军、司录参军、司理参军;负责案件判决者称谳司或法司,官员有检法官、检法案、司法参军等。

2. 翻异别勘

翻异别勘出现在五代时期,后唐天成三年(928年)七月明宗下敕规定:"诸道州府,凡有推鞫囚狱,案成后,逐处委观察、防御、团练、军事判官,引所勘囚人面前录问,如有异同,即移司别勘。"①宋朝进一步完善此制度,州府以上司法机构一般设有两个审判机关,审案时若当事人在一个机关出现法定障碍或翻供时,改由另一审判机关审理,称"别推",或称"移司别推"。若当事人数次翻供,或临刑称冤,家属申冤,由监司派官员复审,称为"移推",或称"差官别勘"。对翻供,宋初规定不能超过三次,超过不再重审;南宋孝宗时改为五次。翻异别勘是宋朝司法机构内部复审纠错机制。

3. 完善的审理期限

宋朝为保证农业生产、提高诉讼效率,对诉讼设有期限。一般民事诉讼上有"务限法",即每年农历二月初一到九月三十日为入务期,不受理民事诉讼;每年十月一日至明年一月三十日是开务期,可以提起各种民事诉讼。官员在审理民事诉讼时,县限五日,州限十日,监司限十五日;县州路审理刑事案件分"大、中、小"三事,大事四十日,中事二十日,小事十日。中央司法机构审理案件上,元祐二年(1087年)分为奏案和公案,再根据案件用纸数量分大、中、小三事,分设审理期限。

(元祐二年)九月庚戌朔,刑部大理寺言:"应限奏狱二百纸已上为大事,十二日;十纸已上为中事,九日;不满十纸为小事,四日。在京、八路:大事十日,中事五日,小事三日。台、察并刑部等处举劾诸处约法状,并十三日;三省、枢密院再送各减半,有故量展不得过五日。又公案二百纸已上为大事,限三十五日:断二十四日,议十一日;十纸已上为中事,限二十五日:断十七日,议八日;不满十纸为小事,限十日:断七日,议三日。在京、八路大事限三十日:断二十日,议十日;中事限十五日:断十日,议五日;小事限十日:断七日,议三日。台察并刑部等处举劾诸处约法并限三十日:断二十日,议十日。"②

这是宋朝司法诉讼中,中央机构审理不同案件的时限立法。南宋继承此立法,仅对大中小事标准、期限进行调整,基本内容没有发生变化。

二、元朝的诉讼制度

元朝中央司法机关主要有刑部、大宗正府、御史台、宣政院等,其中刑部成为核心司法机构。元朝中央司法机构不设大理寺,职能转给刑部,让刑部职能扩大,成为明清刑部

---

① (宋)窦仪等:《宋刑统》卷二十九,"断狱律·不合拷讯者取众证为定门",中华书局1984年版,第480页。
② (宋)李焘:《续资治通鉴长编》卷四百五,"元祐二年九月庚戌朔条",中华书局2004年版,第9861页。

职能独大的原因。大宗正府在大蒙古国时是中央重要司法机关,受理蒙古人、色目人、宗室和汉人等有关案件,至元九年(1272年)后仅审理与蒙古族和宗室有关案件。

元朝是中国历史上第一个把"诉讼"作为专门部类独立立法的朝代。"诉讼"门下分书状、听讼、告事、问事、元告、被告、首告、诬告、称冤、越诉、代诉、折证、约会、停务、告拦、禁例等目,内容有起诉书写作格式、原告、被告和审理等目,内容十分详备。

元朝司法制度设置上的重要特征是有大量属人性和职业性司法机关审理不同宗教、民族和职业群体内的诉讼,让诉讼权分散。如儒士、道士、佛教僧侣、军人、畏兀儿人、乐户、医户等内部诉讼时都由管理部门审理。

元代"约会"制度是诉讼中的重要制度。"约会"分为广义和狭义。广义"约会"是指当某事件解决涉及两个或两个以上互不统属的部门时,在处理或解决时各部门管理者到齐会同,提出各自看法,达成解决方案。这个层次上"约会"包含行政、司法等方面。狭义"约会"制度是元朝司法制度中一种特殊诉讼制度,当诉讼当事人分属互不相统属的主管部门,且在诉讼中双方当事人各自有不同权利和义务的,司法审理时把诉讼当事人行政管理的上司约会审理。元朝"约会"制度产生于司法管辖上的属人性设置。

元朝出现"诸民讼之繁,婚田为甚"①的社会现象。国家为解决诉讼增加,除进行积极的、正式的司法审理外,还采用调解与承认和解来解决。调解主要有官员和社长主持调解两种。元朝著名儒士官员胡祗遹指出:"民有父子兄弟相讼者,必恳切谕以天伦之重,不获已,则绳以法"②;张养浩在《牧民忠告·听讼》中提出:"起讼有原书,讼牒者是也。盖蚩蚩之氓暗于刑宪,书讼者诚能开之以枉直,而晓之以利害,鲜有不愧服,两释而退者。"③农村社长拥有调解民事纠纷的权力。"诸论诉婚姻、家财、田宅、债负,若不系违法重事,并听社长以理谕解,免使妨废农务,烦紊官司。"④当事人和解协议具有法律效力。"今后凡告婚姻、田宅、家财、债负,若有愿告拦,详审别无违枉,准告已后,不许妄生词讼,违者治罪。"⑤"告拦"是指当事人和解。

第八节 特别法律制度

一、辽朝的二元制法制

辽朝二元制制度包括法制、官制、乐制、服制和舆制等各个方面,其中最重要的是

---

① 《至元新格·察狱》,载《元代法律资料辑存》,黄时鉴辑点,浙江古籍出版社1988年版,第34页。
② 《元史》卷一百七十,"胡祗遹传",中华书局1976年版,第3993页。
③ (元)张养浩:《为政忠告·牧民忠告·弥讼》,载《吏学指南(外三种)》,杨讷点校,浙江古籍出版社1988年版,第283页。
④ 《至元新格·治民》,载《元代法律资料辑存》,黄时鉴辑点,浙江古籍出版社1988年版,第18页。
⑤ 《大元圣政国朝典章》卷五十三,"刑部·诉讼·告拦·田土告拦",中国广播电视出版社1998年影印本,第1950页。

官制和法制,史称"以国制治契丹,以汉制待汉人"①。辽朝二元制制度对西夏、金和元朝都产生深远影响,是中国古代"一国两制"的全面实践。如金朝入主中原后,在汉人地区保留郡县制,在女真人中实行猛安谋克制;蒙元时在蒙古人中设万户、千户、百户制,在汉人中实行郡县制等。

辽朝法制的显著特征是契丹"国俗"与汉法并用。法律二元制始于辽太祖时,完善于辽太宗时;圣宗朝开始消弭蕃汉异治、法律轻重不均的问题,圣宗至道宗时法制合一加快,道宗后又恢复二元法制。辽朝法制发展从严格二元制向以中原汉法为主、兼顾契丹国俗为基本特征。

辽朝法律上二元制是契丹及各少数民族适用各自法律习惯,汉人适用汉法。阿保机刚建国时把统治下民族分为四姓,即契丹、奚、渤海、汉人,四个群体各有不同法律制度、风俗习惯。《武溪集·契丹官仪》记载:"胡人东有渤海,西有奚,南有燕,北据其窟穴,四姓杂居,旧不通婚。谋臣韩绍芳献议,乃许婚焉。衣服、饮食、语言,各从其俗,凡四姓相犯,皆用汉法;本类自相犯者,用本国法。"②辽太宗时渤海划入汉法区。礼仪制度上,《辽史·仪卫志·舆服篇》分为"国舆"和"汉舆",具体是"皇帝与南班汉官用汉服,太后与北班契丹臣僚用国服"③;仪仗上有"国仗"和"渤海仗"之别。《乐志篇》分"国乐"与"汉乐"(即"诸国乐""雅乐""散乐")。

辽朝南北面官制是保证法制、乐制、服制和舆制等二元制实施的前提。南北面官制创设于辽太祖时,形成于辽太宗朝。阿保机建国后分迭剌夷离蛮为北、南二大王,谓之北、南院。辽太宗时完善南北面官制,"北面治宫账、部族、属国之政;南面治汉人州县、租赋、军马之事"④。辽太宗获燕云十六州后,为治理新汉区,"乃用唐制,复设南面三省、六部、台、院、寺、监、诸卫、东宫之官"⑤。南北院官员组成和服装上有区别,"胡人之官,领番中职事者,皆胡服,谓之契丹官;枢密、宰臣则曰北枢密、北宰相;领燕中职事者,虽胡人亦汉服,谓之汉官;执政者则曰南宰相、南枢密"⑥。

北面官设有:北、南枢密院,掌"契丹北枢密院。掌兵机、武铨、群牧之政,凡契丹军马皆属焉。以其牙帐居大内帐殿之北,故名北院……契丹南枢密院。掌文铨、部族、丁赋之政。凡契丹人民皆属焉。以其牙帐居大内之南,故名南院"⑦;北、南宰相府,"掌佐理军国之大政";北、南大王院,"分掌部族军民之政";宣徽北院和宣徽南院专掌宫廷事务;大林牙院"专掌文翰之事",敌烈麻都司掌管礼仪。北面官中设夷离毕院掌管部族刑狱和法令,具体设左右夷离毕、知左右夷离毕事等官。辽圣宗时,北、南枢密院综理军政时还负责军人诉讼。

---

① 《辽史》卷四十五,"百官志一",中华书局1974年版,第685页。
② (宋)余靖:《武溪集》卷十八,"契丹官仪",商务印书馆1946年版,第599页。
③ 《辽史》卷五十五,"仪卫志一",中华书局1974年版,第900页。
④ 《辽史》卷四十五,"百官志一",中华书局1974年版,第685页。
⑤ 《辽史》卷四十七,"百官志三",中华书局1974年版,第772页。
⑥ (宋)余靖:《武溪集》卷十八,"契丹官仪",商务印书馆1964年版,第600页。
⑦ 《辽史》卷四十五,"百官志一",中华书局1974年版,第686、688页。

南面官按唐宋官制,设三省六部制:枢密院,掌汉人兵马之政;中书省,掌管汉人民政事务;门下省,仅有其名而无其职;尚书省,掌管一般财政事务,下设六部;御史台,掌纠察官吏,拥有一定司法权;翰林院,掌天子文翰之事。司法由南面官中大理寺、详覆院、刑部负责,具体是大理寺审判刑狱,详覆院平议案牍,刑部总揽政令。从此看,辽朝在南面官设置上受宋朝影响较大。

在官员来源上,北面官从皇族、后族及近亲贵族中世选,后来扩大到契丹贵族。南面官在汉族上层人士中选任。"置百官,皆依中国,参用中国之人。"①

二、金朝勃极烈辅政会议和猛安谋克制

女真族建国前是农村公社、部落联盟社会。建国后,中央和地方都建立起具有特色的制度,具体是中央采用勃极烈辅政会议,地方采用猛安谋克制。

勃极烈辅政会议由女真族社会中部落酋长组成决策机构,是阿骨打称帝后设立的中央最高决策机构。"勃极烈"是女真语,译成汉语为"官员"。《金史·百官志》序言中说:"金自景祖始建官属,统诸部,以专征伐,巍然自为一国。其官长皆称曰勃极烈,故太祖以都勃极烈嗣位。"女真传统社会中"孛堇"是某部之长,"都勃堇"是几部联盟长,"勃极烈"是中央统治机构核心成员。阿骨打称帝后把勃极烈发展成为国家最高决策机构——勃极烈会议。金初在20余年间授勃极烈称号的共有12人,他们都是皇室的重要成员,与太祖、太宗的关系或为子侄,或为叔父,或为兄弟,有着显赫战功。勃极烈辅政会议的作用是发挥集体领导,对皇帝监督约束,调动皇室主要成员积极参与国家政治生活等。金朝勃极烈会议保持了23年(1115—1138年)。天眷元年(1138年)八月废除勃极烈制度,"颁行新官制",全面仿宋朝中央官制,设三师、三公、三省六部,外设都元帅府、枢密院、宣抚司、劝农司、国史院、翰林院、审官院、太常寺等。

猛安谋克制是金朝时女真人的地方基层组织,金国建立的前一年(1114年)十月,阿骨打"初命诸路以三百户为谋克,十谋克为猛安"②,"其部长曰孛堇,行兵则称曰猛安、谋克,从其多寡以为号,猛安者千夫长也,谋克者百夫长也。"③猛安谋克既是行政组织又是军事,是军民结合的一种特殊社会组织,成为金朝军事力量的保证,构成金朝女真人的重要社会组织。《金史》记载大定二十三年(1183年)八月全国有猛安202个,谋克1878个,其中中原地区有八九十个猛安被迁入,集中在河北、山东等地。行政设置上,猛安地位相当于州,谋克相当于县,但猛安谋克官品高于州县官。金朝汉人中推行郡县制,泰和六年(1206年)府州县下设坊,坊设正,村社设乡,乡设里正。村社三百户以上设主首四人,二百户以上三人,五十户以上二人。金朝入主中原后,行政体系上形成以猛安谋克制治女真族和以郡县制治汉人的二元制度。

---

① 《新五代史》卷七十二,"四夷附录第一",中华书局1974年版,第894页。
② 《金史》卷二,"太宗纪",中华书局1975年版,第25页。
③ 《金史》卷四十四,"兵志",中华书局1975年版,第992页。

三、宋朝社会救济立法的兴起

宋朝在中国法制史上的一个重要贡献是系统制定国家社会救济法。宋朝社会救济包括赈济、居养、安济、漏泽四大类。赈济针对天灾人祸者,居养针对鳏寡孤幼贫不能自存者,安济针对疾病贫不能医治者,漏泽是对客死异乡和贫不能葬者。宋朝最早的社会救济立法始于《宋刑统》。《宋刑统》在引《户令》时载有:"诸鳏寡孤独贫穷老疾,不能自存者,令近亲收养。若无近亲,付乡里安恤。如在路有疾患,不能自胜致者,当界官司收付村坊安养,仍加医疗,并勘问所由,具注贯属、患损日,移送前所"[①]。北宋神宗元丰年间专门制定《乞丐法》,南宋时发展为《常平乞丐法》,成为国家这方面立法之大成。从所见条文看,宋朝对此规定十分详细,如不同年龄的口粮数量、经费来源、管理机构都有明确规定。

北宋在开封设东西福田院,专门收养贫困病患者。嘉祐八年(1063年)增设南北福田院,四院每年支给八千贯作经费。神宗熙宁九年(1076年)规定用户绝户财产支付,不够的由官府增拨。福田院制度很快被推广到全国各地。宋哲宗元符年间制定《居养法》,改设居养院,福田院被取代。南宋初设养济院。南宋后期出现更详细的分类,如设广惠院、安济院、安养院、利济院收养孤老废疾;设病坊、安乐坊、安济坊等收治病患者;设婴儿局、慈幼局收养遗弃孤幼;州县设漏泽园公共墓地收葬客死异乡和贫困无力葬者。

南宋时国家奖励私人收养和资助收养孤幼,向私人开放社会救济。在国家鼓励下,士大夫、名门大族开始设立义庄、义田等,对族内贫困群体进行救济,构成民间社会救济体系。

四、西夏具有特色的畜牧业立法

西夏的畜牧业立法成为最具民族和区域特色的法制。西夏社会以畜牧业为主,法典涉及畜牧的共有五卷20门,全面保护具有战略物资性质的牛、马、骆驼、骡、驴等大牲畜,具体内容有:国有马、牛等大牲畜死亡和丢失数量的限定,私自屠宰大牲畜按偷盗法处罚;供给使用马、驼等大牲畜损伤时的处罚与赔偿;马、牛、羊、骆驼四畜产仔交纳数量;大牲畜课毛、绒、乳、酥的数量;官私大牲畜擅自借用的处罚;马、牛、羊、骆驼四畜的登记、祭祀、贸易和御用;大牲畜校检规定;国有牧场的确认、管理;牧人每年放牧国有大牲畜增殖数量;放牧和饲养中官私大牲畜死亡的赔偿与处罚。从中可以看出,西夏以畜牧业立国,畜牧业是国家基本产业。

五、元朝四等人制

元朝法律中最受后人诟病的是四等人制。四等人制是元朝在法律和政治上把统治下各民族群体按照纳入统治时间先后的顺序划分成不同政治法律群体的制度。四

---

① 《宋刑统》卷十二,"脱漏增减户口",中华书局1984年版,第190页。

等人是蒙古人、色目人、汉人和南人。蒙古人是北方成吉思汗建国时最早纳入治下的各少数民族群体,构成现在蒙古族的来源,《南村辍耕录·氏族》记载有72种,清朝钱大昕《元史氏族表》考有42种。色目人是大蒙古国建立后最先征服的西域、西藏地区各民族群体,《南村辍耕录·氏族》记载有31种,《元史氏族表》考有25种。汉人是金朝和云南大理国统治下的各民族群体,《南村辍耕录·氏族》记载有"契丹、高丽、女直、竹因歹、术里阔歹、竹温、竹赤歹、渤海"8个民族群体和云南、四川两省汉人及各民族群体。区域上按《元史·选举志》记载皇庆二年(1313年)中书省制定科举考试时,乡试全国有300名保举参加会试,其中"汉人"有75人,分布区域是大都10人、上都4人、真定11人、东平等9人、山东7人、河东7人、河南9人、四川5人、云南2人、甘肃2人、岭北1人、陕西5人、辽阳2人、征东1人。① 南人是南宋治理下的汉人及各民族群体,具体是江浙、江西、湖广行省和河南南部汉人和其他少数民族。元朝四等人不是严格从民族上划分,不是严格的民族区别政策,是统治区域下不同政治、法律群体的划分,其标准是属地性而不是民族性。

四等人制的法律区别有:在出任官员上,中央高级官员主要由蒙古人、色目人出任,少数由汉人出任,南人很少出任,称为"长则蒙古人为之,而汉人、南人贰焉"②;在地方官任命上,至元二年(1265年)规定,"以蒙古人充各路达鲁花赤,汉人充总管,回回人充同知,永为定制"③,元朝达鲁花赤与总管制度相当于现在党务首长与行政首长的关系。在科举考试上,四等人分考不同试卷,蒙古、色目考二场,南人、汉人考三场;进士按人等分配名额,各等有25名。在法律上,不同等级犯罪有不同规定,如"诸蒙古人与汉人争,殴汉人,汉人勿还报,许诉于有司"④;南人、汉人犯盗窃罪,初犯刺左臂,再犯刺右臂,三犯刺项,蒙古人犯不刺字等。在军事上,汉人、南人不得参与军政事务,特别是不能参与管理兵籍和军器事务,禁止汉人、南人私藏武器等。

【思考题】

一、名词解释

1.《宋刑统》 2.《天盛律令》 3.《泰和律义》 4. 折杖法 5. 刺配刑

6. 翻异别勘 7. 约会制度 8. 二元法制 9. 四等人制

二、简答题:

1. 简述五代的立法成就及其影响。

2. 简述宋朝社会救济立法成就。

3. 简析宋朝"好讼"与"息讼"社会风俗形成的原因。

---

① 《元史》卷八十一,"选举志一",中华书局1976年版,第2021页。
② 《元史》卷八十五,"百官志一",中华书局1976年版,第2120页。
③ 《元史》卷六,"世祖纪三",中华书局1976年版,第106页。
④ 《元史》卷一百五,"刑法志四",中华书局1976年版,第2673页。

4. 简析《天盛律令》的法律文化特征。
5. 简述元朝"断例"与"条例"的内容与特征。

三、论述题

1. 论述五代辽宋西夏金元时期法律形式变迁的特征。
2. 论述五代辽宋西夏金元时期唐法在各王朝法律发展中的地位与作用。
3. 论述敕令格式四种法律形式在宋朝的变迁及其特点。

【重要参考论著】

1. 薛梅卿:《宋刑统研究》,法律出版社1997年版。
2. 〔美〕马伯良:《宋代的法律与秩序》,杨昂、胡雯姬译,中国政法大学出版社2010年版。
3. 陈永胜:《西夏法律制度研究》,民族出版社2006年版。
4. 胡兴东:《元代民事法律制度研究》,中国社会科学出版社2007年版。

第六章 明清时期的法律制度

重要内容提示

"清承明制",是明清两朝法律关系上的基本特征。明初"乱世"的判定成为"重典治国"的前提,调和满洲传统习惯与中原汉法成为清朝法制建设的主要内容。废中书省和宰相制,设内阁制和军机处等让明清皇权得到加强。明清时期官员选拔上科举成为正途,捐纳成为富人通向官僚的渠道。奸党罪、文字狱、反逆罪和强盗罪的出现、发达和繁细,充军和发遣刑的充分发展是明清刑法的重要内容。"一田二主"让所有权与使用权分离,加上绝卖和典卖,让"田宅"等不动产交易高度商品化、市场化。"开豁贱籍"、佃户与田主、雇工与雇主之间的平等化,改变着中国古代贵贱等级制度。"禁海令"在明清时期的反复出现,让中国失去自由对外贸易和交往的机会,造成中国无法正常融入16世纪以后世界全球化的进程。刑部司法职能的专业化,地方刑名幕友的发达,让明清司法有较高职业化;秋审和朝审改变着明清两朝的死刑适用机制。

第一节 概 说

1368年明太祖朱元璋建立明王朝,至1644年灭亡,享国276年。明朝成为15、16世纪世界上政治体系最成熟、经济体量最大的国家,在社会、经济、文化和思想各个方面取得较高成就。

1616年崛起于中国东北的满洲人建立后金政权,1644年攻入北京,建立清王朝,至1911年灭亡,享国267年。清朝建立后,经过顺治、康熙和雍正三朝的治理和发展,至乾隆时建立起统一的多民族国家,提供了当今中国版图的基础。

"清承明制",明清两朝在法制上具有高度延续性,体现出共同特征。明太祖朱元璋针对元朝后期疲政和乱政,确定当时为"乱世",国家治理上实行"反元政,尚严厉"的政策,法制建设上采用"明刑弼教""明礼以导民,定律以绳顽"和"刑乱世用重典"的原则。清朝入关后,主要面临解决满洲人传统法律习惯与中原汉人传统法律制度文化之间的适洽问题,提出"参汉酌金""详译明律,参以国制",法制建设以汉法为主、满洲传统习惯为补充的法制原则,形成以沿袭明朝法制为中心的法制特征。

明清时期法律形式是律例法体系,形成中国古代法律形式的新时期。明清两朝在法律形式上改变唐宋时期以律令格式等分类的法律体系,把法律基本分为"律"与"例"。明清时期"律典"结构体例采用七篇,即《名例》篇加吏、户、礼、刑、兵、工六部为名的六篇。律典是国家基本刑法典,构成国家基本法。明清分别制定《大明律》和《大清律例》,其中《大清律例》采用"律"与"条例"合编,构成立法上的新体例。明清时期法律形式中最活跃的是"例"。明清时期"例"基本分为条例、则例和事例,其中条例和则例在发展中形成各有偏重的调整范围,即条例以刑事法律为中心,则例以非刑事法律为中心,学界多认为则例是行政法。明清时期,特别是清朝,具有判例性质的通行、成案成为重要的法律形式。

明清时期皇权极端发展成为国家政体变迁的重要特征。明朝体现在中央机构上是废中书省和宰相制,以六部和六部尚书为中央最高行政机构和官员,后因皇帝无法承担中央繁忙的工作,设秘书性质的内阁机构,内阁在获得"票拟权"后成为事实上的中央最高行政机构,称为内阁制。清朝继承明朝,中央设六部和内阁,然而清初中央受制于议政王大臣会议。康熙朝后为加强皇权,削弱议政王大臣会议的权力,设立直属于皇帝的秘书机构——南书房,雍正年间发展成为军机处,乾隆朝后军机处成为中央最高行政机构。明清两朝内阁与军机处在发展中虽然成为中央最高行政机构,然而两者在性质上一直有皇帝秘书处的特征,这一特征制约着其作用的发挥。

明清时期在地方行政机构上设省、府和县三级,清朝在省与府之间增加"道"。明清时期影响地方治理的重要机构是总督和巡抚,二者构成地方最高行政机构,影响着国家对地方的管理。

明清时期国家官员选拔以科举考试为主流,称为"正途",其考试以选拔官员为目的,内容以四书五经为限,文体以八股文为样式。此外,官员选拔还有恩荫和捐纳。捐纳在清朝成为官员的重要来源,也是国家公开卖官鬻爵的手段。明清在官员考核上采用考满法和考察法。明清两朝已建构起完善的官员选考和管理的法律体系。

明清时期刑法在罪名上的显著特征体现为奸党罪的出现与谋逆罪、强盗罪的立法严密和加强,文字狱的极端发展让中国古代文化思想专制达到顶峰。在刑罚上,明朝充军刑的出现和发达与清朝发遣刑的形成和发达,是两个王朝刑罚体系中的重要内容。

在民事法律上,明朝的鱼鳞图册制成为国家对土地所有权确认与保护的重要法律制度,"一田二主"的出现让明清时期土地使用权与所有权分离,交易上典卖与绝卖让土地交易市场多样化。清朝"摊丁入亩"是中国古代赋税改革中的重要事件;"开豁贱籍"让中国古代贱户制度出现松动,通过法律规定佃户与田主、雇工与雇主之间是平等关系具有重要的社会意义。明清时期"禁海令"让民间失去自由对外贸易的市场,更为严重的是让国家和民间失去了自由对外交流的机会。

在明清时期司法制度上,中央三法司的形成成为重要内容,刑部成为最重要的司法机构,集司法、司法行政和立法权于一身。明清时期在审判制度上,会审成为重要内容,其中秋审和朝审是国家死刑复审制度,影响着国家死刑的适用。明朝厂卫特务组织成为破坏司法的重要组织,形成国家公开实行特务组织的时期。明清时期,刑名幕友成为地方司法中的重要法律专业群体,构成明清时期法律专业群体中的重要力量,影响着明清地方司法的运行。

第二节 法律思想

一、明初重典治国与明礼导民

明朝初期,由于经历元朝后期的疲政和农民起义的混战,朱元璋判定自己所处的时代是"乱世"。此外,朱元璋认为元朝在法律上的缺点是"宽纵",公开说"胡元以宽而失,朕收平中国,非猛不可"[①],所以有"反元政,尚严厉"之说。不可否认,这还与朱元璋出身贫苦,亲身经历官吏滥权有关。在这些因素的综合影响下,朱元璋在法制建设上提出"刑乱世用重典"的指导原则。明初"乱世用重典"体现在重典治吏与重典治民两个方面。重典治吏是采用严厉手段打击官吏贪污滥权,法律上有"严犯赃官吏之禁",重惩贪赃官吏,如洪武十八年(1385年)"郭桓贪污案"中数万人被处罚;法律上规定官吏贪赃数在60两以上,处枭首示众,剥皮实草。明太祖对官吏严惩的事迹在《明大诰》中有全面记载。重典治民是对百姓犯"贼盗""乱臣贼子"的行为加重处罚,采用法外用刑。如洪武五年(1372年)对南海"黑鬼"盗者捕斩370人;洪武七年(1374年)对广东儋州参与陈逢愆起事者1400多人处以剐刑;洪武十五年(1382年)在广州"铲平王"起事中处死8800多人。另外,在"明礼以导民"的指导下,对百姓积极用礼引导,鼓吹"明刑弼教"的法制思想。

二、清初"参汉酌金"的法律思想

清朝入关后,面对拥有更多人口的关内汉区和更完善法律制度的明朝遗产,提出法制建设上采用"参汉酌金""详译明律,参以国制"的原则,即在保留满族传统时,吸收明朝法律制度,建立起自己的法律制度。从法制建设看,清朝初期对汉法和明制的继承更多是简单地全面抄袭,经过顺治、康熙、雍正三朝的融合和吸收后,到乾隆朝,建立起以传统中国法律制度为基础,同时具有时代特色的法律制度。清朝法制建设基本上以"汉制""明律"为中心,补以"国制",较辽、金和元朝在吸收汉法上更加全面和快速,这是清朝能够较好地治理全中国的制度原因。

---

① (明)刘基:《诚意伯文集》卷一,何镗编校,商务印书馆1936年版,第3页。

第三节 律例法律体系的形成

一、律例法律体系的形成

明清法律形式基本由"律"和"例"两类构成,可称为律例法律体系,或律例法体系。①明清法律由律典与各种例组成,改变秦汉以来形成的以律令为中心的法律分类体系,特别是宋朝以律、敕、令、格、式、申明和断例等形式构成的复杂法律分类体系。明清法律形式分类简约成"律"与"例",让法律分类更加简明。此外,明清国家还对律例诸法律进行综合编撰,称为"会典",让整个法律更加法典化。

明清"例"在发展中形成三种重要的次类型:条例、则例和事例。其中,条例主要是以补充、解释、细化律典为中心的刑事法律,也有一些非刑事法律的内容。则例分为"泛指"与"特指"两类,"特指"是以中央六部为中心制定的各部院寺监的则例,如《户部则例》《六部处分则例》《理藩院则例》《国子监则例》等;"泛指"是其他各种称为则例的法律总称,如《常税则例》《工程做法则例》等。明清则例主要集中在行政法领域,但从严格意义上看,则例包括刑事以外的所有法律,有现在称为行政、民事、诉讼等各类法律,而不仅是行政法。事例在明清是因时因地制定的具体单行法律,包括具体个案和事件两类。事例是会典编撰的基本法律渊源。

明清条例、则例和事例的区别是:首先,条例与则例各自的主要领域是刑事与行政,但这种分类不是绝对的,存在混用现象;其次,则例与事例的区别是事例一般附在会典之中,与会典形成一个整体,则例往往独立于会典,以单行法形式存在。② 相同点则是三者在功能和性质上都是律典的补充、变通、辅助型法律渊源,是在数量上最多的法律类型。

明清"则例"成为"例"类法律的主体,构成国家立法的中心。有学者统计了41家藏书单位所藏清朝则例,达851种。③ 清朝则例成为法律的主体。

明清"律"与"例"两种法律形式关系的形成,除受宋元时期立法发展的影响外,理论上主要受程朱理学的影响。认真比较明清对律典的"经化"理解,与理学对"理"的认识如出一辙。"律"与"例"的关系若比较朱熹的"理一分殊"理论,具有学理上的一致。明清把律典视为不变的常经,如"盖律者,万世之大法;例者,一时之权宜";④"垂邦法

---

① 全面提出明清时期法律形式可称为律例法律体系的学者是刘笃才,他在《律令法体系向律例法体系的转换》(载《法学研究》2012年第6期)一文中对此进行了全面阐述。
② 参见苏亦工:《明清律典与条例》,中国政法大学出版社2000年版,第44页。
③ 参见杨一凡:《清代则例列纂修要略》,载杨一凡、刘笃才:《历代例考》,社会科学文献出版社2012年版,第520页。
④ 《皇明条法事类纂·附编·奏革幼军在逃等件重复不便事件》,载刘海年、杨一凡总主编:《中国珍稀法律典籍集成》(乙编·第六册),科学出版社1994年版,第110页。

为不易之常经,例准民情,在制宜以善用"①等。"律"的"经化"让律典制定后不能随时随事修订,于是通过灵活变通的"例"成为有效的解决途径。所以,变化的不是律而是例,是明清法制的特点之一。②

二、律典的修撰

(一)《大明律》

《大明律》是明朝法律的核心,是整个明朝法律渊源的基础,也是洪武朝立法的中心和历史性成就。按《明史·刑法志》等记载,《大明律》经历五次反复,前后达 30 年之久方修撰而成。现在学术界一般认为洪武年间制定了吴元年律、洪武七年律、九年律、二十二年律和三十年律。吴元年律颁布的主要有《律典》285 条、《大明令》145 条。《大明令》采用六部为纲的编撰体例,不同于传统令典编撰体系。洪武七年律改用唐律十二篇制,以唐律为准制定,共 606 条 30 卷。洪武九年律对洪武七年律进行修订,具体修改 13 条。洪武二十二年律在结构上恢复六部为纲的体例。洪武三十年修订成最后定本。此后,仅在万历十三年合编成《大明律附例》时改动过 55 字,除此之外没有进行过实质性修订。

洪武三十年律结构上改变了隋唐时期律典十二篇之制,除沿用《名例》篇外,采用六部为纲立篇,下分 30 门的结构。《大明律》中"门"的篇名主要是综合唐宋时期律典与令典的篇名,加上辽金元诸朝创立的篇名而成,具体有《名例》篇;《吏律》下有《职制》《公式》;《户律》下有《户役》《田宅》《婚姻》《仓库》《课程》《钱债》《市场》;《礼律》下有《祭祀》《仪制》;《兵律》下有《宫卫》《军政》《关津》《厩牧》《邮驿》;《刑律》下有《贼盗》《人命》《斗殴》《骂詈》《诉讼》《受赃》《诈伪》《犯奸》《杂犯》《捕亡》《断狱》;《工律》下有《营造》《河防》。《大明律》篇名结构融合此前法律篇名命名中"事类"和"机构"两种形式,此种篇名结构体现出一种实用型而不是逻辑型的分类。《大明律》将此前律典与令典篇名融合在一起,是中国古代立法史上律令格式等法律分类终结的体现。

《大明律》在体例和内容上较唐律都发生革命性变化。在体例上,《大明律》除"名例律"沿用《唐律》外,采用"六部"为纲,下分"门","门"下分"条"的结构。条文上,《大明律》有 460 条,将《唐律》502 条中删除 146 条,剩下 356 条合并成 285 条,新增 175 条,来源于《唐律》的达 61.96%,创新的有 38.04%。在《大明律》的律首部分,还新增了《五刑图》《狱具图》《丧服图》《服制图》《例分八字之意》等图表。这种做法,既受汉代以来的礼书通过图表来表达服制传统和《元典章》内含"表格"等的影响,也是明初重视法律传播的重要手段。

在内容上,《大明律》较《唐律》体现出"重其重罪,轻其轻罪"的特点,具体是《大明

---

① (清)祝庆祺等编:《刑案汇览三编》,北京古籍出版社 2004 年版,序,第 1 页。
② 参见瞿同祖:《清律的继承和变化》,载《历史研究》1980 年第 4 期。

律》中"事关典礼及风俗教化等"较《唐律》处罚轻,而对"贼盗及有关币帛、钱粮等事"和恶逆、诬告、妖书妖言、诈伪制书等"三谋"罪为中心的"谋盗诸罪"较《唐律》为重。此外,《大明律》对商品经济立法较明显,在《户律》中对赋税差役、钞法、钱法、盐法、私茶、匿税、钱债和市场等进行立法。

《大明律》通过在体例和内容上的调整,让律典囊括国家社会生活中的政治、经济、礼制、官制等内容,从技术上解决了律典为"干"、例为"支"的法律体系结构上的内在运行问题。

(二)《明大诰》

明初法律中影响较大的还有《明大诰》,虽然《明大诰》适用时间较短,但影响很大。《明大诰》是明太祖为实现"劝民从善"和"惩治奸顽"而制定的特别法律,是他"重典治国"和"引民以礼"的法律落实。《明大诰》有四编,具体是洪武十八年(1385年)至二十年(1387年)间颁布的《御制大诰》《御制大诰续编》《御制大诰三编》,称为"三编",加上洪武二十年十二月颁给诸军衙门的《大诰武臣》。四编大诰共236条,由案例、法令和训导三类法律形式组成。法典以惩治贪官和豪强为中心,法律中156个个案有128个是处罚官吏犯罪。《明大诰》不仅刑重,而且有大量"律外刑",如斩枭、墨面文身挑筋去指、墨面文身挑筋去膝盖、剁指、断手、刖足、阉割为奴、斩趾枷令、常枷号令、枷项游历等,构成对《大明律》的破坏。明太祖为达劝导百姓、警醒奸顽的目的,要求天下人人诵读《大诰》、科举考试考《大诰》、乡民举行乡约讲诵《大诰》,让《明大诰》成为中国历史上最普及的法律。然而,由于《大诰》多有酷刑,明太祖死后很快就被废止。

(三)《大清律例》

《大清律例》是清朝的基本法律。《大清律例》制定时间较长,从顺治年间开始制定,到乾隆五年完成,中间经过多次修订,主要有顺治三年(1646年)的《大清律集解附例》、康熙朝的《刑部现行则例》、雍正三年(1725年)的《大清律集解》和乾隆五年(1740年)的《大清律例》四部重要法律。这里重点介绍顺治、雍正和乾隆三朝律典制定情况。

1.《大清律集解附例》制定于顺治三年,是时清兵刚入关。法典共30卷,结构与《大明律》一致,共459条,附条例449条。法典在编撰体例上采用律文中加小注的形式,律例合编,增加"逃人法"等。法典最大的特点是律例、律注共编,构成新的立法体例。

2.《大清律集解》制定于雍正三年。法典分7篇,30门,共436条,附条例824条,共30卷。其特点有:首先,在律文后增加总注。这是法典被称为"大清律集解"的原因。每条律文后加"注",与正文同样字体,不采用以前夹注形式。"总注"对律文的立法意图、量刑原则、法理精神和执行要点等进行解释。每条"总注"字数达几百,最多达两千多字,远远超过正文。其次,恢复律例合编,改变康熙朝律例分编的立法体系。条例分成三类:一为原例,共321条,是明朝及清初沿用下来的旧例;二为增例,299条,是康熙朝现行则例;三为钦定例,204条,是雍正朝上谕和内外大臣奏准为例的条例。最后,法典把当时的重要政策写入条例,如摊丁入亩、开豁贱籍、改土归流等,通过立法固定下来。

3.《大清律例》制定于乾隆五年。法典结构发生较大变化,卷数增加到47卷,具体是律目、诸图和服制各1卷,律例正文36卷,总类7卷,比引律条1卷,外加卷首。卷首是顺治、康熙、雍正和乾隆御制序、修律上谕,总目和凡例等。卷一、二、三是律目、诸图与服制、诸图与服制的各种图表。诸图有六赃图、纳赎诸例图、五刑图、狱具图、丧服图;服制图是五服制图。正文有36卷,把内容较多的名例、仓库、斗殴、断狱分为上下两卷,贼盗分为上中下三卷。律文有436条,条例1042条。正文中保留小注。对条例不再区分原例、增例和钦定例,不载上谕和行政处分例。法典规定此后律文不再修,例文定期修。实践中条例采用五年一小修,十年一大修。条例修纂有增、删、改、并和移等。每次修纂对新例增入,对旧例进行删、改和移并等。

《大清律例》较《大明律》在体例上没有变化,不同之处在律文与条例共编。《大清律例》中律文与条例的基本关系是"律主例辅",具体是律为"干",条例为"支"。律文具有极强的稳定性,称为"不世之法""不易之常经";"条例"具有较强的时代性与灵活性,作用是对律文进行修改、解释、补充和扩张等,称为"一时之事","准民情在制宜以善用"。暗合明人何乔新在弘治元年(1488年)时指出的"例之为用,所以辅律之不及者也"①。清朝律文与条例在法律适用上是条例优先,本质是特别法优于普遍法,不是对"律"的破坏。

三、明清时期例的编撰

明清例的修订上不仅有创制新法,还有对原有条例进行修改、补充、废止和合并、移动等。明朝制定例的时间较早,洪武年间制定有《钦定律诰条例》《充军条例》等,但最有影响的是弘治年间首修,后经两次修订的《问刑条例》。从"例"的发展史看,明清是中国古代"例"最成熟和鼎盛时期。

(一)明朝条例修撰②

1.《问刑条例》

《问刑条例》是明朝中后期刑事立法的核心,现有弘治、嘉靖和万历三个版本。《大明律》制定后,明太祖规定子孙不得修改律文,于是大量新出现的刑事法律只能通过条例形式来立法。经历数朝后,数量越来越多,必须进行整理修撰。对此,弘治五年(1492年)七月刑部尚书彭韶议在奏折中有十分中肯的议论:"刑书所载有限,天下之情无穷。故有情轻罪重,亦有情重罪轻,往往取自上裁,斟酌损益,著为事例。盖比例行于在京法司者多,而行于在外者少,故在外问刑多至轻重失宜。宜选属官汇萃前后

---

① 《皇明条法事类纂·附编·秦革幼军在逃等件重复不便事件》,载刘海年、杨一凡总主编:《中国珍稀法律典籍集成》(乙编·第六册),科学出版社1994年版,第110页。
② 对明朝"例"的立法情况,详细可以参阅杨一凡、刘笃才著的《历代例考》中第三部分"明代例考"(社会科学文献出版社2012年版,第162—324页)。

奏准事例，分类编集，会官裁定成编，通行内外，与《大明律》兼用。"①这成为《问刑条例》编撰的来源与说明。弘治十一年(1498年)下诏修撰，弘治十三年(1500年)三月修成，史称《弘治问刑条例》，共279条。最初以单行本颁行。为了使用方便，很快民间就有人把律例合编刊印出卖。最早律例合刊本是正德十六年(1521年)胡琼的《大明律集解》三十卷本。嘉靖二十九年(1550年)修成《问刑条例》新版，共376条，嘉靖三十四年(1555年)修成385条，现存单行本和律例合刊本两种。万历十三年(1585年)修成的《问刑条例》共382条。此次修订主要对律例进行更为详细的整合，采用"律为正文，例为附注"的体例，实现律例有机整合。

明朝《问刑条例》与《大明律》的关系，学术界多认为是"例以辅律"。如学者比较弘治年间《问刑条例》和《大明律》关系后，得出在279条条例中，新增的有114条，补充的有131条，修正的有18条，抵触的有4条，另外有4条与律文完全相同。分析条例与律文关系，除抵触的4条外，其他条例与律文或与原文略有关联，或直接源于律，或完全与律相同等。② 从此无法得出"例以破律"的结论。

2. 其他条例

明朝修成的其他条例有《马政条例》《给驿条例》《责任条例》《吏部条例》《工部条例》《军政条例》《宗藩条例》《宪纲条例》《六部条例》《六部纂修条例》《吏部四司条例》《考功验封司条例》《兵部武选司条例》《南京工部职掌条例》《科场条贯》和《国子监规》等。如洪武二十三年(1390年)制定《责任条例》共7条；弘治十一年(1498年)《吏部条例》有97条；宣德四年(1429年)《军政条例》共33条，此后历经增修，至万历二年(1574年)《军政条例》达8卷377条；嘉靖四十四年(1565年)《宗藩条例》共有2卷67条。这些都是单行条例。

明朝还有大量汇编条例的法律书，如《军政条例类考》《条例备考》和《增修条例备考》等。《军政条例类考》成书于嘉靖三十一年(1552年)，共6卷，有169条，收录了《军卫条例》53条，《逃军条例》26条，《清审条例》65条，《发解条例》25条和朝臣关于清理军务的题本、奏本24件。《条例备考》共24卷，有1474目，分为8类，即都通大例及都察院、吏部、户部、礼部、兵部、刑部和工部条例等。收录明初至嘉靖三十七年(1558年)间内外臣工关于国家事务的题奏经皇帝敕准颁行的各种条例。《增修条例备考》共24卷，共1062目，结构与前书相同，收录了嘉靖、隆庆年间部院通行条例，是前书的续修。

3. 明朝则例类

明朝制定大量以则例为名的法律，主要涉及赋役、盐法、商税、捐纳、赎罪、宗藩、钱法、钞法等和钱物收支、等级有关的法律。明朝颁布过的则例有《官田则例》《民田则例》《屯田则例》《开中纳米则例》《收税则例》《赎罪则例》《捐纳则例》《赎罪与收赎钱钞则例》《老少废疾并妇人收赎则例》《在京杂犯死罪并徒流笞杖纳豆则例》《陕西纳草赎

---

① 《明孝宗实录》卷六五，"中研院"历史语言所校刊本，1962年，第1245页。
② 参见黄源盛：《中国法史导论》，广西师范大学出版社2014年版，第297页。

罪则例》《纳粟赎罪则例》等。明朝则例立法数量繁多,立法内容较为具体,是针对特定事项而制定的。

(二) 清朝例的修撰

1. 条例的修撰

清朝条例修撰中最重要的是前述康熙朝的《现行刑部则例》。此外,是对《大清律例》中"条例"部分的法定修订。清朝对律例中条例修订从乾隆十一年(1746年)起,每五年一小修,十年一大修,具体有续纂、修改、移并、移改和删除五种。从乾隆八年(1743年)至咸丰二年(1852年)共修22次,此后停18年,于同治九年(1870年)进行最后一次修订。清朝条例来源有大臣上奏、皇帝谕旨立法和因具体案件判决后具有普遍性而撰成条例。

清朝条例数量,康熙初年有321条,康熙六十一年(1722年)有436条,雍正三年(1775年)修律时有824条,乾隆四十三年(1778年)1042条,同治九年(1870年)达1892条。

清朝条例的来源主要集中在康、雍、乾、嘉四朝。从《读例存疑》中统计出的1938条条例来源看,康、雍、乾、嘉四朝分别是296条、379条、879和191条,约占1938条中的90%。清朝单行刑事条例有《督捕则例》《五军道里表》《刺字条例》和《秋审则例》等。

《刑部现行则例》是康熙朝刑事立法的主要成果。该则例制定始于康熙七年(1668年),定本于康熙十九年(1670年)。康熙十九年本共有264条,"门"的篇名按律典,只有28门,缺"骂詈"与"河防"两门。康熙朝不停修订此法,于康熙四十七年(1708年)至康熙六十一年(1722年)间增修115条。《刑部现行则例》与康熙朝和顺治朝《大清律集解附例》结合共用,构成康熙朝基本刑事法律。

2. 清朝则例

则例是清朝"例"立法中数量最多的种类。清朝则例根据调整对象与性质,分为会典则例、六部和各院寺监则例、中央机关下属机构则例和规范特定事务的则例等。清朝则例在嘉庆朝后主要集中在中央部院规章范围内,之前行政法与刑事法律共用。清朝行政法在形式上有则例、条例、事例和会典等。清朝则例可以分为顺、康、雍、乾四朝和嘉庆朝后两个时期。

清朝初期则例名称在使用上开始扩大范围,把以前限定在以钱粮税赋收支为中心的立法转向更广的范围。顺治朝最有名的则例有《督捕则例》《考成则例》;康熙朝有《六部则例》《六部考成则例》《钦定处分则例》《刑部现行刑则》《兵部督捕则例》等;雍、乾两朝有《钦定吏部处分则例》《钦定户部则例》《钦定礼部则例》《钦定科场条例》《钦定学政全书》《钦定兵部则例》《秋审则例》《工部则例》《都察院则例》《大理寺则例》等。嘉庆朝后则例立法越来越成熟,构建起种类复杂的则例法律体系。清朝则例分为四个方面:

(1) 规范中央六部及其他寺院机构的行政活动。清朝中央各部寺院监都有专门立法,具体有《六部则例》《吏部则例》《户部则例》《礼部则例》《兵部则例》《刑部则例》《工部则例》《都察院则例》《通政使则例》《大理寺则例》《太常寺则例》《国子监则例》《钦天监则例》等。中央机构下属机关,如吏部有《文选司则例》《考功司则例》和《封验司则例》等。有学者指出有清一代,"大抵每一衙门,皆有则例"①,这真实反映了清朝则例的立法情况。

(2) 建立完备的官吏奖罚制度。清朝通过《吏部则例》《吏部处分则例》和《六部处分则例》等建立起完备的官吏考核、处分法律体系。乾隆七年(1742年)制定的《吏部则例》分满官品级考、汉官品级考、满官铨选、汉官铨选和处分则例五个部分。《吏部处分则例》始修于康熙朝,乾隆朝后累有增修,对官员行政处分分罚俸、降级和革职三种,罚俸分七等,降级分为降级留用和降级调用,革职仅有一种。《六部处分则例》初修于康熙初年,后经多次修订,主要内容是规范六部办事章程和违法处分。

(3) 加强对经济和各类国家工程的管理。清朝通过《户部则例》加强国家对经济活动的管理;通过《军需则例》《漕运则例》《常税则例》《江海关则例》《通商进口税则例等》等对国家商业运输进行管理。工程管理上,主要有《工部则例》。此外,还有《物料价值则例》《工程则例》《河工则例》和《匠作则例》等。

(4) 对宫廷事务和皇室成员行为进行规范。清朝对皇室成员管理的最早立法是乾隆朝的《宗人府则例》和《王公处分则例》等。对宫廷事务管理有《宫中现行则例》《庆典则例》和《内务府则例》等。

清朝通过制定大量则例,为全国各类事务管理建立起"有法可依"的"法治"社会,实现国家的依法管理。

四、《会典》的修订

明清时期《会典》编撰是国家的重要立法。学术界一般认为明清《会典》是中国古代行政立法的重要形式。从内容上看,明清《会典》是一种集法律与典章制度为一体的中国古代特有的典制编撰体例,包括当代法律分类中的国家组织法律、行政法、刑法和民事法律等。其体例来源于宋朝的《会要》,而不是《唐六典》。它们与《唐六典》以规范官制设置和职能为主具有根本性的区别。

1. 明会典

《大明会典》制定于弘治十年(1497年),撰成于弘治十五年(1502年),正德四年(1509年)李东阳重校,正德六年(1511年)由司礼监刻印颁行,共180卷。弘治《大明会典》撰入明朝建立以来至弘治十五年间各级行政机构、设官职掌、典章法律以及事例等内容。嘉靖朝重修,增入弘治十六年(1503年)以后事例,原写稿本200卷,但未刊行。万历时再次重修,增入嘉靖二十八年(1549年)后事例,万历十五年(1587年)重修成的《大明会典》,有228卷。万历本成为当前通行本。《大明会典》从内容上看,首卷

---

① 王钟翰:《王钟翰清史论集》(第三册),中华书局2004年,第1701页。

为宗人府,后依次为吏、礼、户、兵、刑、工六部,都察院、六科与各寺、府、监、司等,全面记载明代中央和地方政府机构与职掌、官吏任免、文书制度、少数民族地区的管理,农业、手工业、商业和土地制度、赋税、户役、财政等经济政策,以及天文、历法、习俗、文教等法律制度等。①《大明会典》体例上以"本朝官职制度为纲",构成"官领其事,事归于职,以备一代之制"的典制政书;内容上"以六部为纲,分述诸司职掌,附以事例冠服、仪礼"等,是集法律和典章制度为一体的特殊政书编撰体。

2. 清会典

清朝制定会典,学术界有认为始于入关前,即皇太极时曾制定《崇德会典》。清朝会典现在可以确定的是始于康熙二十三年,后雍正二年、乾隆十二年、嘉庆六年和光绪十二年重修而成的五朝《大清会典》,每次重修都在前朝基础上进行补撰而成。

《康熙会典》修撰于康熙二十三年(1684年),完成于康熙二十九年(1690年)。《康熙会典》收集的法律典章始于崇德元年(1636年),止于康熙二十五年(1686年),共162卷,记载50个中央机构的组织和典章制度,其中文衙48个,武职2个,具体有内阁制、六部制、科院制、监寺并行制、内务机关分立制和宗教特设等;内容有职方、官制、郡县、营戍、屯堡、勤享、贡赋和钱粮等;外加大量图表,涉及疆域、建筑、礼仪、兵器、刑名、器物等。

《雍正会典》修撰于雍正二年(1724年),完成于雍正十年(1732年),共250卷,时间上起于康熙二十五年,止于雍正五年(1727年),记载中央49个机构。《雍正会典》以《康熙会典》为体例,结构相同。

《乾隆会典》修撰于乾隆十二年(1747年),完成于乾隆二十九年(1764年)。收录雍正四年(1726年)至乾隆二十三年(1758年)间中央机构的法律与典章制度。会典分为"典"100卷,内含宗人府、内阁、六部、理藩院、都察院和寺监等42个中央机构,其中文职有32个,武职有10个。《乾隆会典则例》,共180卷,分40门,详细收录皇帝关于各项典章制度的谕旨、各项制度的损益沿革、大臣对制度的奏章和各项法律制度执行过程中所裁定的具体事例。"附图"114幅。整个立法"以会典为纲,则例为目"。

《嘉庆会典》修撰于嘉庆六年(1801年),完成于嘉庆二十三年(1818年),包括《嘉庆会典》《嘉庆会典事例》和《嘉庆会典图卷》。此次把乾隆二十三年后至嘉庆十七年(1812年)间增订的一切典礼及修改的各衙门则例编修而成。《嘉庆会典》体例与《乾隆会典》相同。《嘉庆会典》有80卷,记载43个中央机构的编制、典章制度、法律。《嘉庆会典事例》有920卷,按唐宋会要体例编撰,按年记载各类具体事件,把各部门沿革损益、法律制度变化和立法情况详细记载。《大清会典图》有28卷,包括礼制、祭器、度量、天文等若干门,详细记载这些典制的构成和制作程序。

《光绪会典》始于光绪十二年(1886年),完成于光绪二十五年(1899年),撰入嘉庆十七年至光绪十二年间法律典章制度。体例按《嘉庆会典》,分为《大清会典》100卷,

---

① 参见原瑞琴:《〈大明会典〉性质考论》,载《史学史研究》2009年第3期。

《大清会典事例》1220卷,《大清会典图》270卷。收入的法律从入关前至光绪二十二年(1896年),全面记载了有清一朝的各类法律和制度的设置和立法。《光绪会典》是有清一朝最为完整的法律、典章制度的汇编,是全面了解清朝法律制度沿革和立法的基本史料。

五、清朝民族立法成就

清朝在针对少数民族地区立法上成就十分显著,现存法律较多,代表成果有《理藩院则例》《蒙古律例》《回疆则例》《西宁青海番夷成例》《钦定藏内善后章程二十九条》和"苗例"等,构成中国古代民族法制的重要内容。

1.《理藩院则例》

《理藩院则例》是清朝民族立法的集大成者,是中国古代民族立法的重要代表性成果。《理藩院则例》制定于嘉庆二十二年(1817年),以乾隆年间的《蒙古律例》为基础,吸收西藏地区、蒙古地区旗务等其他法律制度修撰而成。共分"通例"和"旗分"等63门,共713条。后经道光、光绪年间二次修订,把全国各地涉及民族事务的法律编入,疆域包括东北、西北、西藏和西南等边疆民族地区。光绪朝《理藩院则例》有64门,律文971条,条例1605条,包括少数民族的行政、刑事、经济、宗教、民事、军事和外交等方面,是全国民族事务法律制度集大成者。

嘉庆《钦定理藩院则例》中"通例"有上、下两卷,说明修订经过和法典结构、条文来源等。正文共62卷,63门,具体是旗分、品秩袭职上下、职守、设官、奖惩、比丁、地亩、仓储、征赋、俸银俸缎、廪给上下、朝觐、贡输、宴赉上下、扈从事例上中下、仪制、印信、婚礼、赐祭、旌表、优恤、军政、会盟、邮政上中下、边禁、人命、强劫、偷窃上下、发冢、犯奸、略买略卖、首告、审判、罪罚、入誓、疏脱、捕亡、监禁、递解、留养、收赎、遇赦、违禁、限期、杂犯、喇嘛事例一至五、西藏通制上下、俄罗斯事例等。内容涉及北方、西北设立盟旗地区的制度设置、官品、职责、俸禄,各少数民族官员朝觐、贡品、招待等行政法规;军队设置、军队管理、驿道设置与管理等军事法规;各少数民族婚姻、土地所有权保护等民事法规;人命案、偷盗、抢劫等刑事法规;控告、审判、发誓等诉讼法规。此外,还有喇嘛管理法规、西藏制度设置和俄罗斯互市与边防事务等。从《理藩院则例》结构和内容上看,它是清朝对北方、西北地区民族法律的综合性法典,与《蒙古律例》《回疆则例》《西宁青海番夷成例》和《钦定藏内善后章程二十九条》相比,构成综合法典与特别法律关系。

2.《蒙古律例》

《蒙古律例》是清朝专门针对北方蒙古族制定的法典。《蒙古律例》名称很多,如《大扎撒》《康熙六年增订旧扎撒书》《理藩院律书》《蒙古律例》《蒙古律》《蒙古律书》《理藩院律例》《蒙古条例》等。《蒙古律例》最早在崇德八年(1643)制定,称为《蒙古律书》,乾隆六年(1741年)修订时称为《蒙古律例》,嘉庆二十年(1815年)修订汉文本时称为《蒙古则例》。嘉庆二十年《增订蒙古则例》由乾隆五十四年(1789年)修订的《蒙古律例》(有 12 卷,209 条)、《增订蒙古则例》16 条和《蒙古律例》7 条组成。其中《增订蒙古则例》16 条是乾隆五十四年修订后至嘉庆十年(1805 年)间新增;《蒙古律例》是嘉庆十年至十七年之间颁行的 7 条条例。目前见到的汉文本《蒙古律例》有两种:一是乾隆三十一年(1766 年)殿刻本,二是嘉庆年间刊本。两种版本均为 12 卷,但每卷具体条目略有差别。乾隆朝本《蒙古律例》有 189 条,嘉庆朝本有 209 条。基本结构是:第一卷蒙古地区各类职官的官衔、等级;第二卷蒙古地区的户口管理和徭役征发;第三卷蒙古王公等朝贡;第四卷蒙古地区各旗的会盟行军;第五卷蒙古地区的边境卡哨设置、人员配置与管理;第六卷蒙古地区盗贼处罚;第七卷蒙古地区人命;第八卷首告;第九卷捕亡;第十卷杂犯;第十一卷喇嘛例;第十二卷断狱。从法典结构看,乾隆六年修订的《蒙古律例》在结构上更加合理,把内容根据性质进行编排,体现出内在关系。

3. 《回疆则例》

《回疆则例》的制定始于嘉庆十六年(1811 年)七月,当时理藩院指出由于涉及回疆事务的法律越来越多,纂入《蒙古则例》会导致条款混淆,"应请另行编纂成帙,以便颁发遵行"。嘉庆皇帝同意理藩院的提议,成立由理藩院官员中熟悉回疆事务人员组成的修法委员会。嘉庆二十年(1815 年)完成刊刻工作。《回疆则例》在法律上规定每十年修订一次。道光十三年(1833 年)进行修订,道光二十二年(1842 年)四月完成修订,重新颁行。《回疆则例》有嘉庆二十年和道光二十二年本两种。道光二十二年本《回疆则例》有 8 卷,134 条,其中原例 26 条、修改 65 条、续纂 38 条、增纂 5 条。基本内容是回疆地区各城、各庄职官名额,回疆官职名数及具体设置;回疆各城伯克等职掌,各城大小伯克任命时的回避;王公的服饰坐蓐护卫,世袭台吉诰封,年班王公伯克宴席入座等;回疆伯克王公和哈萨克等年班朝觐和进贡制度;回疆地区度量衡制度、货币制度、贸易制度及宗教管理和其他禁例;回疆伯克及大小衙门各种禁令,特别是赋役上禁止各伯克乱征。《回疆则例》成为国家治理新疆的重要法律,成为国家民族法制中的重要组成部分。

4. 青海地区的立法

清朝青海地域较广,包括现在的甘肃、宁夏等,在民族上有蒙古族、藏族等。对此,清政府制定《青海善后事宜十三条》《禁约青海十二条》和《西宁青海番夷成例》,其中《西宁青海番夷成例》最为典型。法典在雍正十一年(1733 年)修成,共 68 条。法典由理藩院会同西宁办事大臣根据当地蕃夷法律习惯,参考《蒙古律例》,选择适用藏(番)民易犯条款编纂而成。

5. 西藏地区的立法

清朝针对西藏地区的立法主要是《钦定藏内善后章程二十九条》,又称为《新订西藏章程二十九条》。乾隆五十八年(1793 年)由福康安等根据乾隆旨谕,把顺治朝以来,特别是乾隆朝以来各种治理西藏的章程编纂而成。法律由乾隆五十七年十一月初二日上奏《酌定额设藏兵及训练事宜六条折》、二十一日上奏《卫藏善后章程六条折》、十二月十一日上奏《藏内善后条款除遵旨议复者外尚有应行办理章程十八条折》等整理编撰而成。最后,福康安等遵旨将上述各项章程中条款汇编整理成《钦定藏内善后章程二十九条》,是对此前制定的各类法律进行一次整体性编纂而成的重要法典,并译成藏文,与汉文同时颁行。

《钦定藏内善后章程二十九条》的基本内容有:确立达赖喇嘛与班禅额尔德尼在西藏的宗教政治地位,活佛等灵童转世由"金瓶掣签"确认;西藏邻近诸国商人来西藏贸易、朝拜由驻藏大臣衙门管理;确定西藏地区货币制度;西藏地区军队设置、装备和兵员配置;界定达赖与班禅、驻藏大臣的权力和关系;僧侣管理和俸银。《钦定藏内善后章程二十九条》通过法律确定西藏地方治理中达赖、班禅和驻藏大臣的地位、权限界定及他们之间的关系是法律的核心。

6. 西南地区的"苗例"

清朝在西南民族地区立法成果虽然统称为"苗例",但"苗例"没有法典化,仅是调整西南地区中央与地方政府的各种法律规范的总称。清朝法律中"苗例"的性质、形式与特点成为学术界争议的中心。"苗例"中的"苗"不是现代民族学中的苗族,具有泛指西南各民族群体和西南民族群体中那些没有阶级分化和独立公共权力机构的群体,即没有在土司或国家行政、司法控制下的群体。"苗疆"在清朝是西南民族地区改土归流后形成的新开发区。"苗例"是西南地区少数民族固有法或习惯法,以及中央政府为西南民族特别制定的国家法的总称。① "苗例"内容上含有《大清律例》及各类《会典》《则例》中的相关条款,清中央和地方政府专门制定适用于西南地区某一地域的"禁约""禁例"和"章程",政府专门制定调整苗汉间法律关系的"处分例""禁令"等法律规范的综合体。清朝对西南地区民族立法大体经历了顺治、康熙时期因俗而治到重点立法,雍正朝对西南民族地区立法加强,乾隆朝西南民族地区立法更趋完善,从嘉庆到清末基本因循雍乾之制的发展历程。②

六、形式多样的地方立法

明清时期地方立法可以分为两部分,地方官员和官府制定的各类法规和民间社会制定的形式多样的民间规约。

明清地方官员与政府制定的各类法规,名称上有条约、章程、规条、告示等,颁布形式有立碑颁布和张榜公告等。条约如顺治九年(1652年)九月蔡士英任江苏巡抚时颁布《到任条约》,共16个门类,康熙二十一年(1682年)五月李士桢任广东巡抚时颁布《抚粤条约》,共16个门类,康熙二十年(1681年)于成龙颁布《弥盗安民条例》等。章程在法律地位上较条约低一些,如清朝同治十二年(1873年)制定的《山东交代章程》59条、《四川通饬章程》《直隶现行通饬章程》等。省例是明清时期地方法规的汇编,如《江苏省例》《福建省例》《台浙成规》《湖南省例成案》《湖南省例》《四川通饬章程》《西江政要》《直隶现行通饬章程》《豫省成例》和《广东省例》等。

---

① 参见胡兴东:《清代民族法中"苗例"之考释》,载《思想战线》2004年第6期。
② 参见徐晓光:《清朝政府对苗族立法与苗疆习惯法的准用》,载《第二届贵州法学论坛论文集》,2001年。

明清时期民间制定的规约可以分为乡约、村社规约、宗族规约、部族规约、宗教寺庙规约、书院规约、行会规约、文人规约、慈善组织规约和秘密会社规约等。[①] 这些名目繁多的民间规约是整个社会规范体系中的重要组成部分。中国古代乡约始于宋朝吕大钧的《吕氏乡约》和朱熹的《增损蓝田吕氏乡约》，明清时期成为地方官员推行的重要乡约范本，演化成形式多样的民间乡约。文人会社规约，如明朝刘宗周的《证人社约言》共10条、《证人社会议》等规约。寺院庙宇规约，如明崇祯年间武林理安寺的《箬庵禅师同住规约》共19条，清咸丰六年（1856年）北京《白云观清规》共23条等。慈善组织在明清时期较多，有保婴会、育婴堂、儒寡会、恤孤局、施约局等，与之对应的不同组织都制定相应规约，如明末高攀龙制定《高子忠宪公同善会规例》，共7条等。

第四节　行政法制

明清是中国历史上专制性最强的帝制时期，体现在皇权与相权斗争中相权失位，皇权独尊。行政制度设置上，明朝废除中书省和宰相制，设立六部制和内阁制，清朝设军机处，从制度上保证皇权独尊。内阁与军机处在性质上都是皇帝秘书处，对皇帝负责。

一、中央机构的变革

从制度上看，为了加强皇权，明初废除中书省和宰相是重要事件。明初废除宰相后，为解决中央辅助皇帝治理机构的缺失，形成秘书性质的内阁，最后演化成内阁制。清康熙朝在废除议政王大臣会议和弱化内阁制的背景下，形成更具秘书性质的南书房，雍正朝起军机处成为中央最高决策机构。明清皇帝为加强皇权，废除正式中央最高决策机构，创设秘书机构负责中央最高决策成为常态。

（一）六部制

明初中央承用元制，最高行政机构设中书省，中书省由宰相负责，下设六部负责具体事务。"胡惟庸案"后，明太祖趁机废除中书省和宰相制，由六部（吏、户、礼、兵、刑、工部）长官直接对皇帝负责，构成新集权机制。朱元璋为保证皇权集中永存，下诏规定大臣若有"奏请设立者，文武群臣即时劾奏，处以重刑"，并自诩废中书省和宰相后，形成"我朝罢相，设五府、六部、都察院、通政司、大理寺等衙门，分理天下庶务，彼此颉颃不敢相压，事皆朝廷总之，所以稳当"的稳定政治格局。六部直接对皇帝负责后，成为中央最高行政机关。明朝六部各设尚书一人，正二品，左右侍郎各一人，正三品。各部下设清吏司，负责具体事务。其中吏部设文选、验封、稽勋和考功四司，礼部设仪制、祠祭、主客和精膳四司，兵部设武选、职方、车驾和武库四司，工部设营缮、虞衡、都水和屯田四司；户部、刑部各设十三个清吏司，分别对应地方各省事务，成为六部中事务最繁

[①] 参见杨一凡、刘笃才：《历代例考》，社会科学文献出版社2012年版，第591页。

重的两个部。

清朝沿用明朝中央机构，形成以六部、五寺、三院和二监为中心的中央机构。六部是吏、户、礼、兵、刑、工部，五寺是大理寺、太常寺、光禄寺、太仆寺和鸿胪寺，三院是都察院、理藩院和翰林院，二监是国子监和钦天监。六部是最重要的中央机构，吏、礼、兵、工依旧各设四个清吏司，户部设十四个清吏司；刑部初设十四个清吏司，后增至十七个清吏司，外有督捕司、秋审处、律例馆、提牢厅、司务厅、赎罪处、督催所和当月处等司级机构，是清朝中央机构中人员和机构最多的部门。

（二）内阁制

明太祖朱元璋建立政权后，为了加强皇权，在洪武十三年（1380年）借"胡惟庸案"废除了中书省和宰相，"罢丞相不设，析中书省之政归六部"①。然而，当所有中央事务都归集到皇帝手中，皇权固然集中了，但皇帝仅依个人能力无法处理所有政务，更不用说很多皇帝未必勤于政事，然而国家政事必须由中央作出决策。史载，当时给事中张文辅奏称洪武十七年（1384年）"自九月十四日至二十一日，八日之间，内外诸司奏札凡一千六百六十，计三千三百九十一事"②，即8日之内全国内外诸司呈送皇帝批复的奏折有1660件，总计3391事，皇帝每天须处理420件政事。于是，皇帝只好设立秘书处帮助自己处理政务。洪武十五年（1382年）仿宋制设殿阁大学士，协助皇帝处理政务。明成祖改为"内阁大学士"，因其办公地设在皇宫而称"内阁"。内阁大学士最初仅由正五品文官组成，是皇帝"备顾问"而已的秘书。现实中由于内阁大臣与六部执行部门不相统属，造成决策与执行部门脱节，导致国家行政效率低下。为此，明成祖提高内阁大臣地位，内阁大臣开始参与机务，即参与最高决策。明仁宗和明宣宗时，内阁大臣开始由六部尚书选任，同时提高没有尚书职衔的内阁大臣级别至正二品，让内阁大臣在职位上得到加强。明宣宗时在内阁中设制敕房和诰敕房等官署，给予内阁大臣票拟批答权，让内阁成为中央决策部门，向中央最高决策机构转化。正统年间，国有大事，内阁大学士会同各衙门组成内阁会议，内阁成为中央最高决策机构。权力上，内阁获得诸司"关白""票拟批答"等权后，成为中央核心机构。内阁大臣选任上，最初由皇帝选任，称为"特简"，后改由廷臣推举，称为"廷推"。嘉靖朝后，"廷推"成为制度。内阁大臣人数少则二三人，多则十几人。内阁大臣中拥有主导地位的称为"首辅"，成为实际上的丞相，如张居正成为最有影响的朝中大臣。明朝内阁从临时秘书处发展成为中央最高决策机构，是中央行政机构变迁上的重要内容。

清朝入关后继承明朝内阁制，内阁最初称为内三院，顺治十五年（1658年）改为内阁，设内阁大学士。康熙初年又改内阁为内三院，康熙九年（1670年）改回内阁。清朝内阁在权力上无法与明朝相比，因为入关前和顺、康两朝有议政王大臣会议制约，康熙十六年（1677年）后又有南书房，雍正七年（1729年）后有军机房与之分权，让内阁权力

---

① （清）张廷玉等：《明史》卷七十二，"职官一"，中华书局1974年版，第1729页。
② 《明太祖实录》卷一百六十五，"中研院"历史语言研究所点校本，1962年，第2544—2545页。

一直受制约。清朝在内阁核心权力——票拟权上,与明朝相比,有两个特点:首先,阁臣票拟范围较小,如规定言官奏折和部院速奏不能票拟;其次,内阁大臣票拟完全听命于皇帝,不是由阁臣根据自己的判断提出票拟交皇帝裁决,而是根据皇帝谕旨作出票拟后交皇帝认可执行。

(三) 军机处

清朝中央最高决策机构中影响最大的是军机处。康熙时为了削减议政王大臣会议的权力,于康熙十六年(1677 年)设立南书房作为皇帝秘书处。南书房在康熙一朝成为与内阁抗衡的中央机构。雍正七年(1729 年),因为宁夏用兵,雍正设立军机房,把由内阁、南书房处理的军机事务转给军机房。雍正十年(1732 年)正式设立军机处,乾隆即位后有废军机处的行为,但乾隆二年(1737 年)很快恢复。于是,军机处取代内阁成为中央核心机构。军机处由军机大臣和军机章京组成。军机大臣由满汉大学士、尚书兼任,人员最初 3 人,后来增至 4 至 5 人,承担宰相职权;军机章京称为小军机,由军机大臣在各部寺院中挑选,作为军机大臣副手,分为满汉章京。清朝军机处拥有以下职权:

1. 撰拟皇帝上谕,处理官员奏折。皇帝的上谕,或官员奏请而下的谕旨,都由军机大臣秉承皇帝之意拟呈,皇帝审定后,交内阁明发,或机密的由军机处密发,称为廷寄,或寄信执行。

2. 办理皇帝交办的军政要事。国家重大军政事务,皇帝不能裁决时,交军机处议论后提出意见,或由军机处会同相关衙门议奏呈交皇帝决策时参考。

3. 办理重大刑事狱案。遇到重大案件,军机处奉旨会同刑部和其他部门官员审理,共同提出处理意见,交皇帝裁决。

4. 负责全国重要官员考选。对京城及外地重要文武官员的选任,由军机处荐举名单,交皇帝筛选任用。

5. 奉旨巡查和办理地方军政要务。军机大臣接受皇帝指派,考察地方军事要务和到全国各地巡查军政事务。

清朝军机处成立后,成为事实上的中央最高决策机构。军机处直属皇帝,具有皇帝秘书机构的性质,是充分实现皇帝意志的机构。

(四) 廷议制

明朝在中央决策机制中最重要的是廷议制度。廷议是廷臣会议。明朝出现"事关大利害"的政事时,皇帝会交给中央群臣集体讨论作出决议,奏请皇帝裁决或核准执行。皇帝一般不参与廷议。参加廷议的大臣少则二三十人,多则上百人。廷议分为面议、部议和专家会议等。

面议由皇帝主持,其他参议人员不固定,人数各不相同,多时由公、侯、伯、九卿、六科、侍中、侍郎等参与。面议由皇帝当场决策,并交有关部门执行。面议决策效率极高,但不构成廷议的主体。

部议是皇帝下旨就某件国家大事,由各部大臣商讨,提出解决方案后,奏请皇帝裁决成为决定后执行。部议参加人员依所议事项的性质而定,人数多少不定。部议有某部单独会议,参议者是该部成员,人数相对较少;几个部联合集议,会议人员为几部重要官员,人数较多。

专家会议是由皇帝召集专门人员组成专家小组,对某特定事项进行商讨决策的形式。会议参加者职位及人数不确定,依该事重要程度而定。明朝前期皇帝对礼仪制度修订时多集熟知古今仪礼的儒臣,组成专家组进行议定,保证所定政策的合理性和有效性。专家会议是明朝前期制定礼仪制度的重要形式。

明朝廷议内容在不同时期各不同,明太祖创立诸制度,主要与儒臣考订古制,修立礼仪、朝纲,建立国家各项制度和纲常伦理;成祖时主要会议军事、漕运事宜;仁、宣宗时期,以户部议事较多,集中在民政事务上。

明朝廷议事项有议立旨、议储嗣、议建都、议郊祀、议宗庙、议典礼、议封爵、议亲藩、议大臣、议官制、议民政、议财政、议赋役、议漕运和议军事等。① 明朝廷议在政治上主要有议官制增设与裁撤、议官员升迁、议太子废立、议都城迁徙、议纳米赎罪例、议灾荒救济等;经济上议漕运粮运、议盐法、议屯田法、议茶马互市、议钞法等;礼制文化上议礼制规范的设立,如家庙礼仪、帝王陵寝制、冠服制、郊祀社稷礼、官民相见礼、朝贺朝会礼、五辂乘舆制、袭爵礼、婚丧礼、封赠赏赐礼、亲王之国礼等;军事上主要是遇重大军事问题时议如何出兵应对等。②

明朝廷议是皇帝专权下广集大臣智慧的"民主议事"制度,是保证国家决策中全面吸收群臣意见的重要机制。廷议在现实中可以弥补皇帝个人智慧的不足和有效地调动廷臣的参政积极性。

二、地方行政机构

明清时期采用省、府、县为地方基本行政设置,补以厅、州两制。

明朝实行省、府、县三级。省级行政机构采用分权制,设布政使,负责一省民政;提刑按察使,负责一省司法事务;都指挥使,负责一省军事事务。三者分别称为"藩司""臬司"和"都司",合称"三司"。其地位平等,互不统属,对皇帝负责。明朝在省与府之间设监察区"道",根据需要设有督粮道、提学道、兵备道、屯田道、盐法道、漕运道和水利道等。府设知府、同知、通判和推官等职官。州分直隶州和府属州,直隶州直属于省,地位与府同级;府属州,隶属于府,地位相当于县,称为散州。

清朝实行省、道、府、县四级。省上设有总督区,总督区有管辖一省,或数省两种。省设巡抚总一省军政要务,省下设布政使和按察使分理民政、财政和刑狱。清朝地方行政机构中"道"较为特殊,最初是省级"两使"派出机构,一般分为守道与巡道。守道是布政使派出机构,管理几府县民政钱谷事务;巡道是按察使派出机构,管理几府县内

---

① 参见曹国庆:《明代的廷议制度》,载《江西社会科学》1989年第S5期。
② 参见吴志宏:《明代前期廷议述论》,载中国明史学会、北京十三陵特区办事处编:《明长陵营建600周年学术研讨会论文集》,社会科学文献出版社2010年版。

刑民案件。此外，有些地区设督粮道、兵备道和盐法道等。府级行政组织在清朝还有直隶厅和直隶州两种。

三、官吏选拔与管理

(一) 科举与选拔

明清时期官员选拔上，明朝主要有科举、荫袭和荐举；清朝主要有满汉八旗子弟荫袭、科举和捐纳。明清两朝科举是一般百姓和地主家庭人员出仕的基本途径，称为正途，其他称为异途。清朝捐纳成为异途中影响最大的选官机制。

1. 科举考试

明朝官员选拔上，按《明史·选举志序》记载，"选举之法，大略有四：曰学校，曰科目，曰举荐，曰铨选"①。明清两朝科举考试是最重要的官员选拔制度，是国家重臣的基本来源。

明清两朝科举考试分为乡试、会试和殿试。乡试每三年举行一次，在省城举行，考中者称举人；会试在乡试次年举行，考中者称进士；殿试由皇帝主持，录取者分三甲，一甲是前三名，赐进士及第；二甲约有 100 名，赐进士出身；三甲约有 200 名，赐同进士出身。明清两朝科举考试内容集中在四书五经中，文体采用八股官牍文体。考中进士者仅获得为官资格，要出任官职，得参加吏部铨选。吏部铨选分为初选（又称听选）和任后升迁两种。铨选按性质分文选与武选。文选由吏部主持，武选由兵部主持。

明朝选官分为：大选，双月进行，主要选新科进士和官员大考升迁；急选，一般单月举行，对文官改授、改降、丁忧和候补等；远方选是对边远地区官员委任；岁贡就教选，即对会试落选举人选授学正、教谕之类教育官员。清朝与此相同。

2. 捐纳

明清时期出仕异途主要有捐纳与恩荫，其中影响较大的是捐纳。明清都有捐纳，只是明朝捐纳主要是获得国子监生员资格、义官、散官等头衔和获得封典、诰敕等荣誉性职名。明朝通过公开捐纳获得实职的很少，获取监生身份成为明朝捐纳的重要形式。

捐纳在清朝一直存在，其主要特点是可以获得文武实职，且品级较高。清朝捐纳始于顺治六年(1649 年)的捐监。文官实职捐始于康熙十三年(1674 年)。雍正时制定《捐纳条例》。乾隆朝把捐纳分为"常例捐输"和"专捐贡监"。常例捐输，又称现行事例，即常设的卖官鬻爵项目，是政府每年重要财政收入，具体指平人捐职衔、"俊秀"及文武生捐纳贡生、监生职衔；文武官员则捐升衔晋级，或捐请封典。专捐贡监又称大捐，是因特定事项需要经费而开设，如解决军需、赈济、河工费或补足国库和地方财政不足等，在特定年限内开设捐纳贡生、监生等生员的项目。最初多是暂行捐，后来才常例与暂行捐并行。清朝从康熙十三年至光绪三十年的 230 年间共有 50 多次捐纳，成

---

① （清）张廷玉等：《明史》卷六十九，"选举志一"，中华书局 1974 年版，第 1675 页。

为国家财政收入和官吏来源的重要途径。其中军需捐例有 15 次,赈济捐例 14 次,河工捐例 11 次,补充国库和地方财政收入 10 次,其他如营田、运米 5 次。清代暂行捐纳遍及全国各省,主要有直隶、山东、山西、河南、陕西、甘肃、湖南、湖北、江南、安徽、江西、福建、贵州、云南、四川、广西、广东等 17 省,有的省先后开设捐纳达七八次。

清朝捐纳内容十分丰富,可以获得捐监(捐出身)、捐职衔、捐封典;捐实官,具体是文职京官自五品郎中以下,外官自四品道府以下皆可,武职自三品参将、游击以下均可;捐加级记录、捐分发;捐复,即官员降革离任、留任、原资、原衔、原翎均可捐复;捐免,即保举、考试、试律、实授、坐补原缺、回避等均可捐免。基本可分为实职、名誉和身份三类由国家公权力掌握的职衔。

清朝捐纳基本是用白银,也有用粮食、草料、牛马、骆驼等。清朝不同时期捐纳价格各不相同,尤以乾隆初年捐纳职官价格最低。文职:监生 108 两,贡监生捐京内文职,郎中 7680 两,员外郎 6400 两,最低刑部司狱、兵马司吏目 290 两;贡监生捐京外文职,道员 13120 两,知府 10640 两,同知 5460 两,知州 4820 两,知县 3700 两,最低的州吏目 290 两,从九品及未入流 160 两。武职:参将 7640 两,游击 5910 两,都司 3600 两,最低级把总 340 两。清朝捐纳买官群体以商人、地主家庭为主,官僚家庭次之。如乾隆四年(1739 年)云南捐纳者 71 名中,官员子弟 29 名,商人、地主子弟 42 名。清代捐纳成为官员重要来源,有官至总督、巡抚者,如雍正年间先后任兵部尚书、刑部尚书、浙江总督、直隶总督的李卫,乾隆年间任贵州总督和川陕总督的张广泗、任两广总督的杨景泰、任两江总督和四川总督的李世杰,道光年间任湖广总督和两广总督的卢坤,甚至有一门三祖孙都是捐纳出身,如李宏祖孙三人由捐纳官至总督。① 清朝捐纳成为中后期国家军费的重要来源。如嘉庆朝为镇压川楚之间的白莲教起义,开川楚捐纳,获 3000 万余两;道光年间捐纳者达 31 万人,获捐银达 3300 万余两;同光年间洋务运动兴办海军军费主要来自捐纳,如北洋海军在甲午战争前捐纳收入达 1000 万—1200 万两。②

明清时期捐纳使许多地主、商人阶层得以改变等级身份,跻身官僚阶层,参与国家政治,在获得经济地位后方便地获得官僚身份,改变国家官僚群体来源,强化统治群体的阶级基础,在国家政治中形成地主、商人和官僚三位一体,构成三者相互转换的特殊渠道。清朝捐纳让有钱者出钱购官,为官成为一种投资行为,出职后自然会想办法收回成本并获利,这加速了清朝吏治败坏,致使贪污横行。对此,道光皇帝曾指出:"我最不放心的是捐班,他们素不读书,将本求利,'廉'之一字,诚有难言。"③

(二) 官吏考核

明清两朝对官吏考核采用"考满法"和"考察法"。

---

① 参见姜守鹏:《清代前期捐纳制度的社会影响》,载《东北师大学报》1985 年第 4 期。
② 参见梁严冰、刘蓉:《清代的捐纳制度》,载《历史教学》1996 年第 9 期。
③ (清)张集馨:《道咸宦海见闻录》,中华书局 1981 年版,第 119—120 页。

明朝"考满法"规定内外职官任满三年为一考,六年再考,九年通考。每次"考满"分上中下三等,即称职、平常和不称职,三次后根据考核决定官员的"升、留、去"。"考察法"是对京官六年一察,称为"京察";外官三年一察,称为"外察"。京察采用八法考核,即贪、酷、浮躁、不及、老、病、疲、不谨。根据八法做出不同评价,决定官员去留、升转等。

清顺治时继承明制,对京官采用"京察",对外官采用"大计"。京察,最初是六年一考,后改为三年。清朝京察采用三式、三等、四格和六法。"三式"分为:列题,适用于三品以上高级官员;引进,适用于三品以下官员;会核,适用于四品以下京官。"三等"是京察考核结果的等级,分称职、勤职和供职。外官考课称大计,三年一次。大计先由藩、臬、道、府察其贤否,申报督抚,督抚审核后报吏部。大计有两种:考题和会核。考题是督抚考核布政使、按察使;会核是考察知府以下官吏。考核结果分为卓异和供职。清朝有两种考课的标准,不同时期标准不同,嘉庆八年(1803年)前是"四格八法"①,后是"四格六法"②。四格中以"守"为重,其次为"才","年"仅限于青、壮、健。六法中重点处罚"不谨"和"罢软"。

清朝对考核结果有五种奖赏、三种处分。五种奖赏是:引见,即皇帝接见;升官、晋级或加俸;入旗或改旗;赏赐衣物或匾字等;封赠祖先或荫及子孙。三种处分是:罚俸,有七等;降级留任;革职。

第五节　刑事法律制度

一、明清时期罪名上的变化

(一)以奸党罪为手段打击大臣结党营私

明清两朝在加强皇权的同时,为防止大臣结党专权,制定奸党罪,从法律上控制大臣结党专权现象的出现。奸党罪应在洪武十三年(1380年)"胡惟庸案"后出现,现在可以看到完整规定奸党罪的是洪武三十年(1397年)的《大明律·吏律·职制》之奸党条。奸党罪共分四款,具体如下:

凡奸邪进谗言、左使杀人者,斩。

若犯罪律该处死,其大臣小官,巧言谏免、暗邀人心者,亦斩。

若在朝官员,交结朋党、紊乱朝政者,皆斩。妻子为奴,财产入官。

若刑部及大小各衙门官吏,不执法律,听从上司主使出入人罪者,罪亦如之。若有不避权势,明具实迹,亲赴御前执法陈诉者,罪坐奸臣。言告之人,与免本罪。仍将犯

---

① 顺治四年(1647年)制定"四格八法","四格"是才、守、政、年;"才"分长、平、短,"守"分廉、平、贪,"政"分勤、平、怠,"年"分青、中、老;"八法"是贪、酷、罢软、不谨、年老、有疾、才力不及、浮躁。

② "四格"是守、才、政、年;"六法"是不谨、罢软无为、浮躁、才力不足、年老、有疾。

人财产,均给充赏。有官者,升二等;无官者,量与一官,或赏银二千两。①

从上可知,奸党罪可以分为"左使杀人""巧言谏免""交结朋党,紊乱朝政""不执法律,听从上司主使出入人罪",以及"上言大臣德政"条所谓的"上言宰执大臣美政才德"等。对后三类行为从重处罚,人犯不分首从处斩刑,妻子为奴,财产没官。明朝奸党罪十分稳定,《问刑条例》中没有条例加入。

清朝继承明朝奸党罪的基本律文。顺治时的《大清律集解附例》主要是在奸党罪中加了注文,使奸党罪的范围、行为模式和法律后果更加明确。雍正和乾隆年间制定律典时主要是对注文进行修订。清朝奸党罪律文自《大清律例》后就没有修订。清朝奸党罪的变化主要是在其他法律中被细化,如《钦定吏部则例》中规定官员哪些行为属于奸党行为。清朝奸党罪分为交结朋党、交结内官、擅权揽权和变乱成法等四大类行为,每类再细分数种。清朝奸党罪一直没有条例出现,成为诸罪中稳定性最高的罪名。

(二)以六赃犯罪为中心处罚官吏贪污

明清两朝在官吏贪污贿赂立法上有较大发展,主要体现在六赃犯罪的立法上。明清"六赃"与唐朝"六赃"存在不同。明清"六赃"是监守盗、常人盗、窃盗、枉法赃、不枉法赃和坐赃。明清"六赃"中取消"强盗赃",把"受所监临赃"分为枉法、不枉法两类赃,创立监守盗和常人盗两赃。明清"六赃"中监守盗是指监临主守官员盗取国家仓库钱粮等行为;常人盗,又称"常人盗仓库钱粮",是指常人(包括百姓和监临主守以外的官吏)盗取国家仓库中的钱粮行为;窃盗是盗取非国家财产的行为;枉法赃是指官吏因事受他人财物而枉法的赃罪;不枉法赃是官吏因事受他人财物而不枉法的赃罪;坐赃是指官吏非因事索取他人财物或因失职致国家财产受损失获罪的赃罪。明清两朝"六赃"中官吏犯赃处罚的差别在于:一是清朝加重对监守盗和枉法赃的处罚。明朝规定监守盗和枉法赃属于杂犯死罪,清朝枉法赃属于实犯绞罪,监守盗三犯亦绞。二是清朝增多条例数量,明朝万历年间监守盗和官吏受财条例仅有10条,清朝时达20多条。②

《大明律》中有《受赃门》,下有"官吏受财""坐赃致罪""事后受财""有事以财请求""在京求索借贷人财物""家人求索""风宪官吏犯赃""因公擅科敛""私受公侯财物""尅留盗赃""官吏听许财物"等11条。此外,《大明律》的《课程》和《盐法》中还有大量内容涉及赃罪处罚,如《课程》19条规定对官吏贪污、盗窃、受贿罪从重论处。明初《大诰》也属于赃罪立法。从法律上看,明朝规定官吏贪污受贿,连同行贿者一同处罚。明清六赃犯罪中除常人盗和窃盗主体包括百姓外,监守盗、受财枉法、受财不枉法和坐赃获罪的主体只能是官吏。监守自盗、常人盗和窃盗属于侵犯公、私财产的犯罪,受财枉法赃、不枉法赃和坐赃属于职务犯罪。明清时期官吏犯赃罪时"有禄人"犯罪重于"无禄人","风宪官"犯罪加二等。明朝洪武年间对贪污受贿官吏进行史无前例的严罚。法

---

① 《大明律》(卷二),"吏律一·职制·奸党"条,辽沈书社1990年版,第33页。
② 参见郑秦:《清代法律制度研究》,中国政法大学出版社2000年版,第258页。

律规定官吏赃至 60 两以上,处于枭首示众、剥皮实草的极刑。在洪武十八年(1385年)户部侍郎郭桓盗贪官粮的"秋粮案"中,从中央到地方数万人被处死;开国元勋朱亮祖受贿枉法,被召入京城鞭死。

(三)以反逆罪为途径维护王权

清朝反逆罪从律文上与明朝一致,其不同主要在条例上。清朝反逆罪在两个方面有变化:首先,加重处罚和扩大连坐范围:正犯本人不分首从凌迟处死,父子、祖孙、兄弟及同居男子年十六以上,不分同姓异姓,异籍与否,残疾与否,一律处斩。男子年十五以下,母、妻、女、妾、姊妹,一律没收为奴,财产没官。子孙不知情,年十一以上,阉割发新疆为奴。十岁以下幼童监禁满十一岁后阉割。其次,扩大行为范围,如"上书奏事犯讳""奏疏不当"等都纳入反逆罪,特别是把文字狱在司法上按谋逆罪适用,极大地扩大了反逆罪的适用范围。

(四)以强盗、窃盗罪为手段维护财产

明清两朝在强盗、窃盗等财产犯罪上处罚很重。明清对强盗行为,不得财处以杖一百,流三千里;若得财,不论多少和首从,处以斩刑。明清两朝通过条例,扩大强盗罪适用范围。清朝强盗罪条例达四五十条,如对江洋大盗、响马、行劫漕船等和窃盗拒捕等,均纳入强盗罪,处以斩立决。在处死上引入斩枭,加重处罚。明清两朝在窃盗罪上规定基本相同,但清朝规定偷盗赃达一百二十两以上处绞监候;三犯,不计赃数,处绞监候。这是明朝没有的。明清对窃盗罪增加刺字,初犯刺右臂,再犯刺左臂。此外,还有枷号等处罚。明清两朝对强盗、抢夺、偷窃罪的区分和详细立法,体现了中国古代财产犯罪立法上的成熟,也体现国家对财产保护的加强。此外,明清两朝增加了白昼抢夺罪,对此种行为加重处罚。明朝规定白昼抢夺得财的杖一百,徒三年;赃重的加窃盗罪二等;伤人者斩;为从者,减一等。清朝规定与此相同。体现出国家对财产保护立法更加严密。

(五)以文字狱实现文化思想的控制

明清,特别是清朝是中国古代文字狱最典型的时期,其影响十分深远。明朝文字狱最明显的是洪武朝,清朝史学家赵翼把明初文字狱称为"表笺之祸"。明太祖朝规定遇到圣节(皇帝生日)、冬至、元旦,以及加太皇太后、皇太后尊号、寿旦,册封太子等节日,内外文武官员必须上表笺祝贺。明太祖一方面通过这些歌功颂德的表笺来获得虚荣,另一方面又对所上表笺文字十分敏感,发挥想象力,大兴狱案。明太祖对自己曾当过和尚和红巾军的经历十分敏感,常因"贼""盗""僧""髡"等谐音字的"则""道""生""坤"等字而杀人。如尉氏县教谕许元作《万寿贺表》,内有"体乾法坤,藻饰太平",被认为有讽刺皇帝"发髡""早失太平"之嫌而被处死。朱元璋对文字联想而杀人的行为,成为中国古代文字狱中的重要事件,流毒深远。

清朝是满洲贵族入主中原建立的王朝,初期受到汉族知识分子激烈反抗。于是,康、雍、乾三朝通过文字狱打击知识界对满洲贵族权力集团统治的不满,形成中国历史

上臭名昭著的文字狱时代。康、雍、乾三朝,发生了108起文字狱,其中乾隆朝最多,达80余起。清朝文字狱案中著名的有康熙朝的"庄氏明史案"、雍正朝的"查嗣庭案"和乾隆朝的"胡中藻案"等。文字狱兴起后往往按谋反、谋大逆罪定罪量刑,牵连广泛,处刑残酷。

二、特别刑罚制度

明清时期刑罚体系除继承隋唐确定的法定五刑外,还有迁徙、充军、发遣、枭首、凌迟、刺字、枷号、戮尸和斩绞监候等各自朝代发展起来的刑罚,其中充军、发遣较有特点。

(一)廷杖刑

廷杖是明朝对犯颜直谏或忤旨过犯的官员,由皇帝下旨,在殿阶之下行刑的刑罚。明朝廷杖执行时由宦官监刑,锦衣卫行刑,杖具为木棍,五杖一易人。廷杖在中国古代出现的时间较早,东汉、北周时期就有皇帝当廷刑杖大臣,隋唐时偶用,只是廷杖在明朝成为常制。明朝廷杖始于明太祖杖工部尚书薛祥,盛于明武宗和世宗两朝。明武宗时大臣谏皇帝南巡,两次廷杖大臣146人,打死11人;世宗时大臣因与皇帝发生大礼之争,皇帝怒杖134人,打死17人。对廷杖刑,史称"公卿之辱,前所未有"。明朝廷杖刑的大量使用是皇权加强和滥用的表现,也是明朝文官大臣与皇帝矛盾加深的体现。

(二)充军刑

充军刑,又称发配充军,最初是作为军人减死刑的替代刑,后来还成为流刑的加等刑。明朝充军是把减死人犯发配卫所充作军籍,作为军人和军中杂役人员。明朝充军的出现与国家实行卫所军屯和军籍独立制度有关,两者相互依赖。明朝充军刑与流刑在性质上不同,充军刑是流刑的加等刑。明朝充军刑成为重要的刑罚,构成国家死刑减等和流刑加等的刑罚。明朝充军立法十分发达,从现存法律看,《大明律》中充军有46条,《诸司职掌》有22条;《问刑条例》中充军达189条,占总数382条的近一半。充军刑最初主要适用于军人和军官,中后期适用对象从军人扩展到文人官吏和平民百姓,成为通用刑。充军卫所在地理位置上,明初仅分附近和边远二等;中期《问刑条例》中已分附近、边卫、边远、烟瘴、口外、极边卫六等。充军在时间上分为终身与永远。终身是死后家属可以回原籍;永远是死后家属不能回原籍,世代居于充军之地。

清朝继承明朝充军刑,但内容发生变化。清朝规定:"凡问充军者,附近发二千里,边卫发二千五百里,边远发三千里,极边、烟瘴俱发四千里。如无烟瘴地方,即以极边为烟瘴,定卫发遣。"①这样把充军刑用里数分为五等。乾隆三十七年(1772年)编成《五军道里表》后,对充军刑里数作了更详细的规定。清朝在刑制结构上,充军刑与流刑有区别,虽然两者都以里数区分刑等。清朝流刑分二千里、二千五百里和三千里三等。清朝充军刑由于没有明朝卫所制与军籍世袭制作为保障,无法有效执行,导致有

---

① 马建石、杨育棠主编:《大清律例通考校注》,中国政法大学出版社1992年版,第336页。

名无实,在实际执行中被发遣刑替代。

(三) 八议适用问题

明清两朝虽然在律典中明确规定八议制度,然而现实中很少适用,构成明清八议制适用中争议的来源。对明朝,清人钱大昕评称"明《名例律》虽载八议之条,乃戒治狱官勿许引用"①;对清朝,清人薛允升称八议"虽明载于律而引用者绝少"②,沈家本称"八议虽有律文而久不遵用"③。这些评论描述了明清两朝八议制度的适用现状。清雍正六年(1728年)曾下谕旨公开宣称对八议"我朝律例,于此条虽仍载其文,而实未尝照此例行者……惟此八议之条,若概为删去,恐人不知其非理而害法,故仍令载入,特为颁示谕旨。俾天下晓然于此律之不可训,而亲故人等,亦各知儆惕而重犯法"。④在法律上宣布国家对八议制度不再提倡适用。明清两朝在八议制度上虽有立法,但适用越来越少,已成事实,然而绝非是具文的"死法",仍有适用的个案。⑤

(四) 发遣

发遣是清代所创的一种比充军刑重、比死刑轻的刑罚,是流刑与充军刑的变种,是死刑的减等刑。究其原因是充军刑法定化后需要在生刑与死刑间找一个过渡刑。清朝发遣成为国家刑罚立法的重点,以替代充军和流刑,成为"迁徙"刑的中心。故发遣反映了清代整个流刑体系的变迁。发遣是把罪犯发往东北或新疆地区从事当差、为奴和种地等劳役的处罚。清初至乾隆中期以发东北为主,乾隆中期新疆被纳入清朝版图后,新疆成为主要发遣地,具体有伊犁和乌鲁木齐,或巴里坤、哈密、南疆各城等地。《清会典》卷五十三对"发遣"的解释是:"发往黑龙江、吉林、伊犁、迪化等处,酌量地方大小,均匀安插,分别当差、为奴。"

被发遣人犯称为遣犯,其来源有:死刑减死人犯;死刑中有情可原因素人犯,如盗犯、从犯;军流犯中从重犯;法律明确规定发遣人犯;所犯罪行没有规定如何处罚,直接适用发遣人犯。遣犯有一般的重刑犯,如逃人、强盗、凶犯、抢夺、窃盗、回贼、积匪猾贼、发冢、脱逃余丁、逃兵、逃军、逃流和邪教徒等,还有职官犯十恶重罪减死犯。

遣犯从事为奴、当差和种地劳役。为奴是遣犯中处罚最重的。为奴是清朝入关前奴仆制度的法律化和制度化产物。从顺治十五年(1658年)到清末,东北地区遣犯多为奴,尤以宁古塔、黑龙江为重点。东北地区为奴有给穷披甲人、索伦达呼尔、新满洲为奴三种。发遣新疆为奴主要有给北疆驻防兵丁和南疆维吾尔贵族为奴两种。给南疆维吾尔族为奴以内地"邪教"犯为主,具体是白莲教、八卦教、天理教、红阳教等,原因是双方在宗教上难以相互同化。当差在清朝前期发往黑龙江、吉林的罪犯较多,其中

---

① (清)钱大昕:《十驾斋养新录》(卷六),"古律有荫减荫赎",上海书店出版社1983年版,第142—143页。
② (清)薛允升等编:《唐明律合编》(卷一),中国书店出版社1990年版,第21页。
③ (清)沈家本:《律例偶笺》(卷一),载(清)沈家本:《沈家本未刻书集纂》(上册),中国社会科学出版社1996年版,第270页。
④ 《大清会典事例》卷七百二十五,光绪二十五年印本。
⑤ 参见苏亦工:《明清律典与条例》,中国政法大学出版社2000年版,第279页。

旗人多在驿站、官府、官庄等地从事杂役,民人犯从事一些艰苦差使。发往新疆当差人犯多从事苦役,主要在官府开设的铅厂、铜厂、钱局等各厂局内当差。种地,东北地区是在主人监督下种地;新疆有在当地屯兵监视下和遣犯单独种地两种。遣犯单独种地属于较轻人犯。

遣犯出路有永远为奴、落籍为民、返回原籍和入伍为兵四种。清初对发往吉林、黑龙江为奴人犯没有年限规定,一般终身为奴,除非得到赦免;对发往新疆回城给伯克为奴的遣犯,也没有年限,多成终身。从实际看,遣犯中终身服役只是少数,大部分是有服役期限。落户为民是大部分遣犯的出路,遣犯在服役三年、五年、十年后,在当地落籍为民,不回原籍。这成为清朝东北和新疆汉族移民的重要来源。返籍为民,主要是有立功表现和服役期满返回原籍两种。入伍当兵,对旗人多采用此种办法,旗人发遣期满后,在当地八旗驻防军队中当兵。

第六节　民事经济法律制度

一、鱼鳞图册

元末明初,经历二十多年战争后,人口大量死亡,土地荒芜,人烟稀少。朱元璋建立政权后,国家开始大力鼓励垦荒,给予垦荒者各种优惠,如免税三年、承认所有权等。经过二十多年的发展,经济得到恢复,土地权属争议和避税问题开始严重。洪武二十年(1387年),朱元璋命国子生武淳等人分行州县,核定田亩,定纳税赋。具体是划区设粮长,对区内土地登记造册,以《千字文》为编号,书写田主姓名、田亩数量、土地优劣、形状方圆,编类成册,一式四份,作为各级政府征收地税依据。由于土地登记册上通过画土地形状、方位确定田土四至、面积,乃至科则、田主、佃户情况,形成如鱼鳞状般的登记册,称为"鱼鳞图册"。明朝鱼鳞图册除对耕地登记外,还对坟山、山地、沙荒地和盐碱地等进行一并登记。明朝对土地清查登记的目的是保证国家税收,客观上成为国家土地产权登记凭证和土地交易或产权纠纷时国家确认交易、所有者的依据。田主进行田地交易时必须到官府鱼鳞图册上办理过户手续,以便确认税赋转移。鱼鳞图册的出现与完善,促进国家对百姓田地所有权的保护,加快土地私有化。

二、开豁贱籍、放奴为民

中国自秦朝后,虽然形式上废除奴隶制,但现实中存在大量所谓贱籍人户。法律上,百姓区分为平民与贱民。唐律严格区分良贱,宋元明时期多有继承。清朝法律上规定良民有民、军、商、灶四民,其他是贱民。清初法律上的贱户除传统的"倡、优、皂、隶"外,还有山西、陕西的"乐户",河南的"丐户",广东、福建的"疍户"、浙江绍兴的"惰民"等。雍正朝通过法律进行有限废除贱籍,如废除山西、陕西"乐户"和绍兴府"惰民"的贱籍。后来,徽州府的"伴当",宁国府的"世仆",河南的"丐户",广东、福建的"疍户"

都"豁籍为民"。乾隆朝规定凡豁籍为民的人户，报官改业，经过四世，"清白自守"者可以参加科举，或捐纳为官，地方劣绅恶棍，若对豁籍民户进行"逼勒凌辱"的给予处罚。

清朝入关前建立的后金政权存在大量的奴婢，特别是八旗贵族多拥有家奴。康熙朝开始对大量奴婢采用"赎身为民""开户"和"放出为民"的措施。康熙二十一年（1682年）制定允许奴婢赎身的法律，二十五年（1686年）规定白契买人按原价赎为民。雍正元年（1723年）制定《白契买人例》，规定雍正元年后所买单身和带有妻室子女的可以按原价赎身为民，买主配给妻室的不准赎，但红契为家奴，白契为雇工。乾隆二十四年（1759年）制定《八旗家人赎身例》，规定八旗家奴，只要主人同意，一律可以赎身，主人同意放为良民的一律承认。"开户"，又称为"开档"，特指八旗所属奴仆可以通过自立户籍，获得半独立身份。"放出为民"是八旗奴仆在主人允许解除奴籍后，独立为民籍，获得较为完整的民户权利，法律地位高于"开户"。

清朝虽然通过各种法律大量废除"贱民人户""放奴为民"，但整个清朝仍然存在大量法律上属于贱民、奴婢性质的阶层，直至民国建立才得以完全废除。

三、摊丁入亩

摊丁入亩，又称"丁随地起"，或"地丁合一"，就是把全国各省丁役税的原额，平均摊入各省诸州县的田赋中，一起征收，不再征收人丁税。清朝摊丁入亩始于康熙末年，普及于雍正初年，完成于乾隆四十二年（1777年），是中国历史上最重要的赋役制度改革。

田税和丁税是中国古代基本赋税制度。田赋是土地税，丁役是人头税。田税按田亩数量和地产质量征收，丁役按在籍户口中成人丁数征收。中国古代田丁两税制造成较多问题，最突出的是地主之家占地多、人口少，贫民之家占地少、人口多，税赋承担十分不公平，同时严重影响国家财政收入。清顺治十四年（1657年）制定的《赋役全书》对全国土地、人丁数量进行统计，确定田赋与丁银数量，作为征收标准。康熙五十一年（1712年）规定全国人丁纳税数量以康熙五十年（1711年）在册人丁数量为准，此后不再增加丁税，称为"盛世滋生人丁，永不加赋"。当年全国有24621324名人丁，人丁税总额为335万两。这样确定了全国人丁税的总额。然而，随之而来的问题是全国人户中人丁数量时常变化，国家又不想减少此方面的税收，导致出现复杂的补丁填税问题。为彻底解决人丁税问题，雍正元年（1723年）把各省人丁税摊入各省地税中，不再征收人丁税，史称"摊丁入亩"。

清朝摊丁入亩的实行，废除了中国古代存在上千年的人头税。国家的税收以土地为依据征收，简化税收标准，减轻贫民人户的税负，让国家对人口的控制发生变化，成为清朝人口快速增长的重要原因。

四、土地权益和交易的多样化

（一）田面权与田底权

明清时期土地所有权分化成私人和国家两种基本类型。明清土地私有制充分发展,让土地完全商品化,交易市场化,促进地产市场的充分发展。明清时期国家对土地无力和不再进行强制限制兼并,而是积极保护土地所有权与交易的合法,同时保护地主所有权与佃农使用权。明清土地所有权开始出现所有权与使用权充分发展与分离,形成完善的田面权与田底权分离制度,称为"一田二主"。田面权主要是使用权,称为永佃权①,田底权是所有权和收益权。此种制度下,所有者对田底权的转让和出卖,永佃者把使用权转让和出卖两相分离,各不影响,两者的关系仅在田租上。明清永佃权的成熟与发展是土地所有权中的重要内容。永佃权作为一种用益物权,体现出中国特有的土地所有制。永佃权以土地的耕种和收益作为标的,永佃权人的权益不因田主出卖土地所有权而变化,称为"倒东不倒佃""业主卖租不卖佃"等。永佃权可以继承,永佃权人可以把佃权转让给子孙继承。永佃权人拥有土地上的各类孳息财产,如土地上的林木、果实等。永佃权人可以转让、典押出让佃权。田主不能随便增加租额和无理撤佃。清朝永佃权在我国南方的两广、两湖、江西、福建等地区得到充分发展。

（二）形式多样的买卖

明清时期在土地所有权买卖上形成活卖（典卖）和绝卖两种形式。活卖又称为典卖,是出卖者对土地所有权转让上保留回赎权,绝卖是所有者全面转出所有权,是真正意义上的出卖。明清在土地房产交易契约上出现活卖契、找贴契和绝卖契三种。

1. 活卖,又称为典卖。典卖是把土地出卖给对方,但出卖者在一定的年限内拥有回赎的权利,购买者获得对土地占有、使用、收益和处分的权利,但存在回赎权的限制。典卖的基本特征是出卖人在法定条件下可以回赎出让的土地。清朝规定,平民间典卖回赎期限是十年,旗地是二十年,过期不能回赎,转成绝卖,以保证所有权交易的稳定。

2. 找贴,是典卖与绝卖之间的一种特殊形态。业主在出卖所有权后,在一定时期内无力回赎时,可以要求买主支付一定数额的价金。回赎期到后,出典人无力回赎时,可以通过找贴把活卖转成绝卖。

3. 绝卖,是真正意义上的出卖,是业主把土地所有权完全转让给受让方的交易。在契约上,绝卖称为死契、卖断契、休心断骨契、找断休心契等。绝卖后业主失去回赎、找贴和增田价的权利。

明清时期,随着土地成为稀缺资源,在交易上典卖成为主要形式,虽然现实中很多土地买卖最终变成绝卖,但出卖者最初往往只采用典卖。

（三）租佃制

明清时期,由于国家不抑兼并,土地集中十分明显。田地市场形成地主通过收租获利,佃农通过租佃获生存。整个土地市场上田租成为地主与佃农之间的联系纽带。

---

① 历史上的永佃权和田底、田面权最初产生于宋代。宋代日趋成熟的典权关系为土地流通、合理配置土地资源开辟了新的途径,促进地权的进一步分化,为后来田底、田面权的流行提供了条件。北宋时官田佃户的永佃权事实上已经形成。到南宋,独立的田面权在官田中已经清晰出现,在经济发达地区的学田租佃关系中也已经产生了永佃权。在民田方面,宋代佃农已经拥有稳固的租佃权,但永佃权尚处于发育成长阶段,只在局部地区出现。参见戴建国:《从佃户到田面主:宋代土地产权形态的演变》,载《中国社会科学》2017年第3期。

于是,田租形式成为重要内容,明清田租形式有分成租、定额租和佃仆制三种,主流是前两种。

1. 佃仆制是一种落后的租佃关系。佃仆,又称世仆、庄奴、庄仆、地仆、伙佃、伙当、伙余等。佃仆制中佃户租佃地主土地时,除交租,还得为地主提供各种劳役,如帮地主守坟、照看山场、造房修路等。此种劳役在签订佃仆契约时会写明要"应役""服役"和"供役"等。佃仆与佃农的区别是佃仆与地主有很强的人身依附关系,地主可以把他们同土地一起出卖。佃仆与奴婢的区别是前者拥有自己的生活财产,如房屋、土地和各种生活资材。明末清初政府颁布法律禁止佃仆制,特别是雍正五年(1727)河南巡抚田文镜提出禁止地主将佃户视为奴婢,任意欺凌,奸淫妻女后,在《大清律例》中规定地主若把佃户私自责打,杖八十,是监吏人员革去职衔;把佃户妇女占为婢妾的处以绞监候;明确规定,佃户与地主"无主仆名分","平日共坐同食,彼此平等相称,不为使唤服役"。法律上明确规定佃户与地主地位"平等",禁止佃户与田主之间存在主仆关系。

2. 分成租制是明清时期重要的田租形式。具体是地主与佃农约定按比例分成,具体有四六、三七、二八不同等级。分成租让佃农、地主都关心收入,往往对生产过程中的播种、施肥、锄草、灌溉和收获都会关注。因为高产量对两者都有利。

3. 定额租制是约定固定地租,不管收成如何,佃农必须按约定数量交租。此种地租在明朝中后期主要流行于江南地区。由于地主收入稳定,对佃农生产不再关心。出现所谓"交租之外,两不相问"的田主与佃农关系,让佃农与田主关系十分松弛。定额租的租额一般在50%,最高达80%。定额租对佃农较为不利,特别在出现天灾时,田主往往不减租,导致佃农破产。

五、明清时期的禁海与海外贸易

明清两朝虽然是当时世界上最大的经济体,同时内部贸易十分发达,但对海上贸易基本采取禁止政策,禁止民间自由从事海上贸易,如禁止民间自由造大型海船,严格限制出海货物品种,对出海人员严格登记,禁止外国人自由到中国沿海港口贸易等。

明初太祖为防止海盗就禁止民间自由从事海上贸易。洪武四年(1371年)禁止濒海百姓私自出海,洪武十四年(1381年)禁止濒海百姓私通海外诸国。明朝初期到明末基本上禁止百姓自由从事海外贸易,虽在明成祖时有过发达的朝贡贸易,但对整个国家海外贸易发展产生的影响十分有限。

清朝禁海令分为两个时期,前期始于顺治十二年(1655年),目的是对付东南沿海和台湾的抗清力量。禁海令禁止民人出海捕鱼、贸易,违者以通敌罪论处。区域上北起江北,下至闽粤,长江镇江以下。顺治十八年(1661年)、康熙元年(1662年)和十七年(1678年)还三次下"迁海令",规定山东、江、浙、闽、粤沿海之民内迁五十里。康熙二十年(1681年)统一台湾后开海禁,康熙二十四年(1685年)设广州、漳州、宁波、云台四个通商口岸。康熙五十六年(1717年),再次下令禁海,构成闭关锁国的政策,直到鸦片战争前。乾隆二十二年(1757年)关闭三口,仅设广州口岸对外通商。从《大清律例》看,有30余条条例规定禁止海上各种贸易,严厉打击百姓自由从事海外贸易和出海行为。如康熙后期禁止大部分货物,如粮食、兵器、木板、火药、土硝、硫磺、水酒等出海;禁止违法造海船,制定海船式样与规模;出海商船或渔船都要严格登记;禁止出洋百姓留居国外。

明清两朝禁海让中国百姓对外贸易受到阻碍,对外交流无法正常进行,使中国失去与国外进行正常贸易、开拓海外市场的机会,也使百姓失去通过自由交流学习海外文化知识的机会。明清海禁的基本目标是防止海盗,然而海盗的兴起却与禁海行为形成相互促长的关系,而不是互减关系。从历史角度看,达不到预期效果。

六、以茶盐为中心的商业立法

明朝国家对大宗商品——盐、茶等进行专卖。对此,《大明律》中制定《茶法》《盐法》《钞法》等门,对走私盐、茶者处以重罚,形成较为复杂的国家经济垄断与民间走私犯罪的法律问题。明朝还通过制定《钞法》《钱法》严禁伪造钱币,保证国家货币正常流通,促进国家经济正常运行。

清朝商业立法主要是规范和减轻商税,清初称为"恤商"。顺治初年全国设常关十三处,制定各省关税,如《芜湖等关抽分例》《闽浙收税例》等。康熙五年(1666年)制定《关税条例》,立木榜于各省关口,广告天下,禁止地方官吏滥收私派商税。雍正三年(1725年)制定《各关征税则例》,立木榜于各地。乾隆元年(1736年)重新制定《各省税课则例》,采用"纳税串根"和"造报底册",避免重复征税。乾隆十三年(1748年)制定《广东太平关收税则例》,对95种货物重定征税比例,减轻税率。清朝中前期在商业税收上的立法,规范和减轻了关税,促进商业发展。

第七节 司法制度

明清两朝司法机构设置具有很高的相似性,中央主要由三法司组成,即刑部、大理寺和都察院。此外,宗正府、户部,清朝还有理藩院等负责特定领域的司法。地方司法机构上,明朝由省、府、县三级构成;清朝由省、道、府、县四级构成,在司法层级上形成省级有总督、巡抚和按察使两个不同级别,构成五级司法机构。明清在司法制度上影响较大的有会审制度,以及明朝的厂卫特务组织和形成于明朝中后期并全盛于清朝的刑名幕友等内容。

一、中央三法司

明清中央司法机构上形成刑部、大理寺和都察院,号称"三法司"。职能上刑部主审,大理寺复核,都察院监督,但实际上刑部是主导,都察院和大理寺无司法审判权,仅有参与和监察权。明清中央司法机构职权变化以刑部权力扩大成为核心,大理寺弱化为次要司法部门为基本特征。

1. 刑部。明清时期刑部成为中央最高司法机关,审理全国重刑案件和京城案件,下面按省分若干清吏司。清朝刑部集司法权、司法行政权和立法权于一身。司法权上刑部批结全国军流案、核拟全国死刑、办理朝审秋审和审理京城案件等。司法行政权上进行全国司法统计、狱政管理、考核刑部官员和赃款罚没。立法权上,具体由律例馆负责,主持律例修订和法律解释工作等。

2. 大理寺。明朝大理寺不再是审判机关,转成复核机关,具体是平反冤错、纠查驳正。清朝大理寺主要是参与会谳,参加京城死刑和外省死刑案件会审,成为慎刑机关。

3. 都察院。明朝洪武十五年(1382年)改御史台为都察院,成为监察机关。司法权主要有参与三司会审,巡按御史出巡各地时审录罪囚,察有无冤假错案等。清朝都察院的司法权主要有参与会谳,对全国死刑和外省死刑案件参与复核,签署本院意见;参与每年秋审与朝审。

二、会审制度

明清时期司法审判制度上的最大特点是各种会审制度的出现和完善,取代过去的录囚,构成国家"恤刑""慎刑"的制度性保障。会审制度是一种慎刑制度,目的是制约单一司法机关带来的滥权。明朝会审主要有九卿会审、热审、朝审和大审等;清朝主要有秋审、朝审和热审等。

(一)明朝会审

明朝会审有九卿会审、热审、大审和朝审。

九卿会审是指六部尚书加都察院左都御史、大理寺卿、通政使组成的审判委员会,又称"圆审"。九卿会审审理的案件是皇帝交给审理和重大案件中三法司审拟后囚犯不服翻供的案件。

热审是明朝实行的一种恤刑制度,目的是防止夏天天气酷热而致狱囚病死的一种清理刑狱的方式,始于明太祖初年。热审于每年小满节后十余日举行,由司礼监传旨刑部,会同都察院、锦衣卫审理在押囚犯,最初针对笞杖轻罪人犯,后及于徒流以下人犯。对笞杖犯给予决刑放遣,对徒流犯减等输纳放遣。

大审始于成化十七年(1481年),由皇帝命司礼监太监一员会同三法司堂官,于大理寺审录人犯,规定五年一次大审,主要是为了清理疑狱,对象是监禁多年的囚徒。处理结果是情重罪实者,秋后处决,矜疑死刑人犯充军,杂犯死罪减等发落。

朝审始于明英宗天顺三年(1459年),每年霜降后,三法司会同公侯伯会审,具体由吏部尚书或户部尚书主持,审录京师重刑囚犯,成为清朝朝审的渊源。

(二)清朝会审

清朝会审最初有秋审、朝审和热审三种,影响最大的是秋审与朝审,热审仅在清初至乾隆四十三年(1778年)间存在。

热审审理的是笞杖徒流四刑人犯,始于顺治八年(1651年),后成定制。热审对笞杖罪人犯是杖决后释放,徒流罪人犯减等发落,死刑犯中有矜疑情节的请旨定夺。热审在京城由刑部负责,在各地由总督、巡抚负责。乾隆皇帝认为冬天严寒对囚犯不利重于夏天,仅有热审是不合理的,所以废除。

清朝秋审和朝审审理的案件性质是一致的,是全国各地及京城斩绞监候死刑案,区别是秋审审理全国各省监候死刑案,朝审审理京师刑部直接审理的监候死刑案。清朝秋审程序上分为各省会审造册具题、刑部勘议造册、金水桥西会审、皇帝勾决和刑科给事中复奏等五大程序,其中最重要的是第一、二两步程序。各省会审造册具题由各省总督巡抚主持,具体是各省按察使司负责,对全省死刑进行分类处理,把人犯分为有官人犯、有服人犯和常人人犯三类,按情节分为情实、缓决和可矜三类,制成"招册"。刑部勘议造册是整个秋审的核心环节,分为秋审处官员初看、覆看和总看,秋审处司议和刑部堂议,最后拿出刑部对全国秋审案件的具体拟判意见。每年八月后某天在天安门金水桥外西侧会审,是时由九卿、詹事和科道官员集审,这仅是形式。完成后由刑部整理出审理意见,把案件分成情实、缓决、可矜和留养承嗣四种,按省造册,交皇帝核准。皇帝核准后的缓决、可矜和留养承嗣三类不再审理,可矜和留养承嗣采用免死减刑和责放,缓决人犯仍然监押,等明年再审,达到一定次数后减等改判或再入情实。情实人犯交皇帝勾决,皇帝对此类案件采用勾决与不勾两种方式处理,勾决的执行,未勾的官犯和常犯十次以上改缓决,服制犯二次以上改缓决。情实勾决案经给事中复奏后下达各省执行。每年会审中仅有情实类中被勾决的死刑人犯才会被执行。朝审基本程序与会审差不多,只是因为在京城,第一、二步程序由刑部完成,且人犯与秋审不一样,要过堂。

清朝秋审与朝审在开堂会审时仅是形式,重点是在准备过程中对整个死刑案件进行层层审查,让地方司法机关在审理死刑案上不得不慎重,同时通过分流,让死刑案实际执行数量大大减少,构成对死刑案件执行数量上的制度性约束,从执行率和判决率的比例看,仅为三分之一。

三、厂卫特务组织的出现

明朝司法组织上的最大特点是直属于皇帝的厂卫特务组织的出现。最早时,明成祖设东厂,后明宪宗为监督东厂和卫,设西厂,明武宗为监督东、西厂和卫,再设内行厂。卫是指皇帝亲军十二卫中的锦衣卫,设有镇抚司。厂卫官员由皇帝任命亲信太监出任。明朝公开设立直属于皇帝、凌驾于司法机关之上的厂卫特务组织,事实上拥有特殊的司法特权,又不受监察机关约束,在司法上造成恶劣影响。明朝厂卫特务组织拥有以下司法职权:

1. 侦查缉捕权。厂卫侦查缉捕涉及国家政权安全的政治性要案,对一般刑事案件不参与。在侦查缉捕时不受中央和地方官府干预,成为特权组织。

2. 监督审判权。厂卫在法律上无审判权,仅有讯问权。厂卫所获人犯"必移镇抚再鞫",完成审讯后,移送司法机构,即"大狱经讯,即送法司拟罪,未尝具狱词"①。但他们在审讯人犯时经常法外用刑,恣意刑讯逼供。其他司法机关碍于其权威,不敢监督与平反。对一些重要政治性案件,锦衣卫会派人员参与三法司录囚和参与承天门外会审,东厂会派人参与"听记",监督后报皇帝。这些行为影响司法机关的正常司法活动。

3. 法外施刑。厂卫经常法外用刑,称为"廷杖、东西厂、锦衣卫、镇抚司狱是已。是数者,杀人至惨,而不丽于法"②,即酷刑杀人却不负法律责任。如魏忠贤用 300 斤重枷监禁人犯,导致人犯数日死者达六七十人,却不受正常监督。

四、刑名幕吏

明清时期科举考试只有经学和策论两种,对地方官员日常管理工作中的两大事务——司法与税赋、钱粮管理技能,在选官过程中完全忽视,导致国家管理中出现地方各级官员专司决策,在专门业务上技能不足的问题严重。同时,明清时期国家在地方各级政府中不再设专司法律、财政的官员,特别在州县上。官员为弥补法律专业知识和财政管理技能上的不足,只能割让自己俸禄以招聘从事刑名和钱谷的幕友,辅助自己,形成独特的幕友制度。明朝中后期开始出现"幕友"这一非国家官吏人员的特殊职业群体,迨及清朝,繁盛一时,影响达五百年之久。

明清时期幕友又称夫子、西席、师爷、幕宾和幕客等。明清幕友具有以下特点:首先,他们不是国家官吏,是官员私人聘请的师友和宾客;其次,幕友由主官支付薪金;再次,官幕之间不是行政上的上下级关系,而是主客关系,来去自由;复次,幕友学有专长,为雇主提供专业服务;最后,幕友与雇主之间是建立在互信基础上的一种雇佣关系,幕友地位较衙门中胥吏高。明清幕友分工较细,分为刑名、钱谷、书启、挂号、账房等七八种,其中以刑名和钱谷为重,分理司法和财政事务。明清时期,幕友构成特殊的专业和利益群体,影响着国家地方治理中的司法、财务和整个国家公牍文书的文体风格。

明清,尤其清朝的刑名幕友是整个地方司法中的中坚力量。刑名幕友构成地方基层——县级衙门,到地方最高机构——督抚衙署的司法主体,成为地方司法审判中的专业群体。地方司法中刑名幕友的职权有:首先,审拟控词,对原告诉状文书进行审查,作出处理意见,如审查诉状是当事人自书还是请人代书,要不要受理等。其次,做开庭前准备工作,根据法定不理刑名日期、案件情况、主官事务安排,确定案件审理日期,发出传票给原被告、证人。再次,制作勘验详案,即对案件中原被告、被害人家属和证人查证,制作勘验报告。复次,定拟招解。对答杖刑,代州县官作出拟判,对徒流死刑案制作详细呈报,并作出拟判。最后,审转复核。明清司法上实行法定覆审制度,在

---

① (清)张廷玉等:《明史》卷九十五,"刑法志三",中华书局 1974 年版,第 2335 页。
② 同上书,第 2329 页。

层层审转和复核中会产生驳案和上控等各种司法文书,其中上级衙门对上报法律文书提出质疑和不同意见时,下级呈报机构必须作出答复。以上五项工作可以总结为两个核心:拟判引律与批答案牍。拟判引律是在审理后对案件适用的具体法律作出明确引用。清朝规定,州县到督抚必须亲自坐堂审理案件,幕友不能代理听讼,甚至不能出现在公堂,很多时候幕友只能屏后听审。但科举出身的官员对法律尤其例的掌握水平十分有限,故只能委托幕友操办具体案件的法律适用,以免出现错案。因为清朝法律繁杂,除《大清律例》外,还有数量繁多的条例、则例和成案等。这些法律必须经过专业学习才能掌握。汪辉祖曾指出,"幕客佐吏,全在明习《律例》……夫幕客之用律,犹秀才之用四子书也"①。批答案牍是帮助主官批答各类司法文书,如写判词、呈报、指语、札饬等。州县接受民刑诉状后,往往分发给刑名幕友审读,作出初步分析。

　　清朝由于地方各级司法机关中掌握法律的是专业人员——刑名幕友,让整个司法审判中,在法律适用上体现出高度专业化和职业化特征。明清,特别是清朝,在国家法律运作上由刑部诸司官员、民间讼师和地方各级政府中刑名幕友三大专业法律群体构成相互牵制的力量,影响着国家法律的适用,强化了整个国家法律运行中的专业化和职业化的发展。三者在现实中拥有不同的职业目标,皇帝及全国司法官员在复杂的审转和覆审中希望每个案件在法律适用上达到"按律科断、法足蔽辜"的司法目标,社会治理上实现"案牍渐希、民风淳朴"的"无讼"治理状态;讼师们则希望自己经手的案件能够获得"百战百胜"的呈词讼状;刑名幕友们则希望自己撰写的案件拟判和呈转上司的司法文书做到"无缝天衣",不遭上级驳覆。② 于是,三者都转向对法律知识的高度依赖,构成一种特殊的法律适用现象。当然,由于官员普遍法律素质较低,导致幕友在司法上出现专权和弄法,造成司法腐败。

　　明清时期,在司法制度上国家通过采用层层细密严格的审转复核制度,让专业刑部官员对全国司法判决进行全面控制与监督;同时,通过完善中央刑部颁行的具有约束力和指导意义的各种等级的成案,促使全国地方司法官员在法律适用上更加准确与稳定,弥补成文法典的不足,让地方官员在成文法适用上具有标准。地方官僚为适应这种司法体系的转变,通过聘请具有专业知识的刑名幕友来适应此种需要。民间百姓则通过全国性的讼师来弥补自己在法律知识和技能上的不足。于是,明清法律运作体系中出现了有不同目标的三大群体:刑部专业化的法律官吏、地方政府中的刑名幕友和流动于民间的讼师群体,他们在不同目标下让法律成为三方"言说"的场域,促进国家司法向高度职业化和专业化的方向发展。

---

① (清)汪辉祖:《佐治药言》,"读律",载刘俊文主编:《官箴书集成》,黄山书社1997年版,第319页。
② 参见邱澎生:《以法为名:讼师与幕友对明清法律秩序的冲击》,载中南财经政法大学法律史研究所编:《中西法律传统》(第六卷),北京大学出版社2008年版。

【思考题】

一、名词解释
1.《大明律》 2.《大清律例》 3.内阁制 4.军机处 5.鱼鳞图册
6.摊丁入亩 7.厂卫特务 8.秋审 9.刑名幕友 10.一田二主

二、简答题：
1.简述明朝六部制法律体系的特点和影响。
2.简述清朝律例的关系。
3.简评明清刑名幕友制对国家司法的影响。
4.简述明清财产法律的特征。

三、论述题：
1.论述明清"田宅"所有权的变迁与国家法律设置的特点。
2.论述明清中央机构的变迁与皇权变化的关系。
3.论述明清"法律人群体"形成及对国家司法的影响。

【重要参考论著】
1.杨一凡：《明〈大诰〉研究（修订版）》，社会科学文献出版社2016年版。
2.张晋藩主编：《清朝法制史》，中华书局1998年版。
3.苏亦工：《明清律典与条例》，中国政法大学出版社2000年版。
4.〔日〕滋贺秀三等：《明清时期的民事审判与民间契约》，法律出版社1998年版。

第七章 清末民国的法律制度

重要内容提示

中国的法律近代化,肇端于清末法制变革,完成于民国后期之南京国民政府时期。清末的法制变革主要包括预备立宪与大规模修律两项内容,前者渐启中国政治体制近代化之端绪,后者则广泛涉及刑法、民法、商法、民事诉讼法、刑事诉讼法、法院组织法等诸多领域,其立法成果为民国时期各项立法事业的开展奠定了初步的基础。南京临时政府时期,在短短的三个月内颁布了一系列法令,开创资产阶级民主法制建设的先河。北京政府时期,一方面援用清末颁行的法律,另一方面对清末以来的法律草案进行修订。作为中国法律近代化过程中一个承上启下的阶段,它在一定程度上继承了清末法制变革的成果并有所推进,也对南京国民政府时期的法律制度产生了重要影响。南京国民政府以"三民主义"为建国最高原则和立法方针,并以大陆法系的法典体系为样本,大体构建了一个近代化的"六法全书"体系。"六法全书"体系是中国法律近代化完成的标志。

第一节 概 说

1840年鸦片战争之后,中国积弱不振,列强乘虚而入。1900年八国联军侵华,慈禧太后挟光绪皇帝仓皇出逃。此时的清朝廷,外为列强的俎上肉,内临国民革命浪潮之冲击,政局处于风雨飘摇之中。为扭转内外局势,1901年1月29日,惊魂未定、刚在西安驻足的慈禧太后以光绪皇帝的名义颁布了一道"变法"诏令,表示:"世有万祀不易之常经,无一成不变之治法","大抵法积则敝,法敝则更","法令不更,锢习不破,欲求振作,须议更张"。① 至光绪二十八年四月(1902年6月),清帝再次颁发上谕:"现在通商交涉,事益繁多。著派沈家本、伍廷芳将一切现行律例,按照交涉情形,参酌各国法律,悉心考订,妥为拟议,务期中外通行,有裨治理。"② 遵照此谕旨,修律大臣沈家本等人提出"参考古今,博稽中外"③的修律方针。至此,清末法制变革正式拉开序幕,从

---

① 参见(清)朱寿朋编:《光绪朝东华录》(第4册),中华书局1958年版,第4601—4602页。
② (清)朱寿朋编:《光绪朝东华录》(第5册),中华书局1958年版,第4864页。
③ (清)沈家本:《寄簃文存》卷六《重刻明律序》,载《历代刑法考》,邓经元、骈宇骞点校,中华书局1985年版,第2210页。

而开始了中国传统法制的近代转型。当然,清廷也为变法修律设置了不能逾越的底线,即"不戾乎中国数千年相传之礼教民情"。清廷在关于修律宗旨的上谕中明确表示:"中国素重纲常,……三纲五常……实为数千年相传之国粹,立国之大本。今寰海大通,国际每多交涉,故不宜墨守故常,致失通变宜民之意;但只可采彼所长,益我所短,凡我旧律义关伦常诸条,不可率行变革,庶以维天理民彝于不蔽。"①所谓"中外通行"之"中",即是此意。

关于清末法制变革的动因和历史背景,有学者将其归纳为以下四点:(1)领事裁判权之撤废;(2)欧日近代法典编纂的冲击;(3)传统社会经济结构的转型;(4)清廷救亡图存的危机意识。② 就清末变法的具体进程和主要内容来看,主要包括以下几个方面:其一,推行以"预备立宪"为中心的宪政活动,制定出《钦定宪法大纲》《宪法重大信条十九条》等宪法性文件。其二,初步改革旧律,如删除律内重法,取消满汉差别,颁行《大清现行刑律》等。其三,制定新律。这是清末变法修律的重心。1902年,清廷设立了主持修律的专门机构——修订法律馆,并任命沈家本、伍廷芳为修律大臣。二人受命主持修律工作以后,陆续修订或颁布了《大清新刑律》《大清民律草案》《大清民事诉讼律》《大清刑事诉讼律》以及《大清商律草案》《公司律》等系列法律。其四,改革司法体制,初步建立近代意义上的司法体制和司法制度,包括审判制度、警察制度及监狱管理制度等。清末十年的法制变革,在中国法制史上产生了非常深远的历史影响:一方面,清末变法修律,直接导致中华法系的解体。在历史的推移和王朝的更迭中,中国形成了自创一格的"中华法系",并在历史上大放异彩。但是,自清末变法之后,"数十年间,西法如潮涌入,吾华夏几千年法统,竟成一曲挽歌"③。另一方面,清末变法修律为中国的法律近代化奠定了初步的基础。清末变法修律的过程中,修订法律馆参酌德、日、法等大陆法系国家的成文法体系和法律原则,制定了大量的法律法规草案,虽然这些新法大部分未能真正施行,但客观上为民国时期的法律修订以及法律体系的近代化奠定了基础。

1912年1月1日,孙中山在南京宣誓就任中华民国临时大总统,并组建了首届中华民国临时政府,史称"南京临时政府"。在孙中山的领导下,南京临时政府在短短三个月内,不但制定并颁布了《中华民国临时约法》这一重要的宪法性文件,而且颁布了以下一系列革命法令:(1)保障民权的法令,如《内务部通饬保护人民财产令》《大总统通令开放疍户惰民等许其一体享有公权私权文》《大总统令内务部禁止买卖人口文》《禁止贩卖"猪仔"文》等;(2)发展经济的法令,如《商业注册章程》《慎重农事令》《中国银行则例》等;(3)发展文化教育的法令,如《普通教育暂行办法》《普通教育暂行课程标准》《教育部通告各省速令高等专门学校开学电文》《教育部禁用前清各书通告各省

---

① 《大清德宗景皇帝实录》卷五六七。
② 参见黄源盛:《中国法史导论》,广西师范大学出版社2014年版,第327—339页。
③ 高鸿钧、贺卫方:《比较法学丛书·总序》,载〔美〕H. W. 埃尔曼:《比较法律文化》,贺卫方等译,清华大学出版社2002年版,第4页。

电文》等;(4)社会改良的法令,如《大总统令禁烟文》《内务部报告禁赌呈》《大总统令内务部晓示人民一律剪辫文》《大总统令内务部通饬各省劝禁缠足文》等。这些革命法令具有重要的历史进步意义。

民国北京政府的执政者主要是北洋系的军阀或官僚,因此亦通称"北洋政府"。北京政府始于1912年4月1日孙中山卸任临时大总统职务,止于1928年6月奉系军阀张作霖从北京退回关外,共16年。北京政府时期,由于政局多变,故制宪活动较为频繁,先后制定了《大总统选举法》、《中华民国宪法草案》("天坛宪草")、《中华民国约法》("袁记约法")、《中华民国宪法》("曹锟宪法")等一系列宪法性文件,但多是假宪法之名,为军阀专制独裁粉饰正名。此外,这一时期还在延续清末立法的基础上,修订了《民律草案》,制定了许多新的商事法规和其他单行法。北京政府在司法体制方面亦有不少改革举措,设立了近代首个行政诉讼机构——平政院。尤其值得注意的是,这一时期的最高审判机关大理院还创制了一系列判例和解释例,以统一司法依据、填补法律漏洞,对后世产生了深远影响。

1927年4月18日,蒋介石在南京建立国民政府。从1927年到1949年的22年间,为南京国民政府时期。这一时期是清末法律变革以来法律近代化的继续和完善阶段,其法制建设取得了相当大的成就,最突出的就是"六法全书"成文法律体系的全面确立。"六法全书"包括宪法及相关法规、民法及相关法规、民事诉讼法及相关法规、刑法及相关法规、刑事诉讼法及相关法规、行政法规及法院组织法,构成南京国民政府时期法律制度的基本框架。"六法全书"在立法技术上的一个突出特点,就是通过大量移植西方资本主义国家的法律制度和法律原则,并结合中国本土的实际情况加以发展,从而把近代中国法律制度的建设推向最为完备的阶段。但是,南京国民政府时期的法律制度在形式和实质上的矛盾性和复杂性非常突出:一方面,广泛吸收大量西方国家近代以来的立法精神,编纂了形式上十分完备的法典,完善了国家法律体系;另一方面,又保留了相当多的固有传统,以父权和夫权为核心的传统婚姻家庭制度在私有制的经济基础之上得以相当程度地保留和维护。

第二节 宪政运动及宪法性文件

一、清末的"预备立宪"

(一)"预备立宪"的背景

中国近代之立宪运动,发轫于光绪二十四年(1898年)的康有为等上书清帝,倡议实行君主立宪。尔后,"百日维新"失败,维新派人士或逃或亡,立宪运动因此中辍。1900年爆发的义和团运动和八国联军侵占北京事件,使得清廷统治岌岌可危。为力挽颓势以谋求政权的存续,1901年1月,以慈禧太后为首的清朝统治集团被迫下诏宣布实行"新政",并在1902年2月和4月相继发布了实行变法修律的诏书。然而,清末

"预备立宪"的更直接动因却是1904年的日俄战争。这场在中国领土上进行的侵略者之间的战争,最终以俄国的惨败而告结束。日本对俄国的胜利,大为出乎清廷的意外,国内舆论一片哗然。朝野上下普遍将日俄战争视为立宪与专制两种政体之战,"日本以立宪而胜,俄国以专制而败","非小国能战胜于大国,实立宪能战胜于专制"。① 1904年,梁启超在日本组织了政闻社,极力倡导立宪。朝廷的驻外使节和封疆大吏亦纷纷以立宪为请。在各方压力之下,清廷于1905年提出"仿行宪政",以为正式立宪之前期准备。1905年7月,清廷下诏派载泽、戴鸿慈、徐世昌、端方、绍英(后改派李盛铎、尚其亨替代徐、绍二人)等五大臣"分赴东西洋各国考求一切政治,以期择善而从"。② 五大臣于同年11月启程,历经半年有余,遍访英、美、法、日、俄等国,于光绪三十二年(1906年)先后回京复命。他们向清廷密奏:实行立宪可使"皇位永固""外患渐轻""内乱可弭",并且指出:"今日宣布立宪,不过明示宗旨为立宪之预备,至于实行之期,原可宽立年限。"③五大臣的吁请,促使清廷最终下定决心实行宪政,于1906年9月1日正式颁布《宣示预备立宪谕》,其主要内容为:(1)"大权统于朝廷,庶政公诸舆论",这是清廷立宪的原则;(2)由于目前规制未备,民智未开,宜先从改革官制入手,同时兴办各项有关事宜,作为"预备立宪"的基础;(3)待数年后预备立宪初具规模,再定立宪实行期限。清廷据此谕旨,于1907年设立宪政编查馆,1908年公布"预备立宪"计划,确定1908年至1916年为"预备立宪期"。1908年,清廷还陆续公布了《资政院院章》《咨议局章程》《钦定宪法大纲》等宪法性文件。

(二) 咨议局和资政院

1. 咨议局

咨议局是清政府仿效西方国家之地方议会设立的地方咨询机构。咨议局的设立,是清末"预备立宪"的重要举措之一。1907年10月,清廷通饬各省筹建咨议局。翌年7月,宪政编查馆拟具《咨议局章程》和《咨议局议员选举章程》,经奏准朝廷后公布。《咨议局章程》规定:咨议局"为各省采取舆论之地,以指陈通省利病,筹计地方治安为宗旨"。"咨议局设议长一人、副议长二人、常驻议员若干人,均由议员中互选"。④ 各省咨议局议员有明确的名额,采用复选举法选任。但是,议员的选举资格受到非常严格之限制,仅限于地方士绅和官员等人。依据该章程,咨议局的主要职责如下:议决本省应兴应革事件、议决本省每年出入预算和决算事件、议决本省税法及公债事件、参与本省立法事宜、选举资政院议员、申覆资政院或本省督抚咨询、公断和解本省自治会之

---

① 参见故宫博物院明清档案部编:《清末筹备立宪档案史料》(上册),中华书局1979年版,第29页。
② 同上书,第1页。
③ (清)载泽:《奏请宣布立宪密折》,载中国史学会主编:《辛亥革命》(第4册),上海人民出版社、上海书店出版社1957年版,第28—29页。
④ 参见上海商务印书馆编译所编纂:《大清新法令(1901—1911)》(第一卷),李秀清等点校,商务印书馆2010年版,第80、85页。

争议、收受自治会或人民陈请建议等。① 章程同时也规定,各省督抚有监督咨议局选举及会议之权;对咨议局的议案有裁夺之权;遇规定情事,督抚还可令咨议局停会或奏请皇帝解散咨议局。由上可见,咨议局虽有各省议会之名,实则沦为各省督抚的附属机构。然而,咨议局作为中国历史上首次出现的讨论公共事务的机构,实为开中国两千多年来选举议员之先河,是对中国传统政治体制的一次重要突破。

2. 资政院

资政院是在清末"预备立宪"过程中设立的中央咨询机构。清政府在中央设立资政院,是其"预备立宪"的重要内容之一。1908年8月,清政府颁布了《资政院院章》。根据《资政院院章》的规定,资政院"以取决公论,预立上下议院基础"为宗旨。资政院设总裁二人,"总理全院事务",从王公大臣中选派;设副总裁二人,"佐理全院事务,以三品以上大员著有才望学识者,由特旨简充"。资议院议员分为"钦定议员"和"民选议员",前者由皇帝从皇室、满族贵族、各部院衙门官、硕学通儒及纳税多额者中选定;后者由各省咨议局议员互选,并由各该省督抚复选选定。资政院主要议决由军机大臣或各部行政大臣先行拟定并请旨交议的事项,主要包括国家每年的预算和决算、税法及公债、除宪法外的法典的制定与修订等。此外,资政院还有权议决皇帝特旨交议的其他事项。但是,资政院议决之事项须请旨裁夺;军机大臣和各部行政长官对资政院议决之事项若有异议,亦可要求资政院复议,若双方意见仍不能统一,则分别具奏听候皇帝裁决;皇帝有权谕令资政院停会和解散。② 由此可见,资政院并不是真正的国会,仅为清廷作为筹备成立将来之国会的一个过渡性机构。因为资政院"只有建言之权,而无强行政府施行之权",故实际上为皇帝支配下的一个舆论机构,从而成为清廷"预备立宪"的点缀和摆设。

(三)《钦定宪法大纲》和《宪法重大信条十九条》

1.《钦定宪法大纲》

制定、公布"宪法大纲"是清政府"预备立宪"活动的一个重要步骤。1908年8月27日,清政府公布了《钦定宪法大纲》。这是中国历史上第一个有"宪法"字样的宪法性文件,共计23条,分正文"君上大权"与附录"臣民权利义务"两个部分,由宪政编查馆参照1889年的《日本帝国宪法》制定,但删除了日本宪法中限制君权的条款。③《钦定宪法大纲》第一部分"君上大权"共14条,主要规定皇帝在立法、行政、司法、军事、宣布战争与媾和、宣布戒严,以及召集、开闭、停展以及解散议会等方面的绝对权力。附录"臣民权利义务"部分共9条,依照西方国家宪法的立法例,罗列了一些臣民的权利义务,对于每项臣民权利,均以"于法律范围以内"作为限制语,并规定皇帝"得以诏令

---

① 参见上海商务印书馆编译所编纂:《大清新法令(1901—1911)》(第一卷),李秀清等点校,商务印书馆2010年版,第88—89页。
② 参见夏新华、胡旭晟整理:《近代中国宪政历程:史料荟萃》,中国政法大学出版社2004年版,第85—87页。
③ 参见邓建鹏:《中国法制史》,北京大学出版社2011年版,第338页。

限制臣民之自由"。《钦定宪法大纲》无论在结构形式还是条文内容上,都充分体现了"大权统于朝廷"之主旨。因此,《钦定宪法大纲》令当时的立宪派和革命派人士大失所望,如梁启超就直斥其乃"涂饰耳目,敷衍门面"而已。孙中山在当时也指出,清政府是"谋中央集权,拿宪法作愚民的工具"①。当然,用今日之眼光视之,我们亦应看到,《钦定宪法大纲》虽然是用资产阶级宪法的形式为君主专制制度披上合法的外衣,但作为中国法制史上首部具有近代宪法意义的法律文件,仍具有一定的历史意义:首先,《钦定宪法大纲》在某种程度上具备以宪法和法律限制君权的君主立宪制度最基本的特征。它虽然首定君上大权,但同时也规定皇帝不得以诏令随时更改法律和审判官的判决;"已定之法律,非交议院协赞奏经钦定时,不以命令更改废止"②;皇帝遇有紧急之事发布的诏令,须在次年议院开会时交议院协议。其次,《钦定宪法大纲》对"臣民权利义务"的规定,是中国政治发展史上一个十分重要的事件。它以附录的形式,一方面规定臣民有纳税、当兵等项义务,另一方面也明确宣布臣民有言论、著作、出版、集会、结社的自由,以及臣民的人身、财产、居住等权利均受到法律保护。臣民的权利破天荒地第一次在法律层面得到确认。正如有学者指出:"《大纲》的颁布,标志着宪法的合法地位确立,开中国宪政史之先河,从而拉开了法律制度现代化的序幕,这是一个具有划时代意义的大事件";"《大纲》标志着法在王上原则确立";"标志着权利义务概念产生"。③

2.《宪法重大信条十九条》

《宪法重大信条十九条》亦称为《十九信条》,是清廷在辛亥革命中武昌起义爆发以后颁布的一个应付时局的宪法文件。1911年10月10日,驻守武昌的"新军"发动武昌起义,随后南方各省纷纷响应,宣布独立,清王朝一时处于土崩瓦解之中。为收拾人心,摄政王载沣只得以宣统皇帝名下"罪己诏",决定赦免"国事犯",并命令资政院赶速起草宪法,只用三天时间便仓促制定通过《十九信条》,于11月3日颁布实施。因此,《十九信条》仅属临时性的宪法大纲,而非完整意义上的宪法。

与《钦定宪法大纲》相比,《十九信条》在体例和内容上表现出以下不同:(1)《钦定宪法大纲》仿照《日本帝国宪法》立法例,采用的是二元制君主立宪模式;而《十九信条》采用的是英国式的虚君共和责任内阁制。(2)《十九信条》大大缩小了皇帝的各项权力,扩大了国会和总理的权力。它规定:皇帝之权以宪法所规定为限,皇位继承顺序由宪法规定;宪法由资政院起草决议,由皇帝颁行;宪法改正提案之权属于国会;总理大臣由国会公选,皇族不得任总理大臣;国际条约非经国会之决议,不得缔结。(3)《钦定宪法大纲》由宪政编查馆拟定,仅是清廷对立宪要求的一个许诺,本身并无法律效力;而《十九信条》则是由代行国会职权的资政院经过法定程序制定,由皇帝公布,具有宪法的性质。(4)《钦定宪法大纲》在附录中将臣民的权利义务予以列举规定,而《十

---

① 孙中山:《三民主义与中国前途》,载《孙中山选集》(上卷),人民出版社1957年版,第79页。
② 参见上海商务印书馆编译所编纂:《大清新法令(1901—1911)》(第一卷),李秀清等点校,商务印书馆2010年版,第119页。
③ 参见朱勇主编:《中国法制通史(清末·中华民国)》(第九卷),法律出版社1999年版,第98—100页。

九信条》却对人民的权利只字不提。由此可见,《十九信条》主要着眼于调整国会与皇帝之间的权力关系。作为为舒缓危局而采取的一项应急措施,它最终未能挽救清王朝覆亡的命运。在革命洪流的冲击之下,《十九信条》事实上难免成为毫无意义的一纸空文。1912年2月12日,清帝溥仪宣布退位。至此,延续两千多年的中国帝制宣告终结,而前后历时达6年之久的清末"预备立宪"活动亦随之无疾而终。

二、南京临时政府时期的宪法性文件

(一)《中华民国临时政府组织大纲》

1911年11月30日,宣告独立各省之都督府代表在汉口英租界召开会议,商议组织临时中央政府,并推选雷奋、马君武和王正廷三人起草《中华民国临时政府组织大纲草案》。草案拟定后于12月3日公布,并于同年12月16日、12月31日和1912年1月2日进行了三次修订。修订后的《中华民国临时政府组织大纲》分为"临时大总统""参议院""行政各部""附则"四章,计21条。其主要内容包括:临时大总统、副总统和参议院的产生及其职权;行政各部的具体建制;《中华民国临时政府组织大纲》的施行期限。从形式上看,《中华民国临时政府组织大纲》有着较为浓厚的摹写美国宪法的痕迹,它首次以法律的形式宣布实行总统制共和政体,确立了分权原则,宣布采取一院制的议会制度。因此,它具有临时宪法的性质,并成为组建南京临时政府直接的法律依据。根据该大纲的规定,1911年12月29日,刚回国的孙中山被选举为中华民国临时大总统。

(二)《中华民国临时约法》

《中华民国临时约法》是在南北议和过程中由南京临时政府匆忙制定的宪法性法律。南京临时政府成立后,鉴于南北和议即将达成,以及袁世凯于1912年2月15日被参议院选举为临时大总统,以孙中山为首的革命派力图作最后的抗争,希望尽快制定出一部约法以制约袁世凯当上大总统后的权力。

1912年3月11日,孙中山在南京以临时大总统的名义签署公布了《中华民国临时约法》。该约法共分为七章,计56条。第一章"总纲",确定领土、国界及国家主权;第二章"人民",主要是规定人民的自由、权利和义务,类似于近代各国宪法中的权利宣言;第三章"参议院",规定参议院之组织、权限,以及议员所享有之特权;第四章"临时大总统、副总统",规定临时大总统、副总统由参议院选举产生,以及临时大总统和副总统的各项行政权;第五章"国务员",规定国务员经参议院之同意由大总统任命产生,辅佐临时大总统负其责任;第六章"法院",规定法官的任命方法及其独立地位等;第七章"附则",规定正式国会召集时间,以及本约法废止时期和约法修改手续等。

《中华民国临时约法》与《中华民国临时政府组织大纲》的主要区别如下:第一,前者"偏向于法兰西之内阁制",后者"则采用美之总统制";[①]第二,进一步扩大了参议院

---

① 参见陈茹玄编著:《中国宪法史》,世界书局1933年版,第29页。

的权力,相对缩小了临时大总统的权力;第三,规定了严格的修改程序。从性质上讲,《中华民国临时约法》作为当时南北统一后的过渡法,在正式宪法未产生以前,具有与宪法相等的效力,是中国近代唯一一部资产阶级民主共和国宪法性文献。它以根本法的形式废除了在中国延续了两千多年的帝制,确立起资产阶级民主共和国的政治体制,使民主共和的观念逐步深入人心,并且在对外关系上宣告中国是一个主权独立、领土完整、统一的多民族国家,在20世纪初期亚洲民主宪政运动史上占有相当重要的地位。

三、北京政府时期的宪法性文件

(一)《中华民国宪法草案》("天坛宪草")

袁世凯就任中华民国临时大总统后,认为《中华民国临时约法》对于总统的权力约束过多,主张制定一部新的宪法,并借此扩大自己的权力。按照《中华民国临时约法》的规定,约法实施后限10个月内,由临时大总统召开国会,制定中华民国宪法。1913年4月8日,中华民国第一届国会正式召开。国会根据《大总统选举法》和《国会组织法》关于先制定宪法,然后根据宪法选举总统的规定,组成国会宪法起草委员会起草宪法。袁世凯为了早日当上正式大总统,便以威胁利诱手段,迫使国会接受其先选总统后制定宪法的主张。10月10日,袁世凯正式就任中华民国大总统。10月16日,袁世凯向国会提出扩大大总统权力、缩小国会对大总统制约权的"增修约法案",但遭到国会的拒绝。10月31日,国会宪法起草委员会三读通过《中华民国宪法草案》。因宪法起草委员会的办公地点设在北京天坛的祈年殿,故该宪法草案又名"天坛宪草"。

"天坛宪草"除"前言"外,分为"国体""国土""国民""国会""国会委员会""大总统""国务院""法院""法律""会计""宪法之修正及解释"十一章,计113条。其主要内容为:(1)宣布中华民国永远为统一民主国。(2)规定了人民的权利和义务。(3)继续采用资产阶级三权分立的宪法原则,具体规定:"中华民国之立法权,由国会行之";"中华民国之行政权,由大总统以国务员之赞襄行之";"中华民国之司法权,由法院行之"。①(4)继续扩大国会的权力。"天坛宪草"不仅规定了国会拥有立法权,而且还规定国会拥有弹劾甚至审判大总统、副总统、国务员的权力。另外,它还规定,在每年国会常会闭会前,由参议院和众议院在议员中各选20人组成国会委员会,以便在大总统发布紧急命令和政府实行财政紧急处分时进行议决,从而制约这两项权力。由于"天坛宪草"没有采纳袁世凯提出的总统制,而是采取责任内阁制,并规定了国会对大总统的牵制权,令袁世凯恼羞成怒。于是,他于1914年1月10日下令解散国会,使"天坛宪草"未及公布便成了一纸废文。②

---

① 参见郭卫、林纪东编纂:《中华民国宪法史料》,大东书局1947年版,第19、21、23页。
② 参见魏定仁、傅思明:《宪法发展简史》,江苏人民出版社2014年版,第117—118页。

(二)《中华民国约法》("袁记约法")

由于"天坛宪草"与《中华民国临时约法》一样,均是基于责任内阁制的精神,对于大总统权力之行使施以较多限制,因此袁世凯在就任大总统后,一方面立即咨文国会,提议增修临时约法,扩充大总统的行政权;另一方面又通电各省军民长官,煽动反对宪法起草委员会所提出的"天坛宪草"。为达到废止临时约法之目的,自 1913 年 11 月起,袁世凯控制的北京政府首先宣布解散在野的国民党,致使国会因人数不足而无法继续召开,继而于次年 1 月下令终止国会议员的职务并解散各省的省议会。与之同时,袁世凯又另行召集约法会议,重新进行制宪的工作。在经过一个多月的讨论后,约法会议拟定《中华民国约法增修案》,由袁世凯以大总统的名义于 1914 年 5 月 1 日公布施行,即世称之《中华民国约法》,亦通称为"袁记约法"。①

《中华民国约法》共分"国家""人民""大总统""立法""行政""司法""参政院""会计""制定宪法程序""附则"十章,计 68 条。其最主要内容及特点为:废除责任内阁制而采总统制,将总统的权力大幅扩张,并缩小立法院的立法权和行政监督权。《中华民国约法》规定:"大总统为国家之元首,总揽统治权。""大总统为海陆军大元帅,统帅全国海陆军。"大总统对外"代表中华民国",拥有"宣告开战、媾和"和"缔结条约"之权。②《中华民国约法》没有规定设立国会,而是规定设立立法院行使立法权。与国会相比,立法院的权力被大大缩小。例如,对大总统行使各项权力,立法院没有同意权;对立法院的质询,大总统有权以事涉秘密而拒绝回答。《中华民国约法》以国家根本大法的形式否定了资产阶级民主共和制度,代之以袁世凯的专制独裁制度,是中国宪政史上的一次倒退。《中华民国约法》公布实施后,袁世凯开始着手推行帝制。1915 年 12 月 12 日,袁世凯公开复辟帝制,下令改"中华民国"为"中华帝国"。袁世凯的倒行逆施,激起全国人民的愤慨。在举国上下一片反袁声讨中,袁世凯做了不到 3 个月的皇帝梦后,最终同他的"袁记约法"一道被历史的潮流淹没。

(三)《中华民国宪法》("曹锟宪法")

袁世凯死后,北京政府政权几经更迭。1922 年,直奉战争爆发,后直系军阀获胜,并控制了北京政府。1923 年 10 月 5 日,直系军阀头目曹锟通过行贿收买国会议员,将自己选为中华民国大总统。为掩人耳目,曹锟控制的北京政府仅用数天就炮制出《中华民国宪法》,并于 10 月 10 日公布。因该宪法之制定以曹锟的贿选为背景,故被世人讥为"曹锟宪法"或者"贿选宪法"。

"曹锟宪法"是在"天坛宪草"的基础上增删而成的,共分"国体""主权""国土""国民""国权""国会""大总统""国务院""法院""法律""会计""地方制度""宪法之修正解释及效力"十三章,计 141 条。其主要内容及特点如下:一方面,规定"中华民国永远为统一民主国",主权"属于国民全体",并罗列了许多国民的权利和自由。另一方面,给

---

① 参见那思陆:《中国审判制度史》,上海三联书店 2009 年版,第 269—270 页。
② 参见郭卫、林纪东编纂:《中华民国宪法史料》,大东书局 1947 年版,第 26 页。

予大总统很大的权力,规定"中华民国之行政权,由大总统以国务员之赞襄行之";大总统有公布法律,并监督确保其执行,以及任免文武官员、统率海陆军、对外代表民国、缔结条约、依法宣布戒严等职权。特别是规定"大总统得停止众议院或参议院之会议",使大总统处于操纵国会活动的地位。① 同过去的宪法相比,该宪法的另一个突出特点是设立"国权"和"地方制度"两章,对中央和地方的职权作了比较明确的划分,并详尽规定了地方政府的各项权力。这为以往宪法所无,是掌握中央政府的直系军阀和控制地方的各派军阀相互妥协的产物。"曹锟宪法"是北京政府"十年制宪"期间唯一一部正式颁布的宪法,也是中国近代宪政史上第一部正式的宪法。总体而言,它是在总结以往制宪经验和教训的基础上制定的,在中国近代制宪史上起到承前启后的作用,也为之后的制宪活动提供了一个可以参照的文本。② 但是,令人惋惜的是,这部宪法颁布仅一年,就随着直系军阀的失败而退出历史舞台。

四、南京国民政府时期的宪法性文件

(一)《中华民国训政时期约法》

1928年,南京国民政府形式上统一了全国。同年10月3日,国民党中央常务委员会召开会议,确定了训政时期"以党治国、以党训政"的施政方针,制定并通过了《中国国民党训政纲领》。其基本内容为:训政期间,由中国国民党全国代表大会代表国民大会,领导国民行使政权;中国国民党全国代表大会闭会期时,以政权付托中国国民党中央执行委员会行之等。

1931年5月12日,在蒋介石的力主下,国民会议通过了以《中国国民党训政纲领》为基础而制定的《中华民国训政时期约法》,共八章,计89条。其主要内容为:第一章"总纲",规定领土、主权、国体、国旗、首都等;第二章"人民之权利义务",列举了人民的诸项权利和义务;第三章"训政纲领",规定国民党行使中央统治权,国民政府行使行政、立法、司法、考试、监察五种治权,并训导选举、罢免、创制、复决四种政权的行使,行政院、立法院、司法院、考试院、监察院五院共同听命于国民党中央执行委员会;第四章"国民生计",规定发展实业,劳资双方应以协调互利为原则;第五章"国民教育",规定以三民主义为教育之根本原则;第六章"中央与地方之权限",依循孙中山生前所主张的"均权主义"即"凡事务有全国一致之性质者,划归中央;有因地制宜之性质者,划归地方,不偏于中央集权制或地方分权制";第七章"政府之组织",规定中央采五权制度,地方分省、县两级;第八章"附则",规定约法的效力及解释权所属,议订宪法草案的机关与宪法颁布的时期。③ 总之,《中华民国训政时期约法》完全是为了适应国民党一党专政的需要而制定出来的,它以根本大法的形式确立国民党在中国的统治地位,同时

---

① 参见郭卫、林纪东编纂:《中华民国宪法史料》,大东书局1947年版,第30、36—37页。
② 参见魏定仁、傅思明:《宪法发展简史》,江苏人民出版社2014年版,第121页。
③ 参见郭卫、林纪东编纂:《中华民国宪法史料》,大东书局1947年版,第42—47页。

为蒋介石的独裁统治提供了法律保障。

(二)《中华民国宪法草案》("五五宪草")

根据国民党的既定程序,"训政"时期应当于1935年结束,然后进入宪政阶段。于是,国民党内乃有起草宪法的动议。1933年1月,国民政府立法院成立了由立法院院长孙科兼任委员长,张知本、吴经熊担任副委员长的"宪法起草委员会",开始起草宪法。历时三年,七易其稿,《中华民国宪法草案》于1936年5月5日由国民政府公布,拟待征求意见进一步修改后,提交国民大会正式通过。但是,由于次年抗日战争全面爆发,不具备召开国民大会的条件,故该宪法草案最终未能付诸议决。由于该宪法草案公布于5月5日,故又称"五五宪草"。

"五五宪草"分为"总纲""人民之权利义务""国民大会""中央政府""地方制度""国民经济""教育""宪法之施行及修正"八章,计148条。其主要内容如下:(1)规定"中华民国为三民主义共和国"。(2)确立五院制与总统实权制的政治体制。"五五宪草"规定设立立法院、行政院、司法院、考试院、监察院五院,但主要权力集中于总统手中。总统作为国家元首,有统率全国陆海空军,公布法律,发布命令,宣战、媾和及缔结条约,宣布戒严解严,行使大赦、特赦、减刑、复决、任免文武官员之权。总体言之,"五五宪草"的主要特点是:人民无权,地方无权,议会无权,总统个人集权。虽然标榜要实施宪政,但它与训政时期的约法并无太大差别,实际上是为蒋介石实行总统独裁制统治制造宪法依据。

(三)《中华民国宪法》("蒋记宪法")

抗日战争胜利后,国共两党经过和平谈判,于1945年10月10日签订了"双十协定"。根据"双十协定",1946年1月10日至31日,各党派在重庆召开了政治协商会议(旧政协)。会上达成关于召开国民大会、改组国民政府和修改宪法草案等五项决议。1946年6月,国共两党内战爆发,蒋介石撕毁政协各项协定,宣布由国民党单独召开国民大会,并于当年11月15日通过《中华民国宪法》,于1947年1月1日由国民政府公布,定于同年12月25日施行。这是中国近代史上第二部《中华民国宪法》。为与曹锟执政时期的《中华民国宪法》("曹锟宪法")相区别,人们又将其称为"蒋记宪法"。

"蒋记宪法"以《中华民国训政时期约法》和"五五宪草"为基础,集国民党制宪活动之大成,共分"总纲""人民之权利义务""国民大会""总统""行政""立法""司法""考试""监察""中央与地方之权限""地方制度""选举罢免创制复决""基本国策""宪法之施行及修改"十四章,计175条。其主要内容及特点如下:第一,依三民主义和五权宪法确定国体与政体。"蒋记宪法""总纲"规定:"中华民国基于三民主义,为民有、民治、民享之民主共和国";"中华民国之主权属于国民全体"。分章则分别规定行政、立法、司法、考试、监察五权,以五权宪法构造宪法之主干。第二,规定国民大会为全国最高政权机关。国民大会代表全国国民行使政权,治权由行政院、立法院、司法院、考试院、监察院五院行使。国民大会所行使的政权包括选举、罢免、创制、复决,在理论上是最高权力,总统及五院院长均在其监督之下。不过,这一权力被宪法的起草者有意加以限制。根据"蒋记宪法"第 27 条的规定,国民大会之职权仅限于选举和罢免总统、副总统,以及修改宪法、复决立法院提出的宪法修正案。第三,形式上采取总统制,但总统的权力受立法院、行政院和监察院的制约。总统为国家元首,对外代表中华民国,统率全国陆、海、空军。但是,总统依法公布法律,发布法令,"须经行政院院长之副署";总统依法宣布戒严,"但须经立法院之通过或追认";监察院也可对总统进行纠弹、罢免。第四,规定人民享有广泛的宪法权利。"蒋记宪法"秉承民权主义,规定人民享有极为广泛的宪法权利并细加罗列,但规定"为防止妨碍他人自由,避免紧急危难,维持社会秩序,或增进公益所必要","以法律限制之"。第五,采取中央与地方分权的体制。中央与地方的权限予以划分,省、县实行自治制度。① 第六,以"平均地权""节制资本"为名,巩固和发展官僚资本。"蒋记宪法"规定"国民经济应以民生主义为基本原则,实施平均地权,节制资本,以谋国计民生之均足",却又特别强调"公用事业及其他有独占性之企业,以公营为原则","国家对于私人财富及私营事业,认为有妨害国计民生之平衡发展者,应以法律限制之"。这实际上是为官僚资本垄断国家经济命脉提供了宪法依据。第七,申明了"尊重条约"的外交政策。"蒋记宪法"虽然规定了独立自主、平等互惠的外交原则,但没有遵照孙中山废除一切不平等条约的主张,相反却规定要尊重条约。这一规定显然是为了换取以美国为首的西方列强对南京国民政府的支持。

如果单纯从文字上看,与"五五宪草"相比,"蒋记宪法"的民主色彩更浓厚一些,这与二战后民主力量的发展有关,而 1946 年召开的政协会议对宪法的修改意见也起了一定的促进作用。但是,该宪法实质上仍是国民党实行一党专政的工具。1949 年,随着南京国民政府的统治宣告覆灭,该宪法也成为一纸废文。

第三节　民商事法律

一、清末民国时期的民事立法

中国近代之民事立法,一直在继受西方法的整体思路中进行立法设计和法律制度安排。清末民初的两部民律草案②以及后来南京国民政府制定并颁布的《中华民国民法》,均是以大陆法系德、瑞、日等国民法为蓝本的。此外,民国《民律草案》是在《大清民律草案》的基础上损益而就的,而《中华民国民法》又是以前两部民律草案为基础,并结合当时世界立法潮流及本国之社会情状,细加斟改而成的。因此,两部民律草案和

---

① 参见马小红、柴荣主编:《中国法制史》,北京师范大学出版社 2009 年版,第 220—221 页。
② 关于草案为何称"民律"而不称"民法",依据俞江的研究,中文文献中最早使用近代意义上的"民法"一词始见于 1887 年黄遵宪所著《日本国志》,及后康有为鼓吹变法,亦反复提到修订民法。其实,"民法"一词系借鉴日文汉字,而"民律"实为中国的自创词。但是,19 世纪 90 年代末,中国出现了"民律"与"民法"并用的现象,且一直持续至 20 世纪 20 年代末。所以,这一时期的《大清民律草案》和民国《民律草案》,都曾以"民律"为名。参见俞江:《近代中国民法学中的私权理论》,北京大学出版社 2003 年版,第 25—27 页。

一部民法典之间,存在着一种内在的一脉相承的渊源关系。清末迄至民国的民事立法,主要依托于该两部民律草案和一部民法典,不过其条文表达、逻辑结构以及具体内容均经历了一个嬗替完善的过程。

(一)《大清民律草案》的制定及其主要内容

中国自西方引进近代意义上的民法体系发轫于清末变法。1907年6月,民政部大臣善耆在给清廷的奏折中指出:"查东西各国法律,有公法私法之分。公法者,定国家与人民之关系,即刑法之类是也;私法者,定人民与人民之关系,即民法之类是也。二者相因,不可偏废。"①当时的宪政编查馆也奏请简派大员修订法律。清廷遂派定沈家本、俞廉三等为修律大臣,着手新律之修订。沈家本等亦"于光绪三十三年十月二十七日开馆办事,酌设二科,分任民律、商律、民事刑事诉讼律之调查起草。每科设总纂一人,纂修、协修各四人,调查一人或二人。又设谘议官,甄访通晓法政,品端学粹之员,分省延请,以备随时谘商",并分别派员调查各省习惯,或咨请出使大臣调查各国成例。后来,法律修订馆又延聘日本法学博士松冈义正②担任民律之起草工作,他即依据调查之资料,参照各国之法例,斟酌各省之报告,详慎草定、完成民律"总则""债权""物权"三编草案。复以全书浩繁,文义间有艰深,乃详加校定逐条诠释理由,以期明晰。至"亲属""继承"两编,则由该馆商同礼学馆编订。至宣统三年八月(1911年10月),民律草案终于完全脱稿。③

该次编定民律,曾确定四大立法宗旨:一为"注重世界最普通之法则";二为"原本后出最精之法理";三为"求最适于中国民情之法则";四为"期于改进上最有利益之法则"。④ 就实际言之,《大清民律草案》因主要以当时大陆法系各国民法典为立法参照,故在法律内容和法律体系上,与传统社会成文法典的构成、观念和价值标准等均大异其趣。但是,《大清民律草案》作为清政府覆亡前完成的一部重要法典草案,却成为中国近代民法法典化的历史起点。

《大清民律草案》也称"第一次民法草案",共分五编13章,总计1569条,其中"总则"编323条、"债权"编654条、"物权"编339条、"亲属"编143条、"继承"编110条。"总则""债权"和"物权"三编以德国、瑞士、日本民法作为蓝本,而"亲属"和"继承"两编则大多沿袭中国旧律之内容。展开而言,各编之主要内容如下:⑤

第一编:总则,内设八章,分别为"法例""人""法人""物""法律行为""期间及期日""时效""权利之行使及担保"。该编对民法所涉之根本性问题,如自然人的权利能力、行为能力、责任能力、住所、人格保护、法人的意义和成立要件、法人的各项民事权利、

---

① 转引自(清)朱寿朋编:《光绪朝东华录》(第5册),中华书局1958年版,第5682页。
② 松冈义正(1870—1939年),日本人,1892年毕业于东京帝国大学法科。1906年受聘来华任清政府修订法律馆顾问,起草民律,并在京师法律学堂讲授民法、民事诉讼法和破产法。参见王健编:《西法东渐:外国人与中国法的近代变革》,中国政法大学出版社2001年版,第546页。
③ 参见谢振民编著:《中华民国立法史》(下册),中国政法大学出版社2000年版,第743—744页。
④ 参见故宫博物院明清档案部编:《清末筹备立宪档案史料》(下册),中华书局1979年版,第912—913页。
⑤ 参见俞廉三、刘若增编:《大清民律草案》,宣统三年修订法律馆铅印本。

社团法人、财团法人、意思表示、契约行为、代理行为、取得时效、消灭时效等,均作了详细规定。

第二编:债权,亦设八章,即"通则""契约""广告""发行指示证券""发行无记名证券""管理事务""不当得利""侵权行为"。该编对债权的标的、效力、让与、承认、消灭以及各种形式之债的意义和有关当事人的权利义务等作了明确规定。

第三编:物权,共设七章,即"通则""所有权""地上权""永佃权""地役权""担保物权""占有"。该编对各种形式的财产权之法律保护以及财产使用等作了详细规定。

第四编:亲属,亦设七章,即"通则""家制""婚姻""亲子""监护""亲属会""抚养之义务"。该编对亲属的种类与范围、家庭制度、婚姻制度、未成年人和成年人的监护、亲属间的抚养等予以明确规定。

第五编:继承,共设六章,即"通则""继承""遗嘱""特留财产""无人继承之继承""债权人与受遗人之权利"。该编对自然继承的范围和顺序、遗嘱继承的办法与效力、尚未确定继承人之遗产的处置办法、债权人和受遗人利益的法律保护等作出明确规定。

整部草案主要参照德、日两国的民事立法例,就其立法技术而言,则引进了近代欧陆民法典的立法理念与法典编纂体例,所使用的概念也大多袭自欧陆民法。该草案无论形式和内容,"均颇整流详密,较诸旧法显不可同日而语,惟于我国习惯,毫无参酌,殊多扞格难通之处"[①]。它虽因清亡而未及颁行,在民初亦因并未颁布而被搁置,[②]但却在中国近代民法史上占据着一个极为醒目的地位。

(二)民国《民律草案》的修订及其主要内容

民国初建,法制不备,而国家之司法审判又不可无所依循。故民国元年(1912年)3月11日,政府公布《临时大总统宣告暂行援用前清法律及暂行新刑律文》,规定:"现在民国法律未经议定颁布,所有从前施行之法律及新刑律,除与民国国体抵触各条应失效力外,余均暂行援用,以资遵守。"[③]关于民事法规,民国参议院宣布,所有民事案件,援用"前清现行律中规定各条"。所谓"现行律",即沈家本主持修订的《大清现行律例》,它是在《大清律例》基础上删改而成。"现行律中规定各条",则指沈家本在《大清现行律·奏疏》中所称"不再科刑"各条。这些从刑事规范中剥离出来,不再科刑的民事条款,同时并入原户部则例中的户口、田赋等条款,该两部分由民初司法部合编为一体后,一般称为"现行律民事有效部分"。[④] 就该部分的内容来看,主要是固有法中民

---

① 李祖庆:《中国民法之过去与现在》,载《法学季刊》1930年第3期。
② 民国元年,时任司法总长的伍廷芳曾以"前清政府之法规既失效力,中华民国之法律尚未颁行,而各省暂行规约,尤不一致"为由,咨请参议院将前清制定之民律草案,及其他草案已颁布之法律,除部分与民主国体相抵触者外,要求大总统咨由参议院承认,然后以命令加以公布,以为临时适用之法律。但是,参议院以民律草案,前清并未颁布,无从援用为由,要求民事案件仍照前清现行律中规定各条办理。《大清民律草案》遂被搁置。参见中国台湾地区"司法行政部"编:《中华民国民法制定史料汇编》(下册),1976年印行,第1—3页。
③ 转引自杨幼炯:《近代中国立法史》,范忠信等校勘,中国政法大学出版社2012年版,第67页。
④ 参见张生:《中国近代民法法典化研究》,中国政法大学出版社2004年版,第117—119页。

事规范的重新整合。

为完成清末未竟之立法事业,1912年7月,国民政府附设法典编纂会于法制局,并置编纂调查各员,专事于民法、商法、民刑诉讼法,并上列附属及其余各项法典之草订。至1914年2月,政府又裁撤法典编纂会,而代之以法律编查会,隶司法部。次年,该会编成《民律亲属编草案》7章,共141条,除个别地方略有变化外,其内容与《大清民律草案》之亲属法大致相仿。

1918年7月,国民政府复设修订法律馆。1922年春,华盛顿会议召开,中国代表提出收回领事裁判权议案,大会议决由各国派员来华调查司法,政府即责成司法部对于司法上应行改良各事,赶速进行,并饬修订法律馆积极编纂民刑各法典。该馆即参详前清民律草案,调查各省民商事习惯,并参照各国最新立法例,于1925年至1926年间完成草案。草案拟就时适值政变,法统废弃后,国会迄未恢复,故此草案未能成为正式民法法典。① 展开而言,民国《民律草案》主要分为以下几个部分:②

第一编:总则,共计五章,分别为"人""物""法律行为""期限之计算""消灭时效",计223条。较之于《大清民律草案》,该编省略了"法例""法人""权利之行使及担保"三章。第一章分"人"与"法人"两节,第三章增加"行为能力"一节,第五章规定"消灭时效",而将"取得时效"安置于"物权"编中。

第二编:债编,共计四章,分别为"通则""契约""悬赏广告""无因管理",略去《大清民律草案》中"发行指示证券""发行无记名证券""不当得利""侵权行为"四章,计521条。第一章增加"债之发生"一节,分"契约""侵权行为""不当得利"三款;第二章"契约",与《大清民律草案》之内容略有异同。

第三编:物权,共计九章,分别为"通则""所有权""地上权""永佃权""地役权""抵押权""质权""典权""占有",计310条。在结构和内容上,该编删去了《大清民律草案》"物权"编之第六章"担保物权",将"抵押权""质权"各立一章,并增设"典权"一章。

第四编:亲属,共计七章,分别为"通则""家制""婚姻""亲子""监护""亲属会""抚养之义务",计343条。与《大清民律草案》相比,其变化之处在于:第二章增设"家产"一节;第三章第一节改为"婚姻之成立",分"定婚"和"结婚"两款,第三节"婚姻之效力"分"夫妻之权利义务"和"夫妇财产制"两款;第四章增设"亲子关系""养子"两节;第五章第三节改为"照管"。其余与《大清民律草案》大抵无异。

第五编:继承,共计七章,分别为"总则""宗祧继承""遗产继承""继承人未定及无人承认之继承""遗嘱""特留财产""债权人或受遗人之权利",计225条。该编对《大清民律草案》"继承"编之文字表述与结构编排稍作修改,将"继承"一章析分为"宗祧继承""遗产继承""继承人未定及无人承认之继承"三章。

总体而言,民国《民律草案》主要根据《大清民律草案》改订而成,其"总则"编、"物

---

① 参见谢振民编著:《中华民国立法史》(下册),中国政法大学出版社2000年版,第747页。
② 参见潘维和:《中国历次民律草案校释》,台北汉林出版社1982年版,第363页及以下;谢振民编著:《中华民国立法史》(下册),中国政法大学出版社2000年版,第748—749页。

权"编变更之处较少,但将"债权"编改为"债"编,并兼采瑞士债务法。① "亲属""继承"两编则加入现行民事有效部分及历年大理院判例,就前案稍有增损。② 较之于《大清民律草案》,民国《民律草案》的立法用语更为精练,条文表达更为精确,结构也更为合理。然而,自民国元年直至南京国民政府成立,由于政局动荡,法制方面的建设一直成效不大。曾有学者评曰:"自民国元年起至本年(按:指1930年)十月十日止,全国所适用者,仍以前清现行律为准,而济以前大理院及最高法院之解释判例,条文陈旧,判解散碎,朝行夕改,若乏准的。"③

(三)《中华民国民法》的制定及其主要内容

1927年4月28日南京国民政府成立后,立法事业又重新被提上议事日程。南京国民政府时期的立法,是继清末、北京政府之后中国法律近代化进程的第三阶段。就民法方面来看,这一时期是中国近代民法典的定型时期。《中华民国民法》的制定、颁布和施行,使得作为内含于民法典中的民事法律规范也在《大清民律草案》和民国《民律草案》的基础上得到完善和发展,并且不再停留于纸面上,而成为在现实生活中发生实际法律效力的条文。因此,这一时期是中国近代民事立法得到重大发展的一个历史阶段。

1927年,南京国民政府成立之初,曾责成法制局起草民法典。1928年夏,法制局着手起草"亲属"和"继承"两编,费时5月余,草案告成,计亲属法82条、继承法64条。然草案未及呈请公布施行,立法院又宣布成立,民法起草工作遂移交于立法院。其后,国民党中央政治会议于1928年12月第168次会议议决通过《民法总则编立法原则》,共19条。1929年1月29日,立法院又召开第10会议,组织民法起草委员会,指定傅秉常、焦易堂、史尚宽、林彬、王用宾五人为委员,并聘司法院长王宠惠、考试院长戴传贤及法国人宝道(Padoux)为顾问。该委员会成立后,对于民法之编订极为尽力,依照前述中央政治会议所议决之《民法总则编立法原则》,于同年2月1日开始起草民法总则,历时3个月,开会30余次,民法总则全编告竣。全编计七章,152条,于同年4月20日经立法院第20次会议决议通过,呈经国民政府同年5月23日明令公布,以是年10月10日为施行期。同法之施行法19条,亦于同年9月24日公布,与总则编同时施行。④

新民法总则公布之后,立法院院长胡汉民等即向中央政治会议提议此次编纂民法,请将民商订为统一法典,复提出民法债权编立法原则15条,提请中央政治会议第

---

① 日本民法称"债权法",《大清民律草案》亦称"债权法",其编名显然袭自日本。此外,由于清末接受西洋法律思潮,正视权利在社会生活关系中之作用,在民法方面不得不改弦更张,于是《大清民律草案》第二编称为"债权"。另外,第二次民律草案作此修改,主要是因为以"债权"两字名篇,显出保护债权人的意旨,偏重债权人之利益不免成为畸形的法律,今兹改定,则债权债务均可包括,并且隐寓保护债权人、债务人双方的意义在内。参见潘维和:《中国民事法史》,台北汉林出版社1982年版,第4—5页。
② 参见谢振民编著:《中华民国立法史》(下册),中国政法大学出版社2000年版,第748页。
③ 李祖庆:《中国民法之过去与现在》,载《法学季刊》1930年第3期。
④ 参见杨幼炯:《近代中国立法史》,范忠信等校勘,中国政法大学出版社2012年版,第248—250页。

183次会议决议并获通过。① 立法院民法起草委员会乃遵照上项立法原则,着手起草民法债编,经先后开会150余次,历时5个月左右,始于同年11月5日会议全部通过,呈请国民政府于同年11月22日公布,并于1930年5月5日施行。民法债编计分两章,凡604条。② 债编脱稿后,民法起草委员会复遵照中央政治会议第202次会议决议之民法物权编立法原则,于1929年8月21日开始起草民法物权,先后开会40余次,于同年11月完成,全编计十章,共211条,于同年11月9日经立法院第61次会议决议通过,呈经国民政府明令公布,亦以1930年5月5日为施行期。至于"亲属""继承"两编,也先后于1930年年终修订完成,经1930年12月3日立法院第120次会议全部通过,呈由国民政府于同月26日公布,以1931年5月5日为施行日期。③

就《中华民国民法》的结构和内容而言,共分五编二十九章,计1225条。观其内容,强调以"三民主义"为最高立法原则,并在某种程度上彰显法律社会化之色彩。其五编之具体内容如下:第一编"总则",主要规定民事权利及法律关系的总原则,下设七章,分别为"法例""人""物""法律行为""期日及期间""消灭时效""权利之行使";第二编"债",是关于债关系的法律规定,下设"通则"和"各种之债"二章;第三编"物权",规定对物的直接管理和支配,并排除他人干涉的民事权利,下设十章,即"通则""所有权""地上权""永佃权""地役权""抵押权""质权""典权""留置权""占有";第四编"亲属",规定因婚姻、血缘和收养而产生的人们之间的权利义务关系,下设七章,即"通则""婚姻""父母子女""监护""扶养""家""亲属会议";第五编"继承",规定被继承人死亡后由其亲属继承其财产的权利和义务,下设"遗产继承人""遗产之继承""遗嘱"三章。④

《中华民国民法》在立法技术上主要参照德国民法典和瑞士债务法。德国、瑞士两国虽均属于大陆法的日耳曼法系,但其民法之精神和内容却各具特点。德国民法典偏重学理方面,编纂次序可以比拟于一般学术书籍,尤其是将"总则"一章列诸法典之首,创当时未有之先例。《中华民国民法》的分编方法与德国民法典并无二致。就内容而言,德国民法典除了吸收《拿破仑法典》个人主义的学说以外,同时处处顾及第三人利益,内蕴"法律社会化"之精神。《中华民国民法》起草时,舍法国民法典而采德国民法典为蓝本,其根本原因即在于此。此外,瑞士民法和债务法的特点与德国民法不同,其条文词句简单,不似德国民法之深涩难解,且注重实用,对于理论和形式主义并不过分重视。因此,在法条内容方面,瑞士民法虽不及德国民法精密,但在实际适用上却较德国民法为优。《中华民国民法》兼采两者之长,"若干部分模仿德国法典,其他部分采纳瑞士法的规定。因为历次草案内曾将若干德瑞制度生吞活剥地纳入中国法典,终于在起草正式条文时,被立法者摈弃或修改。此外,法国法典的数种良好制度而为德瑞法

---

① 参见谢振民编著:《中华民国立法史》(下册),中国政法大学出版社2000年版,第761—762页。
② 《中华民国民法》仍沿用民国《民律草案》之命名,将是编名为"债编"。
③ 参见杨幼炯:《近代中国立法史》,范忠信等校勘,中国政法大学出版社2012年版,第250—251页。
④ 参见潘维和:《中国近代民法史》,台北汉林出版社1982年版,第53—84页。

所无者,我国立法者亦予以采纳"①。但是,毋庸讳言,该法典仍存有过度模仿的缺陷。吴经熊在将民国民法典与欧陆等国民法加以比较之后,得出以下结论:"我们试就新民法(按:即《中华民国民法》)从第一条到第一千二百二十五条仔细研究一遍,再和德意志民法及瑞士民法和债编逐条比较一下,其百分之九十五是有来历的,不是照账誊录,便是改头换面!"②

二、清末民国时期的商事立法

(一) 清末的商事立法

早在19世纪60年代开始的洋务新政时期,一批先进的中国人就倾力呼吁"商战"。及至清末,随着社会转型,人们的观念逐渐更新,重商主义作为一种思潮,成为当时有识之士所欲谋求的诸多救国方略中重要的一部分。③ 就政府导向而言,甲午败绩和庚子之役之后,清政府开始对原有的方针政策进行调整和变革,并逐步实现从"重本抑末"到"通商惠工"经济政策的转变。在此背景下,清廷终于在1903年下谕先行制定商法,从而成为清末修律中最早的立法活动。同年9月,商部成立,商事立法的步伐加快。

清末的商事立法大致可分为前后两个阶段:第一阶段从1903年至1907年。这一阶段的商事立法主要由商部负责,除制定并颁布《钦定大清商律》外,还陆续颁布了《公司注册试办章程》(1904年)、《商标注册试办章程》(1904年)、《破产律》(1906年)等。第二阶段从1907年至1911年。这一阶段的商事法典起草工作主要由修订法律馆主持,单行法规仍由各相关部门拟定。在此阶段,修订法律馆于1908年9月起草了《大清商律草案》,农工商部于1911年8月起草了《改订大清商律草案》,此外还草拟了《交易行律草案》《破产律草案》等,但均未正式颁行。在此期间,还公布了若干单行商事法规,如《银行则例》《银行注册章程》《大小轮船公司注册章程》等。以下试将清末制定之主要商律和商律草案分述如此:

1.《钦定大清商律》

该律由商部制定并于1904年奏准颁行,分《商人通例》和《公司律》两部分。其中,《商人通例》计9条,分别规定了商人的概念、商人的能力和条件、妇女经商、商号、商业账簿等方面的内容。它承认商人的合法地位,具有商法总则的性质。《公司律》计131条,是中国第一部公司法,对公司分类及创办呈报办法、股份、股东权利各事宜、董事、查账人、董事会议、股东会议、账目、更改公司章程、公司停闭、罚例等作了初步规定。《钦定大清商律》是中国历史上第一部独立的商法典,在中国商法史上占有重要地位。它自颁布后,一直实施到1914年民国北京政府颁布新的《商人通例》和《公司条例》后才告废止。

---

① 参见冉宗柴:《中国民法与德瑞民法之比较观》,载《震旦法律经济杂志》1947年第9期。
② 吴经熊:《法律哲学研究》,清华大学出版社2005年版,第172页。
③ 参见李陈顺妍:《晚清的重商主义》,载《近代史所研究集刊》第3期,"中研院"近代史研究所,1972年编印,第126页。

2.《大清商律草案》("志田案")

1908年9月,修订法律馆聘请日本法学家志田钾太郎等协助编纂商法典。1909年起,该商法草案陆续脱稿,是为《大清商律草案》,亦称"志田案"。《大清商律草案》共分"总则""商行为""公司律""票据法""海船律"五编,计1008条。这部商律草案体系庞大,内容周详,但由于抄袭日本、德国商法太甚,不符合中国国情,故嗣后农工商部又提出修改意见。然而,修改草案未及审定,清廷即告覆亡。

3.《改订大清商律草案》

1910年,各地商会因修订法律馆所编《大清商律草案》直接仿效日本,与国情不合,于是实地访查商场习惯,参照各国最新立法例,编成《商法调查案》上呈政府。至1911年,农工商部据之拟定《改订大清商律草案》,分为"总则""公司律"二编,计367条。"总则"编分为"商人""商人能力""商业注册""商号""商业账簿""商业使用人""代理商"七章,共86条;"公司"编分为"总纲""无限公司""两合公司""股份有限公司""股份两合公司""罚例"六章,共218条。总之,《改订大清商律草案》在内容上远较《钦定大清商律》完整、周密,是一部比较成熟的商法典草案。但是,该草案未及颁行,清廷即被推翻。1914年,民国北京政府将之稍作修改,名为《商人通例》和《公司条例》,并颁布施行。这种商民与政府互动合作制定法律的现象,近代以来难得一见。[①]

(二)北京政府时期的商事立法

民国北京政府时期,随着民族资本主义和工商业的发展,北京政府在前清商事法规的基础上,起草并颁布了一系列单行商事条例、章程、命令和法规草案等,主要有:1914年公布并实施的《商人通例》《公司条例》《公司注册规则》《商业注册规则》《商会法》《证券交易所法》,1921年颁布的《物品交易所法》,1923年颁布的《商标法》等。

《商人通例》共七章,计73条。其各章内容如下:第一章"商人",规定商人为商业之主体;第二章"商人能力",规定凡有独立订立契约负担义务之能力者,均得为商人;第三章"商业注册",规定应注册之事项由该商人各就其营业所在地管辖官厅呈报注册;第四章"商号",规定商人得以其姓名或其他字样为商号,并可单独转让;第五章"商业账簿",规定商人应备置账簿,将日常交易及关于财产出入之各种事项,逐一明晰记载;第六章"商业使用人及商业学徒",规定凡从属于商业主人以助其营业者,为商业使用人,分为经理人、伙友、劳务者三种;第七章"代理商",规定凡非商业使用人而时常为某商人代理或介绍其营业范围内之商行为者,称为"代理商"。

1914年颁布的《公司条例》[②]共251条,分为"总纲""无限公司""两合公司""股份有限公司""股份两合公司""罚例"六章。其主要内容如下:(1)规定了公司的类型,将公司分为无限公司、两合公司、股份有限公司和股份两合公司四种,为以后公司法确定公司的种类奠定了基础。(2)明确了公司的法律地位,规定"凡公司均认为法人","公

---

① 参见邓建鹏:《中国法制史》,北京大学出版社2011年版,第340页。
② 该条例1923年修正。

司非在本店该管官厅注册后,不得着手于开业之准备"。(3) 规定公司必须订立章程,并对各种类型的公司章程应载明的事项分别作了规定。(4) 规定了公司的设立、公司对内对外关系、公司的解散和清算,并对股份公司的股份、股东会、董事、监察人、公司债、公司章程的变更等作了规定。(5) 不仅规定了公司违法的罚则,而且规定"公司执行业务之股东、发起人、董事、监察人及清算人"违反法规也要进行处罚。

此外,1915 年,北京政府法律编查会还参仿日本、德国的有关法律,修订出《破产法草案》;修订法律馆亦以清末的《票据法草案》为基础,几经修改,于 1924 年草拟出新的《票据法草案》;1926 年,北京政府以清末《海船法草案》为基础,修订并公布了《海船法案》;1927 年 4 月,修订法律馆所聘之法国顾问爱斯嘉拉参照法国、德国、瑞士、意大利、日本等国的有关法律,草拟出中国的《保险契约法草案》;等等。

(三) 南京国民政府时期的单行商事法规

南京国民政府一反此前民商分立做法而采用民商合一的立法原则,将商法的大部分内容纳入民法典之中,仅将一些不便规定于民法典中的事项制定为单行的商事法规。南京国民政府制定并颁布的单行商事法规主要有:(1) 银行法。这具体包括 1927 年的《中央银行条例》《中国银行条例》《交通银行条例》,1931 年的《银行法》,1934 年的《储蓄银行法》,1935 年的《中央银行法》等。(2) 交易所法。《交易所法》公布于 1929 年 10 月 3 日,并于次年 6 月 5 日开始施行。该法之立法目的是"尽其调剂供求,平准物价之功用"。(3) 票据法。1929 年 10 月 30 日颁布施行的《票据法》,分为"总则""汇票""本票""支票""附则"五章,共 139 条。它是南京国民政府以北京政府的《票据法草案》和国民党中央政治会议议决的 19 条票据法立法原则为基础和指导,并参酌德、日、英、美、法等国票据法规和中国的商业习惯制定的。(4) 公司法。南京国民政府于 1929 年 12 月 26 日颁布了第一部《公司法》,并定于 1931 年 7 月 1 日开始施行。该法参照德、法两国的公司法立法例,分为"通则""无限公司""两合公司""股份有限公司""股份两合公司""罚则"六章,计 233 条。该法于 1946 年经修正重新颁布,条文增至 361 条。(5) 海商法。1929 年 12 月 30 日公布并于翌年 1 月 1 日开始施行的《海商法》,是南京国民政府立法院参照前清《海船法草案》和北京政府《海船法草案》制定的。该法共分为"总则""船舶""海员""运送契约""船舶碰撞""救助及抢救""共同海损""海上保险"八章,计 174 条。后南京国民政府又于 1930 年 11 月公布了《海商法施行法》。(6) 保险法。《保险法》是有关保险组织及其业务范围的法规,由南京国民政府在北京政府《保险契约法草案》的基础上,参照意、日保险立法,交立法院商法起草委员会拟定,并于 1929 年 12 月 30 日公布。该法于 1935 年重加修正,1937 年 1 月 11 日再次公布。修正后的《保险法》分"总则""损失保险""人身保险""附则"四章,计 98 条。但是,该法公布后始终未施行。(7) 破产法。南京国民政府先是于 1934 年公布了《商人债务清理暂行条例》,共 62 条;后又于 1935 年颁布了《破产法》,分为"总则""和解""破产""罚则"四章,计 158 条;次年,又公布了《破产法施行法》。

第四节 刑事法律

一、清末的刑事立法与"礼法之争"

刑事法律的变革是清末修律的核心内容。1904年修订法律馆成立之后,沈家本等人即着手刑律之修订。清末刑律的修订主要分为两个重要阶段:前一阶段是在删订《大清律例》的基础上形成《大清现行刑律》,后一阶段则是制定了《大清新刑律》。在《大清新刑律》出台前后,"礼教派"与"法理派"又围绕着礼教存废和礼法关系,展开了一场影响深远的"礼法之争"。

(一)《大清现行刑律》

1908年,经奏请清廷批准,修订法律馆依据沈家本等提出的"总目宜删除""刑名宜厘正""新章宜节取""例文宜简易"原则,①着手修订《大清律例》。1909年10月,修订工作告竣,并于翌年5月颁布施行,定其名为《大清现行刑律》。该刑律共30门,389条,附例1327条。较之《大清律例》,这部过渡性质的刑律的主要内容及特点如下:其一,保留了《大清律例》中的名例律,但删除了原有的吏、户、礼、兵、刑、工六篇篇名;其二,在法律上正式区分刑事和民事,将《大清律例》中的继承、分产、婚姻、典卖、田宅、钱债等纯属民事性质条款析出,不再科刑,以示民刑有别;其三,以死、遣、流、徒、罚金替代死、流、徒、杖、笞五刑,同时废除旧律中的凌迟、枭首、戮尸、缘坐、刺字等酷刑;其四,删改旧律中的满人特权、买卖人口、良贱不婚、奸党罪、同姓为婚罪等过时条款,增设妨害国交、妨害选举、毁坏电杆、毁坏铁路要件等新罪名。然而,总体言之,无论从体例和基本内容,还是从基本原则和精神等来看,《大清现行刑律》仅对《大清律例》作了局部的调整和修改而已,仍属于中国传统刑法的范畴。

(二)《大清新刑律》

在删修旧律的同时,修订法律馆也启动了新刑律的起草工作。1907年8月,沈家本等人在日本法学家冈田朝太郎的协助下,编纂完成《大清新刑律草案》。1911年1月,清政府公布《大清新刑律》,并确定于1912年正式实施。但是,由于不久清王朝即告覆亡,该刑律并未正式施行。

《大清新刑律》是清末法律改革过程中制定的重要的新型法典之一。一共两编,五十三章,计411条。与《大清现行刑律》相比,其变化之处主要体现如下:(1)摒弃了以往旧律"诸法合体"的编纂形式,以罪名和刑罚等专属刑法范畴的条文作为法典的唯一内容,因而成为一部纯粹的专门刑法典。(2)改变旧刑法典的传统篇章体例结构,完全采取近代大陆法系国家刑法典的立法体例,在结构上分为"总则"和"分则"两编。(3)确立了罪刑法定原则,规定"法律无正条者,不问何种行为,不为罪",删除比附条

---

① 参见李贵连:《沈家本传》,法律出版社2000年版,第294—295页。

款。(4) 采取西方近代刑罚体系,将刑罚分为主刑和从刑两大类。其中,主刑有死刑、无期徒刑、有期徒刑、拘役、罚金五种,从刑有褫夺公权和没收两种。死刑唯一,改为绞刑,秘密执行。此外,新刑律还引进西方国家刑法中的假释、缓刑等刑罚执行制度。(5) 进一步删除旧律中的"八议""十恶""存留养亲"等名目,并适应新形成的社会关系,增设有关妨碍国交、妨碍选举、妨碍通讯和交通以及妨害卫生等方面的犯罪。综上可见,单从立法技术和法典形式来看,《大清新刑律》可谓中国历史上第一部近现代意义上的新式刑法典,在中国法制史上占有重要地位,并成为之后中国制定刑法典的蓝本。但是,由于其后附录"暂行章程"仍存在于法典之中,故使得该刑法典在一定程度上依然保持着旧律之痕迹。

(三)"礼法之争"

所谓"礼法之争",是指在清末变法修律过程中,以张之洞、劳乃宣等为代表的"礼教派"与以修律大臣沈家本等为代表的"法理派",围绕着《大清新刑律》等新式法典的修订而产生的理论争执。1907年10月和12月,修订法律馆先后将《大清新刑律草案》的总则和分则上奏清廷,下发各部院堂官与各省督抚签注意见,嗣后引起"礼教派"的激烈反对。时任军机大臣兼掌学部的张之洞首先发难,指斥草案有悖"因伦制礼,准礼制刑"的原则,"败坏礼教",要求凡属于"有伤伦理之处,应全行改正"。① 各省疆吏随即附和。清廷遂颁发谕旨,要求沈家本等对草案重加修改。修订法律馆无奈,只得在修正案中"于有关伦纪各条,恪遵谕旨,加重一等",法部亦于草案正文之后添列了保留传统礼教内容的五条附录,规定对危害舆论、内乱、资敌、杀害尊亲属可加重处罚,直至处以死刑;无夫妇女与人和奸仍为犯罪;对尊亲属不得适用正当防卫等。这些修改和补充,反映了两派的冲突以及"法理派"的一系列妥协。

1910年,清廷将《修正刑律草案》批交宪政编查馆核议。在此期间,草案再次遭到以宪政编查馆参议、江苏提学使劳乃宣为首的"礼教派"的诘难(此时张之洞已去世)。劳乃宣向宪政编查馆呈递《修正刑律草案说帖》,要求将"旧律有关伦纪礼教各条"逐一列入新刑律正文。一时间,"礼教派"蜂拥而上,"新律几有根本推翻之势"。② 对此,沈家本答以《书劳提学新刑律草案说帖后》一文,与劳乃宣针锋相对地逐一辩驳。修订法律馆诸同仁亦纷纷著文对"礼教派"予以驳斥。及至1910年10月,资政院召开第一次年会,对《大清新刑律》进行审查。在此次会议上,宪政编查馆派至资政院说明新刑律草案立法宗旨的杨度与作为议员的劳乃宣发生了激烈的争论。1911年1月25日,清廷下谕,将新刑律予以颁布。至此,"礼法之争"宣告结束。

此次"礼法之争"中,"礼教派"和"法理派"的争论范围虽很广,但总的来说是以新刑律草案为核心的。争论的内容包括《大清律例》中涉及的主要礼教规范,如干名犯

---

① 参见故宫博物院明清档案部编:《清末筹备立宪档案史料》(下册),中华书局1979年版,第858页。
② 参见江庸:《五十年来中国之法制》,载许章润主编:《清华法学》(第八辑),清华大学出版社2006年版,第260页。

义、亲属相犯、子孙违反教令、无夫奸、发冢等传统罪名，以及亲属相隐、存留养亲、十恶、子孙对尊长的侵害不能实行正当防卫、比附定罪等传统刑法原则能否被纳入新刑律。"礼教派"认为这些内容与中国法律传统和社会民情相适应，应当列入新刑律；"法理派"则认为上述问题属于道德范畴，不应当列入刑法典。后期争论中，"礼教派"经过"法理派"的辩驳，逐步放弃大部分保守主张，唯独对无夫奸和子孙违反教令两项罪名，以及子孙对尊长侵害不得适用正当防卫原则，坚持不让。最后，在"礼教派"的压力下，清廷正式颁布的《大清新刑律》增加了充满礼教色彩的《暂行章程》作为附则，突显以重刑惩治纲常伦理犯罪，否定了刑律正文中所确认的某些资产阶级刑法原则。①

尽管"礼法之争"主要围绕新刑律草案进行，但是它已经超出刑法学争论的范围，成为近代中国在法律移植过程中应该如何处理道德与法律以及外来法律与本土法律资源之间关系的争论，也是中西方风格迥异的法律文化之间发生碰撞的一次生动演绎。这场争论最后以双方的妥协而告终，展现了中国法律在迈向近代化过程中所面临的困境，预示着它将要走过的艰难而又曲折的历程。

二、北京政府时期的刑事立法

1912年3月10日，袁世凯在北京就任临时大总统，随后下令："现在民国法律未经议定、颁布，所有从前施行之法律及新刑律，除与民国国体抵触各条应失效力外，余均暂行援用，以资遵守。"②同年4月30日，北京政府又公布《删修新刑律与国体抵触各章条》。删订后的刑律定名为《中华民国暂行新刑律》，分总则和分则两部分，共五十二章。新刑律除删除第二编分则"侵犯皇室罪"12条以及《暂行章程》5条外，还删改了律文中带有明显帝制色彩的一些名词和术语，如"帝国"改为"中华民国"，"臣民"改为"人民"，"覆奏"改为"覆准"，"恩赦"改为"赦免"等。但是，就其实质内容而言，《中华民国暂行新刑律》较之《大清新刑律》并无任何改变。

1913年"二次革命"被镇压后，为加强对社会的控制，北京政府又于1914年12月24日公布实施了《暂行新刑律补充条例》。该条例共15条，主要内容包括以下两个方面：其一，加重对"内乱罪""外患罪"等重大犯罪的处罚，增加对一些恶性犯罪（如轮奸罪）惩处的规定；其二，恢复并扩大了《大清新刑律》中《暂行章程》的某些内容，如尊亲属伤害卑亲属减轻处刑、对尊亲属不适用正当防卫、无夫奸处刑等，旨在加强对礼教伦常秩序的维护。由此可见，《暂行新刑律补充条例》相对《中华民国暂行新刑律》而言，是一种倒退。该条例一直施行到北京政府统治末期。在南方，1922年2月，孙中山领导的广州政府才明令将其废止。

1914年，法律编查会的陆宗祥、董康等人提议修改《中华民国暂行新刑律》，并聘请日本法学家冈田朝太郎参与其事。1915年2月10日，《修正刑法草案》拟成，是为"第一次刑法修正案"。该修正案突出的特点是将《暂行新刑律补充条例》的内容并入

---

① 参见里赞主编：《中国传统法律文化要论》，四川大学出版社2011年版，第125页。
② 转引自谢振民编著：《中华民国立法史》（上册），中国政法大学出版社2000年版，第54页。

其中,并在总则中增加了"亲属加重"一章,具体规定卑亲属侵犯尊亲属加重处罚的幅度;同时,在分则中增加了"侵犯大总统罪""私盐罪"等专章。由于袁世凯复辟帝制失败,故该草案未能公布。1918 年,修订法律馆总裁王宠惠、董康等人重新拟定刑法草案,是为"第二次刑法修正案"。这次修正案采用了较多的近代资产阶级刑法原则,在内容上减少或调整了有关军阀专制和传统礼教的条款,在体例上也作了较大的改动。这次修正案虽未颁布实施,但为后来南京国民政府刑法典的制定提供了样本。此外,北京政府还制定了一系列刑事单行法规,主要有:《戒严法》(1912 年)、《官吏犯赃条例》(1914 年)、《惩治盗匪法》(1914 年)、《私盐治罪法》(1914 年)、《陆军刑事条例》(1915 年)、《海军刑事条例》(1915 年)等。

三、南京国民政府时期的刑事立法

(一)刑法典的制定及修改

南京国民政府成立之初,暂时援用北京政府时期的《中华民国暂行新刑律》及部分刑事特别法。1927 年 4 月,由南京国民政府司法部长王宠惠负责,以北京政府拟定之"第二次刑法修正案"为基础,略加删修,拟成草案,提交国民党中央执行委员会审议通过,并由国民政府于 1928 年 3 月 10 日公布,名为《中华民国刑法》。这部刑法通常被称为"旧刑法"。旧刑法共四十八章,387 条,其中总则编十四章,分则编三十四章。

旧刑法施行不久,由于其某些条文存在晦涩含混等现象,司法部对其释例就多达 340 件;又由于各种特别刑事法令仍然有增无减,使刑法体系出现混乱的局面,严重影响了当时司法审判的统一性。有鉴于此,国民政府又于 1931 年 12 月组成刑法起草委员会,对其进行修订。① 1934 年 10 月,刑法修正案完成,经立法院审议通过后,由国民政府于 1935 年 1 月 1 日公布,并自同年 7 月 1 日起实施,是为新刑法。新刑法亦分为"总则""分则"两编,其中总则编十二章,99 条;分则编三十五章,258 条。与旧刑法相比,新刑法的变化之处主要体现如下:总则编增加了"保安处分"一章,精简了"文例"和"时例"两章,合并"刑之酌科"和"加减例"两章为一章;分则编主要增加了"伪造有价证券罪"一章,其他部分章的内容有增加,标题略有修改。尤其值得注意的是,新刑法标榜"从轻主义",对一般刑事罪的处罚比旧刑法规定的有所减轻,而对于所谓触犯其统治秩序的行为则从严、从重处罚。它吸取了德、意法西斯刑事立法政策中所谓"社会防卫主义",特别增加了"保安处分"专章,对于所谓"有犯罪嫌疑""犯罪危险"的人,可以预防"犯罪"或"再犯罪"为借口,采取"社会防卫"手段。这实际上是以此为借口,对中国共产党人和爱国进步人士实施残酷的镇压和迫害。

(二)刑事特别法的制定

除刑法典之外,南京国民政府还制定了大量的刑事特别法。其中,第二次国内战争时期颁布的刑事特别法主要有:《惩治土豪劣绅条例》(1927 年)、《惩治盗匪暂行条

---

① 参见余明侠主编:《中华民国法制史》,中国矿业大学出版社 1994 年版,第 324 页。

例》(1927年初次公布,1936年8月31日修正公布,更名为《惩治盗匪暂行办法》)、《暂行反革命治罪法》(1928年)、《暂行特种刑事诬告治罪法》(1928年)、《共产党人自首法》(1928年初次公布,此后有多次修正)、《惩治绑匪条例》(1928年)、《陆海空军刑法》(1929年)、《危害民国紧急治罪法》(1931年初次公布,1937年9月4日修正公布)、《徒刑人犯移垦暂行条例》(1934年)、《妨害国币惩治暂行条例》(1935年)、《惩治偷漏关税暂行条例》(1936年)、《禁烟治罪暂行条例》(1936年)、《禁毒治罪暂行条例》(1936年)等。抗日战争时期颁布的刑事特别法主要有:《惩治汉奸条例》(1937年)、《惩治贪污暂行条例》(1938年)、《妨害兵役治罪条例》(1940年)、《妨害国家总动员惩罚暂行条例》(1942年)、《惩治盗匪条例》(1944年)等。第三次国内战争时期颁布的刑事特别法主要有:《戡乱时期危害国家紧急治罪条例》(1947年)、《惩治走私条例》(1948年)、《惩治叛乱条例》(1949年)等。这些刑事特别法补充和扩大了刑法典关于犯罪的内容和范围,但由于它们可以不受刑法原则的限制,其中许多内容都突破了刑法典的规定,从而破坏了刑法典的权威性、完整性和稳定性。

第五节 诉讼法律

一、清末诉讼律的制定

中国传统社会采取实体法和程序法合一的法典编纂体例,没有独立的诉讼法。及至清末,华洋诉讼的大量出现,以及废除领事裁判权的良好初衷,本身就隐含全方位地引进外国诉讼法制的必要。沈家本指出:"外人以我审判与彼不同,时存歧视。商民又不谙外国法制,往往疑为偏袒,积不能平,每因寻常争讼细故,酿成交涉问题。比年以来更仆难数,若不变通诉讼之法,纵令事事规仿,极力追步,真体虽允大用,未妙于法政,仍无济也。"沈家本还以日本为例,突出改革诉讼体制的必要性:"日本旧行中律,维新而后踵武泰西,于明治二十三年间先后颁行民事、刑事诉讼等法,卒使各国侨民归其钤束,藉以挽回法权。"[①]这种思想认识直接推动了清末一系列诉讼程序法的出台。

(一)《大清刑事民事诉讼法草案》

1906年,沈家本向朝廷奏呈其组织编拟的《大清刑事民事诉讼法草案》。这是中国历史上第一部专门的诉讼法草案,共五章,260条。第一章为"总纲",主要规定了刑民诉讼之区别、诉讼时限、诉讼公堂、各类惩罚等。第二章为"刑事规则",主要规定了逮捕、拘传、搜查、关提、拘留、取保、审讯、裁判、执行、开释等刑事诉讼程序。第三章为"民事规则",具体规定了传讯、不同诉讼标的案件的诉讼、审讯、拘提被告、判案后查封产物、监禁被告、查封在逃被告产物、减成偿债及破产、和解等民事诉讼程序。第四章为"刑事、民事通用规则",主要是关于律师、陪审员、证人、上控等的规定。第五章为

---

① (清)沈家本:《修律大臣奏呈刑事民事诉讼法折》,载《东方杂志》第三年(1906年)第九号。

"中外交涉案件",对涉外刑事、民事诉讼的内容和处理办法予以详尽规定。该草案吸收了西方近代诉讼原则,并直接采纳其部分诉讼制度,包括诉讼活动中的平等、公正原则以及公开审判、律师辩护、陪审等制度。由于该草案过于激进和大胆,在发往各地将军督抚都统处征求意见时,"各督抚多疑其窒碍"①,草案因此遭搁浅,成为废案。

(二)《各级审判厅试办章程》

1907年初,时任直隶总督的袁世凯组织一批留日法政人员起草了《天津府属审判厅试办章程》,并奏定朝廷于当年二月实施。鉴于各级审判厅即将普遍举办,急需程序性的法律规范,法部在借鉴《天津府属审判厅试办章程》的基础上,于1907年12月14日编纂了过渡性的《各级审判厅试办章程》。该章程分"总则""审判原则""诉讼""各级检察厅通则"和"附则"五章,计120条。该章程是一部关于法院组织和民事、刑事诉讼的合成体,旨在调整各级审判机构的组织构成以及规范诉讼与审判活动。因新的刑事、民事诉讼法难产,该章程一直存续至清亡。

(三)《大清刑事诉讼律草案》和《大清民事诉讼律草案》

《大清刑事民事诉讼法草案》被否决后,清政府要求修律大臣沈家本等以该草案为基础,参酌各大臣及督抚的意见,对其重加修订。1911年,经多次反复争论,沈家本等人又拟定《大清刑事诉讼律草案》和《大清民事诉讼律草案》。但是,两草案未及颁行,清政府即告覆亡。

《大清刑事诉讼律草案》共分"总则""第一审""上诉""再理""特别诉讼程序"和"裁判之执行"六编,计515条。该草案由日本法学家冈田朝太郎协助起草,主要以日本1890年《刑事诉讼法》为蓝本,引入西方的辩护制度、感化教育制度、检察官行使公诉权制度,以及"自由心证""言词辩论"等原则,从而奠定了中国近代刑事诉讼法的基础。

《大清民事诉讼律草案》则为中国首部独立的民事诉讼法典草案,分为"审判衙门""当事人""普通诉讼程序""特别诉讼程序"四编,计800条。该草案由日人松冈义正协助起草,主要以德国民事诉讼法为蓝本,并参考日本1890年《民事诉讼法》等法律制定而成。该草案采用西方通行的"当事人主义""法院不干涉原则"以及"辩论原则",并明确了民事诉讼制度的组织形式及其作用等,在当时具有划时代的意义。

二、北京政府时期的诉讼法

(一)民事诉讼法

民国元年(1912年),北京政府司法部将前清制定之《大清民事诉讼律草案》第一编"管辖"各章呈准援用,1919年复将该草案"回避拒却引避"章呈准援用,余则仍适用前清制定之《各级审判厅试办章程》。大理院则采近世民事诉讼法理作为民事审判之

---

① 《清史稿·刑法志》。

准据。1914年4月3日,司法部呈请北京政府颁行《民事非常上告条例》。1921年3月2日,孙中山领导的广州军政府将《大清民事诉讼律草案》所有与约法及现行法令相抵触之条文,分别予以删除、修正,明令公布;同年4月13日,又公布《民事诉讼律施行细则》,"此吾国有正式民事诉讼法典之始"①。但是,该律只施行于广州军政府所属西南各省。同年11月14日,北京政府下令将《大清民事诉讼律草案》改为《民事诉讼条例》,自1922年7月1日起在全国统一施行。这样,北京政府后期出现了南北两部民事诉讼法分别适用之状态。

(二) 刑事诉讼法

北京政府司法部先后于1912年4月、1915年8月、1918年5月和1919年4月四次呈请大总统将前清之《大清刑事诉讼律草案》中关于管辖、再理、执行及回避各编之规定暂行援用;其余程序,则沿用前清之《各级审判厅试办章程》内刑事诉讼部分。1921年3月2日,广州军政府将前清之《大清刑事诉讼律草案》中与约法及现行法令抵触各条,分别删除、修正,予以公布。同年4月13日,政府又公布《刑事诉讼律施行细则》。"吾国之有正式《刑事诉讼法》,盖自此始。"②与《民事诉讼律》一样,该律亦仅适用于西南数省。1921年11月14日,北京政府以前清之《刑事诉讼律草案》为基础,将其修订公布为《刑事诉讼条例》,并拟具《刑事诉讼条例施行条例》13条,于1922年1月6日明令自1922年7月1日起在全国范围内施行。这样,北京政府后期也出现了南北两部刑事诉讼法并行适用的局面。

三、南京国民政府时期的诉讼法

(一) 民事诉讼法

南京国民政府成立之初,设在南京的国民政府最高法院及西南各省继续适用广州军政府于1921年公布实施的《民事诉讼律》,而北方各省则适用北京政府于1922年公布实施的《民事诉讼条例》。为了统一全国民事诉讼法的适用,南京国民政府开始新的民事诉讼法的起草工作。司法部负责重新起草《民事诉讼法》,送法制局修正后,经立法院议决,先将第一编至第五编第三章于1930年12月26日公布,其第五编第四章"人事诉讼程序"则于1931年2月13日公布。③ 该部《民事诉讼法》共五编,计600条,各编次分别为"总则""第一审程序""上诉审程序""再审程序"和"特别诉讼程序"。1932年1月29日,政府又公布了《民事诉讼法施行法》。至此,全国民事诉讼法之适用始告统一。其后,司法行政部依据法院实施之经验,认为该《民事诉讼法》尚有修正之必要,又拟订修正案送交立法院议决,于1935年2月1日公布。同年5月10日,政府复公布新《民事诉讼法施行法》。修订后之《民事诉讼法》共九编,计636条,各编次

---

① 谢振民编著:《中华民国立法史》(下册),中国政法大学出版社2000年版,第993页。
② 同上书,第1014页。
③ 参见汪楫宝:《民国司法志》,商务印书馆2013年版,第28—29页。

分别为"总则""第一审程序""上诉审程序""抗告程序""再审程序""督促程序""保全程序""公示催告程序"和"人事诉讼程序"。除民事诉讼法典外,南京国民政府还公布了一些《民事诉讼法》的相关法规,如 1940 年 1 月公布的《强制执行法》、1941 年 4 月公布的《民事诉讼费用法》等。

(二) 刑事诉讼法

刑事诉讼法之适用,在南京国民政府初期与民事诉讼法之情形大抵相同。为统一全国刑事诉讼法之适用,1928 年,国民政府司法部和最高法院法制局会商起草《刑事诉讼法》,经国民党中央执行委员会常务委员会审查通过,于同年 7 月 28 日公布,同时公布《刑事诉讼法施行条例》。该《刑事诉讼法》共九编,计 513 条,其编次分别为"总则""第一审""上诉""抗告""非常上告""再审""诉讼费用""执行""附带民事诉讼"。1934 年,国民政府司法部拟具该法修正案,送立法院审议,于 1935 年 1 月 1 日公布。同年 4 月 1 日,国民政府又公布新《刑事诉讼法施行法》。修正后之《刑事诉讼法》仍为九编,条文增加到 516 条,编次与名称较之前有所变动,依次为"总则""第一审""上诉""抗告""再审""非常上诉""简易程序""执行""附带民事诉讼"。1945 年,国民政府司法行政部再次拟具修正意见 20 项,经立法院议决,修正条文 47 条,于同年 12 月 26 日公布施行。[①] 此外,南京国民政府还公布了诸如《羁押法》《假释审查规则》等与《刑事诉讼法》相关的法规。

第六节 司法制度

一、清末的司法制度及其变革

(一) 列强在华领事裁判权及其实践

1. 列强在华领事裁判权的确立

所谓在华领事裁判权,是指所有在中国享有领事裁判权的国家,其在中国的侨民,不论发生任何违反中国法律的违法或犯罪行为,或成为民刑事诉讼的被告时,中国司法机关均无权管辖,只能由其所在国领事或其驻华司法机构依据其本国法律裁判。列强各国在中国攫取领事裁判权,始见于 1843 年 10 月公布的《中英五口通商章程》,其第 13 款规定:

> 凡英商禀告华民者,必先赴管事官处投票,候管事官先行查察谁是谁非,勉力劝息,使不成讼。间有华民赴英官处控告英人者,管事官均应听诉,一例劝息,免致小事酿成大案。其英商欲行投票大宪,均应由管事官投递,禀内倘有不合之语,管事官即驳斥另换,不为代递。倘遇有交涉词讼,管事官不能劝

[①] 参见汪楫宝:《民国司法志》,商务印书馆 2013 年版,第 31—32 页。

息,又不能将就,即移请华官公同查明其事,既得实情,即为秉公定断,免滋讼端。其英人如何科罪,由英国议定章程、法律发给管事官照办。华民如何科罪,应治以中国之法,均应照前在江南原定善后条款办理。

清政府与英人在条约中约定此款,其初意乃在于希望通过外交途径的调解解决涉外案件。之后,1844 年签订的《中美望厦条约》第 21 款也规定:

嗣后中国民人与合众国民人,有争斗、词讼、交涉事件,中国民人由中国地方官捉拿审讯,照中国例治罪;合众国民人由领事等官捉拿审讯,照本国例治罪。但须两得其平,秉公断结,不得各存偏护,致启争端。

另外,《中法黄埔条约》等其他不平等条约中也有类似条文。这些关于领事裁判权之规定,从法理上看,就是将西方列强对所属侨民的属人司法管辖权,直接凌驾于中国的属地司法管辖权之上。

2. 列强在华领事法庭和法院

为行使领事裁判权,列强在中国设立了各色领事法庭和法院。晚清时期,列强在中国设立的领事法庭主要设于该国在华驻有领事的通商口岸,其设立年代因各国与中国缔约之时间不同而各异。例如,英国早在 1843 年就在中国设立了领事法庭,法、美两国均是在 1844 年,挪威、瑞典、俄国、德国等国稍后。这一时期在中国设立领事法庭的国家达 20 个之多。① 由于各国驻华领事人数不一,其设立的领事法庭的数量亦各有别,从一个到几十个不等。最多的是日本,竟达 35 个之多。② 当然,有些国家的领事法庭也并非一直固定不变,如比利时、巴西等,仅在发生以本国属民为被告、必须立即受理的诉讼案件时,才组织临时的领事法庭以敷审案之用。在列强设在中国的领事法庭中,一般由各国领事或副领事充任法官,只有"法国、意大利、日本三国之领事法庭,系各以特派之法官为审判官"③。除法官外,多数国家的领事法庭还配备了书记员和会审员等司法人员。

列强在华设立的司法机构主要以领事法庭为主,唯英美两国略有不同,除领事法庭之外,还在上海设立了专门的司法机构——法院。1865 年,由于在上海英籍侨民急剧增加,英国政府决定在上海设立高等法院,取代原来的领事法庭,其正式名称为"英皇在中日高等法院"(H. B. M.'s Supreme Court for China and Japan),即当时所称的"英国按察使署"。该法院直接受理中国和日本境内以英国侨民为被告的一切刑民案件,其上诉机构为英国枢密院。1904 年,英国枢密院颁布了一个"对华敕令",特设一个"英皇在中国的高等法庭",以取代前述之"英皇在中日高等法院"。上海区域内以英侨为被告的民刑初审案件,全归该高等法庭管辖;其他各口岸的民刑案件,仍归各地领

---

① 参见《上海租界志》编纂委员会编:《上海租界志》,上海社会科学院出版社 2001 年版,第 293 页。
② 参见吴颂皋:《治外法权》,商务印书馆 1919 年版,第 255 页。
③ 上海公共租界工部局华文处译述:《费唐法官研究上海公共租界情形报告书》(第一卷),1931 年印行,第 339 页。

事法庭管辖,唯重大诉讼案必须禀明上海的高等法庭。此外,高等法庭有权随时调取领事法庭正在受理的案件,由自己径自审理。1906年以前,在每一个中国口岸,美国都设有领事官员,每一个领事像上海总领事一样,对该口岸的美国人享有同样的司法管辖权。1906年6月30日,美国国会颁布了一个法令。依据该法令,美国在中国设立了"美国在华法院"(The United States Court for China),俗称"美按察使衙门",总部设在上海,并轮流在广州、天津、汉口等埠开庭。在司法体系上,该法院与美国国内地方法院相同,受理不属于领事法庭管辖的民刑案件以及对领事法庭判决不服的上诉案件。倘若对该法院的判决再有不服,可以向美国加利福尼亚区联邦巡回第九上诉法院上诉,终审法院为联邦最高法院。

3. 观审制度与会审公廨

西方列强在中国取得领事裁判权以后,犹未满足,仍想方设法攫取更多的司法特权。领事裁判权主要适用于被告是外国人的案件,而在案件原告是外国人、被告是中国人时,一般由中国的法庭审理。在这种情况下,列强设法以"观审"之权对中国的司法加以干涉。1858年签订的《中英天津条约》第16款规定,中英两国人民有犯事者,"彼此均须会同公平审断,以昭允当"。1876年签订的《中英烟台条约》第二端第3款则对"会同公平审断"作了详尽的阐释:"被告为何国之人,即赴何国官员处控告;原告为何国之人,其本国官员只可赴承审官员处观审。倘观审之员以为办理未妥,可以逐细辩论,庶保各无向隅,各按本国法律审断。"于是,西方领事的观审权得以确立。通过观审制度,即使是由中国法庭审理的案件,外国官员也可以到场指手画脚,横加干涉。这种观审制度是对原有领事裁判权的扩充,进一步侵夺了中国的司法主权。

会审公廨(又称"会审公堂")是英、美、法三国驻上海领事要挟清政府在上海公共租界和法租界设立的特殊司法机构。1853年上海小刀会起义时,英美领事乘虚而入,接收和处理了大量纯粹的华人之间或华洋间民刑涉讼案件。1864年初,英国驻沪领事巴夏礼(H. S. Parkes)向中国方面提议,在租界内成立一个会审法庭,以审理享有领事裁判权国侨民为原告的一切案件,凡涉及外人利益的各种案件,外国领事均可派员陪审。几经交涉,中国方面最终同意在上海租界成立"洋泾浜北首理事衙门",即上海公共租界会审公廨的前身。理事衙门专门受理以英美等国侨民为原告,中国及无约国人为被告的民刑案件。但是,由于该机构在性质、组织和职能等方面均无明确规定,故其司法效能极为有限,列强对此也甚为不满。经过两年多的磋商,1869年4月,英美领事与上海道签订了《上海洋泾浜设官会审章程》。次年,理事衙门正式改组为会审公廨,在《上海洋泾浜设官会审章程》拟订之时,法国驻华公使曾一度表示法国愿意共同参与组织上海的会审公廨。嗣后却借口该章程第5款中"中国人犯逃避外国租界者,即由该委员先差径提"的规定,与法界内逮捕人犯必须有法领事的命令这一习惯"绝对冲突",不践前言。法国此举,实是担心法领事在法租界的司法权力将会因此遭到削弱。因为"在1865年之后,上海法领事就开始独自审断租界内华人违反租界章程或者租税方面的案件,有时甚至在道台的帮助下,在华洋混合民事案件中,也扮演着一个独断审判人的角色。"① 嗣后，中国官府在无奈之下只得同意在法租界内另设会审公廨。法租界会审公廨于同治八年（1869年）成立，"经沪道与法领会商，就法领事署设立法界会审公堂，派员会同法副领事会讯"，"洋泾浜设官章程十条，法领事虽未承认，委员仍依据遵行"，②故其司法审判活动与公共租界会审公廨大体相同。

（二）清末司法制度的变革

1. 司法机构的改革

为实行"预备立宪"，1906年11月6日，清廷发布"厘定官制谕"，开始着手改革中央官制。此后，清廷又采取措施改革旧有的司法体制。大致归纳，清末司法机构的改革主要体现如下：第一，改刑部为法部，作为中央的司法行政机关，不再兼理任何审判职能，以使行政与司法分立。在地方，清政府从1907年起，改省提刑按察使司为提法使司，负责地方司法行政工作及司法监督。第二，改大理寺为大理院，作为全国最高审判机关。同时，在地方分别设立初级审判厅、地方审判厅、高等审判厅于州县、府、省，各级审判厅专门负责审判，地方行政长官不再兼理司法。这样，一套独立于行政之外的新司法系统开始建立起来。第三，在各级审判厅内设置相应的检察厅，实行检审合署制。在从中央到地方的四级审判机关内，分别设置总检察厅、高等检察厅、地方检察厅、初级检察厅，负责对刑事案件实施侦查、提起公诉，实行审判监督；同时，在特定的民事案件中，还可充当诉讼当事人或公益代表人。

2. 诉讼审判制度的改革

清末诉讼审判制度的改革，主要是引进了一系列西方近代诉讼审判原则和具体制度，主要包括：

其一，首倡司法独立之原则。1906年12月4日颁布的《大理院审判编制法》规定，自大理院以下及本院所属各级审判厅，"关于司法裁判，全不受行政衙门干涉，以重国家司法独立大权而保人民身体财产"。宪政编查馆编纂的《核定法院编制法并另拟各项暂行章程折》重申了这一原则，并将其贯彻于1910年2月7日颁布施行的《法院编制法》中。虽然实际上尚有出入，但这毕竟是司法独立在中国的立法先声。

其二，实行四级三审终审制。《各级审判厅试办章程》规定："凡民事、刑事案件，由初级审判厅起诉者，经该厅判决后，如有不服，准赴地方审判厅控诉；判决后如再不服，准赴高等审判厅上告。""凡民事、刑事案件，除属大理院及初级审判厅管辖者外，皆由地方审判厅起诉，经该厅判决后，如有不服，准赴高等审判厅控诉；判决如果不服，准赴大理院上告。"

其三，区别刑事、民事诉讼。《各级审判厅试办章程》规定："凡审判案件，分别刑事民事二项。"从而结束了中央审判衙门以审判刑事案件为主，地方审判衙门刑、民诉讼不分的历史。

---

① W. C. Johnstone, The Shanghai Problem, Stanford University Press, 1937, p.155.
② 参见姚之鹤编：《华洋诉讼例案汇编》（下册），商务印书馆1915年版，第727—728页。

其四,引进律师辩护制度。1906年制定的《大清刑事民事诉讼法》首次确定辩护制度,"凡律师俱准在各公堂为人辩护",但因守旧派的反对而未及颁行。直到1910年的《法院编制法》才承认律师和律师出庭辩护的制度,规定:"律师在法庭代表诉讼或辩护案件,其言语举动如有不当,审判长得禁止其代理辩护。其非律师而为诉讼代理人或辩护人者,亦同。"此后,中国始有律师制度。

其五,审判权、检察权分立。1906年11月,清廷改组司法机构,明定总检察厅专司法律监督之责,此为中国法制史上检察权与审判权分立之始。《大理院审判编制法》规定:"凡大理院以下审判厅局均须设有检察官。其检察局附属该衙署之内。检察官于刑事有提起公诉之责。检察官可请求用正当之法律。"《各级审判厅试办章程》和《法院编制法》还明确规定,检察机关依刑事诉讼律及其他法令,有搜查处分、提起公诉、实行公诉、监察判决执行等权力;依民事诉讼律及其他法令,对民事案件有为诉讼当事人或公益代表人行特定事宜之权。从此,近代意义上的检察制度开始在中国逐步建立。

二、南京临时政府时期的司法制度

(一)司法机构

1. 中央司法机关

根据1912年1月3日颁布之《中华民国临时政府中央行政各部及其权限》的规定,司法部为南京临时政府最高司法行政机关。司法部设总长1人、次长1人。[①]1912年7月24日公布的《司法部官制》规定:"司法总长管理民事、刑事、非讼事件、户籍、监狱及出狱人保护事务,并其他一切司法行政事宜,监督所辖各官署及司法官。""司法部置总务厅及民事、刑事、监狱三司。"[②]关于最高司法审判机关,根据《中华民国临时政府组织大纲》和《修正中华民国临时政府组织大纲》的规定,南京临时政府设立临时中央裁判所作为民事和刑事诉讼的最高审判机构。据此规定,司法部还拟制了《临时中央裁判所官制令草案》。但是,直到南京临时政府被取代之前,该法案也没有完成立法程序。因此,南京临时政府实际上没有设立中央审判所,民事和刑事诉讼审判均由司法部负责。

2. 地方司法机关

关于南京临时政府地方审判机关的设置,各地不尽相同。例如,上海依据《民刑诉讼章程》,设立了初级审判厅、地方审判厅、高等审判厅;而湖北则依据《江夏临时审判所暂行条例》和《江夏临时上诉审判所暂行条例》,设立了临时审判所和临时上诉审判所。在全国大部分地区,均未设立初级审判机构,属于初级审判机构管辖的案件由县知事兼理。

---

① 参见中国第二历史档案馆编:《中华民国史档案资料汇编》(第二辑),江苏人民出版社1981年版,第8—9页。

② 转引自谢振民编著:《中华民国立法史》(上册),中国政法大学出版社2000年版,第374页。

（二）诉讼审判制度的改革

1. 贯彻司法独立原则

所谓司法独立，南京临时政府司法总长伍廷芳曾作如下解释："专指审判官之独扼法权，神圣不可侵犯，……其司法之权，君主总统莫能干预。"①《中华民国临时约法》对司法独立作了进一步的保障和申扬，其第51条规定："法官独立审判，不受上级官厅之干涉。"第52条专门规定："法官在任中不得减俸或转职，非依法律受刑罚宣告，或应免职之惩戒处分，不得解职。惩戒条规以法律定之。"

2. 禁止刑讯和体罚

南京临时大总统于1912年3月初发布《禁止刑讯令》，规定"不论行政司法官署及何种案件，一概不准刑讯；鞫狱当视其证据之充实与否，不当偏重口供；其从前不法刑具，悉令焚毁"②。此外，南京临时政府还颁布《禁止体罚令》，规定"不论司法行政各官署审理及判决刑、民案件，不准再用笞、杖、枷号及其他项不法刑具，其罪当笞、杖、枷号者，悉改科罚金、拘留"③。

3. 试行审判公开及陪审制

为了保证司法审判的公正，南京临时政府遵循西方资产阶级司法原则，实行民刑事审判公开制度。《中华民国临时约法》第50条规定："法院之审判，须公开之；但有认为妨害安宁秩序者，得秘密之。"湖北军政府《临时上诉审判所暂行条例》第14条也规定："诉讼之辩论及判决之宣告，均公开法庭行之。但有特别事件，可宣示理由，停止公开。"南京临时政府还试行陪审制，选派精通中外法律、通达事理、公正和平、名望素著之人参与审判。

4. 采用律师辩护制度

为了配合司法独立原则的施行，南京临时政府还尝试推行律师辩护制度。1912年4月1日，《临时政府公报》登载了《内务部警务局长孙润宇建议施行律师制度呈孙大总统文》。孙润宇在该文中强调制定律师法、实行辩护制的必要性，并且拟就《律师法草案》若干条，一并呈报临时大总统。孙中山在《大总统令法制局审核呈复律师法草案文》中对其建议予以肯定，并指出："查律师制度与司法独立相辅为用，夙为文明各国所通行。现各处既纷纷设立律师公会，尤应亟定法律，俾资依据。"④但是，由于南京临时政府为政甚短，律师制度未见成效。

三、北京政府时期的司法制度

（一）司法机关

1912年3月15日，北京政府将清末制定的《法院编制法》略加删改公布名为《暂

---

① 转引自张礼恒：《从西方到东方：伍廷芳与中国近代社会的演进》，商务印书馆2002年版，第255页。
② 转引自中国科学院近代史研究所史料组编辑：《辛亥革命资料》，中华书局1961年版，第215—216页。
③ 同上书，第270—271页。
④ 《孙中山全集》第3卷，中华书局1981年版，第274页。

行法院编制法》,并予以继续援用。根据该法,北京政府全国普通法院系统由大理院(中央)、高等审判厅(省)、地方审判厅(较大商埠或中心县)和初级审判厅(州、县)四级组成,并与此相应,设总检察厅、高等检察厅、地方检察厅和初级检察厅四级检察机构,实行审检合署制。但是,上述各层级的普通法院中,有的实际上并未完全成立。1914年4月,袁世凯以人力、财力不足为由,下令撤销初级审判厅,改为在有地方审判厅的县份,在地方审判厅内设置简易厅,办理初级审判厅的事务。后来,政府又颁布了《县知事兼理司法事务暂行条例》,规定未设审判厅的各县,其民刑案件皆由县知事审理,并设承审员助理之。据此,县行政长官兼理司法事务,行政司法合一的司法体制又被恢复。北京政府在普通法院之外,还设有名目繁多的特别司法机关,主要包括陆海军内的军事审判机关、边疆地区和特区的特别法院及涉外法院。

北京政府司法机关的一个重要特点是,采行大陆法系国家之通例,将行政诉讼与普通民事、刑事诉讼加以区分,在普通司法机关之外另设行政诉讼机关。1914年3月31日,袁世凯以大总统令公布《平政院编制令》。这是中国第一部行政法院组织法。根据该令,大总统下设平政院,审理行政官吏之违法或不当行为,就行政诉讼及纠弹事件行使审判权。同年5月17日,北京政府又公布了《行政诉讼条例》,并于7月20日将其修正为《行政诉讼法》公布。该法取消了平政院的监察职能,使之成为专门审理行政诉讼的机关。1923年公布的"曹锟宪法"规定,行政案件应由普通法院审理,试图改变由平政院审理行政诉讼的旧制。但是,由于政府并没有颁布相应的行政诉讼法,故行政诉讼仍由平政院审理。

(二)诉讼审判的主要特点

第一,大量运用判例和解释例。民国初年,因法制未备,司法官员审理案件时,每每苦于无所依据。为补救成文法缺乏之弊,大理院遂以发布判例和解释例之方式确立了许多法律规范,以指导下级法院进行司法审判。据黄源盛统计,自民国元年(1912年)至民国十七年(1928年),大理院共受理民事案件约25000例,刑事案件约35000例。① 其中,部分判决又被著为判例,而判例中具有普遍规范效力之部分,又从判例全文中析出,形成判例要旨。民初大理院汇编的判例要旨多达3900条。除判例及判例要旨外,在整个北京政府期间(1913—1927年),大理院还制作解释文件共计2000余件,这些解释文件又被提炼为解释例要旨。② 民初的判例、解释例完善和丰富了中国近代的法律规范,并对以后的立法和司法活动产生了深远影响。

第二,实行四级三审制。在审判管辖上,北京政府实行四级三审制。轻微案件由初级审判厅作第一审,稍重的案件由地方审判厅作第一审。高等审判厅不受理第一审案件。大理院可以作为"内乱""妨碍国交""外患"等罪的第一审及终审机关。

第三,实行审检分立制度。北京政府实行审判权与检察权分立制度,在各级普通

---

① 参见黄源盛:《民初法律变迁与裁判(1912—1928)》,台湾政治大学1990年版,第93页。
② 参见郭卫编:《大理院解释例全文》,会文堂新记书局1932年版。

审判机关内部设立相应级别的检察厅,行使检察权。各级检察厅由若干检察官组成,设首席检察官;规模较小的初级审判厅只设一至两名检察官,不设首席检察官。检察厅虽设在审判厅内,但检察官独立行使检察权,只对上级检察厅负责,不受同级审判厅及行政长官的干预。

第四,军事审判经常取代普通司法审判。北京政府时期,由于军阀对政治制度的干预和破坏,军法审判机关和军法审判在司法审判中占据突出的地位。军法会审机构不仅审理军人违反《陆军刑事条例》和《海军刑事条例》的案件,而且把平民"犯法"案件也纳入军法审判的范围,法律和普通法院反而居于从属的地位。同时,军法会审机构的审判活动还任意残害革命志士和人民群众,充分暴露了军阀专制的特点。

四、南京国民政府时期的司法制度

(一)法院组织体系

南京国民政府成立之初,暂行援用北京政府时期的四级三审制与审检合署制,不设法院的各县仍由县长兼理司法。1928年8月,南京国民政府司法部草拟了《法院组织法草案》,经司法院、国民党中央政治会议审查修改定稿,最后由立法院通过,由国民政府于1932年10月28日颁布。此外,南京国民政府还于1928年10月公布了《司法院组织法》,1932年11月公布了《行政法院组织法》,1944年公布了《县司法处组织条例》,1948年公布了《特种刑事法庭组织条例》和《军事法庭条例》等。根据上述法律的规定,南京国民政府的司法机构主要包括:

第一,普通法院。普通法院分地方法院(设于县或市)、高等法院(设于省会、直辖市、首都和特别区域)和最高法院(设于国民政府所在地)三级,实行三级三审制。此外,南京国民政府实行审检合署制,在普通法院中设立相应的检察机关,并配备一定数量的检察官,行使检察权。

第二,特种刑事法庭。1948年,南京国民政府颁布《特种刑事法庭组织条例》,后根据该条例设特种刑事法庭,分中央、高等特种刑事法庭二级。中央特种刑事法庭设于首都,隶属司法院。高等特种刑事法庭设于重庆、兰州两地。南京国民政府将所谓危害其政权的刑事案件列为"特别刑事案件",规定由特种刑事法庭审判,其实质是借此镇压共产党人和人民群众的革命活动。

第三,军事审判机关。南京国民政府的军事审判机关主要有军法会审机关和普通军事机关等。军法会审机关又分为简易军法会审机关、普通军法会审机关和高等军法会审机关三种,分别审判尉官以下、校官和将官及同等军人犯罪的案件。在一定条件下,普通军事机关亦有审判权。1937年9月修正并公布的《危害民国紧急治罪法》规定,凡该法所定各罪,由该区域最高军事机关审判。根据1948年5月公布的《戒严法》,戒严期间,接战区内的军人犯罪案件和非军人所犯的内乱罪、外患罪等刑法规定的10种犯罪案件,由该区域的最高军事机关审判;接战区内无法院时,所有刑事、民事案件均由该区域的最高军事机关审判。

第四,兼理司法法院。该法院依据1944年公布的《县司法处组织条例》而设立,内设审判官,由县长兼理检察官的检察职务,由审判官掌管刑事、民事案件的审判业务。

(二)司法制度的特点

南京国民政府的司法制度在一定程度上采纳了西方国家的诉讼原则,其司法诉讼制度表现出以下几个特点:

第一,确定了独立审判原则。受"司法党化"思想的影响,南京国民政府在建立后的很长一段时间内规定国民党组织有权干预司法,因而审判未能独立。1947年发布的"蒋记宪法"始规定"法官须超出党派之外,依法律独立审判,不受任何干涉";"法官为终身职,非受刑事或惩戒处分,或禁治产之宣告,不得免职。非依法律,不得停职、转作或减薪"。至此,独立审判原则至此才最终确立。

第二,实行秘密审判制度。南京国民政府虽然在《法院组织法》中规定实行公开审判原则,如第65条规定:"诉讼之辩论及裁判之宣示,应公开法庭行之",但同时又规定"有妨害公共秩序、善良风俗之虞者,经法院议决,不得公开"。这就为秘密审判提供了法律依据。1948年公布的《特种刑事法庭审判条例》更明确规定,违犯《戡乱时期危害国家紧急治罪条例》的刑事案件,按这个条例进行秘密审判,"裁判"后不得上诉或抗告。秘密审判制度成为国民党逃避社会公共舆论的监督和谴责、镇压共产党人和革命志士的工具。

第三,采取"自由心证"原则。南京国民政府的《民事诉讼法》和《刑事诉讼法》都规定,在证据制度中采取"自由心证"原则,证据的证明力及其是否被采用,不是由法律预先作规定,而是由法官的内心信念,依"心证"自由判断和取舍。"自由心证"原则有利于法官保持独立、公正立场作出裁决,但也容易导致主观臆断。

第四,特务组织参与司法。南京国民政府除依靠司法制裁外,还建立了庞大的特务组织,推行法外制裁。国民党的特务组织,最大者有二:一是国民党中央执行委员会调查统计局,简称"中统";二是国民政府军事委员会调查统计局,简称"军统"。这些特务组织,从中央到地方,从城市到乡村,遍布于政治、经济、军事、文化等各个部门。特务组织根据需要,可不经过任何法定程序,肆意监视、搜查、殴打、扣押、绑架、逮捕、刑讯甚至暗杀共产党人、民主党派人士以及国民党内的异己分子。

第五,领事裁判权被最后废除。1941年12月,太平洋战争爆发,美国成为中国的盟国,两国于1943年1月11日签订《中美关于取消美国在华治外法权及处理有关问题条约》。同日,英国也与中国签订了相关条约。比利时、挪威、巴西、法国、瑞士等国随即也纷纷取消在华领事裁判权。至此,在中国延续百年之久的领事裁判权制度被最后取消。因此,南京国民政府将1月11日定为国家的司法节。但是,美国很快又通过南京国民政府制定的专门法规部分恢复其在华的司法特权。根据1943年10月1日公布的《处理在华美军人员刑事案件条例》,"依互惠精神,对于美军人员在中国境内所犯之刑事案件,归美国军事法庭及军事当局裁判"。

【练习题】

一、名词解释

1.《钦定宪法大纲》 2.《大清新刑律》 3.《大清民律草案》 4.资政院 5.会审公廨 6.《中华民国临时约法》 7."曹锟宪法" 8.平政院 9."六法全书" 10."蒋记宪法"

二、简答题

1. 简述清末的"预备立宪"活动。
2. 简述清末司法机关的变化。
3. 简述"天坛宪草"的制定和流产过程。
4. 简述南京国民政府司法机关的类型。

三、论述题

1. 论述清末"礼法之争"的主要内容,并对这一事件扼要评析。
2. 论述民国北京政府关于诉讼审判方面的特点。
3. 论述南京国民政府时期刑事立法的内容及其特点。

【参考文献】

1. 谢振民编著:《中华民国立法史》(上册),中国政法大学出版社2000年版。
2. 杨幼炯:《近代中国立法史》,范忠信等校勘,中国政法大学出版社2012年版。
3. 汪楫宝:《民国司法志》,商务印书馆2013年版。
4. 李贵连:《沈家本传》,法律出版社2000年版。
5. 朱勇主编:《中国法制通史》(第九卷),法律出版社1999年版。
6. 潘维和:《中国近代民法史》,汉林出版社1982年版。
7. 黄源盛:《民初法律变迁与裁判(1912—1928)》,台湾政治大学1990年版。
8. 张生:《中国近代民法法典化研究(1901—1949)》,中国政法大学出版社2004年版。

第八章 革命根据地时期的法律制度

重要内容提示

1919年爆发的五四运动开启了中国新民主主义革命的历史进程。自1927年毛泽东率领秋收起义队伍在井冈山开辟第一个农村革命根据地始,中国共产党先后在全国各地创建了众多的革命根据地,积极开展人民民主政权的法制建设。马克思列宁主义、毛泽东思想是指导中国革命的基本理论,其国家观和法律观是革命根据地时期法制建设的理论基础和指导思想。这一时期的法制经历了工农民主政权、抗日民主政权和解放区民主政府三个发展阶段。工农民主政权时期的法制的主要内容为《中华苏维埃共和国宪法大纲》,以及在其指导下形成的土地法、劳动法、婚姻法等。抗日民主政权时期的法制除部分适用南京国民政府的法制外,主要表现为各边区政府发布的施政纲领及相关土地法、劳动法、刑法、婚姻法以及民主的司法制度。解放区民主政权时期的法制除宪法原则与施政纲领有所变化外,主要沿用抗日民主政权法制。革命根据地时期的法律制度集中体现了人民的意志和利益,是一种完全新型的法律制度,不仅有力地保障和推动了新民主主义革命的顺利进行,而且为新中国的社会主义法制建设奠定了坚实的基础。

第一节 概 说

革命根据地时期的法律制度,是指中国共产党领导人民群众,在新民主主义革命时期,在革命根据地创建的维护人民民主政权的法律制度的总称。其宗旨在于,对人民实行民主,对帝国主义、封建主义和官僚资本主义实行专政。革命根据地时期的法律制度代表的是无产阶级和广大人民的意志,是维护人民大众的基本权利,进行反帝反封建①革命斗争的锐利武器。它与社会主义法律制度属于同一历史类型。

1919年爆发的五四运动开启了新民主主义革命的进程。自1927年毛泽东率领

---

① "封建"一词是近代译介时使用的,指马克思主义五种社会形态之一的封建社会,也曾被广泛用于指称中国传统社会的某个历史时段。中国共产党人在领导人民群众进行革命斗争中,也曾把打倒"封建制度""封建主义",推翻"半殖民地半封建社会"作为口号,以示进步和正当。但是,正如本书"导论"以及其他学者所指出的,中国历史上有无封建社会,封建主义究竟何指,学术界的看法未必一致,需要进一步明确。本章所使用的"封建""半封建"等词,姑且仍旧沿袭历史文献的称呼。

秋收起义队伍在井冈山开辟第一个农村革命根据地始,中国共产党先后在全国各地创建了众多的革命根据地,积极开展人民民主政权的法制建设。马列主义、毛泽东思想是指导中国革命的基本理论,其国家观和法律观是革命根据地时期法制建设的理论基础和指导思想。

在宪政建设方面,革命根据地时期,各民主政权进行了广泛的宪政立法和实践活动,制定了多部宪法性文献,积累了丰富的宪政经验。这一时期,以民主制度建设为核心原则,以根本大法的形式对人民权利给予宪法保障,各发展阶段的宪政法制都规定了各自的基本任务,完成了政权建设,完善了民主政治制度,最终为新中国宪政法制建设提供了坚实的基础。

革命根据地时期的刑事法律制度带有浓厚的战时色彩,其主要目的是肃清反革命,打击汉奸,稳定社会秩序,巩固新生的民主政权。在刑法罪名上,各发展阶段的根据地政权先后颁布了很多刑事法规、法令,以惩治反革命、汉奸等罪犯。革命根据地时期,各根据地政权所采用的刑罚种类主要包括死刑、无期徒刑、有期徒刑、拘役、罚金、没收财产、褫夺公权以及驱逐出境等。解放区民主政权还创制了管制的刑罚种类。革命根据地时期的法律制度逐渐形成一些基本的刑法适用原则,包括:罪刑法定与刑事类推相结合的原则;从刑法面前的不平等到基本平等的原则;实行镇压与宽大相结合,教育感化为主、刑罚惩罚为辅的原则;对自新、自首者减免刑罚与立功者奖励的原则。

在民事经济法律建设上,革命根据地时期主要集中于土地立法、劳动立法以及婚姻家庭法制领域。土地问题是中国新民主主义革命的一个基本问题。为了巩固不断深入的土地革命成果,实现"耕者有其田"的目标,保卫民主政权,共产党人在各个历史阶段的革命根据地范围内进行了长期深入的土地立法实践,积累了丰富的土地法制建设经验。产业工人的革命运动促进了近代中国新民主主义革命高潮的来临。因此,革命根据地时期,为保护劳工利益,在各阶段进行了劳动法制建设。在劳动法制的初期建设阶段,由于受"左"倾思想的影响,作出了一些不切实际的规定,既影响了资产阶级的利益,也损害了工人和农民的利益。抗战爆发后,随着"发展生产、繁荣经济、公私兼顾、劳资两利"目标的提出,劳动法制建设取得了巨大成功。由于儒家礼教思想的深刻影响,中国古代法律文化中充满"夫为妻纲""男尊女卑"的传统。如今我们视为理所当然的"男女平等""一夫一妻"等婚姻法制理念,是伴随着法制近代化的历史进程而逐渐形成确立的。这些先进的理念和制度恰恰是革命根据地时期婚姻法的价值取向。在工农革命运动的早期,共产党的先驱们就多次倡导"男女平等""婚姻自由"的社会改革。此后,随着各根据地民主政权和政府的建立,婚姻法制建设被摆在重要地位,规定了"婚姻自由""一夫一妻"制度,各抗日边区政府颁行的婚姻法还新设立了"男女平等"原则。革命根据地时期的婚姻法制为中国婚姻制度的现代化做出了开创性贡献。

革命根据地时期,在司法机构的建制上大体都设置了中央和地方两个层级。司法机关内部实行"审检合署制",在各级审判机关内部设置相应的检察长或检查员,行使刑事案件的逮捕、预审以及代表国家向司法机关提起公诉等检察权。在革命根据地的司法实践中,中国共产党领导人民逐渐形成和完善了一系列有特色的主要审判制度和原则。革命根据地时期最有特色的司法制度包括人民调解制度和马锡五审判方式的推广。人民调解制度是根据地审判制度的重要补充,它的建立和完善为新中国人民调解制度积累了宝贵经验。马锡五审判方式的推广使边区司法更加适应抗战需要和农村实际,推动了边区司法的民主化,丰富和发展了巡回审判制度。

第二节　立法指导思想与法律体系的形成

一、立法指导思想

(一)马列主义的国家观和法律观

马列主义、毛泽东思想是指导中国革命的基本理论,其国家观和法律观是革命根据地人民民主政权建立的依据和立法的理论基础。人民民主政权的立法反映了中国革命的具体实践与马列主义逐渐科学结合的过程,体现了马列主义的普遍真理。在实现这一结合方面,中国共产党经历了一个艰苦的探索过程,曾出现"左"倾和右倾的错误偏向。历史经验证明,任何偏离马列主义、毛泽东思想的"左"的或右的倾向,都会给革命事业和法制建设带来严重的危害。

(二)中国共产党在新民主主义革命时期的纲领、路线、方针和政策

中国共产党在新民主主义革命时期的纲领、路线、方针和政策是革命根据地人民民主政权立法的指导原则。在人民民主政权中,中国共产党是执政党,人民民主政权的法律是中国共产党的纲领、路线、方针和政策的具体体现。因此,人民民主政权必须无条件地以中国共产党的纲领、路线、方针和政策为立法的指导原则。中国共产党的纲领、路线、方针和政策在革命斗争中不断发展和完善。同时,受其指导,人民民主政权的立法也逐渐得到发展和完善。

二、法律体系的形成

革命根据地时期的法制建设先后经历了三个重要的历史发展阶段,即工农民主政权时期(1927—1937年)、抗日民主政权时期(1937—1945年)和解放区民主政府时期(1946—1949年)等。1927年大革命失败后,中国共产党领导的工农武装力量在国民政府统治薄弱的地区开辟了许多革命根据地,建立起新型的工农民主政权。革命根据地的具体名称因新民主主义革命所处不同历史时期而有所变化。详言之,1927—1937年工农民主政权时期建立的革命根据地,因建立了苏维埃政权而被称为"苏区"。1937—1945年全面抗日战争时期建立的抗日根据地,因大多位于数省交界地区而往往被称为"边区"。抗日战争后期的大反攻阶段,中国共产党领导抗日人民武装收复了大片国土,解放了广大饱受日寇奴役的人民,根据地因此改称"解放区"。这一称谓沿用至1946—1949年解放战争时期。人民民主政权以马列主义的国家观、法律观为指

导,结合中国社会的实际情况,制定了一系列法律法规,以适应新的政权建设和各个历史时期革命斗争形势的需要。

(一) 工农民主政权时期的法制(1927—1937年)——革命根据地法制的形成

自1921年中国共产党成立到1927年第一次国内革命战争结束,中国共产党刚刚成立就领导和推动了反对帝国主义和封建专制主义的工农革命运动。为了实现反帝反封建的革命纲领,在这一阶段,中国共产党领导工人和农民制定了各种纲领、决议和条例,将它们作为指导工农革命运动的方针,同时也作为夺取政权后的立法原则。因此,工农革命运动时期是革命根据地时期法制的萌芽阶段。

1924年,国共第一次合作,中国共产党在联合政府中获得一定的立法权。例如,1925年11月,中国共产党领导省港罢工工人代表大会制定《纠察队纪律》和《会审处条例》。1926—1927年,中国共产党先后制定了关于惩办土豪劣绅、贪官污吏,实行减租减息,解放妇女等众多决议案,并促使国民党中央制定了《保护佃农法》,促使部分省党部制定了《惩治土豪劣绅条例》等法规。1927年3月,上海工人武装起义胜利后,中国共产党领导上海市民代表会议制定了《上海特别市临时市政府政纲草案》等法规。上述立法尝试为日后苏区工农民主政权的立法打下了良好的基础。

1927年,第一次国共合作破裂后,中国共产党在农村开辟众多根据地,建立了苏维埃工农民主政权。1931年11月,中华苏维埃第一次全国代表大会在江西瑞金召开,宣布成立中华苏维埃共和国,并选举出以毛泽东为主席的临时中央政府,在政治与法律上建立了对全国各红色割据政权的统一领导。新成立的临时中央政府制定并颁布了《中华苏维埃共和国宪法大纲》,以及政府组织法、刑法、土地法、劳动法、婚姻法、司法程序等各项法律,基本建立起统一的新民主主义法律体系。1934年1月,中华苏维埃第二次全国代表大会对上述部分法律进行了修订。受中国共产党"左"倾路线的影响,这一时期的法制存在着极"左"的错误,这一错误倾向直到红军长征到达陕北时才逐步得到纠正。

(二) 抗日民主政权时期的法制(1937—1945年)——革命根据地法制的发展

1931年九·一八事变后,日本侵略者挑起侵华战争。1937年7月7日,驻华日军悍然发动七七事变(又称卢沟桥事变),日本开始全面侵华,抗日战争全面爆发。为实行第二次国共合作,同年9月,原中华苏维埃共和国西北办事处被更名为陕甘宁边区政府,红军和南方八省游击队被改编为八路军、新四军,广泛地发展敌后游击战争,建立抗日根据地和抗日民主政权。各抗日民主政权与陕甘宁边区政府一起在名义上隶属于南京国民政府,并接受南京国民政府的"六法"体系;同时,各边区政权又拥有相对独立的立法权。在中国共产党的抗日民族统一战线政策的指导下,各边区参议会和政府结合本区域实际情况,独立自主地制定和颁布了大量的法规和法令。

(三) 解放区民主政府时期的法制(1946—1949年)——革命根据地法制的完善

解放区民主政府时期是革命根据地法制进一步发展并臻于完善的阶段,始于

1945年8月抗日战争胜利,结束于1949年10月中华人民共和国成立。在全面内战爆发之前,各解放区人民政权基本上继续实行抗日战争时期的法律制度。1946年,国民党撕毁"双十协定",发动全面内战。中国共产党领导人民进行解放战争,并于1947年6月转入战略反攻。解放区亦由小到大,由分散而连成一片,形成几个大解放区。为了配合解放战争的发展需要,各解放区民主政权先后颁布了新的宪法原则和施政纲领,确立了人民代表会议制度。1947年,中共中央制定了《中国土地法大纲》,提出新民主主义的三大经济纲领;各解放区政府颁布了新的刑事政策,实行司法独立等原则,在司法体制和司法程序上均有重大发展变化。1949年2月,中共中央发布《关于废除国民党的六法全书与确定解放区的司法原则的指示》,宣布以新民主主义的法律制度和原则取代国民政府的"六法"体系,标志着新民主主义法制进入新的阶段。革命根据地时期的法制为新中国法制的建设和完善奠定了基础。

第三节 宪政法制

在革命根据地法制形成和发展的三个不同阶段,中国共产党领导中国人民进行了广泛的宪政立法活动,积累了丰富的立法经验,逐步完善了民主政治制度,最终为新中国宪政法制建设提供了坚实的基础。

一、宪政立法

(一)工农民主政权时期的《中华苏维埃共和国宪法大纲》

1927年八七会议以后,中国共产党在全国各地先后建立了十几个革命根据地。各根据地的工农民主政权大都发布了自己的政纲。随着以江西瑞金为中心的中央苏区根据地的发展壮大,建立工农民主共和国,并制定体现工农意志的宪法性文件,便成为党和人民的共同愿望。1931年11月召开的中华苏维埃第一次全国代表大会正式通过了《中华苏维埃共和国宪法大纲》(以下简称《宪法大纲》)。1934年1月召开的中华苏维埃第二次全国代表大会对《宪法大纲》进行了修改,在第2条增加了"同中农巩固的联合"的内容。这一项原则性的规定是对"左"倾错误的修正,对扩大工农民主政权的社会基础具有重要意义。

(二)抗日民主政权时期的《陕甘宁边区施政纲领》

随着抗日民族统一战线的正式建立,陕甘宁边区政府和其他新开辟的抗日根据地民主政府根据党的民族统一战线总方针和《抗日救国十大纲领》,分别制定了各边区的施政纲领,主要有:1939年4月的《陕甘宁边区抗战时期施政纲领》,1941年5月的《陕甘宁边区施政纲领》,1941年9月的《晋冀鲁豫边区政府施政纲领》,1942年10月的《对于巩固与建设晋西北的施政纲领》,1943年1月的《晋察冀边区目前施政纲领》,1944年2月的《山东省战时施政纲领》等。这些施政纲领在基本精神和内容上具有共同性,下文将以《陕甘宁边区施政纲领》(以下简称《施政纲领》)为代表予以阐述。

(三)解放区民主政府时期的宪法性文件

1946年4月23日,陕甘宁边区第三届参议会第一次会议通过了《陕甘宁边区宪法原则》(以下简称《宪法原则》)。这是陕甘宁边区政府的临时宪章,也是解放区民主政权前期具有代表性的重要宪法性文献,共分政权组织、人民权利、司法、经济、文化五个部分,规定了参议会的政权组织形式与广泛的人民权利。1948年8月,晋察冀边区和晋冀鲁豫边区合并成立华北解放区,并在石家庄召开华北临时人民代表大会,选举产生了以董必武为主席的华北人民政府,讨论通过了中共中央华北局提出的《华北人民政府施政方针》(以下简称《施政方针》)。《施政方针》是新中国成立前夕各解放区政府中较具代表性的纲领性文件。

二、宪政的原则和主要内容

(一)革命根据地时期宪政的核心原则

宪政法制建设的核心原则首先要回答政权的性质问题。早在工农民主政权时期的《宪法大纲》中,就明确规定中华苏维埃共和国的政权性质为工农民主专政。《宪法大纲》第2条规定,中华苏维埃政权所建设的是工人和农民的民主专政的国家。"苏维埃全部政权是属于工人、农民、红军及一切劳苦民众的。""军阀、官僚、地主、豪绅、资本家、富农、僧侣及一切剥削人的人和反革命分子,是没有选派代表参加政权和政治上自由的权利的。"1934年召开的中华苏维埃第二次全国代表大会对1931年《宪法大纲》进行了重要的修改,特别增加了"同中农巩固的联合"的规定,纠正了"左"倾路线最初打击中农的政策。为了落实这一原则,《宪法大纲》确定苏维埃政权的组织形式为"议行合一"制,也就是工农兵苏维埃代表大会制。《宪法大纲》第3条规定:"中华苏维埃共和国之最高政权为全国工农兵苏维埃代表大会,在大会闭幕的时间,全国苏维埃临时中央执行委员会为最高政权机关,在中央执行委员会下组织人民委员会处理日常政务,发布一切法令和决议案。"这种"议行合一"的政权组织形式是人民代表大会制度的雏形,它将一切国家权力都集中于代表机关,既能实行广泛的民主,又能使政府集中处理政务,与西方资本主义国家宪法规定的三权分立的政权组织形式有着根本的区别。

抗日战争时期,为了建立广泛的抗日联盟,《施政纲领》明确了以"三三制"为中心的抗日民主政权的民主政治制度,规定实行普遍、直接、平等、无记名投票的选举制度,以保障一切抗日人民的选举权和被选举权。该纲领规定实行"三三制"的政权组织原则,即各级参议会和各级政府的人员组成分配上,共产党员最多只占1/3,而2/3的人员由党外人士,包括各党各派及无党派人士组成。《施政纲领》要求当选的共产党员应与这些党外人士实行民主合作,保证"三三制"这一组织原则能充分发挥应有的作用。

解放区民主政府时期,《宪法原则》首先规定"边区、县、乡人民代表会议(参议会)为人民管理政权机关"。该宪法原则确定了解放区人民政权的各级权力机关,人民以普遍、直接、平等和无记名投票的方式选举各级代表;各级代表选举各级政府,各级政府对各级代表会议负责;乡代表会直接执行政务。这一规定奠定了人民代表大会制度的基础。《施政方针》则进一步把建设民主制度作为华北人民政府的基本目标。

(二)宪政法制的主要内容

工农民主政权时期的宪政法制首次规定了苏维埃工农群众的各项广泛的人民权利,他们享有以下基本权利:凡在苏维埃政权领域内的工人、农民、红军兵士及一切劳苦民众及其家属,不分男女、民族、宗教,皆为苏维埃共和国的公民。在政治上,公民享有选举权和被选举权,以及言论、出版、结社、集会、自由信仰宗教、自由宣传反对宗教等各项民主自由权;在经济上,工人享有实行 8 小时工作制、社会保险、劳动保护等权利,农民有权获得土地;在文化教育上,公民享有受教育的权利;妇女有获得解放,参加全社会政治、经济和文化生活的权利。

与之相比较,抗战时期的《施政纲领》更加务实与宽容,其第 6 条规定了抗日人民的各项自由权利,即保证一切抗日人民(地主、资本家、农民、工人等)的言论、出版、集会、结社、信仰、居住、迁徙之自由权。此外,还特别规定了以人身自由权和民主自由权为内容的保障人权的法律原则,如 1942 年 2 月的《陕甘宁边区保障人权财权条例》等。其他各抗日民主政权的"施政纲领"或"保障人权条例"也无一例外地规定了权利保障的法律原则,其中关于人权保障的内容虽略有不同,但其核心都是人民的人身自由权。具体的保障措施有:除司法系统及公安机关依法执行其职务外,任何机关、部队、团体不得对人民加以搜查、逮捕、拘禁、审问或处罚;司法机关或公安机关逮捕人犯应有充分证据和依法定手续;禁止使用肉刑;人民对公务员的非法行为有无论以何种方式控告的权利等。

解放区民主政权时期的《宪法原则》规定人民享有政治上的各项民主自由权利,经济上免于贫困的权利,受教育与保持健康的权利,武装自卫的权利,以及民族平等、男女平等权利。其中,武装自卫权主要是针对南京国民政府即将发动的内战规定的。

三、宪政法制建设的基本任务

自工农民主政权开始,各个阶段的宪政法制都规定了其基本任务。例如,中华苏维埃共和国《宪法大纲》第 1 条确定苏维埃国家的基本任务是消灭一切封建残余,赶走帝国主义列强在华的势力,统一中国。为保障这一基本任务的完成,第 6 条规定要颁布消灭封建剥削制度的土地法;第 8 条在对外政策上宣布中华民族完全自由与独立,不承认帝国主义在华的一切特权,宣布一切与反革命政府订立的不平等条约无效,否认反革命政府所借的一切外债,帝国主义军队不准在华驻扎,帝国主义租界无条件收回,帝国主义的在华企业一律收归国有,与世界无产阶级和被压迫民族站在同一条革命战线,同苏联结成巩固的联盟。此外,还规定了苏维埃国家的各项内政外交政策。例如,在宗教政策上,实行政教绝对分离原则,一切宗教不能得到苏维埃国家的任何保护和经费供给;在军事制度上,实行由志愿兵役制向义务兵役制过渡;在民族政策上,实行民族平等和民族享有完全的自决权。

抗战爆发后,《施政纲领》基于对国内形势变化的认识,首先规定了抗日民主政权的总任务,即团结边区内各阶级、各抗日民主党派,发动一切力量,为保卫边区、保卫中国、驱逐日本帝国主义而战。这一任务决定了抗日民主政权的性质是一切抗日阶级和党派反对日本帝国主义的联盟。

抗战胜利后,人民民主政权及时调整了任务。《施政方针》规定华北解放区的任务是:继续进攻敌人,为解放全华北而奋斗;继续支援前线,配合解放军,争取全国的解放。同时,《施政方针》进一步规定了华北人民政府在军事、经济和政治上的具体工作措施。

四、宪政法制建设的历史意义

工农民主政权时期《宪法大纲》的制定和实施在中国宪政史上具有重大的历史意义。首先,它是中国共产党领导人民制定的第一部宪法性文件,是第二次国内革命战争时期的根本大法,具有彻底的反帝反封建的性质;其所确立的由工农群众当家做主的各项制度,促进了全国反帝反封建的革命运动,促进了中国革命形势的高涨。其次,它是人民制宪的最初尝试,其成功经验为后来的新民主主义各时期乃至社会主义时期的民主宪政工作所继承。但是,由于受"左"倾思想的影响,《宪法大纲》在某些具体立法上存在过于激进的社会主义倾向。

之后,以陕甘宁边区为代表的各抗日民主政权汲取这一经验教训,制定了具有根本法性质的文件——《施政纲领》,使之成为制定抗日民主政权各种法规的依据。《施政纲领》的贯彻实施,扩大了党的政治影响,调解了各阶级、阶层的矛盾,促进了边区的团结和民主政治,保障了抗战的胜利;其所确立的保障人权的法律原则,进一步健全、完善了新民主主义法制。

华北人民政府的《宪法原则》有关文化教育方面的政策意义重大,如规定要普及并提高一般人民的文化水准,迅速消灭文盲;实行免费的国民教育和高等教育等,这些都有利于保障学术自由和促进科学发展。《宪法原则》将司法独立原则写进条文中,规定"各级司法机关独立行使职权,除服从法律外,不受任何干涉",标志着我国新民主主义革命法制的逐渐成熟。同时,《施政方针》规定"应保障耕者有其田",还规定允许公营(国营)、合作和私营三种经济形式并存,对于促进华北地区的经济繁荣、消灭贫困发挥了重要作用。

第四节　刑事法律制度

革命根据地时期,刑事立法的目的主要是肃清反革命、打击汉奸、稳定社会秩序。因此,这一时期的刑事法制带有浓厚的战时色彩,表现为因地因时制宜、单一与阶级性等特色。

一、刑事立法

各时期的根据地政权先后制定并颁布了许多惩治反革命犯罪的刑事法令。早在1927年3月国共合作时期,武汉国民政府就颁布了《反革命罪条例》,这是中国最早的惩治反革命罪的单行条例,对后期的根据地立法具有重要影响。工农民主政权刑事立法的主要任务就是惩办各类反革命分子。为此,各地工农民主政权先后颁布了许多惩治反革命罪的刑事法规。例如,1930年6月闽西政府颁布的《闽西苏维埃政府惩办反革命条例》,1932年4月湘赣省政府颁布的《湘赣省苏区惩治反革命犯暂行条例》等。1934年4月8日,中央执行委员会颁布了适用于全苏区的《中华苏维埃共和国惩治反革命条例》。该条例是第二次国内革命战争时期苏区刑事立法中最具代表性的法规。

抗战爆发后,对于普通的刑事犯罪,各抗日民主政权不同程度地适用南京国民政府刑法。对于抗战和边区秩序危害最大的特种刑事犯罪,如汉奸、盗毁空室清野财物、烟毒、贪污等,各抗日民主政权都制定了专门的刑事政策和单行的刑事法规。例如,1939年的《陕甘宁边区抗战时期惩治汉奸条例》与《陕甘宁边区抗战时期惩治盗匪条例》,1942年的《晋冀鲁豫边区汉奸财产没收处理暂行办法》和《山东省惩治盗匪暂行条例》,1943年的《山东省惩治贪污公粮暂行条例》,1945年的《山东省汉奸自首自新暂行条例》《山东省处理伪军伪警察条例》等。

解放战争时期,刑事立法的主要任务是镇压一切反革命活动,打击战争罪犯、土匪恶霸以及破坏土地改革的犯罪分子。这一时期重要的刑事立法包括:1945年9月的《苏中区惩治战争罪犯及汉奸暂行条例》,1946年的《太行行署关于处理伪军伪组织人员的原则及执行中应注意事项的指示》《苏皖边区第一行政区惩治汉奸施行条例》,1947年10月的《中国人民解放军宣言》,1948年11月的《惩处战争罪犯命令》。各解放区民主政权及人民解放军以宣言、命令、布告等形式,规定以上犯罪的基本构成特征以及惩办战争罪犯和反革命分子的原则。

二、主要罪名及其变化

(一)惩治反革命罪

为了惩办各类反革命分子,各地工农民主政权先后颁布了许多惩治反革命犯罪的刑事法规。其中,1934年4月颁布的《中华苏维埃共和国惩治反革命条例》规定:"凡一切图谋推翻或破坏苏维埃政府及工农民主革命所得到的权利,意图保持或恢复豪绅地主资产阶级的统治者,不论用何种方式,都是反革命行为"。解放战争时期,反革命罪仍然是最主要的犯罪。解放区民主政府颁布了各种法令,镇压一切反革命活动。对于新老解放区的各种反革命分子和各类反革命组织,人民解放军军事管制委员会和人民民主政权依据"首恶者必办,胁从者不问,立功者受奖"的方针,分别颁布了处理的法令。例如,1949年1月4日华北人民政府发布的《解散所有会门道门封建迷信组织的布告》宣布,取缔一切反动会道门组织;其首要分子须向当地政府机关登记,视情况予以宽大处理或免予追究;其余一般人员,一经脱离组织,停止活动,一律不予追究;能揭发各种阴谋破坏活动者,酌情予以奖励。

(二) 惩治危害抗战和边区秩序的汉奸罪

各边区抗日民主政权都通过颁布单行法规规定,凡有下列行为之一者,即以汉奸罪论处:企图颠覆国民政府所属各级政府(指抗日边区政府),阴谋建立傀儡伪政权;破坏人民抗日运动或抗战动员;进行各种侦探、特务和间谍活动;谋害党政军及人民团体领袖;施放信号,为敌人显示轰炸或射击目标;诱逼人民以供敌人使用,侮辱、凌虐或毒害人民生命;组织、领导抗日军队叛变或逃跑;拖枪逃跑,哗变,投降敌人;以粮食、武器资敌;破坏交通;扰乱金融;以文字、图画、书报或以宗教迷信宣传破坏抗战;有意放纵汉奸分子逃跑;等等。教唆、放纵或协助上述汉奸行为者,与汉奸同罪。

(三) 惩治侵犯边区人民生命财产、破坏边区秩序的盗匪罪

为了保护边区人民生命财产和维护边区秩序,《陕甘宁边区抗战时期惩治盗匪条例(草案)》规定:凡"以抢劫为目的",聚众持械掳人勒赎;藏匿、贩运及买卖军火;杀人及伤害;强奸妇女;纵火焚烧房屋;破坏或阻塞交通;袭击或抗拒军队,或抢夺军队武器或其他自卫武器;勾引军人为匪等行为均构成盗匪罪。教唆、庇纵或协助上述盗匪行为者,以盗匪论罪。

(四) 惩治破坏坚壁财物罪

为保存抗日根据地的公私财物,防止敌人的抢劫和破坏,1941年10月颁布的《晋冀鲁豫边区惩治盗毁空室清野财物办法》规定:凡勾结敌伪挖掘搜索坚壁财物;向敌伪自动告密,暴露坚壁财物之处,致其损害;故意焚烧、毁坏坚壁财物;结伙三人以上,盗窃坚壁财物,屡犯盗窃坚壁财物;制造敌情或冒充敌伪致民众逃避而乘机盗窃坚壁财物等,均构成破坏坚壁财物罪。

(五) 惩办战争罪犯

1947年10月10日,中国人民解放军总部发布《中国人民解放军宣言》,发布了惩办战争罪犯和反革命分子的原则是"首恶者必办,胁从者不问,立功者受奖"。1948年11月,中国人民解放军总部又发布了《惩处战争罪犯的命令》,重申了这一处罚原则,并具体列举了以战犯论处的各项罪行。

(六) 惩治破坏土改的犯罪

为保证土地改革的顺利进行,各老解放区民主政府根据《中国土地法大纲》,制定了惩办破坏土改犯罪的法规。例如,1948年1月晋冀鲁豫边区政府发布的《破坏土地改革治罪暂行条例》规定,凡蓄意破坏土地改革而对农民实行倒算,杀害农民和干部,强占或贪污土改果实,拒不退还并实施破坏或杀人等行为者,处以死刑;凡反对土地改革或企图妨碍土地财产公平分配,侵犯农民及其代表的民主权利等各种违法行为,分别给予定期劳役、定期取消公民权、撤销公职、当众批评警告等处罚。

除以上罪名外,工农民主政权时期还设置了破坏反帝罢工罪、贪污渎职罪、土豪劣

绅罪;抗战时期还有妨碍军事罪、妨害公务罪、烟毒罪;解放区民主政权时期的法律还规定了抢夺罪、抢劫罪、盗窃罪、杀人伤害罪、妨害婚姻罪、奸害罪、破坏经济罪等。

三、主要刑罚和适用原则

(一) 刑罚种类

革命根据地时期,各根据地政权所采用的刑罚种类主要包括死刑、无期徒刑、有期徒刑、拘役、罚金、没收财产、褫夺公权以及驱逐出境等。抗日民主政权、人民民主政权的刑罚制度基本承袭之,后者还创制了一个新的刑种"管制"。1948年11月发布的《中共中央关于军事管制问题的指示》规定,在解散反动党团之后,"对登记后的少数分子实行管制(每日或每星期须向指定的机关报告其行动)"[①]。管制,即不予关押,而是交当地政府和群众监督,由政府限制其行动自由,定期向政府有关部门报告自己的情况。管制期限视被管制人的改造表现而定。后来,《中华人民共和国刑法》将管制规定为一项独立的刑种。

(二) 刑罚适用的基本原则

革命根据地时期,各民主政权逐渐形成了一些基本的刑罚适用原则:

1. 罪刑法定与刑事类推相结合原则

革命根据地的刑法一般规定采用罪刑法定原则。例如,1934年《中华苏维埃共和国惩治反革命条例》规定:"凡犯本条例所列举各罪者……均适用本条例以惩治之。"《陕甘宁边区抗战时期惩治汉奸条例》亦规定:"本条例所列举之犯罪行为,无论任何人民,凡在边区以内者,均适用之。"同时,对各种犯罪的构成要件及相应的刑罚乃至量刑幅度,也有明确规定。但是,限于当时的历史条件,又采取类推作为补充。例如,《中华苏维埃共和国惩治反革命条例》规定:"凡本条例所未包括的反革命犯罪行为,得按照本条例相类似的条文处罚之。"边区乃至解放区政权也多有无法律规定者,依照法律规定的最相类似条款类推处罚的补充说明。

2. 从刑法面前的不平等到基本平等的原则

苏维埃政权从"左"倾思想和阶级感情出发,在1934年《中华苏维埃共和国惩治反革命条例》中曾明确规定对工农分子或立功者犯罪减轻处罚的原则:"工农分子犯罪,而不是领导的或重要的犯罪行为者,得依照本条例各项条文的规定,比较地主资产阶级分子有同等犯罪行为者,酌量减轻其处罚";"凡对苏维埃有功绩的人,其犯罪行为得按照本条例各该条文的规定减轻处罚"。这一规定显然违背了法律面前人人平等的精神。抗日民主政权纠正了此前具有明显"唯成分论"和"唯功绩论"的不平等偏向。1937年10月10日,毛泽东针对此前红军干部黄克功因逼婚而枪杀少女刘茜一案,在《致雷经天》的复信中明确指出,应摒弃对有功绩者犯罪得享有减免刑罚的特权。此后的立法中不再出现类似"唯功绩论"的规定,基本上确立了法律面前人人平等的原则。

[①] 《中共中央文件选集》第14卷,中共中央党校出版社1987年版,第425页。

例如,《晋冀鲁豫边区太岳区暂行司法制度》规定:"人民在法庭上,不论贫富男女,一律平等,没有等级。"同时,对共产党员和革命干部的要求更加严格。例如,1948年《陕甘宁边区施政纲领》第8条规定:"……共产党员有犯法者从重治罪。"

3. 实行镇压与宽大相结合,教育感化为主、刑罚惩罚为辅的原则

这一原则尤其体现了抗日战争之后刑罚原则的新变化。1942年11月,中共中央发布《关于宽大政策的解释》,强调镇压必须与宽大同时并重,不可偏废一端。为分化瓦解敌人,争取更多的汉奸分子投向人民,转向抗日,各边区施政纲领规定,对敌人、汉奸及其他一切破坏分子等,在被俘被捕后,除绝对坚持不愿改悔者外,一律实行宽大政策,予以其自新之路。对于已经证实是坚持破坏民族利益的分子,必须依法严办。1941年5月10日,陕甘宁边区高等法院《对各县司法工作的指示》指出,"教育争取已经实施违犯法律的犯罪行为人"是边区司法的目的之一。后来,其他边区也相继确立了这一原则。其刑罚采取轻刑政策,将《中华民国刑法》中的拘役刑改为苦役刑(不拘禁人身的劳役)。陕甘宁边区还废止了无期徒刑,并将有期徒刑的最高期限从15年改为5年(后改为10年);广泛地采用假释制度;对一些较轻的刑事犯或胁从犯,采用教育释放的方式等。

4. 对自新、自首者减免刑罚与立功者奖励的原则

1934年《中华苏维埃共和国惩治反革命条例》规定:"凡犯本条例所列各罪之一,未被发觉而自己向苏维埃报告者(自首分子),或既发觉而悔过,忠实报告其犯罪内容,帮助肃反机关破获其他同谋犯罪者(自新分子),得按照各项条文规定,减轻处罚。"此外,根据地各时期的民主政权也注意区分首、从犯罪,实行区别对待的原则。

第五节 民事经济法律制度

关于革命根据地时期的民事经济法制建设,本节重点阐述涉及土地所有权的土地立法、劳动立法以及婚姻家庭法律这三个领域的问题。

一、土地法制

中国共产党领导中国人民在革命根据地的各个历史时期始终把土地问题放在非常重要的位置。为了真正实现"耕者有其田"的目标,巩固土地革命的成果,各根据地民主政权进行了长期的土地立法实践,为新中国土地制度的建设和完善积累了丰富的经验。

(一)革命根据地的土地立法

1. 工农民主政权的土地立法

1927年,中共中央八七会议明确提出土地革命的方针,拉开了土地立法的帷幕。工农民主政权的土地立法大体上经历了前期、中期、后期三个发展过程:前期以1928年12月《井冈山土地法》为代表,中期以1929年4月《兴国土地法》为代表,后期以

1931年11月《中华苏维埃共和国土地法》为代表。红军长征到达陕北后,中共中央于1935年12月发布了《关于改变对富农政策的命令》,1936年7月又发布了《关于土地政策的指示》,纠正了王明"左"倾错误,使土地立法进入健康发展的轨道。

2. 抗日民主政权的土地立法

依照抗日民族统一战线的总方针,中国共产党决定停止没收地主土地的政策,宣布实行"减租减息"的土地政策。各抗日民主政府颁布了一系列有关减租减息的法规和法令,如1944年12月的《陕甘宁边区地权条例》《陕甘宁边区土地租佃条例》,1941年11月的《晋冀鲁豫边区土地使用暂行条例》等。

3. 解放区民主政府的土地立法

随着抗日战争胜利后解放区"反奸清算"和"减租减息"运动的深入开展,农民以各种形式从地主手中获得越来越多的土地。为了支持和满足农民的土地要求,进一步解决解放区的土地问题,消灭封建土地所有制,实现"耕者有其田",1946年5月4日,中共中央发布了《关于土地问题的指示》,即《五四指示》。《五四指示》是解放战争初期,由"减租减息"政策转向彻底没收地主土地、分配给农民的土地政策的一个过渡,是民主革命进一步深入的标志。《五四指示》要求各级党委将解决土地问题作为当前最基本的任务,并提出解决土地问题必须依照的主要原则:首先,坚决支持农民群众在反奸、清算、减租、减息、退租、退息等斗争中,从地主手中获取土地,实现"耕者有其田"的正义行动。群众尚未发动起来解决土地问题的地区,应迅速发动群众。其次,决不可侵犯中农的土地,一般不变动富农的土地,保护工商业。

1947年7月至9月,中共中央工作委员会在河北省平山县西柏坡村召开全国土地会议,制定了《中国土地法大纲》,于同年10月10日经中共中央批准正式公布。

(二) 土地法制的主要内容

1. 工农民主政权土地法制的内容

(1) 确定没收土地的对象和范围

由于受"左"倾错误的干扰,工农民主政权时期关于没收土地的对象的规定屡有变动。《井冈山土地法》规定"没收一切土地",《兴国土地法》更正为"没收一切公共土地及地主阶级的土地"。《中华苏维埃共和国土地法》又规定"所有封建地主、豪绅、军阀、官僚及其他大私有主的土地,无论自己经营或出租,一概无任何代价地实行没收",即富农、一切反革命组织者及白军武装队伍的组织者和参加者的土地都在没收之列。直到1935年12月中共中央发布的《关于改变对富农政策的命令》才对富农土地的没收范围进行纠正。

(2) 确定土地分配的对象

关于土地分配对象的规定明显带有"唯成分论"的倾向。1931年1月中共中央六届四中全会以前所制定的土地法令,都明确规定雇农、贫民、红军战士、富农、地主及其家属均享有分配土地的权利。《中华苏维埃共和国土地法》则规定:"被没收的旧土地所有者,不得有任何分配土地的权利";"富农在被没收土地后,可以分得较坏的劳动份地"。这体现了王明提出的"地主不分田,富农分坏田"的"左"倾政策的影响。

(3) 确定土地的分配办法

这一时期,中华苏维埃基本上是将没收的土地以乡为单位、按人口平均分配,但并不统一。有的土地法令也规定,按人口与劳动力的混合标准平均分配。根据《中华苏维埃共和国土地法》的规定,选择最有利于贫农、中农利益的方法,或按劳动力和人口的混合标准,或中农、贫农、雇农按人口平分,富农按劳力与人口标准分配。

(4) 确定土地所有权的归属

土地所有权的归属问题先后有一些变化。1930年9月中共中央六届三中全会以前的土地法令,都宣布没收后的土地属于国家所有,分得土地的农民只有占有、使用和收益权。此后的土地立法,先后承认农民的土地所有权。《中华苏维埃共和国土地法》一方面宣布土地实行国有,另一方面第12条又规定"现在仍不禁止土地的出租与土地的买卖,苏维埃政府应严禁富农投机与地主买回原有土地",实际上承认了农民的土地私有权。

2. 抗日民主政权土地法制的内容

为了响应抗日民族统一战线的总方针,中国共产党决定停止没收地主土地,宣布实行"减租减息"的土地政策,各抗日民主政府颁布了一系列有关"减租减息"的法规和法令。这一时期,土地法的要点包括以下几个方面:

(1) 关于土地所有权的规定

土地法承认和保护土地所有人在法令限制的范围内,对其现有土地的自由使用、收益和处分之权。土地所有权人有权要求排除他人对其所有土地的妨害,并要求赔偿因妨害其所有权造成的损失。对于地主和汉奸的土地,土地法专门规定,对土地革命中农民分得的土地原地主不能索回,未经没收的土地仍由原所有人所有。逃亡地主的土地未委托他人代为经营者,由当地政府暂行代管;其回籍时,由政府于秋后全部发还代管之土地及地租。对叛国投敌死心塌地的汉奸首要分子,没收其土地归公,分给或低额租给荣誉军人及其家属或贫苦抗属、贫苦人民。

(2) 关于土地租佃关系的规定

土地法允许地主继续出租土地给农民耕种,同时又规定地主必须降低租率。各边区原则上实行"二五减租",即要求地主比照抗战前原租额减收25%。陕甘宁边区政府根据"二五减租"的原则,还就不同的租佃形式,分别规定了不同的减租率,最少的减10%,最多的可减至45%。为了保障减租政策的实施,各边区租佃条例都规定了对承租人永佃权的保障条款:法律承认并保护永佃权;出租人出卖或是出典有永佃权的土地,承租人的永佃权不受影响。除上述保护承租人的规定外,各边区的租佃条例还规定了租佃双方的其他权利义务。出租人有权收租,对无故不交租的佃户,有向司法机关追诉之权。出租人不得预收地租,不得押租,不得向承租人索取法定租额以外的各种另酬。对被承租人毁损的租地,承租人应负赔偿之责。

（3）关于借贷关系的规定

抗日民主政权禁止各种形式的高利贷剥削。各边区"减租减息"条例要求在现存的借贷关系中，把利息减轻到社会经济条件所许可的程度。计息标准一般不得超过年利的一分半（即15％）。债务人付息已超过原本一倍的，停利还本；超过两倍的，本利停付，借贷关系视为消灭。"减租减息"条例颁布以后新订立的借贷契约，利率由借贷双方自行议定，法律一般不作限定，以利于恢复农村借贷，活跃金融市场。

"减租减息"法规的颁布和实施，一方面限制和减轻了封建剥削，改善了农民的生活，提高了农民的生产热情和抗战的积极性；另一方面又保障了地主和债权人的合法权益，对团结各阶层人民，加强抗日民族统一战线具有积极的意义。

3. 1947年《中国土地法大纲》的基本内容

其一，土地改革的基本任务。即"废除封建性及半封建性剥削的土地制度，实行耕者有其田的土地制度"。具体任务是：废除一切地主的土地所有权和一切祠堂、庙宇、寺院、学校、机关及团体的土地所有权；废除土改前劳动人民所欠地主、富农高利贷者的一切债务；乡村农会接收地主的牲畜、农具、粮食、房屋及其他财产，并征收富农的上述财产的多余部分。

其二，土地财产的分配原则。除大森林、大水利工程、大矿山、大牧场、大荒地及湖沼等归政府管理外，乡村中的一切土地，以乡或行政村为单位，按乡村人口，不分男女老幼，统一平均分配土地财产，在数量上抽多补少，质量上抽肥补瘦。除汉奸、卖国贼及内战罪犯本人外，全乡村人民均获得同等的土地，并归各人所有，地主及其家属也按同等原则分给土地和财产。分配给人民的土地，由政府发给土地所有证，并承认其自由经营、买卖及在特定条件下出租的权利。值得注意的是，为了更准确地贯彻"依靠贫农，团结中农，有步骤地、有分别地消灭封建剥削制度，发展农业生产"的土地改革总路线，①中共中央对《中国土地法大纲》中关于平分土地的条文特别作了注释："在平分土地时，应注意中农的意见，如果中农不同意，则应向中农让步，并容许中农保有比较一般贫农所得土地的平均水平为高的土地量。"

其三，土地改革的执行机关。各级农民代表大会及其选出的委员会为土地改革的合法执行机关。乡村无地、少地的农民组成的各级贫农大会及其委员会也可执行土地分配。对一切违反或破坏土地法的犯罪，由农民大会或农民代表会议选举的人员和政府委派人员组成人民法庭进行审判。

《中国土地法大纲》是新民主主义革命时期比较成熟的土地立法，在我国土地立法史上具有重要的历史意义。各解放区民主政权根据《中国土地法大纲》所规定的原则，制定了具体的实施条例或补充办法。到1949年6月，在大约1.5亿人的解放区，彻底废除了封建及半封建的土地制度，实现了"耕者有其田"。随着农民经济地位和政治觉悟的提高，农业生产得到发展。广大农民更广泛、更积极地参加和支援人民解放战争，

---

① 此为《中国土地法大纲》确立的总路线，在执行过程中有所修正。

并为全国解放后土地法的制定和土改运动提供了丰富的经验。

二、劳动法制

(一) 工农民主政权的劳动立法

1931年11月,中华苏维埃第一次全国代表大会制定了《中华苏维埃共和国劳动法》。经过一年多的施行,1933年10月15日,新的《中华苏维埃共和国劳动法》(以下简称《劳动法》)公布。这是一部十分规范的劳动法典,共十五章,121条,其主要内容如下:

1. 规定工人的各项民主权利

《劳动法》根据《宪法大纲》规定了工人享有加入工会并通过工会参加对国营企业的管理和对私营企业进行监督之权;实行8小时工作制;法定假日休息;获得不少于政府规定的最低标准的工资,参加公务时继续支领工资之权;享受法定劳动保护之权,各企业、机关必须采用适当的设备和防护措施,以消灭、减轻工作人员的危险;禁止雇用女工及未成年工人从事某些特别繁重或危险的工作,禁止雇用未满14岁的童工,女工怀孕和哺乳期间应给予特殊照顾;工人享有领取失业津贴、暂时丧失劳动能力津贴、老残优恤金及其他各种补助金,医药免费等社会保险权。

2. 禁止雇主私自雇用工人

《劳动法》明确禁止各种企业、机关、商店及私人雇主私自雇用工人。凡需雇用工人劳动的单位或私人,均须到政府劳动部下设的劳动介绍所登记,请求介绍。没有设立劳动介绍所的地方,应由当地职工会登记并介绍。严格禁止工头、包工头、买办、私人工作介绍所、雇佣代理处代为雇用工人。

3. 规定解决劳资纠纷的办法

对劳资纠纷案件,凡因劳动条件的问题发生争执和冲突时,首先由双方协商解决;协商不成时,在双方当事人的同意下,由各级劳动部门进行调解或仲裁或者由市裁判科所属的劳动法庭审理。凡国有企业、合作企业及国家机关中有关工人、职员的工资及管理部门与工人、职员间因劳动法令及集体合同发生的纠纷,则由管理部门、职工会及工厂作坊的支部委员会组成工资争议委员会协商解决。如无法解决,则提交劳动部门所属机关或劳动法庭解决。

上述《劳动法》的实施,虽然改善了苏区工人阶级的社会地位和生活状况,但是其中也存在着极端的"左"倾错误。例如,在苏区工业经济十分落后的条件下,不分城市、乡村,不分手工作坊和农村雇工,一律机械地实行8小时工作制以及过多的休假日、过高的工资福利;各地还根据《劳动法》中关于罢工权的规定频繁举行罢工,导致苏区经济一度受到严重影响。以上《劳动法》中的"左"倾错误直到抗日民主政权进行劳动立法时才得以纠正。

(二) 抗日民主政权的劳动立法

1940年12月25日,中共中央发布《论政策》,明确规定了调节劳资双方利益、实行10小时工作制、保护劳工等立法原则。各边区政府根据这些原则在1941年后陆续制定了劳动保护条例或保护农村雇工的决定。其中,1941年11月1日公布的《晋冀鲁豫边区劳工保护暂行条例》具有代表性。该条例共七章,45条,其基本要点如下:

第一,本边区工人均享有言论、出版、集会、结社、参军、参政及抗日之自由;工人有组织职工会的权利;在工会或农会担任工作的,于会务特别繁忙时,可以向资方请假,请假期内工资照发;在劳资合同有效期间,工人要求参加抗日军队或参加行政工作必须退工时,资方不得留难;绝对禁止打骂、虐待、侮辱工人,雇主不得因工人的过失私行处罚及扣除工资;凡工厂、矿山,资方必须保证工人的教育,教育金由资方负担。

第二,确定工作时间。公私工厂、矿场及作坊工人每日工作时间以10小时为原则,地下矿工每日工时不得超过9小时,其他因需要延长工作时间的,至多不得超过11小时,并得以延时钟点增加工资;一般手工艺工人、运输工人、店员及学徒以及农村雇工、家庭雇工,得依习惯行之。

第三,规定工资标准。工人工资的最低限额标准应按各地生活状况,除工人本身的消费外,再供一人至一个半人最低生活的必需费用。根据这个原则,由劳资双方协议决定增减及工资支付的形式(或实物或货币)。劳动合同规定的工资,资方不得借故减少或拖欠,工人亦不得有额外的工资要求。

第四,特别保护女工、青工和童工。凡年在16岁至18岁之青工及12岁以上之童工,其工作须以不妨害其身体健康和教育为原则。其每日工作时间应较成年人减少一至两个小时。女工在经期、分娩和哺乳期间享受照顾。学徒学习期不得超过两年,学习期满继续为师傅工作的,应由师傅发给工资。

第五,确立合同缔结的自愿原则和实际履行原则。各边区劳动法所规定的合同包括集体合同和劳动合同。集体合同是指职工会代表工人同资方签订的关于集体劳动条件的合同。劳动合同是指劳动者个人与资方签订的建立劳资关系的合同。无论集体合同还是劳动合同,都应以订立合同的双方自愿为原则,一方不得强迫另一方接受自己提出的条件。劳动合同签订后,必须实际履行,如合同期限未满而要解除合同,须经双方同意,不得无故退工或解雇;如一方不履行合同,他方有提出解除合同之权。

第六,规定劳资纠纷的处理程序。劳资双方因解除合同及其他原因发生纠纷时,先由工会或农会同双方代表进行调解,调解无效时,呈请政府处理。

抗日民主政权的劳动立法从抗日根据地的特殊经济条件出发,一方面取消苏维埃劳动法中对资本家实行不平等待遇的条款,另一方面又限制其剥削的程度,照顾到劳资双方的利益,从而调动了双方的积极性,对发展抗日根据地的经济、团结资本家抗日起到了很大的作用。

(三)解放区民主政权的劳动立法

遵照"发展生产、繁荣经济、公私兼顾、劳资两利"的新民主主义经济政策,1948年8月,第六次全国劳动大会通过了《关于中国职工运动当前任务的决议》。根据这一决议的精神,各解放区民主政权或新解放城市军事管制委员会结合本地实际情况,颁布了有关的法令。解放区民主政权劳动立法的主要内容和基本特点如下：

1. 劳动立法的一般原则

《关于中国职工运动当前任务的决议》提出了劳动立法的一般原则：工人阶级有组织工会的权利；依靠工人阶级管理生产，在国营、公营企业中建立工厂管理委员会和职工代表大会；实行8至10小时工作制；采取保障最低生活水平的工资政策；实行劳动保护制度；在条件许可的地方和生产部门试行劳动保险制度；按法律程序公平合理地解决劳资纠纷；等等。

2. 确定工人对企业的管理权和监督权

1949年，华北第一届职工代表会议向华北人民政府提出《关于在国营、公营工厂企业中建立工厂管理委员会与工厂职工代表会议的实施条例》(以下简称《实施条例》)的建议法案，首次提出工人对企业的管理权和监督权的问题。8月10日，华北人民政府批准并公布了该条例。《实施条例》共六章，21条，其主要内容如下：

(1) 规定设立工厂管理委员会和工厂职工代表会议两个机构，明确其组织和职权

第一，所有国营、公营工厂企业(主要指合作形式的工厂企业)均应设立工厂管理委员会(以下简称"管委会")，作为该企业的行政领导机关。管委会由正、副厂长或经理、总工程师等生产负责人，以及一定数量的工人、职员代表组成。工人、职员代表由工会召集全体职工大会或职工代表会议选举。管委会的职权是，根据上级企业领导机关规定之生产计划及各种指示，结合本厂实际，讨论决定一切有关生产及管理的重大问题。管委会的决议由厂长或经理执行，厂长或经理也有停止执行之权，并向上级报告，请求指示。管委会如不同意厂长或经理停止执行的决定，也须向上级报告，在未得到上级批示前，应服从厂长或经理的决定。厂长或经理还有权处理未经管委会讨论的紧急问题。

第二，凡有200人以上的国营、公营工厂，须组织工厂职工代表会议；200人以下的工厂则每月由工会主席召集职工会议一次或两次。职工代表由各生产部门的基层组织选举，直接向其所代表的职工负责。工厂职工代表会议的职权是，听取并讨论管委会的报告，检查管委会对于工厂的经营管理及领导作风，对其工作提出批评与建议。工厂职工代表会议同时也是该工厂工会组织的代表会议，有权决议工会的一切事务。

管委会和工厂职工代表会议的设立为国营、公营工厂管理的民主化和工人行使对工厂的管理权、监督权提供了组织上的保证，增进了工人、职员的企业主人翁精神，有助于培养他们管理生产的能力。

(2) 实行劳动保险

部分解放区和新解放城市的人民民主政权根据各地现有的条件，制定了在国营、公营企业实行劳动保险的法规，在一定程度上保证了国营、公营企业中工人与职员的健康，减轻了其生活困难。下面以1948年12月颁布的《东北公营企业战时暂行劳动保险条例》(以下简称《劳动保险条例》)为例，介绍国营、公营企业实行劳动保险的基本内容。

第一,规定了公营企业工人与职员享受劳动保险的范围。公营(包括国营)企业工人、职员享受企业劳动保险基金提供的以下劳动保险:因公受伤的医疗费,因公致残的残恤金,因公死亡的丧葬费和抚恤金;疾病及非因公伤残的医药补助金、救济金;职工本人及其直系亲属的丧葬补助金;老年工人的养老补助金;生育补助金等。

第二,规定了劳动保险基金的征集、保管与支配。各公营企业管理机关须每月拨出等于本企业月工资支出总额的3%,作为劳动保险基金。其中,30%缴存于政府指定的银行保管,作为劳动保险总基金,由东北职工总会支配;70%保存于本企业会计处,作为本企业劳动保险基金,由该企业劳动保险委员会支配。各产业总工会劳动保护部有权调剂所属各企业劳动保险基金,并提取其剩余基金。

第三,规定了劳动保险基金的监督检查。劳动保险基金的监督检查机关为本企业职工会下设的劳动保险金审核委员会,以及各级工会组织(产业总工会和东北职工总会)的劳动保护部,东北行政委员会劳动总局为最高监督检查机关。监督检查主要表现为审查劳动保险基金收支账目和报告书。劳动总局对违反该条例者还可以进行行政处分。

《劳动保险条例》的颁布和施行充分体现了公有制企业的优越性,公营企业实行的劳动保险是各类所有制企业中最充分可靠的保险。

三、婚姻家庭法律

(一) 工农民主政权的婚姻立法

摧毁旧的婚姻家庭制度,建立男女平等、婚姻自由、一夫一妻的新婚姻家庭制度是新民主主义革命的重要内容之一。1931年12月,中央执行委员会颁布了《中华苏维埃共和国婚姻条例》。1934年4月8日,该条例经修订后,公布为《中华苏维埃共和国婚姻法》(以下简称《婚姻法》)。其主要内容包括:

1. 确立"婚姻自由""一夫一妻"的原则

《婚姻法》第1条规定,"确立男女婚姻以自由为原则"。婚姻自由包括结婚自由和离婚自由。男女结婚须经双方自愿同意,不许任何一方或第三者加以强迫;男女一方,坚决要求离婚的,即可离婚。为实现这一原则,《婚姻法》还规定,必须废除一切包办强迫和买卖的婚姻制度,禁止童养媳,"实行一夫一妻,禁止一夫多妻和一妻多夫"。根据《中华苏维埃共和国婚姻条例》制定的《湘赣苏区婚姻条例》进一步规定:"有妻妾者,无论其妻或其妾都可以提出离婚,政府得随时批准之。"据此,任何人只能有一个配偶,有妻妾者以重婚论。"一夫一妻"原则在此后的边区和解放区人民民主政权中一直被坚持着。

2. 确定婚姻成立的要件

婚姻成立首先必须具备实质要件:双方自愿;达到法定婚龄。男子须年满20岁,女子须年满18岁;无三代以内血统关系;无法律禁止结婚的疾病。其次,有关结婚的形式要件。《婚姻法》规定,男女双方必须"同时到乡苏维埃或市之区苏维埃登记,领取结婚证"。

3. 确定离婚的条件和程序

《婚姻法》规定了"离婚自由"的原则,男女一方坚决要求离婚的,即可以离婚。但是,对红军官兵的婚姻给予特殊保护。《婚姻法》第11条规定,红军战士之妻要求离婚,须得其夫同意。但是,在通信便利的地方,经过两年,其夫无信回家者,或在通信困难的地方,经过四年,其夫无信回家者,其妻可向当地政府请求登记离婚。离婚的程序亦采用登记式,男女双方到乡苏维埃或市之区苏维埃进行登记。

4. 规定离婚后妇女及子女的特殊保护政策

离婚后的男女双方应处理婚前属于各自的财产和债务;结婚满一年的共同财产包括土地,由男女双方及子女按人口平分;婚后所负的共同债务由男子独自清偿;离婚后,女子未再行结婚,并缺乏劳动力或没有固定职业,因而不能维持生活者,男子必须给以帮助。对子女的抚养权由女方决定,抚养费由男方承担2/3。子女长到16岁,或女方再婚新夫愿意代为抚养时,男方始免其抚养之责。私生子女享有与合法子女同等的权利。

(二) 抗日民主政权婚姻条例及其主要特点

抗日战争时期,各抗日边区政府分别制定了若干适合本地情况的婚姻单行条例、决定和办法等,主要有:1939年4月的《陕甘宁边区婚姻条例》,1941年4月的《晋西北婚姻暂行条例》,1941年7月的《晋察冀边区婚姻条例(草案)》,1942年1月的《晋冀鲁豫边区婚姻暂行条例》和同年4月的《晋冀鲁豫边区婚姻暂行条例施行细则》,1942年4月的《山东省胶东地区修正婚姻暂行条例》,1943年2月的《晋察冀边区婚姻条例》,1943年5月的《晋察冀边区行政委员会关于婚姻登记问题的通知》,1944年3月的《修正陕甘宁边区婚姻暂行条例》,1945年3月的《山东省婚姻暂行条例》等。此外,专门保护抗日军人婚姻的法规有:1943年1月的《陕甘宁边区抗属离婚处理办法》,1943年6月的《山东省保护抗日军人婚姻暂行条例》和《修正淮海区抗日军人配偶及婚约保障条例》等。抗日民主政权的婚姻法规继承了工农民主政权时期《婚姻法》的基本精神,在具体规定上已经趋于完备,具体体现如下:

1. 明确提出男女平等的婚姻原则

各边区法规继续规定"婚姻自由""一夫一妻"原则。例如,1942年《晋冀鲁豫边区婚姻暂行条例》指出:"本条例根据平等自愿、一夫一妻之婚姻原则制定之。"同时,还增加了"男女平等"的原则。例如,1945年《山东省婚姻暂行条例》明确宣布:"本条例根据山东省战时施政纲领男女平等、婚姻自由及一夫一妻制之原则制定之。"该规定后来遂成为人民民主政权时期婚姻制度的一项基本原则。

2. 有关离婚的法律规定

关于一方要求离婚的条件,抗日民主政权取消了工农民主政权时期《婚姻法》中关于"男女一方坚决要求离婚者,即可离婚"的规定,将离婚的理由改为有责主义,即夫妻任何一方如有法律规定的过错,对方即可提出离婚。《陕甘宁边区婚姻条例》规定,男女一方有下列情形之一者,可请求离婚:感情意志根本不合,无法继续同居者;重婚者;与他人通奸者;虐待他方者;恶意遗弃他方者;图谋陷害他方者;生死不明已过三年者;不治之症或不能人道者;不务正业经劝解无效,影响他方生活者;有其他重大事由者。法律还规定,无过失的一方有权向有过失的一方要求赔偿因离婚所受的损失。

为了保护妇女、儿童的合法权益,抗日根据地的婚姻法还规定,男方不得与孕妇或乳婴之产妇离婚。如有具备法定离婚条件者,应于产后一年提出。此外,晋绥边区、晋西北边区还对离婚次数有所限制,"男女一方离婚三次者,不得再行请求离婚"。

3. 更加严格地保护抗日军人的婚姻

法律规定,普通婚约无法律约束力,任何一方皆可自由解除;但一方为抗日军人者,法律则予以特别保护,如抗日军人杳无音讯,对方不得擅自解除婚约。抗日军人婚姻的解除,必须经抗日军人本人同意,方能生效。如确知抗日军人死亡、逃跑、投敌,或无音讯超过法定年限,其配偶始可另行嫁娶。抗日军人之配偶或未婚妻(夫)擅自解除婚约或婚姻,与他人订婚、结婚者,婚约、婚姻无效,政府并依法追究当事者的刑事责任。

(三) 解放区民主政权婚姻家庭法制的发展变化

解放战争初期,一些老解放区基本上沿用抗日民主政权的婚姻立法。例如,华北人民政府宣布,原晋察冀边区和晋冀鲁豫边区制定的婚姻条例继续有效。有些老解放区也重新修订了婚姻法,如1946年修正颁布的《陕甘宁边区婚姻条例》。参照老区的规定,一些新解放区制定了婚姻法规,如《辽北省关于婚姻问题暂行处理办法(草案)》《关东地区婚姻暂行条例(草案)》等。这一时期的婚姻法规在结构和内容上具有很大的继承性。值得注意的是,各地人民政府针对当时干部、战士中新出现的婚姻问题,发布了一些命令、通令,以解决新情况下的新问题,其要点如下:

1. 重申并强调保障革命军人的婚姻

虽然各解放区的婚姻法规都有保护军婚的条款,但也有"某些政府人员遇到抗属离婚时,漠不关心,未加制止,或机械地执行婚姻条例,或误解条例(如把战争环境根本不能通音讯者,也以不通音讯处理),轻易准予离婚,甚至有个别政府干部与抗属结婚及与抗属做媒者,知法犯法"[①]。为切实保障革命军人婚姻不受破坏,部分解放区人民政府专门发布通令、命令,重申并强调保障革命军人的婚姻。例如,1946年4月晋绥边区政府发布的《关于保障革命军人婚姻问题的命令》,1949年4月华中行政办事处与苏北支前司令部发布的《关于切实保障革命军人婚姻的通令》等。

上述命令与通令明确规定:凡革命军人的妻室,不论已婚未婚,[②]在未得革命军人同意正式离婚或解除婚约之前,任何人不得与其配偶非法结合;过去造成既成事实者,

---

① 韩延龙、常兆儒编:《中国新民主主义革命时期根据地法制文献选编》(第四卷),中国社会科学出版社1984年版,第881页。

② "革命军人的妻室,不论已婚未婚"中,属革命军人的妻室却仍未婚,当指已有婚约之情形。

在法律上一概无效,并须追究责任。如有故意违犯,应予以刑事处分。遇到抗属请求离婚时,各级政府民政和司法部门应加强优待抗属,教育抗属,帮助她们与丈夫取得通信联系;耐心说服,非经本人同意,不准离婚,或拖延时间办理离异。干部如有违犯者,从严加倍论处。

2. 规定干部、战士离婚的处理原则

针对解放战争后期,干部提出离婚案件的大量增加,各解放区人民政府发布了许多有关干部离婚的通令和命令。例如,1946 年 2 月晋察冀行政委员会发布的《在外工作人员声请离婚程序的命令》,1946 年 7 月冀南行署公布的《关于处理婚姻问题的几个原则》,1949 年 8 月绥远省发布的《关于干部战士之解除婚约及离婚手续一律到被告所在地之县政府办理的通令》等。这些通令和命令规定,即使是革命干部,也必须严格地恪守一夫一妻的婚姻制度,遵守法律,并绝不允许有半点特权。此外,它们还专门规定了处理干部、战士离婚的原则和程序:

(1) 必须遵照"夫妻感情意志是否根本不合"的基本原则处理干部、战士离婚案件。同时,也应考虑其他一些条件和具体情况而定。

(2) 如果干部、战士单方提出离婚的,不论男方或女方,一律由原告直接向被告所在地之县政府提出,不能亲去则可用书面提出,听从县政府的判决,若不服判决,只可依法上诉,不得以势压人、无理取闹;若是双方自愿离婚的,也必须向当地县政府共同申请,由县政府发给离婚证书。政府根据离婚申请双方的情况作出准与不准的判决后,当事人应服从县政府的判决。

(3) 要求离婚的任何干部和战士在完成正式离婚手续之前,不得以任何形式和借口擅自结婚。对于干部、战士以威胁、利诱、欺骗等手段制造离婚条件的,原则上不准离;如实际上不得不离,经动员无效后,应准许离婚,并在财产上多照顾对方。

第六节 司 法 制 度

革命根据地的司法制度是随着各个革命根据地政权的初创、建设而确立和发展起来的。在革命根据地各个时期,司法体制、审判原则和诉讼制度的形成和发展既有力地推动了中国共产党领导下的政权建设,保障了新民主主义革命在全国的胜利,同时也奠定了新中国司法制度的基础。

一、司法体制

革命根据地时期,在司法机构的建制上,大体都设置了中央和地方两个层级。司法机关内部实行"审检合署制",在各级审判机关内部设置相应的检察长或检查员,行使刑事案件的逮捕、预审以及代表国家向司法机关提起公诉等检察权。

革命根据地司法体制在形成和发展的各个阶段呈现不同的特点和规律。早在第一次国内战争时期的工农运动中,人民司法机关开始萌芽。中华苏维埃共和国成立后,奠定了人民司法机关的组织基础。抗日战争时期,陕甘宁边区政府及其后陆续成立的其他边区政府,开始建立新的司法体制。解放战争初期,各解放区基本上沿用抗日边区的司法机关体系。到了后期,适应革命形势的发展,司法机关的体制发生了重大变化。

(一) 中华苏维埃共和国的成立奠定了人民司法机关的组织基础

中国的人民司法机关萌芽于第一次国内革命战争时期的工农运动中,各地司法机关的名称很不一致,主要包括两个方面的内容:一是省港大罢工中建立的会审处、军法处和特别法庭。二是农民运动中建立的审判土豪劣绅委员会。1927年春,在农民运动高潮中,湖南、湖北两省分别建立了省、县两级审判土豪劣绅特别法庭或审判土豪劣绅委员会。

1931年11月,中华苏维埃共和国成立,工农民主政权把建立健全司法机关视为自己的重要任务。同年12月,中央执行委员会发布《处理反革命案件和建立司法机关的暂行程序》(以下简称《暂行程序》)的训令,基本统一了苏区司法机关的组织系统。次年,中央执行委员会又相继发布《军事裁判所暂行组织条例》和《裁判部暂行组织和裁判条例》(以下简称《裁判条例》),进一步完善了工农民主政权的司法组织系统。具体而言,在中央设立临时最高法庭(主席何叔衡),1934年改为最高法院(院长董必武);在地方设立省、县、区三级裁判部;在红军中设立初级、高级军事裁判所;检察机关附设在审判机关内,独立行使检察权;在人民委员会下设立司法人民委员部,为最高司法行政机关,从而奠定了人民司法机关的组织基础。

1. 中央临时最高法庭

在最高法院成立以前,由临时中央政府组织临时最高法庭代行最高法院的职权。其职权是,解释一般法律,监督审查各级裁判部的判决,受理不服省裁判部或高级军事裁判部的判决而提出的上诉或诉讼案件。

2. 省、县、区裁判部

在地方各级法院未设立以前,地方各级临时司法机关为省、县、区三级裁判部,行使审判权和司法行政权。地方各级裁判部采取双重领导原则,既受上级司法机关的领导,又受同级政府主席团的领导。各级裁判部在审判方面均受临时最高法庭节制,在司法行政方面则受中央司法人民委员部指导,司法人民委员部有委任、撤销各级裁判部部长及工作人员之权。

3. 检察机关

工农民主政权实行"审检合一制",在各级审判机关内部设置相应的检察长或检察员。同时,在军事裁判所设立军事检察所。检察机关行使刑事案件的逮捕、预审以及代表国家向司法机关提起公诉等检察权。

4. 司法行政机关

早期工农民主政权不设单独的司法行政机关。中华苏维埃共和国临时中央政府成立后,在中央采取"分立制",即由最高法庭专管审判工作,在人民委员会下设立司法人民委员部,专管司法行政工作;在地方采取"合一制",即由各级裁判部兼理司法行政工作。

工农苏维埃政权统治区域内,其他具有司法职能的机关还有各级军事裁判所、各级军事检察所、各级肃反委员会以及国家政治保卫局。其中,国家政治保卫局及其派出机关是中央人民委员会下设立的同一切反革命、盗匪等重大刑事犯罪做斗争的政治侦查机关,享有侦查、逮捕、预审权,紧急情况下甚至有判决和执行判决权。其内部实行严格的垂直领导,地方党政和红军指挥机关均无权干预其活动。

(二)抗日民主政权司法体制的变化

1937年9月,中华苏维埃共和国西北办事处改为陕甘宁边区政府,原司法人民委员部及各级裁判部也随之撤销。抗日战争时期,各边区政府开始建立新的司法体制,司法机关的设置大同小异。以陕甘宁边区为例,中央和地方两级司法机关相对比较稳定,同时也有一些独立审级出现。其司法机关的设置如下:

1. 边区高等法院

边区高等法院受边区参议会和边区政府委员会的领导和监督,院长由参议会选举。高等法院的职权为审理边区重要第一审刑事案件、不服地方法院或县司法处裁定而抗告的案件、非讼案件,以及边区的司法行政事务。

2. 高等法院分庭(院)

这是高等法院在边区政府所辖各分区设立的派出机构(山东省称"高级审判处分处"),代表高等法院受理不服各该分区所辖地方法院或县司法处第一审判决上诉之民、刑事案件。

3. 地方法院或县司法处(科)

1943年,边区政府公布《陕甘宁边区司法处组织条例草案》,规定除延安市设立地方法院外,其他各县一律改为县司法处,是负责审理初审民刑诉讼案件的基层司法机关。

4. 检察机关

各边区政府司法机关基本上实行"审检合一制"。检察机关附设于法院内,独立行使检察权。高等法院设检察处或首席检察官,地方法院设首席检察官或检察官,县司法处只设检察员。检察官的职权为侦查、提起公诉、协助自诉和监督判决之执行等。

(三)解放战争时期人民司法机关的新发展

解放战争初期,所有老解放区基本保留了原抗日边区的司法组织体系。1948年,各大区人民政府成立后,废除了受国民政府《法院组织法》影响的原司法建制,建立起新的人民法院系统。临时性的法庭有人民法庭和军事法庭。华北人民政府另设华北人民检察院,首次实行审检分立。华北人民政府还设有司法部,负责司法行政事务。根据各地实际情况的需要,解放战争时期,各解放区政府的司法机关有了多样化的发展。其具体表现如下:

1. 土地改革中的人民法庭

这是一种临时性的司法机构。《中国土地法大纲》第 13 条规定:"为贯彻土地改革的实施,对于一切违抗或破坏本法的罪犯,应组织人民法庭予以审判及处分,人民法庭由农民大会或农民代表会所选举及由政府所委派的人员组成之。"各解放区民主政权按照这一规定,相应地颁布了人民法庭组织法规,如 1947 年 12 月的《苏皖边区第二行政区人民法庭组织办法》和 1948 年 1 月的《东北解放区人民法庭条例》等。人民法庭的上诉机关为上一级人民法庭和上级政府,最后上诉审级通常为县政府。人民法庭有死刑判决权,但死刑执行须由县以上政府批准。由于人民法庭是专门审理一切违抗或破坏土改运动案件的临时审判机关,故一俟土改结束,人民法庭即行撤销。

2. 各级人民法院

这是各解放区政权在土地改革完成后所建立的一种经常性的司法机构。各解放区人民法院的建制并不完全一致。例如,1948 年,东北解放区决定成立三级人民法院,即东北高级人民法院,各省、特别市人民法院,市、县人民法院。解放后的大城市也纷纷建立了市人民法院。例如,1949 年 1 月和平解放后的北平市迅速摧毁和接管旧的司法机关,3 月 8 日正式成立北平市人民法院,受理一般的民事、刑事案件。

3. 军事管制时期的军事法庭

这是一些新解放城市的军事管制委员会所设立的司法机构,其主要任务是负责审判重大的反革命案件。

4. 司法行政机关

解放战争后期,华北和东北人民政府相继成立司法部,主管全区的司法行政工作,包括法院与监所的设置、司法干部的铨叙与教育、民事行政、刑事行政、犯人的管教、法规编纂等。各级人民法院兼管省以下司法行政工作。

以上各级司法机关的建立,为新中国成立后在全国范围内系统地建立各级人民法院奠定了基础。

二、审判原则和诉讼审判制度

在新民主主义革命时期各个阶段的司法实践中,中国共产党领导中国人民逐渐形成和完善了以下主要审判原则和制度:

(一)公安和司法机关依法独立行使司法权

1925 年省港罢工工人代表大会规定,工人纠察队按规定代行公安职权,负责逮捕人犯,然后立即解送军法处或会审处审理。工农民主政权规定:一切反革命案犯,由国家政治保卫局负责侦查、逮捕和预审,并以公诉人资格,向司法机关提起公诉。但是,由于受到"左"倾错误路线的影响,这一时期曾规定一切部队、机关、团体都有权逮捕审问人犯,造成司法实践中的严重混乱。为了纠正这一错误,抗日战争时期,《施政纲领》明确规定:"除司法系统及公安机关依法执行其职务外,任何机关、部队、团体不得对任何人加以逮捕、审问或处罚,而人民则有用无论何种方式,控告任何公务人员非法行为之权利。"《法院组织条例》规定:"边区高等法院独立行使其司法职权。"

随着革命形势的发展,各解放区人民民主政权对公安机关和司法机关处理刑事案件的权责作了进一步的划分,改变了原有的拘捕权、司法权由公安、司法机关统一行使的原则,确立了公安机关和司法机关既相互配合又有所制约的关系。例如,1948 年 11 月,华北人民政府发布《关于县市公安机关与司法机关处理刑事案件权责的规定》,规定公安机关对汉奸、特务及内战罪犯等案件,行使侦查权及向司法机关提起公诉权,由司法机关行使审判权,公安机关和司法机关之间不得互相干涉;对普通刑事案件,公安机关知其有犯罪嫌疑,在必要时可采取紧急措施,但必须移交司法机关处理。1946 年陕甘宁边区政府发布的《关于统一行使司法权的指令》作了更严格的限定,除违警案件以外的其他人犯,公安机关必须于 24 小时内移交司法机关审理。

(二)审判公开原则与审判回避制度

省港罢工委员会的《会审处细则》规定,开庭时"会审处得准工友旁听,以昭大公。惟各工友旁听时,不得越权干涉或肆意叫嚣,以损法权。如有特别案件,须秘密审讯者,不在此限。"工农民主政权的《裁判条例》规定:"审判案件必须公开",允许公民旁听,经主审同意,旁听群众可以发表意见。国共合作时期在各抗日根据地除涉及重大秘密和个人隐私案件外,对其他一切刑事、民事案件一律公开审理,允许群众旁听,并公开宣判。在公开审判的基础上,部分边区还创造了公审制度。公审可以设置公审法庭,也可不设,但均应有人民代表参加。实行公审的意义在于,在教育群众的同时,也起到宣传政策法令的作用。解放战争时期,1948 年 10 月颁行的《哈尔滨特别市民事刑事诉讼暂行条例》规定:"审判庭实行公开,诉讼有关关系人及一般群众均可到庭旁听。但有关国家秘密或有害风化案件,不在此限。"

为了减少和避免审判过程中的徇情枉法,革命根据地各时期,还实行审判回避制度。工农民主政权的《裁判条例》规定,"与被告人有家属和亲戚关系或私人关系的人,不得参加审判该被告人的案件"。这一规定适用于主审员和陪审员。抗战时期的《晋察冀边区陪审制暂行办法》详细规定了民事和刑事案件的回避范围。例如,刑事案件中,陪审员有下列情形之一者,应自行回避:(1)陪审员为被害人者;(2)陪审员为被告人或被害人的配偶或家长家属者;(3)陪审员曾为被告人的代理人、辩护人、辅佐人;(4)陪审员曾为证人或鉴定人者;(5)陪审员曾为本案的检察官或参加前审之裁判者等。陪审员如不自行回避,当事人有权向法庭申请其回避。

(三)实行审判会议制和人民陪审员制度

1927 年《湖北省审判土豪劣绅委员会暂行条例》规定实行民主集中制和审判会议制:审判委员会"须有过半数委员出席,其审判结果须有过半数出席委员同意,始得判决"。工农民主政权规定,审判案件要由裁判员和两名陪审员组成的合议庭进行。抗战时期,各边区政权更广泛地吸收各阶层人士参与和监督司法机关的审判活动,发展了苏维埃时期的人民陪审制度。人民陪审员可由群众团体或参议会选举产生,也可由机关、部队选派代表,或由司法机关聘请公正人士担任;陪审员不参与刑事侦查,在庭上发问时,须得到审判长的许可,对所陪审的案件,有权陈述意见,参加评议,但无权决定案件之最后处理。

(四) 辩护制度

1926年的湖南省农民代表大会决议规定:"严禁讼棍挑拨是非","农民协会有代表会员诉讼之权力"。1932年6月颁布的《中华苏维埃共和国裁判部暂行组织及裁判条例》规定:"被告人为本身的利益,可派代表出庭辩护,但须得法庭的许可。"1943年1月公布的《陕甘宁边区军民诉讼暂行条例》规定,开庭时允许诉讼当事人请亲属或有法律常识的人出庭,充当刑事被告的辩护人或民事代理人。各人民团体对于所属成员的诉讼,也可派代表出庭帮助辩护或代为诉讼。被告人的近亲属或其所在的群众团体也可以主动申请为被告辩护,但要经过法院批准和被告本人同意。

(五) 上诉原则和审级制度

1927年《湖北省审判土豪劣绅委员会暂行条例》规定:"不服从县审判委员会判决者,得于五日不变期间内,向原审判委员会声请上诉,由原审判委员会录案详请审判委员会复判之。如逾期不声请上诉者,即照判执行。"1932年《中华苏维埃共和国裁判部暂行组织和裁判条例》规定,如被告人不服从第一审判决,可在14天内(后改为7天),向上级司法机关提起上诉,基本实行两审终审制。各抗日边区政权对上诉制度规定得更为具体。《陕甘宁边区刑事诉讼条例(草案)》规定,被告人及其辩护人、近亲属、自诉案件的原告人和公诉案件的被害人均有权提起上诉。上诉的形式可以是口头的,也可以是书面的;可以向原审法院提起,也可以向上级法院提起。关于上诉期,民事案件一般为20天,刑事案件一般为10天。各抗日根据地司法机关的审级基本采用两审终审制,但敌后抗日根据地也有采用三审终审制的,如晋冀鲁豫边区和苏中区皆以县为第一审,专员公署为第二审,边区高等法院为第三审。

(六) 案件复核与审判监督制度

省港罢工委员会的《纠察队纪律》规定,纠察队员犯有严重罪行,判处枪决时,须报请省港罢工代表大会通过后,方能执行。这是革命据地最早规定的死刑复核制度。工农民主政权也规定,死刑案件不论被告上诉与否,一律报请上级司法机关审批。抗日根据地时期,将刑事案件分为死刑复核和有期徒刑复核两种。死刑案件的复核指死刑判决确定后,无论被告人是否上诉,原审机关必须上报有死刑核准权的机关,经核准后,方能执行死刑。凡判处三年以上徒刑者,须于宣判前,将判决书和原卷宗送边区高等法院复核。各县判处一年以上未满三年徒刑者,须报送分庭复核。各边区规定的死刑复核机关不尽相同,陕甘宁边区由高等法院行使(边区政府审判委员存续期间由该委员会行使),晋冀鲁豫边区由二审机关行使。同时,《陕甘宁边区刑事诉讼条例(草案)》规定,被告人及其亲属、自诉案件的原告人、原审机关及其上级法院如发现原已生效的判决实有错误或处刑失当,可以提起再审。原告人请求再审须在判决确定之后两年内进行,而对其他人和机关则无时限。

解放区各人民政府对重大刑事案件采慎重态度,进一步确立了刑事案件复核制度。1949年3月,华北人民政府发布《关于确定刑事复核制度的通知》,规定原、被告不上诉和上诉期已过的刑事案件,除各县市人民法院判处的5年以下有期徒刑、拘役、罚金案件和各省、行署或直辖市人民法院判处的有期徒刑、拘役、罚金案件分别呈请其上级法院核阅、备查外,其他所有案件于判决后,应一律由其上级法院复核;死刑案件由华北人民法院复核,并呈报华北人民政府主席批准才能生效。与此同时,其他各大解放区也都将死刑核准权收归大行政区政府。在当时历史条件下,这种复核制度是实行审判监督、保证办案质量的有效办法。

(七)废止肉刑、严禁刑讯逼供、重证据不轻信口供

1922年6月15日发布的《中国共产党第一次对于时局的主张》明确提出"实行废止肉刑"。1926年省港大罢工时期颁布的《会审处办案条例》规定:"会审处不得使用笞刑逼供,以重人道。"中华苏维埃临时中央政府发布的第六号训令明确规定:"必须坚决废止肉刑,而采取搜集确实证据及各种有效方法。"抗战时期《晋冀鲁豫边区违警处罚暂行办法》规定:不许以近似侮辱之方式(如游街、戴高帽、吊打等)进行训诫。1948年,华北人民政府通令宣布:(1)禁止肉刑;(2)重证据不重口供;(3)不得指名问供。

三、司法制度的特点

革命根据地时期,司法制度的特点主要体现在以下几方面:

(一)建立巡回法庭,贯彻群众路线

1932年6月颁布的《中华苏维埃共和国裁判部暂行组织及裁判条例》规定,各级裁判部可以组织巡回法庭,到出事地点去审判比较有重要意义的案件,以吸收广大群众参加旁听。时任临时最高法庭主席何叔衡当年就曾到瑞金直属县实行巡回审判,正确审理白露、合龙两乡为争水利而发生的械斗纠纷。

抗日战争时期,陇东专署专员兼边区高等法院分庭庭长马锡五继承了苏区巡回审判的优良传统,经常有计划地下乡,深入调查研究,及时纠正了一些错案,解决了一些缠讼多年的疑难案件,使违法者受到制裁,无辜者获得释放,人民的合法权益得到保障,因而受到群众的欢迎。人们把这种贯彻群众路线、实行审判与调解相结合的办案方法亲切地称为"马锡五审判方式"。马锡五审判方式是巡回审判制度的典型代表,被推广到各抗日边区。其形式灵活多样,有的由各级司法机关指派审判人员,定期深入基层,巡回审判各自辖区内的刑事案件;有的由政府或法院设立专门的巡回法庭或流动法庭,代表该级政府或法院外出巡回审判。戏剧《刘巧儿》的原型封芝琴(乳名封捧儿)与张柏的婚姻案,就是采取马锡五审判方式的典型案例。

马锡五审判方式的基本特点如下:

(1)深入基层进行实地调查,反对主观主义的审判作风。在审判工作中,马锡五遵照以事实为根据、一切从实际出发的原则,亲自深入乡干部和群众中开展全面、细致的调查研究,了解案件的真相和舆论导向,尽可能全面地搜集证据,以便作出正确的

裁判。

（2）走群众路线，采用审判与调解相结合的方法。马锡五审判方式最根本的经验就是认真贯彻党的群众路线。马锡五善于依靠群众调查案情，以平等的态度耐心听取各方面的意见。此外，他还吸收有威望、有能力的群众直接参与案件的审理和调解，十分重视审判与调解相结合的方法，依靠知情的群众，做好当事人的思想工作，消除原被告双方的对立情绪。采取这种方式作出的判决既合乎政策原则，又顺乎法理人情；既解决了矛盾纠纷，又宣传了党的政策。

（3）简化诉讼手续，方便群众诉讼。少数司法人员在巡回审判工作中带有坐堂问案的衙门作风。为改变这种作风，马锡五更加灵活地运用巡回审判的特点，一切从方便群众出发，携卷下乡，定期巡视所属各县，无论田间地头，就地设庭审判，即时判决；在保证依法合理处理案件的前提下，在法律许可的范围内，简化诉讼程序；照顾民间的风俗习惯，注重调解以利于人民团结；审案时，问案和气，耐心说服，消除农民对法律和法官的畏惧感，从而更有利于案件的公平审理。

马锡五审判方式的开创和推广，使边区司法更加适应抗战的需要和农村的实际，进一步推动了边区司法的民主化，丰富和发展了巡回审判制度。

（二）人民调解制度的创建和逐渐发展完善

人民调解制度是中国共产党领导中国人民在革命根据地创建的依靠群众解决民间纠纷、实行群众自治的一种组织制度，是革命根据地时期司法制度中的一项创举。早在第一次国内革命战争时期的工农运动中，就有关于农民协会具有调解职能的规定。例如，1921年9月浙江萧山县颁布的《衙前农民协会章程》第5条规定："凡本会会员有私人是非的争执，双方得报告协事委员，由协事委员调处和解；倘有过于严重的争执，由全体委员开会审议解决。"[①]彭湃领导的海丰县农会设有仲裁部，调处了许多民间纠纷。人民调解制度最早萌芽于第二次国内革命战争时期。例如，1931年11月颁布的《苏维埃地方政府暂行组织条例》第17条规定"乡苏维埃有权解决未涉及犯罪行为的各种争执问题"，但对人民调解制度尚未作进一步的规定。

抗日战争时期，人民调解制度得到空前发展，陕甘宁边区出现了许多调解模范人物和模范村。从1941年起，各地的抗日民主政权发布了许多有关调解工作的组织条例或工作办法，如1941年4月的《山东省调解委员会暂行组织条例》，1942年3月的《晋西北村调解暂行办法》，1942年4月的《晋察冀边区行政村调解工作条例》，1943年6月的《陕甘宁边区民刑事件调解条例》等，使人民调解工作从组织形式、调解内容到调解程序进一步法律化、制度化。在解放战争后期，为了适应新形势发展的需要，全国广大的解放区纷纷推广人民调解制度，使之日益发展和完善，其主要标志是1949年2月25日华北人民政府发布的《关于调解民间纠纷的决定》。该决定针对当时各地在推行调解工作中存在的主要问题，具体规定了调解的组织、调解的范围以及调解工作应

---

① 《新青年》（第九卷）·（第四期），"附录"第2—3页。

当遵守的原则等。

调解工作的基本原则包括：

（1）双方自愿原则。即双方当事人自愿选择调解方式解决纠纷，自愿接受调解的结果。任何个人和机关都不得使用强迫命令，以威胁或欺诈手段使之接受调解结果。

（2）合法合理原则。即调解的内容不得违背政府的法律法令，或有碍善良道德风俗，亦不得涉及迷信，否则政府或司法机关可宣布调解无效而予以撤销。

（3）调解不是诉讼必经程序。调解不成，或当事人一方不服调解，可以直接向司法机关起诉，任何个人和机关不得干涉与阻挠，司法机关亦不得以未经调解为由拒绝受理，这一原则是自愿原则的自然延伸。但是，实践中也有少数边区的法规将调解作为必经程序。

全国解放以后，政务院于1954年3月公布的《人民调解委员会暂行组织通则》肯定了上述调解工作的三个原则，并将"必须遵守人民政府的政策法令"列为首要原则。

就调解的范围和依据看，一般民事纠纷和轻微的刑事案件均可实行调解，但法律另有规定的除外。《关于调解民间纠纷的决定》规定："凡民事案件，均得进行调解。但不得违反法律上之强制规定。""凡刑事案件除损害国家社会公共治安及损害个人权益较重者，不得进行调解外，其余一般轻微刑事案件，亦得进行调解。"[1]民事案件强制性的规定是指法令所禁止的，如买卖婚姻、早婚、超过规定的限额收取租金和利息等。一般轻微刑事案件是指打架斗殴、轻微伤害、坐闹索诈、阻耕强收、妨害水利等引起的民间纠纷事件等。[2] 民事案件调解范围划得如此之宽，不仅民事行为体现了合同自由原则，而且民事纠纷的解决也体现了这一原则。《关于调解民间纠纷的决定》尊重民事纠纷主体的意志自由，有利于人民团结和社会稳定。

此外，法律还规定了调解人的资格、调解人的回避条件、调解的程序和调解纪律等。

解放战争时期，人民调解制度继续被推广至一些大城市。例如，1949年3月15日，天津人民政府发布了《天津市调解仲裁委员会暂行组织条例》和《关于调解程序暂行规程》。根据这两项法规的规定，天津市成立了市调解仲裁委员会、区调解股和街调解委员会。区调解股和街调解委员会负责调解本市发生的一般劳资、合伙、房租、婚姻、借贷、继承等纠纷。市调解仲裁委员会主要负责调解外侨、劳资重大争议及情节复杂的纠纷。当事人一方不服调解时，市调解仲裁委员会可以进行仲裁。当事人一方不服仲裁，须在指定时间内向司法机关起诉。

作为审判制度的补充，人民调解制度减少了讼争，增强了人民之间的团结，丰富了新民主主义革命法制的内容，并为新中国的人民调解制度积累了宝贵的经验。

（三）废除"六法全书"，为新中国司法制度的确立作好准备

1949年2月，中共中央发布了《关于废除国民党的六法全书与确定解放区的司法

---

[1] 中国法学会董必武法学思想研究会编：《华北人民政府法令选编》，2007年印行，第192页。
[2] 参见《苏中区人民纠纷调解暂行办法》，载《苏中报》1945年5月24日。

原则的指示》(以下简称《指示》)。通过《指示》,国民政府的"六法全书"被彻底废除,其司法制度被彻底否定,解放区新的司法原则得以确立,从而为新中国司法制度的确立作好准备。其主要内容为:

(1) 宣布废除南京国民政府的"六法全书"。《指示》指出,"国民党全部法律只能是保护地主和买办官僚资产阶级反动统治的工具,是镇压与束缚广大人民群众的武器,……因此六法全书绝不能是蒋管区和解放区均能适用的法律",应该被彻底废除。

(2) 确立了解放区的司法原则。《指示》规定,解放区的司法工作必须以新的法律原则为依据,"目前在人民的法律还不完备的情况下,司法机关的办事原则应该是:有纲领、法律、命令、条例、决议规定者,从纲领、法律、命令、条例、决议之规定;无纲领、法律、命令、条例、决议之规定者,从新民主主义政策"。

(3) 教育和改造司法干部。《指示》要求各级司法机关"应当经常以蔑视和批判国民党六法全书及国民党其他一切反动法律、法令的精神,以蔑视和批判欧美日本等资本主义国家的一切反人民法律、法令的精神,以学习和掌握马列主义、毛泽东思想的国家观、法律观及新民主主义的政策、纲领、法律、命令、条例、决议的办法来教育和改造司法干部"。

《指示》的颁布和实施具有重大的历史意义,它为人民司法工作指明了方向,标志着新民主主义革命法制即将在全国取得统治地位。根据《指示》精神的指导,华北人民政府随之发出《废除国民党的六法全书及其一切反动法律》的训令,在广大解放区一举废除了国民政府的"法统",对人民法院进行了初步的整顿,从思想上、组织上为全国解放后深入开展司法改革运动和在全国范围内建立各级人民法院奠定了基础。

另外,尽管《指示》从政治上否定了国民政府的"法统",确立了新民主主义的法制观,但同时也中断了自清末变法修律以来仿照西方大陆法系进行的近半个世纪的法制近代化进程。新中国成立之后,由于各种主客观条件的限制,完备的法律制度、现代司法体系和制度并未能及时得以重建。事实上,在割断历史连续性以及全盘苏联化的历史条件下,也不可能迅速建立起完备的法律制度、司法体系和制度。这方面的曲折及其教训值得记取。

【练习题】

一、名词解释

1.《中华苏维埃共和国宪法大纲》 2.《中华苏维埃共和国土地法》 3.《中华苏维埃共和国劳动法》 4.《中华苏维埃共和国婚姻法》 5.《陕甘宁边区施政纲领》 6.《陕甘宁边区保障人权财权条例》 7. 三三制 8. 参议会 9. 反革命罪 10. 破坏坚壁清野罪 11. 二五减租 12. 减租减息 13.《中国土地法大纲》 14. 马锡五审判方式 15. 人民调解制度 16. 人民法庭 17. 确定解放区司法原则

二、简答题

1. 如何评价根据地时期的土地立法?
2. 马锡五审判方式的特点和实质是什么?

3. 人民调解制度是如何确立和发展完善的?

三、论述题

1. 《中华苏维埃共和国宪法大纲》规定的国体、政体与北京政府时期的宪法有什么区别?
2. 为什么说土地革命战争时期的法制存在"左"倾错误?
3. 试论《关于废除国民党的六法全书与确定解放区的司法原则的指示》在中国法制近代化进程中的意义。

【参考文献】

1. 韩延龙、常兆儒编:《中国新民主主义时期根据地法制文献选编》(第一卷),中国社会科学出版社1981年版。
2. 张希坡主编:《革命根据地法制史》,法律出版社1994年版。
3. 张希坡:《马锡五审判方式》,法律出版社1983年版。
4. 杨永华、方克勤:《陕甘宁边区法制史稿(诉讼狱政篇)》,法律出版社1987年版。
5. 杨永华:《陕甘宁边区法制史稿(宪法、政权组织法篇)》,陕西人民出版社1992年版。

后 记

　　书肆中陈列的《中国法制史》教材已指不胜屈。这种情形下，为何还要再撰写新的《中国法制史》教材？或者说，我们的教材有什么特色，值得读者诸君一览？作为主编，我有责任在此向读者略作交代，既有提示、导览之功，也不乏"王婆卖瓜"之嫌吧。

　　1. 力求在大视野中把握中国法的特质。例如，对作为中国法发展背景的社会形态问题的讨论，从中华法系的视角理解中国法的发展、交流与意义，对中国法起源的描述，正确处理各民族政权在中国法制史上的地位问题，细化法律儒家化进程等方面，都不乏新意。

　　2. 打通朝代壁垒，简化叙述条理。我们的叙述既不按五种社会形态划分板块，也不按朝代人为割裂知识的联系，而是根据长时段的基本原理，注意观察制度的稳定与继承。全书除导论外，共分先秦（不是夏商周）、秦汉、三国两晋南北朝、隋唐、五代辽宋西夏金元、明清、清末民国、革命根据地时期的法律制度八章，各章多有跨朝代现象。我们注意发挥各章"概说"的概括能力，力图勾勒当时的法思想、法典编纂以及具体法律制度的内在发展及其在相关历史时期的体现和特质。这样，教材整体显得简洁明快，可以避免按朝代编写容易陷入重复论述的通病。

　　3. 在具体撰写中，注意围绕各章的核心问题展开论述。例如，设先秦一章，应是目前教材中少有的体例，在传世文献数量少、讹伪多，有赖于考古资料印证的条件下，处理上应特别严谨，有一分材料说一分话；秦汉一章，主要围绕传统法体系的初步建立；三国两晋南北朝、隋唐两章，侧重于法律儒家化、法典与法律体系、司法制度的过渡与成熟；五代辽宋西夏金元一章，注意考察复杂民族关系背景下法律的沿革、创新；明清一章，主要论述因时代而产生的相对于此前的法律发展变化，如律例体系与传统法的集大成，还有相对于国家的基层社会的民间法；近代以来的法律体系、法律内容方面，基本上与现代法体系契合，论述不难，难点在于精练内容和理性、中性地表达。

　　4. 每章前面附有简要的重要内容提示，章末附练习题（名词解释、简答题、论述题等）和参考文献，以便于读者提纲挈领和继续深化学习。

　　最后，介绍一下本书撰写人员及其分工（按撰写章节先后顺序）：

　　周东平（厦门大学法学院教授、博士生导师）：导论、第四章、后记；

　　水间大辅（日本中央学院大学法学院教授）：第一章、第二章；

　　李勤通（中国海洋大学法学院教授、博士生导师）：第三章；

胡兴东(云南大学法学院教授、博士生导师):第五章、第六章;
蔡晓荣(苏州大学法学院教授、博士生导师):第七章;
春杨(中南财经政法大学法学院教授、博士生导师):第八章。

本书从编写到最后出版,因各种原因,前后历时六七寒暑,始终得到各位的大力支持,在此谨表谢忱!

周东平

2017年5月21日初稿于厦门大学法学院

2023年6月9日改定于厦门大学法学院